Donald M. Raya

Umwelt- und Marktanalysen in Südostasien

Donald M. Raya

Umwelt- und Marktanalysen in Südostasien

DUV Springer Fachmedien Wiesbaden GmbH

Die Deutsche Bibliothek — CIP-Einheitsaufnahme

Raya, Donald M.:
Umwelt- und Marktanalysen in Südostasien / Donald M. Raya.

(DUV : Wirtschaftswissenschaft)
Zugl.: Berlin, Freie Univ., Diss., 1991
ISBN 978-3-8244-0114-7 ISBN 978-3-663-14539-4 (eBook)
DOI 10.1007/978-3-663-14539-4

D 188

Gedruckt auf chlorarm gebleichtem und säurefreiem Papier

ISBN 978-3-8244-0114-7

Meinen Eltern

und

Kirsten

Geleitwort

Die vorliegende Schrift widmet sich der hoch aktuellen Fragestellung, wie deutsche Unternehmen strategische Erfolgsfaktoren auf südostasiatischen Schwellenmärkten aufbauen können, mit denen sie in der Lage sind, die Vorrangstellung japanischer, einheimischer und teilweise US-amerikanischer Unternehmen zu durchbrechen.

Raya legt entsprechend der Komplexität des Themas seinen Schwerpunkt auf die Analysephase als Voraussetzung für die Ableitung und Implementierung erfolgsversprechender Marktbearbeitungsstrategien, wobei er sich zunächst ausführlich mit globalen Umweltfaktoren auf den einzelnen südostasiatischen Märkten Honkong, Südkorea, Singapur, Taiwan, Malaysia, den Philippinen, Thailand und Indonesien auseinandersetzt. Eine detaillierte Betrachtung markt- und wettbewerbsspezifischer Einflußfaktoren schließt sich an, in der u.a. distributive Möglichkeiten und Grenzen sowie Eigenheiten im Kauf- und Konsumverhalten in einzelnen südostasiatischen Märkten herausgearbeitet werden. Die sich in diesen Märkten abzeichnenden Chancen und Risiken werden dann mit den Stärken und Schwächen deutscher Unternehmen im Vergleich zu Wettbewerbern aus Japan, den USA sowie einheimischen Unternehmen in Beziehung gesetzt, um auf diese Weise die strategische Ausgangssituation für deutsche Unternehmen ableiten zu können.

Raya hat in seiner Schrift eine Fülle von Materialien verarbeitet, um die Analysen empirisch zu fundieren. Er weist zu Recht darauf hin, daß bei Entscheidungen bezüglich so schwieriger und teilweise schwer überschaubarer Auslandsmärkte wie es die südostasiatischen Schwellenmärkte darstellen stärker als bisher marketingstrategische Überlegungen und in diesem Zusammenhang gründliche Umweltanalysen Platz greifen müssen, um eine erfolgreiche Marktbearbeitung zu ermöglichen.

Ich bin der Meinung, daß die vorliegende Arbeit eine Lücke in der bisher vorliegenden einschlägigen Literatur schließen hilft, und daß die Ausführungen sowohl für Studierende als auch Praktiker von großem Nutzen sind.

Prof. Dr. Günther Haedrich

VORWORT

> Wer sich nicht Gedanken über das macht, was weit weg ist, dem wird bald viel Schlimmeres nahe sein.
>
> Konfuzius

Die vorliegende Arbeit über die Umwelt- und Marktanalysen auf südostasiatischen Schwellenmärkten geht aus den bisher in den Wirtschaftswissenschaften diskutierten Problembereichen der international zunehmenden Bedeutung dieser Länder und des weltweit verschärften Wettbewerbs hervor. Insbesondere in den letzten Jahren sind in diesen beiden Bereichen gravierende Veränderungen eingetreten, die von nationalen und internationalen Unternehmungen neue Analyse- und Strategiekonzepte erfordern.
Menschen, Unternehmungen und Länder sind durch die zunehmende Internationalisierung und internationalen Geschäftstätigkeiten enger miteinander verbunden, so daß die Teilnahme am internationalen Wettbewerb keine Option, sondern eine zwingende Notwendigkeit darstellt. Diese veränderten Bedingungen stellen grundsätzlich keine Bedrohung dar, sondern die Möglichkeit und Herausforderung, zu den bisherigen Erfahrungen Neues hinzuzulernen und den Ansporn, aus dem internationalen Wettbewerb erfolgreich hervorzugehen.
Die Arbeit soll hierzu einen Beitrag im Bereich der Wirtschaftswissenschaften leisten.

Zu dem Entstehen der vorliegenden Arbeit bin ich einer Vielzahl von Personen, die mich durch vielfältige Anregungen und in ihrer Diskussions- und Gesprächsbereitschaft unterstützt haben, zu großem Dank verpflichtet.
Meine Dankbarkeit gilt vor allem meinem Doktorvater Herrn Prof. Dr. Günther Haedrich, der durch Anregungen, Unter-

stützung und viel Geduld im wesentlichen zum Gelingen dieser Arbeit beitrug.
Zu danken habe ich ferner Herrn Prof. Dr. Klaus Peter Kisker für die Übernahme des Zweitgutachtens.
Herr Roy R. Raya, M.B.A., hat mir bei vielen Fachdiskussionen und der kritischen Durchsicht des Manuskripts entscheidend geholfen.
Weiter möchte ich den Herren Dr. Friedrich v. Kirchbach, Dr. Dietrich Kebschull, Dr. Wolfgang Wagner und Dipl. Vw. Rolf Jungnickel danken, die in persönlichen Gesprächen bereit waren, Fragestellungen zu diesem Themenbereich zu erläutern und eingehend zu diskutieren.
Eine praktische Einsicht in die Probleme südostasiatischer Konzerne konnte ich dank eines Interviews mit dem Präsidenten der PT Astra International Inc., Herrn William Soeradjaya, gewinnen.
Mein Dank gilt zuguterletzt auch Frau Ingeborg Falke für die zügige Abwicklung der mühevollen Schreibarbeiten und der Geduld sowie dem Verständnis, das Sie mir entgegengebracht hat.

Donald M. Raya

INHALTSVERZEICHNIS

DRITTER TEIL: ANALYSE DER GLOBALEN UMWELTFAKTOREN AUF EINZELNEN MÄRKTEN SÜDOSTASIENS

VIERTER TEIL: ANALYSE MARKT- UND WETTBEWERBSSPEZIFISCHER FAKTOREN AUF SÜDOSTASIATISCHEN WACHSTUMSMÄRKTEN

ABBILDUNGSVERZEICHNIS

Abbildungen im Text:

ABBILDUNGEN IM ANHANG:

TABELLENVERZEICHNIS

Tabellen im Text:

Tabellen im Anhang:

ABKÜRZUNGSVERZEICHNIS

Aufl.	Auflage
ASEAN	Association of Southeast Asian Nations
Bd.	Band
BERI	Business Environment Risk Information
BIP	Bruttoinlandsprodukt
BSP	Bruttosozialprodukt
CJoWB	Columbia Journal of World Business
Diss.	Dissertation
GATT	General Agreement on Tariffs and Trade
HBR	Harvard Business Review
HM	Harvard Manager
Ill.	Illinois
IMF	International Monetary Fund
IMR	International Marketing Review
Jg.	Jahrgang
JOIBS	Journal of International Business Studies
LDC	Less Developed Countries
LRP	Long Range Planning
Mass.	Massachusetts
MM	Manager Magazin
NIC	Newly Industrialising Countries
OECD	Organisation for Economic Cooperation and Development
o.J.	ohne Jahresangabe
o.O.	ohne Ortsangabe
o.V.	ohne Verfasserangabe
RKW	Rationalisierungs-Kuratorium der Deutschen Wirtschaft
RWI	Rheinisch-Westfälisches Institut für Wirtschaftsforschung
UNCTAD	United Nations Conference on Trade and Development
UNO	United Nations Organisation
UNIDO	United Nations Industrial Development Organisation

Vol.	Volume
ZfB	Zeitschrift für Betriebswirtschaft
ZfbF	Zeitschrift für betriebswirtschaftliche Forschung

EINLEITUNG

1. Einführung in die Problemstellung

Die zunehmende Internationalisierung führte sowohl auf dem deutschen Inlandsmarkt als auch auf wichtigen Auslandsmärkten zu einem verschärften Wettbewerb, bei dem neben der internationalen Konkurrenz aus den Industrieländern in jüngster Zeit verstärkt Konkurrenten aus Schwellenländern auftraten.
Angesichts stagnierender oder zum Teil schrumpfender Branchenmärkte in der Konsumgüterindustrie (Textilindustrie, Uhrenindustrie, Kameraindustrie, Unterhaltungselektronik, PKW-Industrie etc.) und dem verschärften Wettbewerb müssen deutsche Unternehmungen der Internationalisierungsstrategie im Rahmen der Marketingplanung eine stärkere Bedeutung einräumen (1). Der deutsche Inlandsmarkt ist für hochwertige Produkte nur begrenzt aufnahmefähig, so daß zur langfristigen Existenzsicherung verstärkte Absatzaktivitäten auf dynamisch wachsenden Auslandsmärkten dringend erforderlich geworden sind.

Höhere Rentabilität und Wachstum können insbesondere durch verstärkte Absatzaktivitäten auf solchen Auslandsmärkten erzielt werden, die aufgrund der fortschreitenden Industrialisierung eine hohe Wachstumsrate, ein steigendes Bruttosozialprodukt, steigendes Pro-Kopf-Einkommen, steigende Import-Quoten und eine hohe Bevölkerungsdichte aufweisen (2).

---

(1) Siehe hierzu: Raffée, H., Strategisches Marketing, in: Gaugler, E., Jacobs, O., Kieser, A. (Hrsg.), Strategische Unternehmensführung und Rechnungslegung, Stuttgart 1984, S. 62 f.

(2) Veränderungen in der Wachstumsrate der Bevölkerung, ihrer Altersstruktur, der Einkommensverteilung und demographischer Faktoren führen insbesondere bei Konsumgütern zu langfristigen Veränderungen des Branchenwachstums, siehe hierzu Porter, M., Wettbewerbstrategie, 4. Aufl., Frankfurt a.M. 1987, S. 217

Unter diesem Gesichtspunkt gewinnen die Wachstumsmärkte der südostasiatischen Schwellenländer Hong Kong, Singapur, Malaysia, Korea, Taiwan, Philippinen, Thailand und Indonesien als Absatzgebiet zunehmend an Bedeutung. "Diese Länder sind in der letzten Zeit zu immer wichtigeren Fixpunkten in weltweiten Branchen geworden."(1)

Sowohl Prognosen des IFO-Instituts als auch der Prognos AG kommen zu der allgemeinen Schlußfolgerung, daß die Schwellenländer Südostasiens selbst unter international ungünstigen Verhältnissen während der nächsten Jahre höhere Wachstumsraten erreichen werden als die westlichen Industrieländer (2). Während für die Bundesrepublik Deutschland von 1985 bis 1991 jährliche Wachstumsraten des Bruttosozialprodukts von durchschnittlich 2,3% prognostiziert werden, liegen diese für die einzelnen Länder Südostasiens bei 2,5% bis 6,5% (3). Abbildung 1 soll die unterschiedlichen wirtschaftlichen Entwicklungstendenzen zwischen der Bundesrepublik Deutschland und den Schwellenländern Südostasiens verdeutlichen.

---

(1) Porter, M., Wettbewerbsstrategie, 4. Aufl., Frankfurt a.M., 1987, S. 347

(2) Vgl. RKW (Hrsg.): Batelle Forschungszentrum; Ifo-Institut Direktinvestitionen der deutschen Wirtschaft -die Industrialisierung der Entwicklungsländer und ihre Rückwirkungen auf die deutsche Wirtschaft- Perspektiven bis 1990, Bd. I, Eschborn 1981, S.31

(3) Siehe hierzu auch Tabelle A-1 im Anhang

Abb. 1: Bisherige Wachstumsraten und Prognosen des Bruttosozialprodukts pro Jahr in % zwischen Deutschland und den Schwellenländern Südostasiens

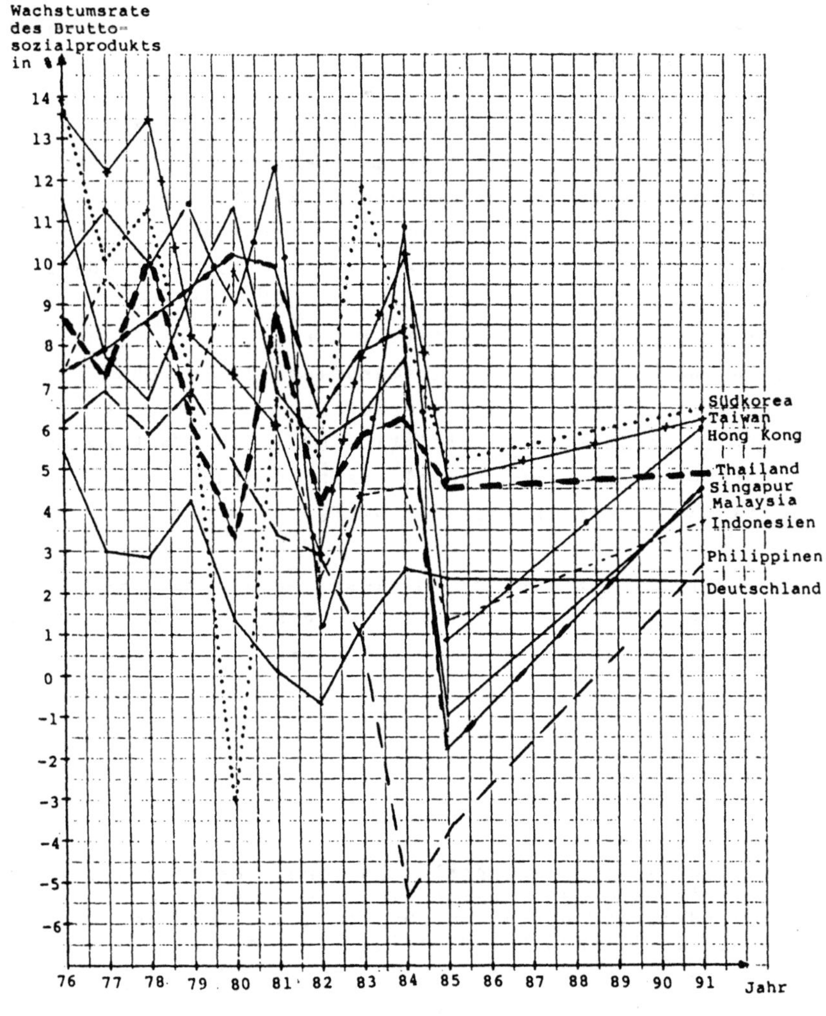

Quelle: Eigene Zusammenstellung nach Angaben der Prognos (Hrsg.), Euro-Report Volume B, Emerging Economies. Analyses and Forecasts for 35 Countries up to 1991, Basel 1987,S. IC 9, Euro-Report Volume A, Industrialized Countries. Analyses and Forecasts for 19 Countries up to 1991, Basel 1987, S. 391. Siehe hierzu Tabelle A-1 im Anhang

An diesem dynamischen wirtschaftlichen Wachstum und dem Marktpotential dieser Region müssen deutsche Unternehmungen langfristig teilhaben, um gegenüber internationalen Wettbewerbern aus Japan, den USA und Südostasien die bisherige Weltmarktposition beizubehalten (1).

Die unterschiedlichen Wachstumsraten des Bruttoinlandsprodukts in den westlichen Industrienationen und den Ländern Südostasiens führen auf diesem Auslandsmarkt zu einem steigenden Pro-Kopf-Einkommen und zu einer verstärkten Nachfrage von Konsum- und Investitionsgütern. Dieses resultiert daraus, daß nach dem Engel'schen Gesetz aufgrund des gestiegenen Pro-Kopf-Einkommens der prozentuale Anteil für den Kauf von Lebensmitteln gemessen am Gesamteinkommen sinkt und somit frei verfügbares Einkommen für höherwertige Konsumgüter vorhanden ist (2). Somit kann langfristig auf diesen Märkten von einer verstärkten Nachfrage sowohl nach Konsum- als auch nach Investitionsgütern ausgegangen werden.

Eine frühzeitige Erschließung dieser Wachstumsmärkte erbringt neben Erfüllung der generellen Unternehmensziele wie Gewinn- und Wachstumssicherung insbesondere Wettbewerbsvorteile

---

(1) Kotler sieht im wesentlichen zwei Hauptgründe für das Betreiben eines internationalen Marketing: 1. Der Inlandsmarkt bietet nicht genügend Chancen, da das Bruttosozialprodukt niedrig ist oder langsam wächst, und 2. es sind gute Marktchancen auf Auslandsmärkten vorhanden. Kotler, P. , Marketing Management, 4. Aufl., Englewood Cliffs 1982, S. 693

(2) Vgl. Keegan, W., Multinational Marketing Management, 3 rd. Edition, Englewood Cliffs 1984, S. 72, Milton, A.-R., Die Industrialisierung der Dritten Welt und ihre Auswirkungen auf die Struktur des deutschen Außenhandels, in: Mitteilungen des RWI, Jg. 33, 1982, S. 30

gegenüber nachfolgenden ausländischen Konkurrenzunternehmen (1).
Die schon vorhandene starke Präsenz japanischer und US-amerikanischer Unternehmungen in dieser Region (2) sollte zu einer verstärkten Beachtung und Berücksichtigung dieser Auslandsmärkte führen, da ein verspätetes Auslandsengagement deutscher Unternehmungen in dieser Region eine schwierigere Auslandsmarkterschließung und eine schlechtere internationale Wettbewerbsposition zur Folge hätte.

Aus der Betrachtung dieser international veränderten Bedingungen, bei der für deutsche Unternehmungen Gefahrenpotentiale aufgrund neuer ausländischer Wettbewerber entstanden sind, sich aber auch neue Chancenpotentiale in Südostasien ergeben, resultiert die dringende Notwendigkeit der Anwendung internationaler Analysen. Mit Hilfe dieser internationalen Analysen, die auch als Frühwarn- bzw. Früherkennungssystem bezeichnet werden können, sollen dynamische ausländische Marktentwicklungen und Marktchancen in wichtigen Schlüsselregionen der Welt frühzeitig identifiziert werden, um "strategische Antworten" auf die Herausforderung geben zu können (3).

Langfristig können nur solche Unternehmungen am Weltmarkt bestehen, die eine internationale Marketingpolitik betreiben und sich am ausländischen Umfeld orientieren. Dieses wird besonders dann notwendig, wenn sich der Auslandsmarkt von den

---

(1) Siehe zu den typischen Oberzielen im internationalen Wettbewerb: Heinen, H., Ziele multinationaler Unternehmungen, Wiesbaden 1982, S. 46 ff.

(2) Siehe zur Präsenz japanischer und US-amerikanischer Unternehmungen in dieser Region die Direktinvestitionen in Tabelle 7 auf Seite 85

(3) Wiedmann, K.-P., Konzeptionelle und methodische Grundlagen der Früherkennung, in: Raffée, H., Wiedmann, K.-P., Strategisches Marketing, Stuttgart 1985, S. 303

Märkten der Industrieländer stark unterscheidet, was auf die Märkte der Schwellenländer Südostasiens zutrifft. Cateora schreibt hierzu : "The economic level of the country is the single most important environmental element to which the foreign marketer must adjust the marketing task in a developing market (1)."

Aus den stark voneinander abweichenden Umweltfaktoren zwischen Industrie- und Schwellenländern (Bildungsstand, Einkommen, Einstellung, technischer und wirtschaftlicher Entwicklungsstand, politischer Entwicklungsstand, Klima und geographische Gegebenheiten) resultieren andersartige und komplexere Entscheidungsprozesse, die mit einem erhöhten Risiko verbunden sind und einen weiteren Problembereich der internationalen Analysen darstellen. So werden bei einem Auslandsengagement zusätzliche differenzierte Informationen über die politischen Rahmenbedingungen, sozio-kulturelle Besonderheiten, Markteintrittsbarrieren usw. in den verschiedenen Auslandsmärkten benötigt, die bei einer nationalen Geschäftstätigkeit entfallen würden, da diese Gegebenheiten über den Inlandsmarkt weitgehend bekannt sind (2).
Dieser erhöhte Informationsbedarf soll mit Hilfe der internationalen Analysen systematisch abgedeckt werden, so daß auf diesen Informationsgrundlagen aufbauend entsprechende Internationalisierungsstrategien abgeleitet werden können. Dazu müssen neben den Umwelt-Informationen und marktrelevanten Informationen zusätzlich globale Veränderungen der internationalen Wettbewerbsbedingungen mit einbezogen werden, die sich aus der zunehmenden Industrialisierung der Schwellenländer

---

(1) Cateora, P.R., International Marketing, Homewood Illinois 1983, S. 315

(2) Vgl. Oakley, P., Zinser, R., Bedeutung und Probleme der Umfeldanalyse über Auslandsmärkte, in: Buchinger, G. (Hrsg.), Umfeldanalysen für das strategische Management, Wien 1983, S. 90, Meissner, H.G., Strategisches internationales Marketing, Berlin 1987, S. 24

ergeben haben. Erst die Einbeziehung solcher globalen Entwicklungstendenzen ermöglicht es internationalen Unternehmungen, sich abzeichnende Chancen- und Risikopotentiale frühzeitig zu erkennen.
Hauptgegenstand der Arbeit ist es, mit Hilfe einer geschlossenen internationalen Analysekonzeption Chancen- und Risikopotentiale der südostasiatischen Absatzmärkte aufzuzeigen und Auswirkungen auf die internationale Wettbewerbsposition deutscher Unternehmungen darzulegen.

Dazu werden neben betriebswirtschaftlichen, volkswirtschaftlichen, politischen und sozio-kulturellen Faktoren auch wichtige Handelsströme (sogenannte schwache Signale) (1) einbezogen, die das komplexe internationale Umfeld mit seinen vielschichtigen Wechselbeziehungen widerspiegeln. Die internationalen Analysen erstrecken sich dabei auf folgende Hauptbereiche:

(1.) Zunehmende Industrialisierung in Südostasien und globale Veränderungen

(2.) Verschärfte Wettbewerbsbedingungen aufgrund der Internationalisierung südostasiatischer Unternehmungen

(3.) Wirtschaftliche Entwicklung und Marktchancen in Südostasien

(4.) Auslandsengagement japanischer und US-amerikanischer Wettbewerber in Südostasien

(5.) Globale Umweltsituation und Rahmenbedingungen in Südostasien

---

(1) Für ein gut funktionierendes Frühwarnsystem müssen nach Ansoff frühzeitig schwache Signale aus dem wirtschaftlichen, politischen, sozialen und technologischen Umfeld empfangen werden. Aus dem Empfang dieser schwachen Signale, d.h. schlecht definierter Informationen, sollte die Unternehmung strategische Veränderungen frühzeitig erkennen, bevor sie sich zu einer Bedrohung entwickeln können. Hieraus ergibt sich für die Unternehmung die Möglichkeit, frühzeitig entsprechende Handlungsalternativen zu entwickeln und die Bedrohung abzuwenden. Siehe hierzu: Ansoff, H.I., Managing Strategic Surprise by Response to Weak Signals, in: California Management Review, Vol. 18, No.2, 1975, S. 21 ff.

(6.) Markt- und wettbewerbsspezifische Bedingungen in Südostasien

Ein Großteil der bisherigen Veröffentlichungen zum internationalen Marketing beschäftigte sich hauptsächlich mit dem Problem der verschiedenen Alternativen von Internationalisierungstrategien, der Form der internationalen Betätigung, der Selektion der Auslandsmärkte und der Festlegung der Bearbeitungsweise internationaler Absatzmärkte. Somit standen die internationale Strategieentwicklung und damit verbundene Problemfelder in der Marketingwissenschaft und -praxis im Mittelpunkt der Diskussion.
Auffallend ist es, daß den strategisch relevanten Informationen für die Früherkennung und internationale Strategieentwicklung bislang vergleichsweise wenig Aufmerksamkeit geschenkt wurde. Dieses geringe Problembewußtsein gegenüber der internationalen Informationsbeschaffung und den internationalen Analysen stellt unter Einbeziehung der erfolgreichen japanischen, US-amerikanischen und südostasiatischen Konkurrenten einen besonders kritischen Faktor im internationalen Marketing deutscher Unternehmungen dar.
Vor diesem Hintergund ist eine verstärkte Sensibilisierung der internationalen Marketingwissenschaft und -praxis auf diese Problem- und Fragestellung dringend erforderlich geworden.

2. Abgrenzung der Arbeit

Die tiefgreifenden Veränderungen der internationalen Wettbewerbsbedingungen und die zunehmende Bedeutung der südostasiatischen Wachstumsmärkte haben zu einer kontroversen Diskussion dieses Themas in der Theorie und Praxis geführt. Ein Spezifikum hierbei ist es, daß die traditionelle Trennlinie zwischen

der Betriebswirtschaftslehre, Volkswirtschaftslehre und der politischen Ökonomie an Bedeutung verloren hat (1).
Viele Beiträge aus einzelwirtschaftlicher und/oder gesamtwirtschaftlicher Betrachtungsweise haben sich mit der grundsätzlichen Problematik der Internationalisierung und den daraus resultierenden Problembereichen beschäftigt. Aufgrund der Vielfältigkeit in diesem Forschungsbereich muß die Arbeit in mehrfacher Hinsicht abgegrenzt werden, um dieses umfangreiche Thema angemessen behandeln zu können.

Ziel der Arbeit ist es, mit einer internationalen Analysekonzeption frühzeitig Chancen- und Risikopotentiale der südostasiatischen Absatzmärkte aufzuzeigen. Diese Analysekonzeption soll als Entscheidungshilfe für die daraus abzuleitende Internationalisierungsstrategie dienen. Hieraus ergibt sich die Notwendigkeit, sowohl einzel- als auch gesamtwirtschaftliche Fragestellungen mit zubeziehen: jedoch wird der Schwerpunkt auf die betriebswirtschaftlichen Analysen gelegt.

Eine weitere Eingrenzung bezieht sich auf die internationalen Analysen im Rahmen des internationalen Marketingplanungsprozesses. Der eigentliche Planungsprozeß beginnt mit der Analyse und Prognose der ausländischen Umweltbedingungen und -entwicklungen, d.h. der externen Chancen und Risiken (2). Ergänzend zur Analyse der ausländischen Umweltbedingungen muß sich die internationale Unternehmung einen Überblick über die eigene Unternehmenssituation verschaffen: d.h. über das Internationalisierungspotential. Hierzu muß untersucht werden, welche innerbetrieblichen Voraussetzungen für zukünftige Geschäftsaktivitäten auf Auslandsmärkten geschaffen werden müssen und welche Stärken und Schwächen deutsche

(1) Vgl. Meissner, H.G., Strategisches Internationales Marketing, Berlin 1987, S. 25

(2) Vgl. Hinterhuber, H.H., Strategische Unternehmensführung, 3. Aufl., Berlin 1984, S. 47

Unternehmungen in bezug auf die internationalen Wettbewerber haben.
Diese Unternehmensanalyse stellt bei internationalen Geschäftsaktivitäten einen wichtigen Untersuchungsgegenstand dar, der jedoch in dem gesetzten Rahmen dieser Arbeit nicht ausführlicher behandelt werden kannn. Die entscheidenden Stärken und Schwächen deutscher internationaler Unternehmungen in bezug auf die wichtigsten internationalen Wettbewerber in Südostasien werden im vierten Teil, Abschnitt 2.3.1 bis 2.3.3 und 2.4, begrenzt mitbehandelt.

Eine weitere Abgrenzung betrifft die Methoden und Instrumente der internationalen Marktforschung. Diese unterscheiden sich nicht von denjenigen der nationalen Marktforschung, so daß auf die hinreichend bekannten Verfahren und Methoden in der entsprechenden Literatur verwiesen werden kann (1). Stichprobenziehung, Verfahren der Datenanalyse, Prognoseverfahren usw. sind im internationalen und nationalen Marketing die gleichen. Lediglich der Informationsbedarf, -umfang und die Analysefelder variieren bei internationalen Geschäftstätigkeiten, so daß diese Gesichtspunkte im Rahmen der Arbeit mitbehandelt werden müssen.

Abschließend muß auch eine Abgrenzung dahingehend vorgenommen werden, daß die aus den Informationsgrundlagen und internationalen Analysen abzuleitenden Internationalisierungsstrategien nur am Rande erwähnt werden können. Zentraler Bestandteil der Arbeit sind die internationalen Analysen, so daß im Anschluß eine breitere Erörterung des Themas Internationalisierungsstrategien möglich wäre. Bedingt durch die ausführliche Abhandlung der internationalen Analysekonzeption wird auf die Problematik dieses Themenbereichs nur begrenzt

---

(1) Vgl. Meffert, H., Althans, J., Internationales Marketing, Stuttgart 1982, S. 37, Kulhavy, E., Internationales Marketing, Linz 1981, S. 243

eingangen, da dieses den Rahmen der Arbeit sprengen würde. Dieser Umstand stellt für weitere Forschungsarbeiten einen breiten Raum dar.

3. Aufbau der Arbeit

Die Arbeit ist in vier Teile gegliedert und soll hier zum Überblick kurz in groben Zügen dargestellt werden. Im Anschluß an die Einleitung werden im ersten Teil die wichtigsten Begriffe geklärt und die Problematik und Zielsetzung der Untersuchung festgelegt. Dabei stehen grundsätzliche Überlegungen bezüglich der internationalen Geschäftstätigkeit und daraus resultierende Besonderheiten im Mittelpunkt der Begriffsbildung.

Im darauffolgenden zweiten Teil werden anhand wichtiger Kennzahlen (industrielles, gesamtwirtschaftliches und außenwirtschaftliches Wachstum) grundlegende Entwicklungstendenzen der südostasiatischen Schwellenländer aufgezeigt. Hierbei zeichnen sich schon frühzeitig Veränderungen der internationalen Wettbewerbsbedingungen ab, da mit dem industriellen Wachstum auch ein außenwirtschaftliches Wachstum der südostasiatischen Schwellenländer einhergeht.
Parallel zu diesen Entwicklungen werden langfristige Absatzchancen aufgezeigt, die aus dem Industrialisierungsprozeß und dem dynamischen wirtschaftlichen Wachstum dieser Region resultieren.
Ein Vergleich der absatzorientierten Direktinvestitionen und der Exportkennzahlen japanischer, US- amerikanischer und deutscher Unternehmungen in Südostasien zeigt ein unterschiedliches Auslandsengagement und Wahrnehmung der Marktchancen auf, was zu weitreichenden Konsequenzen führt. Die Auswirkungen des geringen deutschen Engagements in dieser Region werden in den darauffolgenden Teilen weiter diskutiert.

Im anschließenden dritten Teil werden für ein verstärktes Auslandsengagement deutscher Unternehmungen in dieser Region grundlegende internationale Analysefelder untersucht. Im Mittelpunkt der Analysen stehen hierbei die abweichenden globalen Umweltfaktoren der Schwellenmärkte, aus denen frühzeitig Chancen und Risiken ermittelt werden und von denen ein erfolgreiches internationales Engagement in dieser Region abhängt. Dazu werden neben abgewandelten Portfolio-Modellen auch Indikator-Modelle vorgestellt, die verstärkt als Früh-warn- bzw. Früherkennunggssystem im internationalen Marketing verwendet werden.

Im vierten Teil werden wettbewerbsspezifische Rahmenbedingungen und Charakteristika südostasiatischer Wachstumsmärkte erörtert. Dazu werden neben dem technologischen Entwicklungsstand und dem Marktwachstum insbesondere die Markteintrittsbarrieren untersucht, da hiervon grundsätzlich die Möglichkeit abhängt, ob vorhandene und zukünftige Gewinnpotentiale dieser Region erschlossen werden können. Weitere marktrelevante Analysebereiche bilden die Distributionsstrukturen und Marktsegmente in südostasiatischen Schwellenländern. Sie sind von besonderer Relevanz, da sich in diesem Bereich aufgrund des unterschiedlichen wirtschaftlichen Entwicklungsstands gravierende Abweichungen (in bezug auf den Inlandsmarkt) ergeben. Auf der Basis der hier gewonnenen Ergebnisse werden darauffolgend die allgemeinen Wettbewerbsbedingungen unter Bezugnahme der Marktsegmente in Südostasien untersucht.

Mit einer internationalen Konkurrentenanalyse, bei der die strategische Bedeutung der südostasiatschen Absatzmärkte und das Engagement japanischer, einheimischer, US-amerikanscher und deutscher Unternehmungen gegenübergestellt werden, schließt der vierte Teil ab.

Mit einem Schlußwort, bei dem die wichtigsten Ergebnisse zusammengefaßt werden, endet die Untersuchung.

ERSTER TEIL: KLÄRUNG DER WICHTIGSTEN BEGRIFFE UND GRUNDSÄTZLICHE ÜBERLEGUNGEN

1. Der Begriff Internationale Analysen

Der für die Arbeit verwendete Begriff internationale Analysen muß unter Berücksichtigung der umfangreichen Literatur und unterschiedlichen Vorstellungsinhalte speziell auf die Problemstellung bezogen definiert werden. Bisher in der internationalen Marketingliteratur synonym verwendete Begriffe wie Exportmarktforschung, Auslandsmarktforschung und internationale Marktforschung beziehen sich grundsätzlich auf die Problematik des erhöhten Informationsbedarfs bei einer Ausweitung der Geschäftsaktivitäten auf ausländischen Absatzmärkten. Die in jüngster Zeit weltweit verschärften Wettbewerbsbedingungen erfordern jedoch ein Informationssystem, das aus den relevanten Analysefeldern zukünftige Chancen- und Risikopotentiale frühzeitig identifiziert.
Diese veränderten Umfeldbedingungen müssen auch bei einer Definition ihren Niederschlag finden, so daß unter Einbeziehung der bisher verwendeten Begriffe der Marketingliteratur und den neuen Anforderungen an das Informationssystem eines internationalen Unternehmens ein für die Arbeit verwendbarer Begriff herausgearbeitet werden soll.

Ringle und Meissner verwenden den Begriff der Exportmarktforschung, welche alle Tätigkeiten umfasst, "die darauf abzielen, den Zustand und die Veränderungen von Märkten für ein Unternehmen transparent zu machen" (1). Dabei kommt für die mit weit gespannten Exportabsichten auf Auslandsmärkten operierenden Anbieter der Beschaffung brauchbarer und verläßlicher Informationen über den unterschiedlichen personellen, sozialen und kulturellen Bezugsrahmen eine besondere Bedeutung

---

(1) Ringle, G., Exportmarketing, Wiesbaden 1977, S. 45

zu (1). Beide Autoren heben die andersartige Mentalität, Motivation und Verhaltensweisen der ausländischen Marktteilnehmer hervor, die wesentlich schwieriger zu erfassen sind als die der Marktteilnehmer im Inland. Vor allem bei großer Distanz und starkem sozialen und wirtschaftlichen Gefälle treten unverkennbare Unterschiede auf, die die Aufgabenbereiche der Exportmarktforschung kennzeichnen (2). Bedingt durch das begrenzte Auslandsengagement in Form des Exports sind sowohl die Analysefelder als auch das Ausmaß der Marktforschung sehr begrenzt. Wichtige internationale Analysen, wie z.B. die politische Risikoanalyse oder Länderlebenszyklusanalyse, bleiben aufgrund des geringen Kapital- und Managementtransfers beim Güterexport weitgehend unberücksichtigt.

Eine Erweiterung der Analysefelder erfolgt im Rahmen der Auslandsmarktforschung, bei der nach Weihermüller und Wimmer für die rationale Auswahl von Auslandsmärkten und deren Bearbeitung fundierte Informationen über Importe, Marktstrukturen, Strukturveränderungen, Vorschriften und Abnehmer unabdingbar geworden sind (3).
"Die Beschaffung und Verarbeitung solcher Informationen ist Aufgabe der Auslandsmarktforschung" (4), um das Risiko einer Fehlinvestition soweit wie möglich einzugrenzen. Auch Stahr definiert Auslandsmarktforschung als "systematisch und methodisch durchgeführte laufende oder fallweise Marktunter-

---

(1) Vgl. Meissner, H.G., Anthropologische Grundlagen der Exportmarktforschung, Berlin 1959, S. 16

(2) Vgl. Ringle, G., Exportmarketing, Wiesbaden 1977, S. 46, Meissner, H.G., Anthropologische Grundlagen der Exportmarktforschung, Berlin 1959, S. 16

(3) Vgl. Weihermüller, M., Wimmer, F., Auslandsmarktforschung in Mittelbetrieben - Analyse von Schwachstellen und Ansätze zur Verbesserung, in: ZfBF, 10/1982, S. 923

(4) Weihermüller, M., Wimmer, F., Auslandsmarktforschung in Mittelbetrieben - Analyse von Schwachstellen und Ansätze zur Verbesserung, in: ZfBF, 10/1982, S. 919

suchungen auf Auslandsmärkten" (1). Durch die Ausweitung der Geschäftsaktivitäten auf eine Vielzahl unbekannter ausländischer Absatzmärkte entsteht für die Entscheidungsfindung ein erhöhter Informationsbedarf,der durch die moderne Auslandsmarktforschung abgedeckt werden soll. Dabei ergeben sich folgende Aufgabenbereiche:

- Analyse der für das internationale Marketing entscheidungsrelevanten Umfeldkonstellationen im In- und Ausland
- Analyse der Import- und Absatzbedingungen im Ausland
- Bestimmung der Zielgruppen für das Produkt und für die absatzpolitischen Maßnahmen auf den Zielmärkten
- Bereitstellung von Informationen für Absatzprognosen
- Beschaffung von Informationen für den Einsatz einzelner Marketing-Instrumente auf Auslandsmärkten
- Informationen zur laufenden Planung und Kontrolle des Auslandsgeschäfts (2)

Mit diesen umfangreichen Analysefeldern hat die Auslandsmarktforschung eine sehr viel größere und differenziertere Aufgabenstellung, als dies bei der Marktforschung auf dem Inlandsmarkt der Fall ist. Weihermüller/Wimmer und Stahr gehen bei ihren Definitionsansätzen auf das erhöhte Risiko der Auslandstätigkeit ein und den daraus resultierenden hohen und weitgefächerten Informationsbedarf bei internationalen Marketingentscheidungen. Spezielle Analysefelder, wie beispielsweise die gesamtwirtschaftliche Analyse und politische Risikoanalyse, aus denen frühzeitig Chancen- und Risikopotentiale einzelner Auslandsmärkte identifiziert werden können, bleiben jedoch bei diesen Definitionen weitgehend unberücksichtigt.

---

(1) Stahr, G., Auslandsmarketing, Bd. 1. Marktanalyse, Stuttgart 1979, S. 32

(2) Vgl. Stahr, G., Auslandsmarketing, Bd. 1. Marktanalyse, Stuttgart 1979, S. 32

Die verstärkte Internationalisierung und weltweit verschärfte Wettbewerbsbedingungen führten in jüngster Zeit zu einer strategischen Ausrichtung der internationalen Marktforschung, bei der eine solide Informationsbasis für den Marktwahlprozeß sowie die Erschließung und Bearbeitung ausländischer Absatzmärkte unabdingbar geworden ist (1). Dieses kommt auch bei dem Definitionsversuch von Meffert und Althans zum Ausdruck, wonach internationale Marktforschung als "systematische Suche, Sammlung, Aufbereitung und Interpretation von Informationen verstanden werden soll" (2). Bei internationaler Geschäftstätigkeit kommt der internationalen Marktforschung aufgrund des erhöhten Risikos der Auslandstätigkeit und des Umfanges der zur Verfügung stehenden Informationen eine besondere Rolle zu.

Mit ihrer Hilfe, bei der eine Vielzahl von Umweltfaktoren analysiert werden, sollen frühzeitig Chancen und Bedrohungen für die marktgerichteten Auslandsaktivitäten identifiziert werden (3).

Auch Kulhavy definiert internationale Marktforschung unter Berücksichtigung der veränderten Wettbewerbsbedingungen und des wesentlich größeren Risikos bei Auslandsgeschäften folgendermaßen: Internationale Marktforschung ist "die

---

(1) Siehe hierzu: Meffert, H., Althans, J., Internationales Marketing, Stuttgart 1982, S. 36 ff., Segler, K., Basisstrategien im internationalen Marketing, Frankfurt a. Main 1986, S. 36 ff., Hüttner, M., Czenskowsky, T., Strategische Orientierung der Marktforschung und ihre Konsequenzen, in: Marktforschung, Nr.3, 1986, S. 74 - 89, Douglas, S. P., Craig, C.S., Information for International Marketing Decisions, in: Walter, I., Murray, T., Handbook of International Business, New York 1982, Teil 5, S. 3, Tümpen, M.M., Strategische Frühwarnsysteme für politische Auslandsrisiken, Wiesbaden 1987

(2) Meffert, H., Althans, J., Internationales Marketing, Stuttgart 1982, S. 36

(3) Vgl. Meffert, H., Althans, J., Internationales Marketing, Stuttgart 1982, S. 37

Sammlung, Verarbeitung, Analyse und Interpretation von Informationen interner und externer Herkunft mit dem Ziel, das für das internationale Marketing relevante Geschehen im Ausland, insbesondere im ausländischen Markt so transparent zu machen, daß die Entscheidungen des Managements hinsichtlich der Ziele und Marketingstrategien als informatorisch ausreichend abgesichert bezeichnet werden können" (1).
Es wird deutlich, daß international strategische Entscheidungen nur mit Hilfe spezifischer Analysen getroffen werden können, die länderspezifisch bzw. regionalspezifisch ausgerichtet werden müssen. Insbesondere in Schwellenländern variiert der Informationsbedarf (unterschiedliche Relevanz von Informationen in verschiedenen Ländern) aufgrund des unterschiedlichen wirtschaftlichen Entwicklungsstandes und der jeweiligen Umweltsituation in dem Maße, daß bestimmten Analysefeldern (z.B. der politischen Länderrisikoanalyse oder der Länderlebenszyklusanalyse) eine besonders wichtige Bedeutung zukommt (2).

Unter Berücksichtigung der unterschiedlichen Relevanz von Analysefeldern auf Schwellenmärkten und in Anlehnung an die genannten Quellen soll folgende Definition für die Arbeit zugrunde gelegt werden. Unter internationalen Analysen soll eine länderspezifisch ausgerichtete Suche, Sammlung, Aufbereitung und Interpretation relevanter Auslandsmarktinformationen verstanden werden, aus denen frühzeitig kritische Umfeldentwicklungen (Chancen- und Risikopotentiale) für die internationale Unternehmung identifiziert und als Basis für Internationalisierungsstrategien herangezogen werden können. Dabei müssen unter dem Gesichtspunkt des weltweit verschärften

---

(1) Kulhavy, E., Internationales Marketing, Linz 1981, S. 242

(2) Vgl. Meffert, H., Althans, J., Internationales Marketing, Stuttgart 1982, S. 37, Becker, J., Marketing - Konzeption, 2. Aufl., München 1988, S. 370

Wettbewerbs und den Wachstumsentwicklungen in Südostasien neue internationale Analysefelder wie:

- die industrielle Entwicklung der südostasiatischen Schwellenländer (gesamtwirtschaftliche Analysen, internationale Entwicklungsanalysen)
- der internationale Wettbewerb
- spezifische Umfeldfaktoren in Schwellenländern (z.B. Länderlebenszyklusanalyse, Produktlebenszyklusanalyse, Bevölkerungsgröße)
- wirtschaftliche, politische, sozio-kulturelle und natürlich-technische Bedingungen
- spezifische markt- und wettbewerbsrelevante Faktoren

mit einbezogen werden, um strategische Veränderungen frühzeitig aufzuzeigen und entsprechende Internationalisierungsstrategien ableiten zu können. Diese Internationalisierungsstrategien bestimmen im entscheidenden Maße die zukünftige Stellung der Unternehmung im Auslandsmarkt.

2. Der Begriff Internationales Marketing und internationale Strategiealternativen

Eine Übertragung der Marketingdefinition auf ausländische Absatzmärkte durch das Hinzufügen des Wortes "International" würde die besondere Problematik, den Inhalt und das Ausmaß einer solchen Absatzpolitik nicht richtig widerspiegeln (1). Abweichende Bedürfnisse der ausländischen Konsumenten, gesetzliche Bestimmungen, Bildungsstand, wirtschaftlicher Entwicklungsstand, neue in- und ausländische Wettbewerber, klimatische Gegebenheiten etc. können bei einer Begriffsklärung nicht in einem Satz subsummiert werden. Deshalb soll

---

(1) Vgl. Meffert, H., Althans, J., Internationales Marketing, Stuttgart 1982, S. 21

unter Berücksichtigung und bei kritischer Würdigung einzelner Definitionsversuche der internationalen Marketingliteratur ein für die Arbeit verwendbarer Begriff herausgearbeitet werden. Eine Differenzierung des Begriffs internationales Marketing ist auch insbesondere aufgrund der gewählten Thematik notwendig. Die Anwendbarkeit der Definition nach Terpstra, wonach internationales Marketing als Management von Marketingaktivitäten über die eigenen nationalen Grenzen hinaus umschrieben wird (1), erscheint aufgrund der unterschiedlichen Faktoren zwischen einem hochindustrialisierten Land und einem Schwellenland zu allgemein gefaßt. Hier wird - wie auch bei Cateora - internationales Marketing als Unternehmensaktivität umschrieben, bei der der Absatz der Produkte und Dienstleistungen nicht nur auf den Inlandsmarkt beschränkt ist, sondern sich mindestens auf ein weiteres Land ausgedehnt hat (2). Dabei bilden die ungewöhnlichen, verschiedenartigen und komplexen Probleme auf dem Auslandsmarkt den Ausgangspunkt bei der Entwicklung entsprechender Internationalisierungsstrategien. Cateora umschreibt die Besonderheit und Notwendigkeit des internationalen Marketing folgendermaßen: "The answer lies not with the mechanics of marketing but with the environment within which the marketing plan must be implemented" (3).

Somit ist die Einbeziehung der ausländischen Markt- und Umweltstruktur in die Marketingplanung ein entscheidendes Kriterium der internationalen Absatzpolitik. Während Obleis von formalen Marketingprinzipien (Gerüst der Marketingplanung) spricht, die universell und generell gültig sind, führt Porter

---

(1) Vgl. Terpstra, V., International Marketing, 2. Aufl., Hinsdale 1978, S. 5

(2) Vgl. Cateora, P., International Marketing, 5. Aufl., Homewood 1983, S. 4

(3) Cateora, P., International Marketing, 5. Aufl., Homewood 1983, S. 4

in weltweiten Branchen die gleichen wirksamen Strukturelemente und Marktkräfte auf. Die praktische Anwendung und Durchsetzbarkeit wird jedoch von der jeweiligen typischen Umwelt (den Auslandsmarktbedingungen) beeinflußt (1). Somit müssen nach Porter bei der Formulierung und Planung von Internationalisierungsstrategien folgende Unterschiede berücksichtigt werden:

"- Faktorkostenunterschiede zwischen den Ländern;
- unterschiedliche Bedingungen auf ausländischen Märkten;
- unterschiedliches Verhalten der ausländischen Regierungen;
- Unterschiede in den Zielen, Mitteln und der Fähigkeit, ausländische Konkurrenten zu kontrollieren"(2)

In bisherigen Veröffentlichungen zur Absatzpolitik auf ausländischen Märkten werden von verschiedenen Autoren unterschiedliche Begriffe wie Exportmarketing, Exportpolitik, Außenhandelsmarketing, internationales, multinationales und globales Marketing verwendet, die die spezifischen Probleme beim grenzüberschreitenden Absatz von Produkten und Dienstleistungen andeuten sollen.
Ringle verwendet den Begriff des Exportmarketing und bezieht sich damit auf die Unternehmenspolitik eines Exporteurs, der durch die grenzüberschreitende Leistungsverwertung die Notwendigkeit einer Ausrichtung des Unternehmens an den jeweiligen Marktgegebenheiten sieht (3).
Exportmarketing beinhaltet nur solche absatzpolitischen

---

(1) Vgl. Obleis, H.P., Das absatzpolitische Instrumentarium der multinationalen Unternehmung, Gernsbach 1976, S. 15, Porter, M., Wettbewerbsstrategie, 4. Aufl., Frankfurt a.M. 1987, S. 346 f.

(2) Porter, M., Wettbewerbsstrategie, 4.Aufl., Frankfurt a.M. 1987, S. 346

(3) Vgl. Ringle, G., Exportmarketing, Wiesbaden 1977, S. 33

Aktivitäten, die sich auf den reinen Güterexport beziehen und stellt somit gegenüber dem internationalen Marketing eine Einengung dar (1). "Eine bewußte, planvolle und systematische Bearbeitung" des Auslandsmarktes ist beim Export aufgrund der geringen Marktdurchdringung - und in diesem Stadium der Auslandsmarktbearbeitung geringen Bedeutung für die Unternehmung - oftmals nicht vorhanden (2). Aufgrund der zunehmenden Internationalisierung der Geschäftsaktivitäten in Form von Lizenzverträgen, Franchising, Joint Ventures, Auslandsniederlassungen oder Tochtergesellschaften erfolgt eine Verlagerung der Produktion vom Inland in das Ausland und damit eine Marktbelieferung vor Ort. Somit stellt der Begriff Exportmarketing eine Eingrenzung auf eine extensive Form der Auslandsmarktbetätigung dar und bleibt daher bei einer für die Arbeit verwendbaren Begriffsbildung des internationalen Marketing unberücksichtigt.

Der von Meissner angeführte Begriff des Außenhandels-Marketing wird als ein Konzept der internationalen Unternehmensführung verstanden, das sich an den unterschiedlichen Gegebenheiten des Auslandsmarktes orientiert (3). Dabei werden unter Berücksichtigung sich bietender internationaler Chancen und Risiken verschiedene Stufen der internationalen Unternehmensführung aufgezeigt, die vom Export bis zur Tochtergesellschaft reichen. Unter dem Aspekt der Auslandsmarktorientierung und der Formulierung einer weltweiten Strategie definiert Meissner Außenhandels-Marketing als eine "bewußte und zielgerechte Kombination der Instrumente der internationalen Unternehmens-

---

(1) Vgl. Berekoven, L., Internationales Marketing, Wiesbaden 1978, S. 33

(2) Meffert, H., Althans, J., Internationales Marketing, Stuttgart 1982, S. 22

(3) Vgl. Meissner, H.G., Außenhandels-Marketing, Stuttgart 1982, S. 18 f.

führung" (1). Diese Definition, bei der internationale Unternehmensführung als Management-Prozeß verstanden wird, der die unterschiedlichen Stufen internationaler Betätigung umfaßt (vom Export über Lizenzverträge bis zur Tochtergesellschaft) (2), erscheint aufgrund der Relevanz anderer komplexer Problembereiche im internationalen Marketing zu stark auf die verschiedenen Eintrittsmethoden auf dem Auslandsmarkt eingegrenzt. Wichtig, jedoch nicht in die Definition einbezogen, sind die Erfordernisse von Flexibilität und Differenzierung im internationalen Marketing.
"Strategien, die für die USA entwickelt worden sind und sich auch dort bewährt haben, können nicht undifferenziert auf ein anderes Industrieland, wie z.B. Japan, übertragen werden, geschweige denn auf ein Land, das sich erst im Stadium einer industriellen Entwicklung befindet" (3), wie beispielsweise die Schwellenländer Südostasiens. Hier müssen unter Einbeziehung der spezifischen sozio-ökonomischen Verhältnisse bisherige internationale Marketing- und Wettbewerbsstrategien modifiziert bzw. neu entwickelt werden.

In den unterschiedlichen Umweltbedingungen auf Auslandsmärkten sieht Kulhavy die wichtigsten Planungsdeterminanten, so daß "die Lösungen von Marketingproblemen in dem einen Land anders ausfallen als in einem anderen" (4). Die verstärkte Einbeziehung der unterschiedlichen Faktoren in die strategische Marketingplanung ist somit zu einem entscheidenden Kriterium für eine erfolgreiche Auslandsmarktbetätigung geworden.

---

(1) Vgl. Meissner, H.G., Außenhandels-Marketing, Stuttgart 1982, S. 18

(2) Vgl.Meissner, H.G., Außenhandels-Marketing, Stuttgart 1982, S. 17

(3) Meissner, H.G., Außenhandels-Marketing, Stuttgart 1982, S. 19

(4) Kulhavy, E., Internationales Marketing, Linz 1981, S. 4

Kulhavy definiert internationales Marketing als marktorientierte Unternehmensführung, bei der die Produkte und Dienstleistungen im Ausland abgesetzt werden. "...Definitionsmerkmal des internationalen Marketings" ist, "daß das Management strategisch vorgeht. Das heißt: Es werden eine globale Unternehmenspolitik und Unternehmensstrategie entworfen..." (1). Unterscheidungsmerkmal dieser Definition - wie auch bei Meffert/Althans - ist die Hervorhebung des strategischen Aspektes im internationalen Marketing. Aufgrund komplexer Entscheidungsvorbereitungen, die einen langfristig wirksamen Charakter haben, sowie zusätzlicher Unsicherheitsfaktoren kommt der "Entwicklung einer strategischen Rahmenplanung für den Erfolg der taktischen Marktbearbeitungsmaßnahmen im internationalen Marketing besonderes Gewicht"(2) zu.

An den bisher genannten Definitionen fällt auf, daß trotz der strategischen Ausrichtung eine Einbeziehung von internationalen Strategiealternativen, die die Sicherung der zukünftigen Erfolgspotentiale auf Auslandsmärkten gewährleisten sollen, weitgehend unberücksichtigt bleibt. Sowohl bei Kulhavy als auch bei Meffert/Althans liegt der Schwerpunkt der strategischen Marketingplanung in der Auswahl der Auslandsmärkte sowie dem Einsatz der absatzpolitischen Instrumente (3).

---

(1) Kulhavy, E., Internationales Marketing, Linz 1981, S. 10

(2) Meffert, H., Althans, J., Internationales Marketing, Stuttgart 1982, S. 32

(3) Siehe hierzu Meffert, H., Althans, J., Internationales Marketing, Stuttgart 1982, S. 33, Meffert, H., Wagner, H., Marketing im Spannungsfeld zwischen weltweiten Wettbewerb und nationalen Bedürfnissen, Münster 1986, S. 2, Meissner, H.G., Strategisches Internationales Marketing, Berlin, Heidelberg 1987, S. 78

In Anbetracht der "tiefgreifenden Veränderungen in der internationalen Wettbewerbsumwelt" (1), bei denen leistungsstarke ausländische Konkurrenten weltweit ihre Marktposition weiter ausbauen und somit den Wettbewerb verschärfen, ist ein strategisches Marketing erforderlich geworden, das dieser neuen Situation entspricht.
Die international veränderten Marktbedingungen führten in der wissenschaftlichen Diskussion sowie der Begriffsbildung zur internationalen Geschäftstätigkeit zu einer verstärkten strategischen Ausrichtung, bei der im zunehmenden Maße das Verhalten weltweit operierender Unternehmungen (japanische und US-amerikanische Unternehmungen) in den Mittelpunkt der Unternehmensstrategie gestellt wurde. Insbesondere die Erfolge japanischer Unternehmungen trugen dazu bei, daß weltweit markt- und wettbewerbsorientierte Unternehmensstrategien und Begriffe wie multinationales und globales Marketing in der aktuellen Diskussion der Marketingwissenschaften dominieren (2).
Keegan und Meffert definieren multinationales Marketing als

---

(1) Meffert, H., Zur Typologie internationaler Marketingstrategien - ein situativer Ansatz, in: Thexis 2/1985, S. 3

(2) Siehe hierzu Levitt, T., Die Globalisierung der Märkte, in: Levitt, T., Die Macht des kreativen Marketing, Düsseldorf 1986, S.37 ff., Hout , Th., Porter, M., Rudden, E., How Global Companies Win Out, in: Harvard Business Review, Vol. 60, No. 5, Sept.-Oct. 1982, S. 98 - 108, Kreutzer, R., Global Marketing - Ansatzpunkte und Erfolgsbedingungen, in: Raffée, H., Wiedmann, K.- P., Strategisches Marketing, Stuttgart 1985, S. 518 ff., Ohmae, K., Die Macht der Triade, Wiesbaden 1985, Meffert, H., Multinationales oder globales Marketing ?, in: Gaugler, E., Meissner, H.G., Thom, N. (Hrsg.), Zukunftsaspekte der anwendungsorientierten Betriebswirtschaftlehre, Stuttgart 1986, S. 191 ff., Keegan, W., Multinational Marketing, 3 rd. Edition, Englewood Cliffs, New Jersey 1984, Jatusripitak, S., Fahey, L., Kotler, P., Strategic Global Marketing: Lessons from the Japanese, in: Columbia Journal of World Business, Vol. XX, No. 1, Spring 1985, S. 47 - 53

eine Unternehmensstrategie, bei der zur Sicherung des internationalen Unternehmenserfolges die Besonderheiten und Bedingungen der jeweiligen Auslandsmärkte weitgehend berücksichtigt werden und somit eine differenzierte und angepaßte Marktbearbeitung erfolgt. So schreibt Keegan zur Strategie des multinationalen Marketing und der Orientierung an den Erfordernissen des Auslandsmarktes folgendes: "..., because no two markets are exactly alike, comparative analysis must be applied with full recognition of the differences between the markets being compared. The focus and emphasis of the multinational is on adapting to what is unique in each country and culture" (1).

Eine Begrenzung auf wenige erfolgsversprechende Auslandsmärkte ermöglicht somit eine differenzierte Marktbearbeitung und Dezentralisierung, bei dem das lokale Management die Entscheidungsbefugnis über die Ausgestaltung der länderspezifischen Strategie erhält. Da die ausländischen Tochtergesellschaften auf den einzelnen Auslandsmärkten als nationales Unternehmen auftreten, wird eine Profilierung gegenüber dem jeweils stärksten nationalen Wettbewerber angestrebt (2).
Ziel beim multinationalen Marketing ist die Sicherung des "internationalen" Unternehmenserfolges (der Tochtergesellschaften) auf jedem einzelnen Auslandsmarkt. Somit wird eine weltweit optimale Gesamtstrategie bewußt zugunsten einzelner national optimaler Strategien zurückgestellt (3).

---

(1) Keegan, W., Multinational Marketing, 3 rd. Edition, Englewood Cliffs, New Jersey 1984, S. 6

(2) Vgl. Meffert, H., Multinationales oder Globales Marketing, in: Gaugler, E., Meissner, H.G., Thom, N. (Hrsg.), Zukunftsaspekte der anwendungsorientierten Betriebswirtschaftslehre, Stuttgart 1986, S. 193

(3) Vgl. Meffert, H., Zur Typologie internationaler Marketingstrategien - ein situativer Ansatz, in: Thexis, 2/1985, S. 4

Die von Keegan und Meffert als multinationales Marketing definierte Strategiealternative muß bei einer Begriffsbildung zum internationalen Marketing ihre Berücksichtigung finden, da bei diesem "längerfristig bedingten Verhaltensplan" (1) eine Orientierung an dem stärksten nationalen Wettbewerber und den spezifischen Bedingungen des Auslandsmarktes erfolgt. Die Orientierung an den Bedürfnissen der ausländischen Konsumenten und den vorherrschenden Marktbedingungen ist deshalb notwendig, da die südostasiatischen Schwellenländer sich bezüglich ihres Entwicklungsstandes, der Wettbewerbssituation, des Pro-Kopf-Einkommens etc. von den Industrieländern stark unterscheiden.
Eine Sicherung des internationalen Unternehmenserfolges hängt auf diesen Märkten besonders davon ab, inwieweit im Rahmen der strategischen Marketingplanung und internationalen Analysen die spezifischen Konsumentenbedürfnisse und Marktbedingungen in Schwellenländern berücksichtigt werden.

Eine weitere Internationalisierungsstrategie stellt das globale Marketing dar, das auf einer Neuorientierung des weltweiten Wettbewerbs beruht. Diese neue Form des weltweiten Wettbewerbs wurde von japanischen Unternehmungen initiiert, die ihre Produkte weltweit ohne Berücksichtigung länderspezifischer Gegebenheiten und der jeweiligen Konsumentenbedürfnisse auf allen internationalen Märkten standardisiert absetzen.
Voraussetzung hierfür bildet die These von Levitt, daß aufgrund der zunehmenden Homogenisierung der Wünsche und Bedürfnisse überall auf der Welt "gigantische Weltmärkte von

---

(1) Meffert, H., Multinationales oder globales Marketing, in: Gaugler, E., Meissner, H.G., Thom, N. (Hrsg.), Zukunftsaspekte der anwendungsorientierten Betriebswirtschaftslehre, Stuttgart 1986, S. 193

bisher ungeahntem Ausmaß" (1) entstehen. Nationale Bedürfnisse sowie spezifische Marktgegebenheiten, die sich aus dem unterschiedlichen wirtschaftlichen, politischen und technischen Entwicklungsstand einzeler Länder ergeben und eine Produktdifferenzierung erfordern, werden aufgrund der globalen Strategie nicht berücksichtigt. So definiert Levitt globales Marketing als eine Strategie eines Weltunternehmens, das mit vergleichsweise geringen Kosten (2) und gleichbleibenden Arbeitsmethoden das gleiche Produkt weltweit auf nahezu identischen Absatzmärkten verkauft (3). Alle strategischen Entscheidungen zur Verbesserung der internationalen Wettbewerbsfähigkeit werden zentral im Stammhaus gefällt, so daß einzelne Tochtergesellschaften nicht mehr unabhängig auf nationaler Ebene operieren können, sondern weltweit in ein Gesamtsystem integriert und zur Arbeitsteilung und Spezialisierung verpflichtet werden (4).
Ziel des globalen Marketing ist die weltweite Kostenführerschaft durch Ausnutzung der Stückkostendegression bei Massenproduktion (5). Somit wird im Gegensatz zum multinationalen Marketing auf eine länderoptimale Strategie verzichtet und eine global optimale Strategie angestrebt.

---

(1) Levitt, T., Die Globalisierung der Märkte, in: Levitt, T., Die Macht des kreativen Marketing, Düsseldorf 1986, S. 38

(2) Vergleichsweise geringen Kosten im Gegensatz zur multinationalen Strategiealternative, bei der jeweils eine länderspezifische Anpassung der Produkte angestrebt wird.

(3) Vgl. Levitt, T., Die Globalisierung der Märkte, in: Levitt, T., Die Macht des kreativen Marketing, Düsseldorf 1986, S. 40

(4) Vgl. Meffert, H., Zur Typologie internationaler Marketingstrategien - ein situativer Ansatz, in: Thexis 2 / 1985, S. 4

(5) Vgl. Meffert, H., Zur Typologie internationaler Marketingstrategien - ein situativer Ansatz, in: Thexis 2/1985, S. 4 f.

Die mit der Definition verbundene Strategiefestlegung für weltweit tätige Unternehmungen kann bei einer Begriffsbildung für diese Arbeit nicht ohne Einschränkungen übernommen werden. Insbesondere die These der zunehmenden Homogenisierung der Weltmärkte und Angleichung der Bedürfnisse bezieht sich eher auf die Triade-Länder mit "...600 Mio. Einwohnern..." und "fast identischem Nachfrageverhalten" (1) als auf die Bevölkerung der Entwicklungs- und Schwellenländer. Nationale Bedürfnisse sowie spezifische Marktgegebenheiten, die sich aus dem wirtschaftlichen Entwicklungsstand sowie dem Pro-Kopf-Einkommen dieser Länder ergeben, erfordern eine differenzierte Marktbearbeitung sowie höhere Flexibilität, die jedoch beim globalen Marketing nicht gegeben sind.

Die mit den unterschiedlichen Begriffen verbundenen Strategiealternativen der internationalen Geschäftstätigkeit müssen bei einer Definition zum internationalen Marketing ihren Niederschlag finden und klar abgegrenzt werden. Somit soll unter Berücksichtigung der angeführten Definitionen und dem Aspekt der Wettbewerbsorientierung im internationalen Marketing folgende Definition für die Arbeit gelten: Internationales Marketing soll als auslandsmarktorientierte Unternehmensführung verstanden werden, bei der zur Sicherung des internationalen Unternehmenserfolges differenzierte - d.h. den jeweiligen typischen Auslandsmarktbedingungen angepaßte - Marketing- und Wettbewerbsstrategien entwickelt werden. Dabei bilden folgende spezifische Auslandsmarktbedingungen die Basis bei der Planung internationaler Strategien:

- Ausländisches Marktpotential
- Wirtschaftlicher Entwicklungsstand des Landes

---

(1) Ohmae, K., Macht der Triade, Wiesbaden 1985, S. 9

- Wettbewerber (internationale Wettbewerber und nationale Wettbewerber)
- spezifische Wettbewerbssituation im Auslandsmarkt
- Länderlebenszyklusphase
- jeweilige Produktlebenszyklusphase auf dem Auslandsmarkt
- politisch-rechtliche Bedingungen
- sozio-kulturelle Unterschiede
- gesetzliche Bestimmungen
- geographische und klimatische Gegebenheiten
- Einstellungen, Bildungsstand und Kaufgewohnheiten der Konsumenten

Eine weltweit begrenzte Geschäftstätigkeit auf wenige erfolgsversprechende Auslandsmärkte soll die internationale Wettbewerbsposition deutscher Unternehmungen langfristig sichern. Hierbei gewinnen im internationalen Marketing - neben den Triade-Märkten - die südostasiatischen Schwellenländer als zukünftige Schlüsselmärkte zunehmend an Bedeutung.

3. Strategische Marketingplanung im internationalen Bezugsrahmen

Die strategische Marketingplanung ist integrierter Bestandteil im System der Gesamtunternehmensplanung und stellt somit einen Teilplan mit wechselseitigen Beziehungen zu anderen Bereichen wie Finanz-, Investitions-, Produktions-, Beschaffungs-, Personal- und Organisationsplanung dar (1).
Sie nimmt jedoch im Rahmen der internationalen Unternehmensführung eine Sonderstellung ein, da sich die übrigen Teilpläne bei der Erschließung von neuen Auslandsmärkten an den gegebe-

(1) Vgl. Pümpin, C., Langfristige Marketingplanung, 2. Aufl., Bern 1970, S. 17 f.

nen Marktverhältnissen und anderen Umweltbedingungen orientieren müssen. Somit bildet die strategische Marketingplanung die Grundlage für die übrigen Teilplanungen und kann demnach als das "Herz des unternehmerischen Planungssystems" (1) verstanden werden.
Während andere strategische Teilplanungen eine unterstützende Funktion haben, übernimmt somit die strategische Marketingplanung bei international marktorientierten Unternehmungen die Rolle einer funktionalen Leitplanung (2).

Standen bisher im Rahmen der Marketingplanung Fragen der Bestimmung sowie nach Art und Umfang der absatzpolitischen Instrumente im Vordergrund (3), so ist aufgrund der zunehmenden weltweiten Wettbewerbsintensität eine strategische Ausrichtung des internationalen Marketing erforderlich geworden, bei der die Hauptproblematik in der Beantwortung der Frage, "welche Produkte in welchen Märkten mit welchen Marketingaktivitäten zu welchem Zeitpunkt vertrieben werden sollen" (4), liegt.
Insbesondere der Beantwortung der Frage, auf welchen Auslandsmärkten mit welchen Produkten und welchen Marketingaktivitäten ein verstärktes Engagement angestrebt werden soll, kommt aufgrund der Sättigungsphase vieler Branchenmärkte und gravierender demographischer Veränderungen in Deutschland eine existentielle Bedeutung zu.
Denn mit der Festlegung über Art und Ausmaß der ausländischen Tätigkeitsgebiete (Produkte, Auslandsmärkte und der

---

(1) Haedrich, G., Kuß, A., Fallstudie Marketingplanung, München, Wien 1979, S. 7

(2) Vgl. Haedrich, G., Tomczak, T., Strategische Markenführung, Bern, Stuttgart 1990, S. 24 f.

(3) Siehe hierzu: Bidlingmaier, J., Marketing, Bd. I, 10. Aufl., Opladen 1983, S. 17

(4) Meffert, H., Wehrle, F., Strategische Unternehmensplanung, Arbeitspapier Universität Münster 1981, S. 3

Internationalisierungsform wie z.B. Joint Venture) werden langfristig die weltweiten Marktchancen sowie die dem Unternehmen zugänglichen Ertragspotentiale bestimmt (1). Dabei können nur solche Auslands- und Branchenmärkte ein erfolgreiches Ertragspotential darstellen, die sich in der Wachstumsphase befinden und somit grundlegende Voraussetzungen für langfristig ertragreiches Arbeiten bieten (2).
Haedrich und Tomczak verstehen in diesem Zusammenhang unter der Strategie eines Unternehmens die Auswahl der Geschäftsfelder - auch im Sinne der Auswahl von Auslandsmärkten -, in denen sich die Unternehmung unter Berücksichtigung von in- und ausländischen Wettbewerbern und der ausländischen Umwelt engagieren will, sowie die Art und Intensität dieses Auslandsengagements (3).

Im folgenden sollen in Anlehnung an Haedrich/Kuß und Keegan (4) die einzelnen Phasen und besonderen Problembereiche der

---

(1) Vgl. Gälweiler, A., Unternehmensplanung, Frankfurt a.M., New York 1974, S. 135

(2) Vgl. Gälweiler, A., Unternehmensplanung, Frankfurt a.M, New York 1974, S. 230

(3) Vgl. Haedrich, G., Tomczak, T., Strategische Markenführung, Bern, Stuttgart 1990, S. 25

(4) Vgl. Haedrich, G., Kuß, A., Fallstudie Marketingplanung, München, Wien 1979, S. 7, Keegan, W., Multinational Marketing Management, New Jersey 1984, S. 34 ff. Siehe zur Reihenfolge und einzelnen Phasen des strategischen Planungsprozeßes im internationalen Bezugsrahmen auch: Meffert, H., Landwehr, R., Gass, C., Internationales Management, Münster 1984, S. 13 und S. 18 ff., Hinterhuber, H., Strategische Unternehmungsführung, 3. Aufl., Berlin New York 1984, S. 94, Raffée, H., Segler, K., Marketingstrategien im Export, in: Dichtl, E., Issing, O. (Hrsg.), Exporte als Herausforderung für die deutsche Wirtschaft, Köln 1984, S. 280, Majaro, S., International Marketing, London 1977, S. 189 ff.

strategischen Marketingplanung auf Auslandsmärkten dargestellt werden:

1. Ausgangspunkt des strategischen Planungsprozeßes bildet die Informationsphase, bei der die spezifischen Rahmenbedingungen und Besonderheiten der südostasiatischen Schwellenländer (Marktpotential, wirtschaftlicher Entwicklungsstand, Wettbewerbssituation, Länderlebenszykklusphase, Produktlebenszyklusphase, politisch-rechtliche Bedingungen, soziokulturelle Unterschiede, geographische und klimatische Gegebenheiten, Einstellung und Bildungsstand der Konsumenten) dargestellt werden.

2. Interpretation der unterschiedlichen Auslandsmarktinformationen und Prognose wichtiger Entwicklungen der Markt- und Umweltsituation in Südostasien. Identifizierung von gegenwärtigen und zukünftigen Chancen und Risiken für deutsche Unternehmungen.

3. Überprüfung innerbetrieblicher Voraussetzungen für zukünftige Marketingaktivitäten auf dem südostasiatischen Auslandsmarkt. Insbesondere der Finanzmittel, des Know-How, der Management-Qualifikation und der Eignung der Produkte. Analyse der Stärken und Schwächen deutscher Unternehmungen im internationalen Wettbewerb.

4. Festlegung der strategischen Marketingzielsetzung unter Berücksichtigung der ausländischen Marktgegebenheiten, der voraussichtlichen Branchen- und Absatzentwicklung und der spezifischen Unternehmenssituation.

5. Entwicklung internationaler Strategiealternativen für den südostasiatischen Absatzmarkt.

6. Auswahl der Internationalisierungsstrategie sowie Ausarbeitung der Marketinginstrumente, die zur Erreichung der strategischen Ziele auf dem südostasiatischen Absatzmarkt eingesetzt werden.

7. Plankontrolle auf der Grundlage der festgelegten länderspezifischen Marketingziele.

Ausgehend von der Informationsbeschaffung über den Auslandsmarkt, bei der die spezifischen Marktbedingungen (Marktgröße, Marktwachstum, Nachfrage-, Absatzmittler- und Wettbewerbsstruktur) sowie allgemeine wirtschaftliche Informationen (Bevölkerungsentwicklung, Wirtschaftswachstum) aufgezeigt werden, müssen insbesondere auf Schwellenmärkten die Informationsgrundlagen durch Darstellung von politischen, rechtlichen und sozialen Gegebenheiten ergänzt werden. Sie weichen erheblich von denen westlicher Industrieländer ab und beeinflussen aufgrund ihrer raschen und tiefgreifenden Veränderungen sowohl die Chancen und Risiken auf diesen Absatzmärkten als auch die Form der Markteintrittsstrategie (1).

Im Anschluß soll eine Analyse und Interpretation die spezifischen Verhältnisse, Besonderheiten sowie Risiken und langfristigen Chancen darlegen, die sich in der südostasiatischen Region für deutsche Unternehmungen ergeben. Auf der Basis dieser Auslandsmarktinformationen sowie einer langfristigen Absatzprognose soll eine innerbetriebliche Prüfung von Produkten, Management, Finanzen, Organisation etc. (2),

---

(1) Siehe hierzu auch im vierten Teil Abschnitt 1.3.2

(2) Über die Unternehmensanalyse in bezug auf die Stärken und Schwächen der deutschen Unternehmung werden im Rahmen der Arbeit keine weiteren Ausführungen gemacht. Sie stellt jedoch einen Bestandteil der Marketingplanung dar und wird der Vollständigkeit halber an dieser Stelle erwähnt.

Stärken und Schwächen der Unternehmung beim internationalen Absatz der Produkte aufzeigen (1).

Bei der Stärken- und Schwächenanalyse muß eine verstärkte Bezugnahme auf die wichtigsten einheimischen, US-amerikanischen und japanischen Wettbewerber vorgenommen werden. Hieraus ergeben sich für die Bestimmung der Internationalisierungsstrategie wichtige Hinweise, so daß eigene Stärken ausgebaut und Schwächen der Wettbewerber ausgenutzt werden können (2).

Unter Berücksichtigung der südostasiatischen Markt- und Umweltsituation sowie der spezifischen Unternehmenssituation können im Anschluß die strategischen Ziele im internationalen Wettbewerb bestimmt und in schriftlich fixierten Plänen festgehalten werden. Dabei stellen Gewinn, Wachstum und Sicherheit typische Oberziele internationaler Unternehmungen dar (3).

Im Mittelpunkt der strategischen Marketingplanung stehen die Formulierung und Auswahl der Internationalisierungsstrategie, die langfristig auf den ausländischen Absatzmärkten eingesetzt werden.
Diese Internationalisierungsstrategie, verstanden als langfristig anzuwendende Verhaltensweise gegenüber in- und

---

(1) Vgl. Haedrich, G., Entwicklung von Marketingstrategien, in: Marketing, Heft 3, 1983, S. 176, Haedrich, G., Tomczak, T., Strategische Markenführung, Bern, Stuttgart 1990, S. 23 ff. und S. 58 ff.

(2) Vgl. Haedrich, G., Tomczak, T., Strategische Markenführung, Bern, Stuttgart 1990, S. 59, Meffert, H., Landwehr, R., Gass, C., Internationales Management - Grundprobleme und Strategieansätze, Münster 1984, S. 18

(3) Vgl. Meffert, H., Landwehr,R., Gass, C., Internationales Management, Münster 1984, S. 13

ausländischen Wettbewerbern, Absatzmittlern und Konsumenten, soll wesentlich zur Erreichung der Marketingziele auf Auslandsmärkten sowie der langfristigen Zukunftssicherung der deutschen Unternehmung beitragen (1).
Hierbei steht im internationalen Bezugsrahmen die Frage im Mittelpunkt, welche Auslandsmärkte mit welchen Produkten wie bearbeitet werden sollen (2).

Somit stellt die strategische Marketingplanung eine "gedankliche Vorwegnahme künftigen Geschehens" auf dem ausländischen Absatzmarkt "durch zukunftsorientierte, systematische Entscheidungsprozesse" (3) dar.

Die gedankliche Vorwegnahme zukunftsorientierter Entscheidungsprozesse ist bei komplexen Marketingaktivitäten auf geographisch weit entfernten Auslandsmärkten von besonderer Bedeutung, da aufgrund großer Unsicherheitsfaktoren (geringe oder kaum vorhandene Marktkenntnisse) und langer Reaktionszeiten (4) die strategischen Marketingziele nur durch eine systematische Vorgehensweise und aktive Beeinflussung des Marktes realisiert werden können. Improvisierte Handlungen auf Auslandsmärkten mit hohem Fremdheitsgrad und steigender

---

(1) Vgl. Hahn, D., Taylor, B., Strategische Unternehmungsplanung, 3. Aufl., Würzburg, Wien 1984, S. 19f. , Meffert, H., Wagner, H., Marketing im Spannungsfeld zwischen weltweiten Wettbewerb und nationalen Bedürfnissen, Münster 1986, S. 2

(2) Vgl. Meffert, H., Wagner, H., Marketing im Spannungsfeld zwischen weltweitem Wettbwerb und nationalen Bedürfnissen, Münster 1986, S. 2

(3) Hahn, D., Taylor, B., Strategische Unternehmungsplanung, 3. Aufl., Würzburg, Wien 1984, S. 19

(4) Meissner spricht in diesem Zusammenhang von einer geringen Revidierbarkeit und Langfristigkeit internationaler Entscheidungen. Siehe hierzu: Meissner, H.G., Strategisches Internationales Marketing, Berlin Heidelberg 1987, S. 77

Wettbewerbsintensität führen zu Mißerfolgen, die von langfristiger Dauer sind und weitere Marketingaktivitäten in ihrer Effizienz einschränken. So schreiben Thorelli/Becker zur Notwendigkeit einer strategischen Marketingplanung auf Auslandsmärkten: "Despite the parallels to domestic marketing planning in the international sphere is both more difficult and indispensible ... . "Only at the risk of courting disaster would the international marketer enter foreign country without a well-laid plan" (1).

Kennzeichnend für die strategische Marketingplanung im internationalen Bezugsrahmen ist die Entwicklung flexibler Strategien (2) für den Auslandsmarkt. Dieser Planung flexibler Strategien (Duales Marketing) kommt aufgrund der unvorhersehbaren Entwicklung auf Schwellenmärkten, unvorhersehbaren Marketingaktionen in- und ausländischer Konkurrenzunternehmen (Konkurrenzangebot) und der Notwendigkeit der Produktdifferenzierung (z.B. durch gesetzliche Bestimmungen) eine besondere Bedeutung zu.
Sie ermöglichen der deutschen internationalen Unternehmung, sich verändernden Umwelt- und Marktbedingungen sowie daraus neu ergebenden Chancen und Risiken flexibel anzupassen und Unsicherheiten zu bewältigen (3).

---

(1) Thorelli, H., Becker, H., International Marketing Strategy, New York 1984, S. 368

(2) Meffert kennzeichnet die flexible Strategie auch als eine gemischte Strategie, bei der die Notwendigkeit zur globalen Integration und regionalen Flexibilität (Zwang zur Lokalisierung aufgrund gesetzlicher Bestimmungen) die zentralen Faktoren bilden. Siehe hierzu: Meffert, H., Multinationales oder globales Marketing ?, in: Gaugler, E., Meissner, H.G., Thom, N. (Hrsg.), Zukunftsaspekte der anwendungsorientierten Betriebswirtschaftslehre, Stuttgart 1986, S. 199 f.

(3) Vgl. Meffert, H., Zur Typologie internationaler Marketingstrategien - ein situativer Ansatz,in: Thexis, 2/1985, S. 5

Sowohl bei der Verteidigung der eigenen Wettbewerbsposition auf Auslandsmärkten als auch bei Nachfrageveränderungen der ausländischen Konsumenten nimmt die Verkürzung der Reaktionszeit eine strategische Schlüsselposition ein, so daß Marktanteilsverlusten und Umsatzrückgängen frühzeitig entgegengewirkt werden kann.

Angesichts dieser Gegebenheiten muß im Rahmen der strategischen Marketingplanung eine Abstimmung der internationalen Strategie mit den jeweils vorherrschenden Auslandsmarktbedingungen erzielt werden. Dynamische Marktentwicklungen sowie die typischen Merkmale junger Branchenmärkte (1) erfordern eine Unternehmensstrategie, die den situativen Gegebenheiten der südostasiatischen Absatzmärkte entspricht.

4. Schwellenländer in Südostasien

Bisher wurden Entwicklungsländer als eine homogene Ländergruppe mit niedrigem Industrialisierungsgrad, niedrigem Pro-Kopf-Einkommen und geringer sozio-ökonomischer Entwicklung betrachtet. Seit Anfang der sechziger Jahre haben einige dieser Entwicklungsländer aufgrund ihrer rasch fortschreitenden Industrialisierung mit überdurchschnittlich wirtschaftlichem Wachstum und steigendem Pro-Kopf-Einkommen als Konkur-

(1) Siehe zu den typischen Merkmalen junger Branchenmärkte: Porter, M., Wettbewerbsstrategie, 4. Aufl., Frankfurt a.M. 1987, S. 273 ff.

renten auf Weltmärkten zunehmend an Bedeutung gewonnen (1). Diese Länder, die sich in einem wirtschaftlichen Entwicklungsstadium der ersten Industrialisierungsstufe befinden, können weder als Industrieländer noch als Entwicklungsländer klassifiziert werden. Sie befinden sich auf der Schwelle vom Entwicklungsland zum Industrieland, wobei aus dem überdurchschnittlich wachsenden Pro-Kopf-Einkommen eine stetige Verringerung des Einkommensunterschiedes zu den traditionellen Industrieländern resultiert (2). In der deutschsprachigen Literatur werden Länder dieser Gruppe als Schwellenländer bezeichnet, während sie in der englischen und US- amerikanischen Literatur als Newly Industrialising Countries (NIC's) (3) umschrieben werden.

Bisherige Definitionsansätze zum Begriff Schwellenland wurden vorwiegend unter handelspolitischen, entwicklungspolitischen und analytischen Zielsetzungen diskutiert und sind somit nur bedingt für eine absatzwirtschaftliche Arbeit anwendbar.

Aufgrund unterschiedlicher Zielsetzungen supranationaler Organisationen wie des GATT, der OECD, der UNCTAD und der Weltbank sowie nationalen Instituten, wie dem Institut der

---

(1) Siehe zur zunehmenden Bedeutung der Schwellenländer als Konkurrenten auf Weltmärkten auch folgende Ausführungen von Porter und Ohmae. Porter, M., Wettbewerbsstrategie, 4. Aufl., Frankfurt a.M. 1987, S. 347 und S. 371, Ohmae, K., Macht der Triade, Wiesbaden 1985, S. 173 ff., Heenan, D.A., Keegan, W., Die neuen Multis, in: Harvard Manager, 1/1980, S. 60 ff., Wortzel, L.H., Vernon-Wortzel, H., Globalizing Strategies for Multinationals from Developing Countries, in: CJoWB, Vol. 23, No. 1, Spring 1988, S. 27 ff.

(2) Vgl. Bergmann, C., Schwellenländer. Kriterien und Konzepte, Köln 1983, S.72

(3) OECD (Hrsg.), The Impact of the Newly Industrialising Countries on Production and Trade in Manufactures, Paris 1979, S. 18

Deutschen Wirtschaft, Prognos, Battelle und IFO ist eine eindeutige Abgrenzung der Schwellenländer bislang noch nicht erzielt worden. Eine verbindliche Liste der Schwellenländer ist nicht vorhanden, so daß die Zuordnung von Ländern bzw. Ländergruppen in diese Kategorie flexibel zu handhaben ist (1). Dieses ist auch insbesondere deshalb notwendig, weil aufgrund des dynamischen Wirtschaftswachstums und Wandels in Südostasien eine Aufnahme neuer Länder in diese Gruppe erfolgen müßte. So werden von der OECD Malaysia, die Philippinen und Thailand noch als "Entwicklungsländer" klassifiziert, die jedoch aufgrund der rapiden Industrialisierung und des außenwirtschaftlichen Wachstums künftig in die Gruppe der Schwellenländer aufzunehmen wären.

Für die Klassifizierung eines Schwellenlandes wenden supranationale Organisationen und nationale Institute aufgrund ihrer verschiedenen Zielsetzungen (z.B. Gewährung von Entwicklungsfinanzierung und -hilfe) unterschiedliche Abgrenzungskriterien an (2). Die grundsätzliche Problematik liegt - auch aus absatzwirtschaftlicher Betrachtungsweise - in der Bestimmung der Länder Südostasiens, die sich im Hinblick auf den

"- Grad der weltwirtschaftlichen Integration
- Grad der Industrialisierung
- Grad der sozio-ökonomischen Entwicklung
- Grad des geopolitischen Gewichts

---

(1) Vgl. Bundeministerium für wirtschaftliche Zusammenarbeit (Hrsg.), Deutsche Unternehmen und Entwicklungsländer, 2. Aufl., Bonn 1982, S.96

(2) Siehe zur Klassifizierung und Gruppenbildung von Entwicklungsländern Lorenz, D., Zur Vielfalt der Entwicklungsländer: . Differenzierung oder Typologie ?, in: Die Erde, 109, Berlin 1978, S. 296 ff., Bergmann, C., Schwellenländer. Kriterien und Konzepte, Köln 1983, S.10 ff., Esser, K., Wiemann, J., Schwerpunktländer in der Dritten Welt, Berlin 1981, S. 18 ff.

in einer zu definierenden Schwellenländersituation befinden" (1).

Die typischen Merkmale der Schwellenländersituation definiert das Bundesministerium für Wirtschaft folgendermaßen: Schwellenländer sind Entwicklungsländer mit einem "verhältnismäßig fortgeschrittenen wirtschaftlichen Entwicklungsstand", deren wirtschaftliche Eigendynamik es ihnen voraussichtlich erlauben wird, die Strukturmerkmale eines typischen Entwicklungslandes mehr und mehr zu überwinden" (2). Die soziale und gesellschaftliche Entwicklung dieser Länder entspricht jedoch noch nicht dem wirtschaftlichen Entwicklungsstand.

In Anlehnung an unterschiedliche supranationale Organisationen (3), die bei einer Schwellenländer-Klassifizierung vorwiegend volkswirtschaftliche, bank- und entwicklungspolitische Zielsetzungen verfolgen, werden in dieser Arbeit zusätzlich absatzwirtschaftliche Kriterien mit einbezogen. Anhand wichtiger Hauptkriterien, die insbesondere das Marktpotential sowie langfristige Absatzchancen für deutsche Unternehmungen aufzeigen sollen, soll eine für die Arbeit geltende Schwellenländer-Definition herausgearbeitet werden (4). Dabei sind folgende Kennziffern - im Vergleich zu den

---

(1) Bergmann, C., Schwellenländer. Kriterien und Konzepte, Köln 1983, S. 2 f.

(2) Bundesministerium für wirtschaftliche Zusammenarbeit, Zusammenarbeit mit Schwellenländern, Bonn 1982, S. 61

(3) Supranationale Organisationen wie der OECD, dem GATT und der Weltbank

(4) Auch Henzler führt bei der Bewertung von Auslandsmärkten als Entscheidungsgrundlage primär langfristige wirtschaftliche Faktoren an wie Bevölkerungsgröße, Pro-Kopf-Einkommen, Bruttosozialprodukt, politische Situation und gesetzliche Beschränkungen der Länder. Siehe hierzu: Henzler, H., Neue Strategie ersetzt den Zufall, in: Manager Magazin, Heft 4/1979, S. 122 ff.

Industrieländern - wichtige Indikatoren, anhand deren das dynamische Wachstum und die typische Situation der Schwellenländer aufgezeigt werden können:

- Bruttoinlandsprodukt als Kennziffer für Kaufkraft
- Bevölkerungsgröße und -wachstum
- Höhe des Pro-Kopf-Einkommens sowie jährliche Wachstumsrate
- Beitrag der Industrie am Bruttoinlandsprodukt
- ausländische Direktinvestitionen

Schwellenländer sind Länder, die sich aufgrund ihres dynamischen Wirtschaftswachstums, ihres fortgeschrittenen Industrialisierungsgrades und ihres zunehmenden Pro-Kopf-Einkommens langfristig als geeignete und erschließbare Absatzmärkte für deutsche Unternehmungen entwickelt haben. In diesen bevölkerungsreichen Ländern mit dem Prinzip der freien Marktwirtschaft und verhältnismäßig stabiler politischer Lage können Marktanteilsgewinne aus dem Wachstumsprozeß des Gesamtmarktes erzielt werden (1). Die regionale Begrenzung auf Südostasien schließt dabei die Länder Süd-, Mittelamerikas und Afrikas aus, so daß in Anlehnung an Gälli (2) und die

---

(1) Vgl. Meffert, H., Marketinstrategien in stagnierenden und schrumpfenden Märkten, in: Pack, L., Börner, D., Betriebswirtschaftliche Entscheidungen bei Stagnation, Wiesbaden 1984, S. 37 - 72

(2) Auch Gälli bestimmt die folgenden 8 Länder als Schwellenländer Südostasiens, wenn auch mit graduellen Unterschieden bezüglich der wirtschaftlichen und politischen Entwicklungen einzelner Länder. Vgl. Gälli, A., Neue Wachstumsmärkte in Fernost, München, Köln, London 1983, S.12

Prognos-Studie (1) folgende Schwellenländer bestimmt werden:

- Hongkong
- Südkorea
- Singapur
- Taiwan
- Malaysia
- Philippinen
- Thailand
- Indonesien

(1) Vgl. Prognos (Hrsg.), Die Weltmärkte bis 1995, Stuttgart 1984, S. 186

ZWEITER TEIL: ZUNEHMENDE INDUSTRIALISIERUNG DER SCHWELLENLÄNDER UND DEREN FOLGEN

Die im vorigen Abschnitt erwähnten wirtschaftlichen und industriellen Entwicklungstendenzen der südostasiatischen Schwellenländer sollen im folgenden Teil differenzierter dargestellt werden, um Ursachen für die Entwicklungen und globalen Veränderungen zwischen Industrie- und Schwellenländern aufzuzeigen. Dabei sind im einzelnen folgende Hauptpunkte zu erörtern, aus denen in den letzten Jahren eine international verschärfte Wettbewerbssituation resultierte, aber sich auch neue langfristige Absatzchancen in der südostasiatischen Region ergaben:

1. Die gesamtwirtschaftliche und industrielle Wachstumsentwicklung in Südostasien
2. Die zukünftige wirtschaftliche Entwicklung in Südostasien
3. Chancen und Gefahren für die deutsche Konsumgüterindustrie

Einleitend bildet der Produktzyklus des internationalen Handels von Vernon einen theoretischen Erklärungsansatz für die bisherigen globalen Veränderungen und auch weitere Entwicklungstendenzen zwischen Industrie- und Schwellenländern.

1. Die Produktzyklus-Theorie des internationalen Handels als Erklärungsansatz für globale Veränderungen zwischen Industrie- und Schwellenländern

Die Produktzyklus-Theorie des internationalen Handels von Vernon stellt ein Modell der zeitlichen Phasenverschiebung von Lebenszyklen eines Produktes auf verschiedenen Ländermärkten mit unterschiedlichem wirtschaftlichen und technischen Entwicklungsstand dar - siehe Abbildung 2.
Der Grundgedanke sowie die daraus resultierenden unter-

schiedlichen Entwicklungen zwischen Industrie- und Schwellenländern bezüglich des Außenhandels (Exporte und Importe), der Nachfrage, der Direktinvestitionen sowie der international veränderten Wettbewerbsbedingungen bilden einen globalen theoretischen Bezugsrahmen. Nach der Produktzyklus-Theorie werden Produkte in drei Entwicklungsphasen eingeteilt:

1. Einführungsphase	neue Produkte (new products) t 0 - t 5
2. Wachstumsphase	voll entwickelte Produkte (maturing products) t 5 - t 10
3. Reifephase	standardisierte Produkte (standardized products) t 10 - t 15

Abb.2: Produktzyklus, Außenhandel und Direktinvestitionen

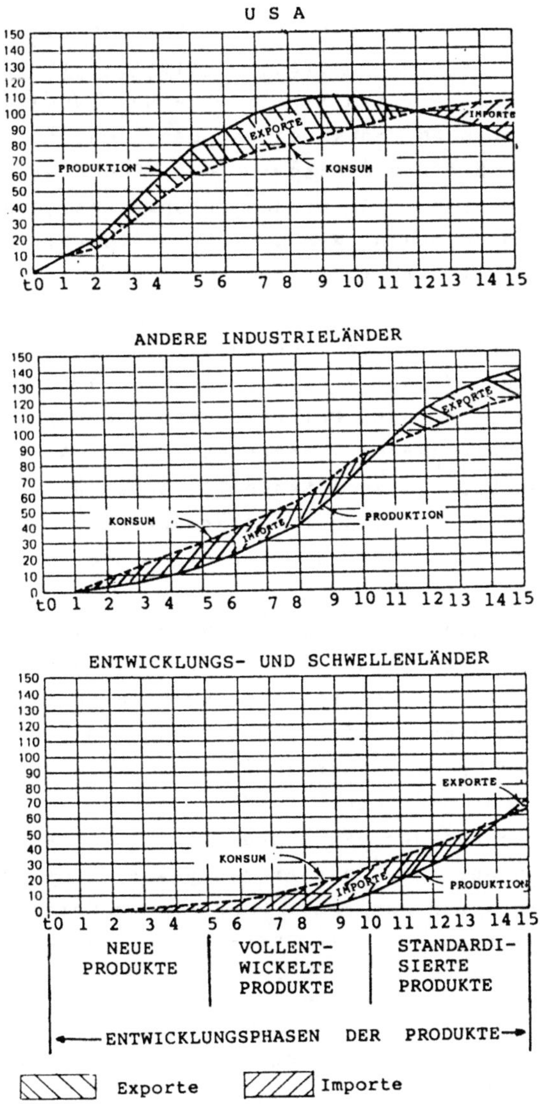

Quelle: Vernon, R., Wells, L.T., Manager in the International Economy, 5th Edition, Englewood Cliffs, New Jersey 1986, S. 83

Bei einer räumlichen (Weltmärkte) und zeitlichen Betrachtung geht Vernon davon aus, daß in der ersten Phase Produktinnovationen in wirtschaftlich und technisch weiter fortgeschrittenen Industrieländern - wie in diesem Beispiel in den USA - entwickelt und national auf dem Markt eingeführt werden (1). Diese Produktinnovationen entsprechen den jeweils vorherrschenden Inlandsmarktbedingungen sowie den Bedürfnissen der inländischen Konsumenten. So werden entsprechend nur solche neuen Technologien oder neuen Produkte eingeführt, die dem verhältnismäßig hohen Pro-Kopf-Einkommen der US-amerikanischen Bevölkerung entsprechen.
Ausländische Unternehmen aus anderen Industrie- und Schwellenländern haben für diese Produktinnovationen noch keine Produktionsverfahren, so daß weltweit eine monopolähnliche Situation für US-Unternehmen vorherrscht (2). Alle ausländischen Industriemärkte wie auch Schwellenmärkte werden durch einen stark expandierenden Export des Produktes beliefert (ab t 1 die Industrieländer und ab t 2 die Schwellenländer) - siehe Abbildung 2.
Während der Einführungsphase dieses Produktes (t 1 - t 5) wird in anderen wirtschaftlich und technisch fortgeschrittenen Industrieländern wie z.B. Deutschland, Frankreich und England aufgrund der gestiegenen Nachfrage die Produktion aufgenommen (t 1). Ein Teil der Gesamtnachfrage (Konsum) wird auf diesen Märkten aufgrund der geringen Produktionskapazität dieser Länder durch Importe aus den USA abgedeckt. In dieser Phase können US-Unternehmen, die bisher die gesamte amerikanische Inlandsnachfrage abdecken und somit über ein größeres Produktionspotential verfügen, Scale Effekte erzielen und mit

---

(1) Vgl. Vernon, R., International Investment and the International Trade in the Product Cycle, in: Quarterly Journal of Economics, Vol. 80, No. 2, Harvard University, Cambridge Mass., May 1966, S. 194

(2) Vgl. Wells, L.T., A Product Life Cycle for International Trade?, in: Journal of Marketing, Vol. 32, July 1968, S. 1 - 6

geringeren Kosten arbeiten als europäische Konkurrenzunternehmen (1).
Weitere Vorteile ergeben sich aus den in den USA erworbenen Marktkenntnissen mit dem eingeführten Produkt, so daß europäische Unternehmen vorläufig weder auf ihrem Inlandsmarkt noch auf anderen Auslandsmärkten eine bedeutende Marktposition einnehmen können.
Auf den Märkten der Schwellenländer wird die Gesamtnachfrage zunächst mit einem time-lag ausschließlich durch Importe aus den USA abgedeckt (ab t2) . Aufgrund des niedrigen wirtschaftlichen und technischen Entwicklungsstandes dieser Länder kann die Produktion erst zu einem späteren Zeitpunkt aufgenommen werden, wenn es sich um ein voll entwickeltes Produkt (maturing product) handelt und das Produktionsverfahren durch Technologietransfer bekannt geworden ist (ab t 8) (2).

Im weiteren Verlauf der Einführungsphase und der Wachstumsphase (t 1 - t 10) können US-amerikanische Unternehmen den Export ihrer Produkte auf den Märkten der Industrie- und Schwellenländer ausweiten. Während die Produktionskapazitäten für dieses Produkt in den Schwellenländern noch gering sind, können diese in den Industrieländern stetig ausgeweitet werden.

Im Verlauf der Wachstumsphase (t 5 - t 10) können die europäischen Unternehmen ihre Produktionskapazitäten soweit ausbauen, daß sowohl US-Unternehmen als auch zunehmend inländische Unternehmen ein "voll entwickeltes Produkt" (zweite Phase der

---

(1) Vgl. Vernon, R., Wells, L.T., Manager in the International Economy, Fifth Edition, Englewood Cliffs, New Jersey 1986, S. 81 f., Haedrich, G., Berger, R., Angebotspolitik, Berlin 1982, S. 128 f.

(2) Vgl. Vernon, R., International Investment and the International Trade in the Product Cycle, in: Quarterly Journal of Economics, Vol. 80, No. 2, Harvard University, Cambridge Mass., May 1966, S. 202

Produktzyklus-Theorie) auf dem europäischen Markt absetzen. Europäische Unternehmen können aufgrund der dynamisch wachsenden Inlandsnachfrage ihre Produktion ausweiten und erzielen Wettbewerbsvorteile durch niedrigere Faktorkosten (z.B. Lohn- und Rohstoffkosten), Forschungs- und Entwicklungskosten, Scale-Effekte sowie niedrigere Transportkosten (1). Während US-amerikanische Unternehmen ihre Produkte grenzüberschreitend von den USA nach Europa exportieren müssen, entfallen für inländische Unternehmungen sowohl die Transportkosten als auch die Einfuhrzölle. Auch die bisherigen Forschungs- und Entwicklungskosten für die Produktinnovation wurden zum größten Teil von US-Unternehmen getragen, so daß europäische Wettbewerber bei der weiteren Produktentwicklung weniger Investitionen aufwenden müssen als US-amerikanische Konkurrenzunternehmen.
Während dieser Phase wird die europäische Gesamtnachfrage zunehmend durch preisgünstigere inländische Produkte abgedeckt, so daß der Export US-amerikanischer Unternehmen rückläufig ist. Zu diesem Zeitpunkt werden zur Sicherung des europäischen Auslandsmarktes sowie der Ausnutzung komparativer Kostenvorteile US-Direktinvestitionen in Europa getätigt. Der bisherige Export der US-Produkte wird somit durch die Produktionsaufnahme im Ausland ersetzt, so daß die inländische Produktion in den USA weiter zurückgeht (t 9 - t 15).
Die amerikanischen Exporte werden zunächst im weiteren Verlauf durch die Produktion inländischer Unternehmen vollständig ersetzt (t 11).

In der Reifephase können die national marktführenden europäischen Unternehmungen aufgrund der wachsenden Unternehmens- und Betriebsgröße (Massenproduktion) eine weitere Kostende-

---

(1) Vgl. Vernon, R.,International Investment and the International Trade in the Product Cycle, in: Quarterly Journal of Economics, Vol. 80, No. 2 Harvard University, Cambridge Mass., May 1966, S. 198, Haedrich, G., Berger, R., Angebotspolitik, Berlin 1982, S. 128 f.

gression (economies of scale) erzielen, so daß jetzt der Export europäischer Produkte auf Auslandsmärkte und den US-amerikanischen Markt aufgenommen werden kann (ab t 11) - siehe Abbildung 2.
Neben dem Scale-Effekt können europäische Unternehmen aufgrund niedriger Lohnkosten sowie einer effizienteren Produktionstechnik auf dem US-amerikanischen Markt wettbewerbsfähig bleiben und ihren Absatz ausweiten (1).

Der Zyklus ist damit beendet und zeigt die international veränderte Wettbewerbssituation. US-amerikanische Unternehmen, die während der 1. und 2. Produktzyklusphase ihre Exporte dynamisch auf dem europäischen Auslandsmarkt ausweiten konnten, verlieren im weiteren Verlauf - nach der Produktionsaufnahme ausländischer Konkurrenten - ihre Auslandsmarktposition und stehen nun in ihrem Inlandsmarkt im Wettbewerb mit ausländischen Konkurrenzprodukten.
In der darauffolgenden Phase setzt sich dieser Produktzyklus fort, wenn europäische Unternehmen ihre Produktion erhöhen und den Export auch auf Schwellenmärkte ausweiten. Diese Schwellenländer importieren zunächst europäische Produkte, weiten die Inlandsproduktion aus und verdrängen europäische Produkte zunächst vom Inlandsmarkt auf Drittmärkte und anschließend auf den eigenen europäischen Heimatmarkt.
Europäische Unternehmungen nehmen in dieser Phase der Produktzyklus-Theorie die Position ein, die bisher US-amerikanische Unternehmungen als "innovating country" vertraten. Dabei werden Produktinnovationen in technisch und wirtschaftlich fortgeschrittenen Ländern wie Deutschland, England und Frankreich entwickelt und national auf dem Inlandsmarkt

---

(1) Vgl. Wells, L.T., A Product Life Cycle for International Trade?, in: Journal of Marketing, 1968, S. 3

eingeführt. Ab t 1 wird das Produkt auch auf den Märkten der Schwellenländer abgesetzt (1).

Bei der oben dargestellten Produktzyklus-Theorie wird eine Differenzierung nach Branchen und Produkten mit unterschiedlichem Technologieniveau sowie Forschungs- und Entwicklungsaufwand aufgrund der vereinfachten Darstellung nicht vorgenommen. Da jedoch die Gefährdung einer Branche durch Schwellenländer auch von dem technologischen Entwicklungsstand ihrer Produkte (neue Produkte, voll entwickelte Produkte, standardisierte Produkte) abhängt, soll auf diesen Aspekt im folgenden Beispiel eingegangen werden.
Eine Untergliederung nach einzelnen Branchen und spezifischen Produkten erfolgte im Rahmen einer praxisbezogenen Untersuchung, die vom RKW, dem IFO-Institut und dem Battelle-Institut durchgeführt wurde. Bei dieser Untersuchung wurde die von den Schwellenländern ausgehende Gefährdung für 20 prototypische Produkte der Bundesrepublik Deutschland aufgezeigt (2). Anhand des Beispiels Personenkraftwagen (bis 2

---

(1) Die in der Arbeit zu untersuchende veränderte Wettbewerbssituation sowie Entwicklungen der Exporte und Importe zwischen Industrie- und Schwellenländern deuten auf eine Fortsetzung der Produktzyklus-Theorie zwischen europäischen Industrieländern und südostasiatsichen Schwellenländern hin. Dabei würden sich die Ausführungen ab S. 46 der Arbeit auf die künftige Entwicklung zwischen europäischen und südostasiatischen Unternehmungen beziehen. Europäische Unternehmungen nehmen in dieser zweiten Phase der Produktzyklus-Theorie die Position der "USA" ein, während südostasiatische Unternehmungen die Position "andere Industrieländer" und Unternehmungen aus Entwicklungsländern wie z.B. Indien und China die Position "Entwicklungs- und Schwellenländer" vertreten. Siehe hierzu Abbildung 2 der Arbeit

(2) Siehe hierzu: RKW, Battelle, IFO (Hrsg.), Strukturveränderungen der deutschen Wirtschaft. Die Industrialisierung der Entwicklungsländer und ihre Rückwirkungen auf die deutsche Wirtschaft - Perspektiven bis 1990, Ergebnisse und Schlußfolgerungen, Bd. I, Eschborn 1981, S. 1 ff. und S. 19 f.

Liter) soll in Abbildung 3 exemplarisch die Anwendbarkeit der Produktzyklus-Theorie auf die Wettbewerbssituation zwischen Unternehmen aus Industrie- und Schwellenländern dargestellt werden.

Aufgrund der fortgeschrittenen technologischen Entwicklungsphase kann ein Personenkraftwagen (bis 2 Liter) als ein standardisiertes Produkt mit ausgereiftem Produktionsverfahren betrachtet werden (1). Die in Südostasien getätigten Direktinvestitionen, bei denen Kapital, Management-Know how sowie die notwendigen Produktionstechnologien transferiert wurden, ermöglichen es diesen Ländern im zunehmenden Maße,ihre eigene PKW-Produktion auszuweiten, so daß neben der Deckung der Inlandsnachfrage auch der Export auf Drittmärkten - wie z.B. den USA - aufgenommen werden konnte (2). Diese veränderten Bedingungen führen langfristig zu Absatzrückgängen deutscher Unternehmungen sowohl auf den Schwellenmärkten Südostasiens als auch auf Drittmärkten, wie z.B. den USA und Japan.
Somit müssen deutsche Unternehmungen nach der Produktzyklus-Theorie künftig mit einer verschärften internationalen Wettbewerbssituation rechnen, wenn der Export südostasiatischer Produkte auch auf dem europäischen Heimatmarkt ausgeweitet wird.

---

(1) Siehe hierzu auch: Ohmae, K., Macht der Triade, Wiesbaden 1985, S. 175 f.

(2) So werden zum Beispiel von dem südkoreanischen Automobilhersteller Hyundai vorerst preisgünstige Kleinwagen auf dem US-amerikanischen Markt abgesetzt. Ab 1991 wird der Hyundai auch in der Bundesrepublik Deutschland eingeführt.

Abb.3: Gefährdungs- und Konkurrenzverhältnisse zwischen den Schwellenländern und der deutschen Industrie am Beispiel Personenkraftwagen (bis 2 Liter)

KRITERIEN / PROTO-TYPISCHE PRODUKTE	ZUGÄNGLICHKEIT DER PRODUKTION FÜR SCHWELLEN-LÄNDER	ENTWICKLUNGSPER-SPEKTIVEN IN SCHWELLENLÄNDERN	ASPEKTE DER GE-FÄHRDUNG BZW. DER CHANCEN FÜR DIE DEUTSCHE INDUSTRIE	ENGAGEMENT UND STRATEGIEN DER DEUTSCHEN IN-DUSTRIE	SCHWELLENLÄNDER-POTENTIALEN ENT-SPRECHENDE PRODUK-TE ÄHNLICHER ART
PERSONEN-KRAFTWAGEN (bis 2 Liter)	Ein bedeutender Teil der Produktionstechnologien kann in Schwellenländer transferiert werden. Es ist jedoch äusserst schwierig für ein Schwellenland, eine eigene Produktion ohne enge Zusammenarbeit mit einem internationalen Hersteller aufzunehmen. Oft wird mit einer Teil- bzw. Montageproduktion begonnen.	Verschiedene Schwellenländer sind schon PKW-Hersteller, wobei grosse Unterschiede bez. der mengenmässigen Bedeutung u. des Grades der Produktionsintegration bestehen. Mehrere Länplanen Produktionserweiterungen zur Dekkung der Binnennachfrage, andere auch für gesteigerte Exporttätigkeit.	Einfuhrbeschränkungen u. Ansprüche an lokale Fertigungsanteile in Entwicklungsländern führen zu Produktionsverlagerungen dorthin; daselbst tätige Auslandsfirmen sind zu vermehrter Ausfuhr gezwungen. Daraus dürfte vor allem ein Rückgang der Exporte aus der BRD in Entwicklungs- u. andere Drittländer erfolgen.	Deutsche Hersteller bauen ihre Produktionskapazitäten in Schwellenländern weiter aus. Aufgrund der Erfahrung, höherer Produktivität u. der Grosserienproduktion verfügt die deutsche Industrie noch über Kostenvorteile; im übrigen bleiben verstärkte Automatisierungsmöglichkeiten bestehen.	Hinzu kommen PKW anderer Kategorien sowie Kombiwagen. Besteht eine voll integrierte Produktion, sind auch Antriebsaggregate u. weitere Teile u. Komponenten zu erwähnen. Es ist nicht zu vergessen, dass im Zusammenhang mit Lokalproduktionen in Schwellenländern sich daselbst die Zulieferindustrie ebenfalls ausbreitet.

Quelle: RKW, Battelle, IFO (Hrsg.), Strukturveränderungen der deutschen Wirtschaft. Die Industrialisierung der Entwicklungsländer und ihre Rückwirkungen auf die deutsche Wirtschaft - Perspektiven bis 1990, Bd. I, Ergebnisse und Schlußfolgerungen, Eschborn 1981, S. 157

Das Modell von Vernon, bei dem zeitversetzte Produktionszyklen, Konsumzyklen sowie Import- und Exportzyklen zwischen Ländern mit unterschiedlichem wirtschaftlichen und technischen Entwicklungsstand aufgezeigt werden, kann als Erklärungsmodell für die international veränderten Wettbewerbsbedingungen dienen. Sowohl nationale als auch internationale Unternehmungen sollten bei der strategischen Marketingplanung und internationalen Analysen die unterschiedlichen Zyklen und Gesetzmäßigkeiten des Modells kritisch untersuchen, um somit mittel- als auch langfristige Gefahrenpotentiale für die eigene Branche frühzeitig erkennen zu können.
Nach der Produktzyklus-Theorie sind dabei insbesondere die Branchen gefährdet, in denen der technologische Entwicklungsstand als ausgereift betrachtet werden kann (standardized products) und die Produktionstechnologie bereits von den Schwellenländern übernommen wurde. Komparative Kostenvorteile (insbesondere niedrigere Lohnkosten) und niedrigere Rohstoffkosten in arbeitsintensiven Branchen werden es südostasiatischen Unternehmungen langfristig ermöglichen, "die Spitzenposition in der Branche" (1) zu übernehmen.

Bei dem Modell von Vernon bleibt jedoch kritisch anzumerken, daß neben den international verschärften Wettbewerbsbedingungen sich auch neue Marktchancen für deutsche internationale Unternehmungen aus dem Industrialisierungsprozeß der Schwellenländer ergeben. Auch in einigen Branchen der Konsumgüterindustrie (z.B. PKW-Industrie), in denen der technologische Entwicklungsstand der Produkte als ausgereift betrachtet werden kann, besteht für deutsche Unternehmungen die Möglichkeit, durch Innovationsvorteile (z.B. komplexe Elektronik, hochwertige Geräte, Systemangebot) oder neue Produktionstechnologien dem Konkurrenzdruck aus den Schwellenländern ent-

---

(1) Porter, M., Wettbewerbsstrategie, 4. Aufl., Frankfurt a.M. 1987, S. 356

gegenzuwirken und den internationalen Absatz auszuweiten (1).
So schreibt die OECD hierzu folgendes:"The product cycle is not a mechanical one-way process. As a result of new processes of product differentiation, production of "old products" can be recaptured by advanced countries because of changes in the design..., quality...or methods of production...." (2).

2. Das industrielle Wachstum in Südostasien

Aus der Gesamtheit der Schwellenländer nach der OECD-Liste (3), die sich regional in südeuropäische, mittel- und südamerikanische sowie südostasiatische Länder einteilen lassen, heben sich aus dieser Gruppe insbesondere die südostasiatischen Länder ab. Die Industrialisierung sowie die Wachstumsraten des Pro-Kopf-Einkommens nehmen in dieser Region überdurchschnittlich zu und liegen weit über dem süd- und mittelamerikanischen Niveau (4). Auch ein Vergleich gegenüber den Industrieländern Europas und den USA zeigt, daß die langfristigen Wachstumsraten (1965 - 1985)
- des Bruttosozialprodukts (gesamtwirtschaftliches Wachstum)
- des Pro-Kopf-Einkommens

---

(1) Siehe hierzu auch: RKW, IFO, Battelle (Hrsg.), Strukturveränderungen der deutschen Wirtschaft. Die Industrialisierung der Entwicklungsländer und ihre Rückwirkungen auf die deutsche Wirtschaft - Perspektiven bis 1990, Bd. I, Eschborn 1981, S. 163 ff., Segler, K., Basisstrategien im internationalen Marketing, Frankfurt a.M. 1986, S. 61

(2) OECD (Hrsg.), The Impact of the Newly Industrializing Countries on Production and Trade Manufactures, Paris 1979, S. 32 f.

(3) OECD (Hrsg.), The Impact of the Newly Industrializing Countries on Production and Trade Manufactures, Paris 1979, S. 18

(4) Vgl. Beyfuß, J., Dynamische Entwicklungsräume. Neue Konkurrenz oder Zukunftsmärkte ? Köln 1985, S. 9

- des Industrialisierungsgrades und
- der Außenwirtschaft (Exportdynamik)

in Südostasien deutlich höher liegen (1).
Während im Untersuchungszeitraum von 1965 bis 1985 in den westlichen Industrieländern durchschnittlich jährliche Wachstumsraten des Bruttosozialproduktes von nur 3,4% zu verzeichnen waren, konnte in den südostasiatischen Schwellenländern ein Wachstum von durchschnittlich 7,5% erzielt werden - siehe hierzu Tabelle 3 auf Seite 66. Diese Hauptindikatoren weisen darauf hin, daß sich aus der Gruppe der Schwellenländer insbesondere die südostasiatischen Staaten dem Industrieländerniveau nähern konnten.

Die geographische Verlagerung des Wirtschaftswachstums aus den traditionellen Industrieländern in den südostasiatischen Raum hat sich seit Mitte der sechsiger Jahre bis heute hin stetig vollzogen. Dabei wurde der Wachstumsprozeß hauptsächlich von der forcierten Industrialisierung und Exportorientierung getragen.

2.1 Industrialisierungsstrategien und Industrieentwicklung in Südostasien

Grundsätzlich können von Schwellen- und Entwicklungsländern zwei unterschiedliche Industrialisierungsstrategien verfolgt werden:

1. Binnenmarktorientierte Industrialisierungsstrategie (Importsubstitution)
2. Exportorientierte Industrialisierungsstrategie (Exportförderung)

Zu 1.: Bei der Importsubstitution werden von heimischen

(1) Siehe zum Wachstum des Bruttosozialprodukts Tabelle 3 auf Seite 66, des Pro-Kopf-Einkommens Tabelle 9 auf Seite 98, der Industrialisierung Tabelle 1 auf Seite 59 und der Außenwirtschaft Tabelle 4 auf Seite 71

Unternehmungen auch solche Produkte für den inländischen Bedarf hergestellt, die ausländische Unternehmungen billiger anbieten könnten. Ausländische Unternehmungen hätten auf diesem Markt nur durch den Export ihrer Produkte keine Absatzmöglichkeiten. Diese Wirtschaftspolitik soll ausländische Unternehmungen - aufgrund der verhinderten Exportmöglichkeit durch Importbeschränkungen und Einfuhrverbote - zur Aufnahme der Produktion (Direktinvestitionen) in dem jeweiligen Land bewegen und somit zur weiteren Industrialisierung beitragen. Zudem sollen die im Aufbau befindlichen inländischen Unternehmen gegenüber ausländischen Wettbewerbern geschützt werden.

Zu 2.: Bei der Strategie der Exportförderung, die sich bei allen südostasiatischen Schwellenländern in unterschiedlichem Maße durchgesetzt hat - jedoch insbesondere in Hong Kong, Singapur, Südkorea, Malaysia und Taiwan -, werden die komparativen Vorteile der internationalen Arbeitsteilung ausgenutzt. Die Industrialisierung der Schwellenländer wird hierbei durch das verstärkte außenwirtschaftliche Wachstum in den Branchen vorangetrieben, die über komparative Kostenvorteile verfügen. Dabei wird der Güteraustausch zwischen Industrie- und Schwellenländern aufgrund der internationalen Wettbewerbsfähigkeit südostasiatischer Unternehmungen sowie der weitgehend geöffneten Absatzmärkte intensiviert (1).

Für die Schwellenländer Südostasiens hat sich die Wirtschaftspolitik der exportorientierten Industrialisierung und damit einhergehend die Verringerung des wirtschaftlichen

---

(1) Vgl. Donges, J.B., Müller-Ohlsen, L., Außenwirtschaftsstrategien und Industrialisierung in Entwicklungsländern, Tübingen 1978, S.1 ff., Rieger, H.C., Zur zukünftigen industriellen Arbeitsteilung: Marktchancen und Marktgefährdung aus der Sicht der EG-Länder und der Länder Südostasiens, S. 111, in: Laumer, H. (Hrsg.), Wachstumsmarkt Südostasien, München, Köln, London 1984

Abstandes zu den traditionellen Industrieländern als erfolgsversprechende Strategie erwiesen (1).
Als Folge dieser zunehmenden Industrialisierung und Exportförderung der Schwellenländer nahm der Anteil dieser Ländergruppe an der weltweiten Industrieproduktion im Zeitraum von 1963 - 1977 von 5,4% bis auf 9,3% zu (2). Weitere Bestrebungen, die eine Verschiebung der weltweiten Industrieproduktion und ein industrielles Wachstum zugunsten der Schwellenländer fördern sollen, wurden 1975 von den Vereinten Nationen für industrielle Entwicklung (UNIDO) beschlossen. Dabei wurde als Ziel eine Steigerung des Anteils der Schwellen- und Entwicklungsländer an der weltweiten Industrieproduktion von 8% (1975) auf 25% im Jahre 2000 angegeben (3).
Insbesondere die acht Schwellenländer Südostasiens konnten ihre industrielle Produktion wertmäßig von 20,5 Mrd.$ im Jahr 1970 auf 69,6 Mrd. Dollar 1983 steigern (4). Ein Vergleich mit anderen Schwellenländern Süd- und Mittelamerikas zeigt weltweit sehr unterschiedliche Entwicklungen des industriellen Wachstums auf. Während der durchschnittliche Industrieanteil der südostasiatischen Länder am Bruttoinlandsprodukt 1965 nur 25,5% betrug, lag dieser Wert 1984 schon bei 35,3% (5). In Mittelamerika (z.B. Panama) betrug der Industrieanteil am BIP 1965 und 1984 hingegen lediglich 19%. Dies verdeutlicht die

---

(1) Vgl. Milton, A.-R., Die Industrialisierung der Dritten Welt und ihre Auswirkungen auf die Struktur des deutschen Außenhandels, in: Mitteilungen des RWI, 33. Jg., 1982, S. 25

(2) Vgl. OECD (Hrsg.), The Impact of the Newly Industrializing Countries, Paris 1979, S. 18

(3) Vgl. UNIDO, Industry 2000, New Perspectives, New York 1979, S. 15 ff.

(4) Siehe hierzu Tabelle A-2 im Anhang

(5) Siehe Tabelle 2

Konzentration des industriellen Wachstums auf die südostasiatische Region (1).

Aus dem Vergleich weiterer ökonomischer Kennzahlen geht die unterschiedliche Wachstumsentwicklung Südostasiens gegenüber Süd- und Mittelamerika sowie den traditionellen Industrieländern hervor. So betrug das durchschnittliche Pro-Kopf-Einkommen der acht südostasiatischen Schwellenländer 1984 2851 US-Dollar. Die langfristige Wachstumsdynamik des Pro-Kopf-Einkommens betrug im Untersuchungszeitraum von 1965 bis 1985 durchschnittlich 5,4% und lag somit deutlich über dem Industrieländerdurchschnitt, das bei 2,6% lag - siehe hierzu Tabelle 9 auf Seite 98.

Das bisherige industrielle Wachstum in Südostasien wurde hauptsächlich von wenigen arbeitsintensiven Branchen (standardized products) wie der

- Textil- und Bekleidungsindustrie
- Elektronikindustrie (Computer, Taschenrechner, Halbleiter, elektronische Schaltungen)
- Unterhaltungselektronik (Radio, Fernsehen und Videogeräte)
- Uhrenindustrie
- Chemieindustrie
- Werften
- Werkzeugmaschinenindustrie

getragen, die ihre Produkte sowohl auf ihrem Inlandsmarkt, in den südostasiatischen "Nachbarmärkten", und auch auf den

---

(1) Beyfuß differenziert in seiner Untersuchung über dynamische Entwicklungsregionen neben südamerikanischen und südeuropäischen Ländern, die weiter fortgeschrittenen Schwellenländer Südostasiens der ersten Generation: Hong Kong, Singapur, Taiwan und Südkorea, sowie der zweiten Generation: Malaysia, Philippinen, Thailand, Vgl. Beyfuß, J., Dynamische Entwicklungsräume. Neue Konkurrenz oder Zukunftsmärkte ?, Köln 1985, S. 11

Märkten der westlichen Industrieländer erfolgreich absetzen konnten. Niedrige Löhne, eine verbesserte Arbeitsproduktivität sowie - im Falle Indonesiens und Malaysias - vorhandene Rohstoffe waren dabei neben der Wirtschaftspolitik der Industrialisierung und Exportförderung wichtige Voraussetzungen für das Wachstum dieser Region (1) - siehe hierzu folgende Tabelle 1.

Tab.1: Durchschnittliches jährliches Wachstum der Industrie in Südostasien im Zeitraum von 1965 bis 1984

Land	Wachstum von 1965 bis 1973 (in %)	Wachstum von 1973 bis 1984 (in %)
Hong Kong	8,4%	8,0%
Taiwan	18,5%	9,2%
Südkorea	18,4%	10,9%
Singapur	17,6%	8,6%
Philippinen	7,4%	5,3%
Thailand	9,0%	8,7%
Malaysia	-	8,7%
Indonesien	13,4%	8,3%
Zum Vergleich: Bundesrepublik Deutschland	4,9%	1,7%

Quelle: Weltbank (Hrsg.), Weltentwicklungsbericht 1986, Washington 1986, S. 208 f., Council for Economic Plannning and Development (Hrsg.), Taiwan Statistical Data Book 1986, S.2

---

(1) Das hohe gesamtwirtschaftliche Wachstum dieser Region steht somit im deutlichen Zusammenhang mit der exportorientierten Industrialisierungsstrategie. Siehe hierzu: Donges, J.B., Müller-Ohlsen, L., Außenwirtschaftsstrategien, Tübingen 1978, S. 15

Aus diesem zunehmenden Industrialisierungsprozeß in dieser Region gingen auch die mittlerweile schon international tätigen Schwellenländer-Multis hervor, die zu den 500 größten Unternehmungen der Welt zählen (1).

2.2 Erhöhung des Anteils der industriellen Fertigwaren am Bruttosozialprodukt

Aus der zunehmenden Industrialisierung der Schwellenländer Südostasiens resultieren grundsätzliche Veränderungen bei der Zusammensetzung des Bruttosozialprodukts. Bei einem steigenden Industrieanteil am Bruttosozialprodukt und steigendem Pro-Kopf-Einkommen nimmt der landwirtschaftliche Anteil (am BSP) tendenziell ab. Diese Veränderungen sind auch aus der folgenden Abbildung zu entnehmen und charakterisieren den wirtschaftlichen Entwicklungsstand der Schwellenländer.

---

(1) Vgl. Fortune, Ausg. August/1984, Heenan, D.A., Keegan, W., Die neuen Multis, in: Harvard Manager, 1/1980, S. 60 ff.

Abb.4: Zusammenhang zwischen Pro-Kopf-Einkommen, Industrieanteil, landwirtschaftlicher Anteil und Dienstleistungsanteil am Bruttosozialprodukt

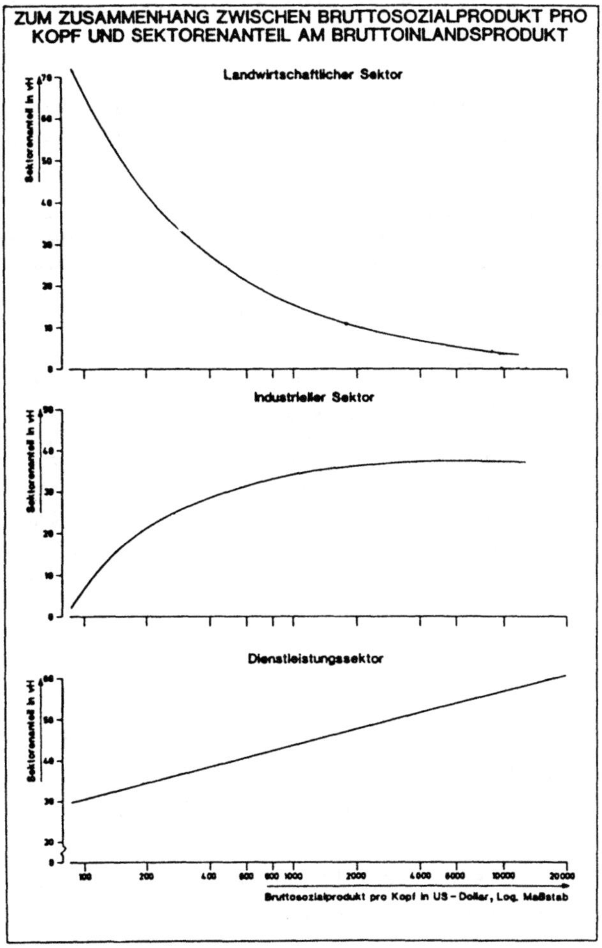

Quelle: Milton, A.-R., Die Industrialisierung der Dritten Welt und ihre Auswirkungen auf die Struktur des deutschen Außenhandels, in: Mitteilungen des Rheinisch-Westfälischen Instituts für Wirtschaftsforschung, 33. Jg., 1982, S. 34

Entwicklungsländer hingegen weisen einen geringeren Anteil industrieller Halb- und Fertigwaren am Bruttosozialprodukt auf. Aus der folgenden Tabelle gehen sowohl die hohen jährlichen Wachstumsraten der Industrieproduktion als auch deren steigender Anteil am Bruttosozialprodukt in Südostasien hervor.

Tab.2: Anteile der verarbeitenden Industrie am Bruttosozialprodukt sowie Wachstum der industriellen Produktion in Südostasien

Land	Anteile der verarbeitenden Industrie am Bruttosozialprodukt in %		Jahresdurchschnittliche Zuwachsraten der Industrieproduktion
	1965	1984	1973 - 1984
Hong Kong	40%	22%	8,0%
Taiwan	28%	45%	9,2%
Südkorea	25%	40%	10,9%
Singapur	24%	39%	8,6%
Philippinen	28%	34%	5,3%
Thailand	23%	28%	8,7%
Malaysia	24%	35%	8,7%
Indonesien	12%	40%	8,3%
Zum Vergleich: USA	38%	32%	1,2%

Quelle: Weltbank (Hrsg.), Weltentwicklungsbericht 1986, S. 208-211, Council for Economic Planning and Development (Hrsg.), Statistical Data Book 1986, S. 83 und 39

Dieses Industriewachstum stellt einen Hauptfaktor für die dynamische wirtschaftliche Entwicklung der südostasiatischen Schwellenländer dar (1).

---

(1) Vgl. RKW, Battelle, IFO (Hrsg.), Strukturveränderungen der deutschen Wirtschaft. Industrialisierung der Entwicklungsländer und ihre Rückwirkungen auf die deutsche Wirtschaft - Perspektiven bis 1990, Bd. I, Eschborn 1981, S.33

Auch innerhalb der industriell gefertigten Güter sind seit 1960 grundlegende Veränderungen zu beobachten, die beim Export auf den westlichen Absatzmärkten in bestimmten Branchen zu einer verschärften Wettbewerbssituation führte. So sank innerhalb der industriellen Fertigwaren der Anteil technologiearmer Produkte wie Textilien und Bekleidung von durchschnittlich 16% (1970) auf 10% (1983). Hingegen stieg der Anteil technologisch anspruchsvollerer Produkte wie z.B. aus dem Maschinenbau, der Elektrotechnik sowie dem Fahrzeugbau von 11% (1970) auf 21% (1983) (1).

Diese bisherige Entwicklung des Anteils der industriellen Fertigwaren sowie die Zunahme forschungs- und entwicklungsintensiver Produkte (2) des Maschinenbaus und der Elektronikgeräte zeigen auf, daß in zunehmendem Maße auch technisch hochwertige Produkte in Südostasien industriell gefertigt und exportiert werden können (3). Somit ist als Folge der zunehmenden Industrialisierung eine Verschiebung vom landwirtschaftlichen Sektor zugunsten des industriellen Sektors eingetreten.
Im Jahr 1984 wiesen die acht Schwellenländer Südostasiens einen durchschnittlichen Industrieanteil am Bruttoinlandsprodukt von 35,3% auf, während im gleichen Jahr dieser Anteil für die USA als typisches Industrieland lediglich 32% betrug (4). Eine Gegenüberstellung der USA mit einzelnen Ländern Südostasiens deutet daraufhin, daß einige Schwellenländer sich dem durchschnittlichen Industrieländerniveau annähern und dieses

---

(1) Errechneter Durchschnitt für alle Länder Südostasiens, ausgenommen Taiwan, nach Angaben aus: Weltbank (Hrsg.), Weltentwicklungsbericht 1986, S. 218 - 219

(2) Siehe hierzu Lasserre, P., The New Industrializing Countries of Asia - Perspectives and Opportunities, in: Long Range Planning, Vol. 14, No. 3, 1981, S. 40 f.

(3) Siehe zu den steigenden Export technisch hochwertiger Produkte wie aus dem Maschinenbau, der Elektrotechnik und dem Fahrzeugbau Tabelle A-3 im Anhang.

(4) Eigene Berechnungen nach Tabelle 2

zum Teil übertreffen konnten (1). Dieses gilt insbesondere für Taiwan, dessen Industrieanteil am Bruttoinlandsprodukt 1984 45% betrug.

Diese Zunahme der industriellen Fertigwaren am Bruttosozialprodukt sowie die Exportförderungsstrategie der südostasiatischen Schwellenländer führten zu einem erhöhten Exportanteil dieser Warengruppe (2), die vorwiegend auf den Märkten der westlichen Industrieländer abgesetzt wurde und in bestimmten Branchen die Wettbewerbssituation verschärfte.

3. Das gesamtwirtschaftliche Wachstum in Südostasien

Nach Milton besteht ein wechselseitiger Zusammenhang zwischen Industrialisierung und gesamtwirtschaftlichem Wachstum von Entwicklungs- und Schwellenländern (3). Dieses geht auch aus bisherigen statistischen Daten über die gesamtwirtschaftliche Entwicklung einzelner Länder hervor. Die Abhängigkeit des Industrialisierungsgrades und des gesamtwirtschaftlichen Wachstums kann durch eine Gegenüberstellung des BIP von süd- und mittelamerikanischen Schwellenländern mit niedrigem Industrialisierungsgrad und den südostasiatischen Ländern mit höherem Industrialisierungsgrad verdeutlicht werden. So betrug die Wachstumsrate des Bruttoinlandsprodukts in den süd- und mittelamerikanischen Ländern von 1965 - 1985 durchschnittlich 2,3%. In den acht südostasiatischen Ländern hingegen, die eine fortschreitende Industrialisierung sowie

---

(1) Vgl. Gälli, A., Neue Wachstumsmärkte in Fernost. Acht Länder auf der Schwelle zur Wirtschaftsmacht, München, Köln, London 1983, S. 15

(2) Siehe zum erhöhten Exportanteil dieser Produkte Tabelle A-3 im Anhang.

(3) Vgl. Milton, A.- R., Die Industrialisierung der Dritten Welt und ihre Auswirkungen auf die Struktur des deutschen Außenhandels, in: Mitteilungen des RWI, Jg. 33, 1982, S.33

ein exportorientiertes Wachstum erzielt haben, betrug das gesamtwirtschaftliche Wachstum im gleichen Zeitraum 7,5% (1).

Diese unterschiedlichen gesamtwirtschaftlichen Entwicklungen zwischen rohstoffexportierenden Entwicklungsländern sowie Schwellenländern, die überwiegend Halb- und Fertigwaren exportieren, verdeutlichen die Erfolge einer exportorientierten Industrialisierungsstrategie. So gehörte in den siebziger Jahren das wirtschaftliche Wachstum der südostasiatischen Länder zu dem dynamischten der Welt. Auch ein Vergleich der Wachstumsraten des Bruttoinlandsprodukts mit den Industrieländern zeigt, daß das gesamtwirtschaftliche Wachstum in dieser Region deutlich höher liegt und sich zum "zentralen Wachstumpol der Weltwirtschaft entwickelt" (2) hat.

Bei einer länderspezifischen Betrachtung zeigt sich, daß das größte gesamtwirtschaftliche Wachstum in den Ländern Südostasiens erzielt werden konnte, deren Industrialisierung am weitesten fortgeschritten war. Dieses sind Hong Kong, Taiwan, Singapur und Südkorea - siehe hierzu Tabelle A-4 im Anhang.

Ein Überblick über die unterschiedlichen gesamtwirtschaftlichen Wachstumsentwicklungen zwischen Industrie-, Schwellen-, und Entwicklungsländern verdeutlicht, "daß sich in weltwirtschaftlich-regionaler Sicht das Wirtschaftswachstum aus den traditionellen Industrieländern tendenziell in den lateinamerikanischen und ostasiatischen Raum ... verlagert hat" (3).

---

(1) Alle Daten entnommen aus: Prognos (Hrsg.), Euro-Report 1986, Volume B. Emerging Economies Analyses and Forecasts for 35 countries up to 1990, Basel 1985, S. 4 IC

(2) Hiemenz, U., Verpaßt Europa den Anschluß in Fernost?, Kiel 1984, S. 3

(3) Pollak, C., Riedel, J., Industriekooperation mit Schwellenländer, München, Köln, London 1984, S. 5

Tab.3: Vergleich des gesamtwirtschaftlichen Wachstums von 1965 - 1985 nach Ländergruppen

	1965 - 1985
Industrieländer (durchschnittliche jährliche Wachstumsrate)	**3,4%**
Entwicklungsländer - mit niedrigem Einkommen - mit mittlerem Einkommen	**5,6% 5,2%**
Schwellenländer Südostasiens	**7,5%**

Quelle: Weltbank, Weltentwicklungsbericht 1986, S. 181

Wie aus Tabelle 3 hervorgeht, konnten im internationalen Vergleich insbesondere die südostasiatischen Schwellenländer besonders hohe gesamtwirtschaftliche Wachstumsraten erzielen.

Anhand der unterschiedlichen Wachstumsraten des Bruttoinlandsprodukts und des Pro-Kopf-Einkommens in Industrie- und Schwellenländern läßt sich in Abbildung 5 ein Länderlebenszyklus ableiten, der ähnlich wie der Produktlebenszyklus in eine Einführungs-, Wachstums-, Reife- und Sättigungsphase untergliedert werden kann.

Abb.5: Länderlebenszyklen im Vergleich zwischen südostasiatischen "Entwicklungs-", Schwellen- und Industrieländern

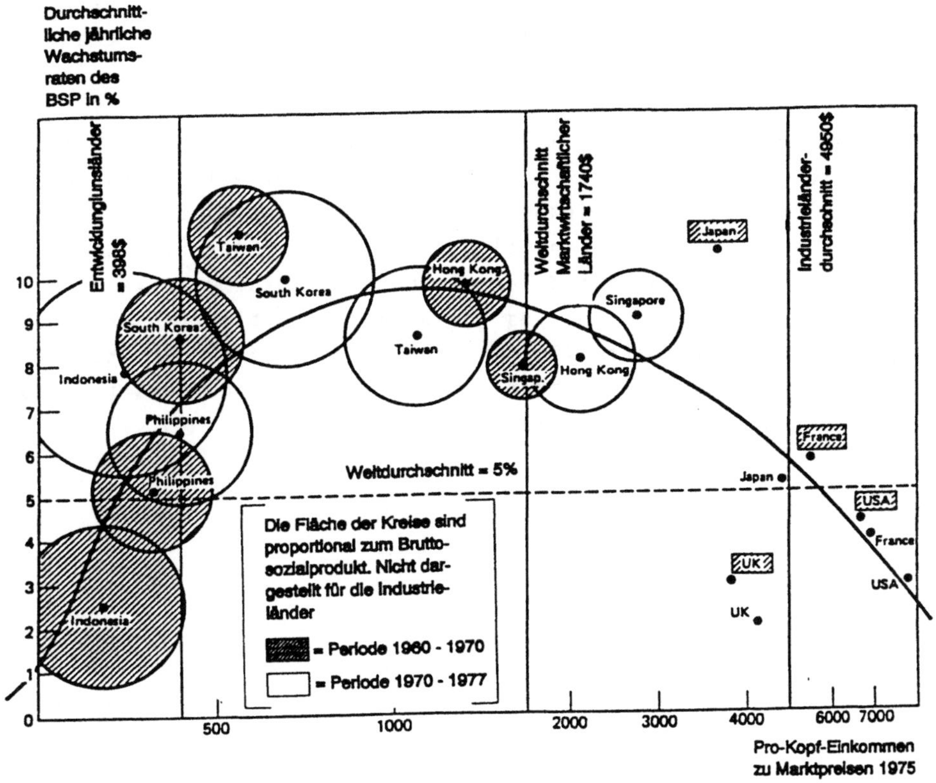

Quelle: Lassere, P., The New Industrializing Countries of Asia - Perspectives and Opportunities, in: Long Range Planning, Vol. 14, No. 3, 1981, S. 41

Die erste Phase des Länderlebenszyklus ist durch ein niedriges gesamtwirtschaftliches Wachstum sowie niedriges Pro-Kopf

Einkommen der Bevölkerung gekennzeichnet. Dieses traf im Zeitraum von 1960 - 1970 auf Länder wie Indonesien, die Philippinen und Südkorea zu.
Die Wachstumsphase ist durch ein hohes gesamtwirtschaftliches Wachstum sowie ein steigendes Pro-Kopf-Einkommen gekennzeichnet. Die Industrialisierung sowie die außenwirtschaftliche Entwicklung nehmen in dieser Phase über dem Weltdurchschnitt zu und können stetig weiter ausgebaut werden.

In der Reifephase stabilisiert sich das gesamtwirtschaftliche Wachstum auf einem hohen Niveau, das über dem Weltdurchschnitt liegt. Das Pro-Kopf-Einkommen dieser Länder steigt weiter und nähert sich dem durchschnittlichen Industrieländerniveau.
Die Sättigungsphase ist durch ein hohes Einkommensniveau der Bevölkerung und niedriges gesamtwirtschaftlichen Wachstum gekennzeichnet. Fast alle westlichen Industrieländer konnten in den vergangenen Jahren nur ein unterdurchschnittliches Wirtschaftswachstum erzielen.

4. Aussenwirtschaftliches Wachstum und Veränderungen auf internationalen Absatzmärkten

4.1 Komparative Kostenvorteile als Voraussetzung für das aussenwirtschaftliche Wachstum südostasiatischer Schwellenländer

Für die südostasiatischen Schwellenländer kommt dem außenwirtschaftlichen Wachstum, bei dem die Produkte mit einer aggressiven Preispolitik vorwiegend auf den Märkten der Industrieländer abgesetzt werden, ein hoher Stellenwert zu. Die erwirtschafteten Exporterlöse werden sowohl zur Fortsetzung des Industrialisierungsprozesses als auch zur Abdeckung der vorhandenen Auslandsschulden verwendet.
Diese Exportförderungsstrategie der Schwellenländer führte im Bereich der industriellen Halb- und Fertigwaren sowohl auf dem Inlandsmarkt als auch auf bisherigen Auslandsmärkten deutscher Unternehmungen zu einer verschärften Wettbewerbssituation.

Hauptabsatzgebiete der südostasiatischen Unternehmugen sind insbesondere die Märkte der westlichen Industrieländer. Dabei waren bisher nur vorwiegend arbeitsintensive Branchen mit geringem Forschungs- und Entwicklungsaufwand sowie leicht reproduzierbaren Produktionsverfahren betroffen, in denen die südostasiatischen Unternehmen komparative Kostenvorteile erzielen konnten. Die Existenz komparativer Kostenvorteile ist nach Porter eine klassische Determinante des weltweiten Wettbewerbs. Danach werden sich Länder auf die Produktion und den Export von solchen Produkten spezialisieren, bei denen sie bei der Herstellung reichlich vorhandene und relativ billige Faktoren besonders intensiv einsetzen können (1). Die unterschiedliche Ausstattung einzelner Länder mit Produktions-

(1) Vgl. Porter, M., Wettbewerbsstrategie, 4.Aufl., Frankfurt a. Main 1987, S. 348 f.

faktoren - in diesem Falle die niedrigen Lohn- und Rohstoffkosten - führen bei der Aufnahme von Handelsbeziehungen zu einem komparativen Kostenvorteil der südostasiatischen Schwellenländer (1). Hierzu zählen als wichtigste die Produkte der Holz-, Lederwaren- sowie der Textil- und Bekleidungsindustrie, die nach Vernon's Produktzyklus-Theorie als standardisierte (alte) Produkte klassifiziert werden können (2). In diesen ausgewählten arbeitsintensiven Branchen konnten südostasiatische Unternehmungen den Experience- und Scale-Effekt ausnutzen und somit weitere Wettbewerbsvorteile gegenüber in- und ausländischen Konkurrenten erzielen. Der Experience-Effekt konnte von südostasiatischen Unternehmen insbesondere in den Branchen ausgenutzt werden, die einen hohen Arbeitsanteil aufwiesen. Scale-Effekte, bei denen größere Unternehmungen über das Potential verfügen, mit geringeren Kosten zu arbeiten als kleinere Konkurrenzunternehmungen, konnten durch die Ausweitung der Produktion aufgrund der wachsenden Inlandsnachfrage in Südostasien erzielt werden (3).

Jedoch verschärfte sich in jüngster Zeit auch zunehmend der Wettbewerb in technologisch anspruchsvolleren Branchen mit voll entwickelten Produkten (maturing products) (4) wie der

---

(1) Siehe hierzu Mohs, R.- M., Exporte, komparative Vorteile und wirtschaftliche Entwicklung in den Schwellenländern, Diss., Göttingen 1983, S. 7 und S. 198, Hesse, H., Weltwirtschaftliche Entwicklung und Wirtschaftspolitik in wechselseitiger Abhängigkeit, in: Langkau, J., Köhler, C. (Hrsg.), Wirtschaftspolitik und wirtschaftliche Entwicklung, Bonn 1985, S. 125, OECD (Hrsg.), The Impact of the Newly Industrializing Countries, Paris 1979, S. 32 f.

(2) Siehe zu den einzelnen Entwicklungsphasen einzelner Produkte Abbildung 2

(3) Vgl. Haedrich, G., Berger, R., Angebotspolitik, Berlin New York 1982, S. 128

(4) Siehe hierzu Vernon, R., Wells, L.T., Manager in the International Economy, 5th Edition, Englewood Cliffs 1986, S. 88

Fotoindustrie, Kleinelektronik (Radio, Fernsehen etc.), dem Schiffsbau, den Straßenfahrzeugen und Werkzeugmaschinen, bei denen die Schwellenländer ihre Marktanteile auf dem deutschen Inlandsmarkt sowie den traditionellen Auslandsmärkten ausbauen konnten (1). Teilweise führten die Konkurrenzprodukte aus Südostasien zu Strukturveränderungen innerhalb einiger Branchen wie dem Schiffsbau, der Unterhaltungsindustrie (Fernsehen, Radio, Video, etc.) und der Fotoindustrie.

In Tabelle 4 zeigt ein regionaler Vergleich die unterschiedlichen außenwirtschaftlichen Wachstumsentwicklungen einzelner Ländergruppen auf.

Tab.4: Durchschnittliche jährliche Wachstumsraten der Ausfuhren nach Ländergruppen unterteilt

	1965 - 1973	1973 - 1984
Industrieländer	9,2%	4,6%
Entwicklungsländer	5,0%	4,2%
Schwellenländer		
- süd- und mittelamerikanische	2,6%	4,6%
- südostasiatische	13,5%	11,2%

Quelle: Eigene Berechnungen nach Angaben aus: Weltbank (Hrsg.), Weltentwicklungsbericht 1986, S. 184, S. 222 und S. 223

Dabei weisen insbesondere die weiter industrialisierten Schwellenländer Südostasiens (Südkorea, Taiwan, Hong Kong und Singapur) im langfristigen Trend eine deutlich höhere Exportdynamik auf als Länder mit niedrigem gesamtwirtschaftlichen

---

(1) Siehe hierzu Tabelle 6 auf Seite 76, Anteilsentwicklung der Far Eastern NIC's

Wachstum und Industrialisierungsgrad, wie z.B. die süd- und mittelamerikanischen Schwellenländer (1). So entfielen 1982 von den gesamten Industriewarenexporten aller Schwellenländer 70% auf die südostasiatischen Staaten Südkorea, Taiwan, Singapur und Hong Kong (2).

Aus diesen unterschiedlichen Entwicklungen geht die Bedeutung des Außenhandels bzw. des außenwirtschaftlichen Wachstums für den Entwicklungsprozeß der Schwellenländer hervor. Den Zusammenhang zwischen außenwirtschaftlichem Wachstum und gesamtwirtschaftlicher Entwicklung beschreibt die OECD folgendermaßen: "Rapidly - growing exports are usually a leading factor in the growth of the economy..." (3).

Eine Betrachtung der südostasiatischen Exporte zeigt im Vergleich zu den süd- und mittelamerikanischen Schwellenländern eine dynamische Entwicklung auf.

---

(1) Siehe zu der deutlich höheren Exportdynamik der weiter industrialisierten Schwellenländer Südostasiens Tabelle 5

(2) Vgl. Prognos (Hrsg.), Die Weltmärkte bis 1995. Die Entwicklung von Wirtschaft und Bevölkerung in 18 Industrieländern und 35 Schwellenländern, Stuttgart 1984, S. 199

(3) OECD (Hrsg.), The Impact of the Newly Industrialising Countries, Paris 1979, S. 48

Tab.5: Zunahme der Schwellenländerexporte auf den Märkten der Industrieländer im Vergleich

Land	Exporte in die Industrieländer (in Mio.$)							Durchschnittliche jährliche Wachstumsrate (1)
	1979	1980	1981	1982	1983	1984	1985	
Hong Kong	10323	12265	12984	12555	13407	16896	16395	8,50%
Taiwan	9881	11477	13327	13593	16638	21358	21378	14,20%
Südkorea	11052	11234	13294	14099	16284	20247	20243	11,00%
Singapur	6276	7801	8543	8225	9157	10757	10613	9,60%
Philippinen	3759	4350	4233	3682	3799	4024	3402	-1,10%
Thailand	3176	3758	3700	3701	3550	4119	4046	4,50%
Malaysia	6946	7712	6239	6055	7139	8608	8414	4,20%
Indonesien	11854	17002	17586	16618	15395	16530	14657	5,00%
insgesamt	63267	75599	79906	78528	85369	102540	99148	
Im Vergleich: Bolivien	531	587	519	425	335	273	197	-14,40%

Quelle: International Monetary Fund, Direction of Trade and Statistics Yearbook 1986, S. 215 ff., Council for Economic Planning and Development, Taiwan Statistical Data Book 1986, S. 209 ff.
(1) eigene Berechnungen nach o.g. Quellen

Wie aus Tabelle 5 hervorgeht, konnten die acht Schwellenländer Südostasiens im Zeitraum von 1979 bis 1985 ihre Exporte in die Industrieländer durchschnittlich um 6,9% von 63,2 Mrd. $ (1979) auf 99,1 Mrd. $ (1985) steigern.
Bei einer ländermäßigen Betrachtung konnten insbesondere die industriell weiter fortgeschrittenen Schwellenländer wie Hong Kong, Taiwan, Südkorea und Singapur ein höheres außenwirtschaftliches Wachstum erzielen (10,8%) als die übrigen Länder (Indonesien, Philippinen, Thailand und Malaysia). Deren Exporte in die Industrieländer konnten im Zeitraum von 1979 - 1985 nur um durchschnittlich 3,1% gesteigert werden (1). Ein Vergleich mit dem außenwirtschaftlichen Wachstum südamerikanischer Schwellenländer, wie beispielsweise Bolivien (-14,4%) , zeigt deutlich die unterschiedliche außenwirtschaftliche Wachstumsdynamik einzelner Wirtschaftsregionen auf.

Der größte Teil der südostasiatischen Exporte (74%) entfiel 1985 auf die Länder Japan und USA (2). Insbesondere die USA stellen für die Länder Südostasiens aufgrund des großen Binnenmarktes den bedeutendesten westlichen Absatzmarkt für ihre Produkte dar. Eine tendenzielle außenwirtschaftliche Entwicklung zugunsten dieser beiden Länder (Japan und USA) läßt sich insbesondere in den letzten Jahren beobachten. So erhöhten sich die Exporte im Zeitraum von 1979 bis 1985 von 43,3 Mrd. $ (1979) auf 74,5 Mrd. $ (1985). Im gleichen Zeitraum konnten die acht südostasiatischen Schwellenländer ihren Export in die Europäische Gemeinschaft von 16,0 Mrd. $ (1979) auf 17,5 Mrd. $ (1985) erhöhen (3). Somit wird deutlich, daß neben den USA und Japan die europäischen Industrieländer und insbesondere die Bundesrepublik Deutsch-

---

(1) Eigene Berechnungen nach Weltbank (Hrsg.), Weltentwicklungsbericht 1986, S. 222 - 223

(2) Siehe hierzu Tabelle A-5 und A-6 im Anhang

(3) Siehe hierzu Tabelle A-5 und A-6 im Anhang

land mit 4,5 Mrd. $ (1985) ein weiteres Hauptabsatzgebiet für südostasiatische Produkte darstellen (1).

4.2 Ausweitung der südostasiatischen Exporte auf westliche Industriemärkte

Eine regionale und branchenmäßige Analyse der Schwellenländer-Exporte deutet auf eine konzentrierte Auslandsmarktstrategie hin. Sowohl branchen- als auch ländermäßig konzentrieren sich die Schwellenländer-Exporte auf wenige Produktgruppen und wenige Industriemärkte. Wie schon oben augezeigt, stellen die Triade-Märkte USA, Japan sowie die europäische Gemeinschaft aufgrund des hohen Pro-Kopf-Einkommens und der großen Bevölkerungszahl das wichtigste ausländische Absatzgebiet südostasiatischer Unternehmungen dar.
Dabei wurden in der frühen Industrialisierungsphase vorwiegend arbeitsintensive und leicht reproduzierbare Produkte aus der Bekleidungs-,Textil-, Lederwaren-, Uhren- und Kameraindustrie hergestellt und exportiert (2).

Aufgrund der Konzentration auf wenige Branchen und Produkte(3) in denen komparative Kostenvorteile erzielt werden konnten, sowie der aggressiv geführten Preispolitik konnten südostasiatische Unternehmen strategische Wettbewerbsvorteile sichern und sich auf den Märkten der Industrieländer erfolgreich durchsetzen (4).

---

(1) Alle Daten entnommen aus Tabelle A-5 und A-6 im Anhang

(2) Vgl. Beyfuß, J., Die Schwellenländer im Welthandel, Köln 1981, S. 26

(3) Eine Konzentration auf wenige Branchen und Produkte wurde nur während der frühen Industrialisierungs- und Exportphase angestrebt. Im weiteren Verlauf - insbesondere erst in den letzten Jahren - weiteten die südostasiatischen Schwellenländer ihre Produktion auf technologisch anspruchsvollere Branchen wie der PKW- und Elektronikindustrie aus.

(4) Siehe hierzu: Atac, O.A., International Experience Theory and Global Strategy, in: International Marketing Review, Vol. 3, No. 4, Winter 1986, S. 54

Folgende Tabelle 6 verdeutlicht die Wachstumsdynamik der südostasiatischen Schwellenländer-Exporte in diesen Branchen. Es wird ersichtlich, daß die Anteilsentwicklung der südostasiatischen Länder (Far Eastern NIC's) im Vergleich zu anderen Schwellenländern dynamisch ausgeweitet werden konnte.

Tab.6: Prozentuale Anteile der Schwellenländer in ausgewählten Branchen

Commodity Group SITC	Year	All NICs	of which: OECD NICs	Brazil and Mexico	Far Eastern NICs	Total OECD
Clothing (84)	1977	38.5	4.6	1.3	29.9	51.9
	1963	17.3	1.2	0.0	15.3	78.5
Leather, footwear, travel goods (61, 83, 85)	1977	31.3	7.9	3.9	17.7	64.5
	1963	7.2	2.3	0.5	3.3	83.7
Wood and Cork Manufactures (63)	1977	23.8	4.7	2.4	15.9	69.8
	1963	12.3	6.2	1.1	3.6	80.2
Electrical Machinery (72)	1977	12.0	1.0	2.2	8.4	85.8
	1963	0.8	0.2	0.0	0.5	98.2
Miscellaneous finished manufactures (81, 82, 86, 89)	1977	11.2	1.3	0.7	8.7	85.6
	1963	4.2	0.7	0.2	2.7	93.5
Textiles (65)	1977	10.8	3.4	1.7	5.8	79.0
	1963	5.7	2.4	0.7	2.1	82.9
Rubber manufactures (62)	1977	7.6	4.2	0.4	2.5	94.2
	1963	0.5	0.2	0.0	0.2	97.8
Manufactures of metal (69)	1977	7.4	2.0	0.7	4.3	91.9
	1963	1.5	0.5	0.1	0.6	97.8
Non metallic mineral manufactures (66)	1977	4.9	1.5	0.9	2.3	74.9
	1963	2.7	0.8	0.8	0.8	84.8
Iron and Steel (67)	1977	4.8	2.4	1.0	1.0	90.3
	1963	1.3	0.5	0.4	0.0	92.2
Transport equipment (73)	1977	2.8	1.7	0.4	0.5	97.5
	1963	1.0	0.5	0.0	0.1	98.0
Machinery other than electric (71)	1977	2.8	1.0	0.8	0.8	96.3
	1963	0.3	0.2	0.0	0.0	98.7
Chemicals (5)	1977	2.5	1.1	0.6	0.6	92.3
	1963	2.1	0.9	0.8	0.2	91.7
Paper (64)	1977	2.2	1.0	0.5	0.5	97.5
	1963	0.3	0.1	0.0	0.0	98.5

Quelle: OECD (Hrsg.), The Impact of the Newly Industrializing Countries, Paris 1979, S. 24

Der relativ niedrige Anteil der Schwellenländer am deutschen Gesamtimport (1985 =4,2%) (1) deutet auf die besondere Problematik hin, die sich aus der Konzentration auf wenige Branchen und Produkte ergibt.
Dieser niedrige Importanteil konzentrierte sich jedoch auf wenige Branchen und Produktgruppen, in denen in relativ kurzer Zeit augrund der Kostenführerschaft (2) eine hohe Marktpenetration erzielt werden konnte.
Insbesondere in den Branchen der Lederwaren- und Bekleidungsindustrie, der Unterhaltungselektronik sowie dem Maschinen- und Fahrzeugbau konnten Unternehmen aus Südostasien in relativ kurzer Zeit gegenüber anderen ausländischen Wettbewerbern aus Schwellenländern eine dominierende Marktstellung einnehmen (3). So gelang es beispielsweise den Unternehmungen der Unterhaltungselektronik wie Samsung und Goldstar aus Korea und Taitung aus Taiwan, den Absatz ihrer Markenprodukte weltweit auszuweiten und ihre Marktposition zu festigen (4).
Die Ausweitung südostasiatischer Exporte auf den Märkten der westlichen Industrieländer konnte bisher nur mit arbeitsintensiven und leicht reproduzierbaren Produkten erzielt werden, die nach der Produktzyklus-Theorie als standardisierte Produkte bezeichnet werden (5). Langfristig muß jedoch

---

(1) International Monetary Fund (Hrsg.), Direction of Trade and Statistics Yearbook 1986, Washington 1986, S. 189

(2) Atac schreibt, daß die NIC's (Newly Industrializing Countries) in spezifischen Branchen die Kostenführerschaft erzielen konnten. Vgl. Atac, O.A., International Experience Theory and Global Strategy, in: International Marketing Review, Vol. 3, No. 4, Winter 1986, S. 54

(3) Siehe zur bisherigen Ausweitung südostasiatischer Exporte gegenüber anderen Schwellenländern die prozentuale Anteilsentwicklung in ausgewählten Branchen Tabelle 6.

(4) Vgl. Ohmae, K., Macht der Triade, Wiesbaden 1985, S. 180

(5) Siehe hierzu auch die Anmerkungen in Fußnote 3 auf Seite 75

aufgrund eingeleiteter industrieller Umstrukturierungsmaßnahmen einiger südostasiatischer Staaten (1) auch mit Veränderungen der Warenexporte zugunsten technologisch anspruchsvoller Produkte wie bestimmter Investitionsgüter, Informationstechnologien, Mikroprozessoren und Computer gerechnet werden.

Deutsche Unternehmungen in diesen Branchen werden in zunehmendem Maße einem verschärften Wettbewerbsdruck aus Südostasien ausgesetzt sein. Auch hier können Wettbewerbsvorteile durch eine Nischenstrategie (Konzentration auf wenige Branchen und Produkte) sowie die komparativen Kostenvorteile ausgenutzt werden (2).

4.3 Ausweitung der südostasiatischen Exporte auf traditionelle Auslandsmärkte deutscher Unternehmungen

Aufgrund der intensiven Exportorientierung südostasiatischer Unternehmungen resultiert für deutsche Unternehmungen sowohl auf dem Inlandsmarkt als auch auf wichtigen Auslandsmärkten eine verschärfte Wettbewerbssituation.
Dabei sind südostasiatische Unternehmungen nur auf wenigen Auslandsmärkten tätig, in denen sie jedoch bei bestimmten Produktgruppen eine hohe Marktpenetration erzielen konnten.
Eine Gegenüberstellung der Konsumgüterexporte südostasiatischer Schwellenländer mit denjenigen der Bundesrepublik

(1) Siehe zur industriellen Umstrukturierung einiger südostasiatischer Staaten den zweiten Teil Abschnitt 6.2

(2) Die von der südostasiatischen Konsumgüterindustrie ausgenutzten komparativen Kostenvorteile könnten durch eine geführte Nischenstrategie auch zukünftig von der südostasiatischen Investitionsgüterindustrie ausgenutzt werden. Siehe hierzu: Porter, M., Wettbewerbsstrategie, 4. Aufl., Frankfurt/Main 1987, S. 348 f.

Deutschland auf Drittmärkten verdeutlicht, in welchem Umfang und welcher Dynamik südostasiatische Wettbewerber ihren Absatz weltweit ausweiten konnten.

Dabei stellen - wie schon aufgezeigt - neben der Europäischen Gemeinschaft die Märkte der USA und Japan das Hauptabsatzgebiet südostasiatischer Unternehmungen dar. So hatten deutsche Unternehmungen auf dem US-Markt in den Branchen Schreibmaschinen, Werkzeugmaschinen sowie Ventilatoren gravierende Absatzrückgänge zu verzeichnen, während südostasiatische Unternehmungen hohe Exportgewinne erzielen konnten, so daß vermutlich ein direkter Zusammenhang zwischen dem deutschen Absatzrückgang und den südostasiatischen Gewinnen bestanden hat (1). Hier konnten die südostasiatischen Unternehmungen speziell in wenigen arbeitsintensiven Branchen mit relativ niedrigem Forschungs- und Entwicklungsaufwand Exporterfolge erzielen.
Eine differenzierte Betrachtung der Schwellenländer-Exporte in die Märkte der USA, Europa und Japan zeigt eine deutliche Konzentration auf wenige arbeitsintensive Branchen wie die Bekleidungs-, Lederwarenindustrie etc. In diesen Branchen konnten südostasiatische Unternehmungen ihren Absatz ausweiten, während der Absatz deutscher Unternehmen auf diesen Märkten stagnierte bzw. rückläufig war (2).

Die Absatzentwicklung südostasiatischer Produkte auf wichtigen Auslandsmärkten deutscher Unternehmungen (USA und Japan) zeigt, daß die Exportorientierung Südostasiens in bestimmten

---

(1) Vgl. Ochel, W., Die Investitionsgüterindustrie der asiatischen Schwellenländer, München, Köln, London 1984, S. 85

(2) Siehe hierzu: Beyfuß, J., Die Schwellenländer im Welthandel, Köln 1981, S.26, Ochel, W., Die Investitionsgüterindustrie der asiatischen Schwellenländer, München 1984, S. 86 ff.

Branchen zu einer international verschärften Wettbewerbssituation führte.
Nur eine internationale Gesamtbetrachtung, bei der Absatzrückgänge auf wichtigen Auslandsmärkten subsummiert werden, kann die internationale Markt- und Gefährdungssituation deutscher Unternehmungen in bestimmten Branchen verdeutlichen.
Diese tendenzielle Entwicklung auf den für deutsche Unternehmungen wichtigen Auslandsmärkten wie den USA und Japan kann an folgenden Lieferanteilsentwicklungen bei Warengruppen des Exports der Bundesrepublik Deutschland und den südostasiatischen Schwellenländern aufgezeigt werden.

Abb.6: Lieferanteilsentwicklung (1) deutscher und südostasiatischer Unternehmen auf dem US-Markt

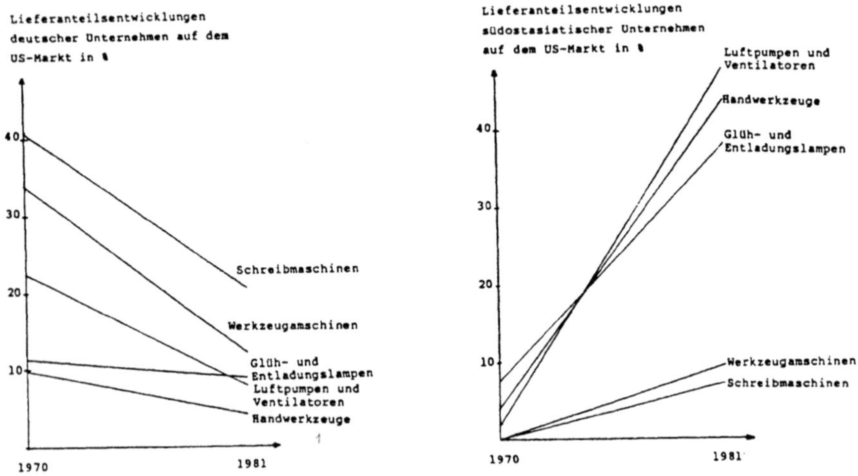

(1) Anteile des jeweiligen Exports an den Importen der USA in %

Quelle: Eigene Zusammenstellung nach Angaben: Ochel, W., Die Investitionsgüterindustrie der asiatischen Schwellenländer, München 1984, S.86

Eine branchenspezifische Betrachtung zeigt in Abbildung 6, daß die südostasiatischen Schwellenländer bei einigen Produktgruppen Anteile an den Importen der USA von mehr als 30% erzielen konnten (1). Diese Ausweitung der südostasiatischen Exporte auf Auslandsmärkten wie den USA und Japan führte somit zu Anteilsverlusten deutscher Exporte in diese Regionen (2).

5. Das Wachstum ausländischer Direktinvestitionen

5.1 Bedeutung und Notwendigkeit ausländischer Direktinvestitionen in Südostasien

Für die Schwellenländer Südostasiens haben die ausländischen Direktinvestitionen, bei denen Kapital, Technologien sowie Know how transferiert werden, einen besonders hohen Stellenwert eingenommen. Sie haben nachhaltig zum wirtschaftlichen Aufschwung und zu der weiteren Industrialisierung der acht südostasiatischen Schwellenländer beigetragen (3).
Insbesondere für die Produktion von technologisch anspruchsvolleren Produkten,z.B. im Bereich der Mikroelektronik, bildet

---

(1) Vgl. Ochel, W., Die Investitionsgüterindustrie der asiatischen Schwellenländer, München 1984, S. 107

(2) Siehe hierzu Tabelle A-8 im Anhang

(3) Vgl. Gälli, A., Neue Wachstumsmärkte in Fernost. Acht Länder auf der Schwelle zur Wirtschaftsmacht, München, Köln, London 1983, S. 65, OECD (Hrsg.), The Impact of the Newly Industrializing Countries, Paris 1979, S. 13, siehe hierzu auch Hiemenz, U., Multinational Enterprise Business Behavior and Industrialization in ASEAN-Contries, Kiel 1986, Kojima, K., Japanese and American Direct Investment in Asia: A Comparative Analysis, Hitotsubashi Journal of Economics, 26, 1985, S. 1 - 35

der Transfer von Technologie-Know how und neuen Produktionsverfahren eine wichtige Voraussetzung (1).
Dieses Technologie-Know how ist insbesondere aufgrund der verstärkten ausländischen Direktinvestitionen auf Unternehmen in Schwellenländern übertragen worden, so daß in zunehmendem Maße auch hier technologisch anspruchsvollere Produkte produziert und exportiert werden können.

Dabei werden Direktinvestitionen in einer vielfältigen Form mit unterschiedlicher Kapital- und Managementintensität getätigt, z.B. durch

- Beteiligung an ausländischen Industrie-, Dienstleistungs-, und Handelsunternehmen
- Joint Ventures (Gründung einer gemeinsamen Unternehmung mit inländischem und ausländischem Kapital)
- Auslandsniederlassungen
- Gründung von Tochtergesellschaften.

Die bisher in Südostasien getätigten Direktinvestitionen dienen nicht nur der Ausnutzung niedriger Lohn- und Rohstoffkosten vor Ort, sondern ermöglichen unter anderem auch die Aneignung besserer ausländischer Marktkenntnisse, einen Einblick in den jeweiligen wirtschaftlichen und technischen Entwicklungsstand des Landes, die Anpassung des Produktionsprozesses an die Auslandsmarktbedingungen sowie die Erschließung neuer Auslandsmärkte.

In Schwellenländern, die eine binnenmarktorientierte Industrialisierungsstrategie verfolgen (2) wie beispielsweise Indonesien und die Philippinen, kann der Absatz deutscher

---

(1) Siehe hierzu auch: Hiemenz, U., Multinational Enterprise Business Behavior and Industrialization in ASEAN-Countries, Kiel 1986, S. 2 f.

(2) Siehe zu den Industrialisierungsstrategien Abschnitt 2.1 im zweiten Teil

Produkte oftmals nur durch die Aufnahme der Produktion im Ausland gesichert werden. Dabei wird der bisherige Export der Produkte durch einen Kapitalexport in Form von Direktinvestitionen ersetzt (1). Somit dienen absatzwirtschaftlich orientierte Direktinvestitionen sowohl der Erschließung neuer ausländischer Märkte als auch der Sicherung bisheriger Märkte gegen errichtete Importverbote. Sie haben aufgrund der langfristigen Absatzsicherung auf Wachstumsmärkten einen strategischen Charakter. So hat zum Beispiel die japanische PKW-Industrie aufgrund von Importverboten frühzeitig Direktinvestitionen in Form von Produktionsstätten vorgenommen, um somit den Markt in der betreffenden Region Südostasiens zu erhalten (2). Hieraus ergibt sich die heutige marktführende Position japanischer Unternehmen in der südostasiatischen Region.

Eine vom Ifo-Institut durchgeführte Befragung deutscher Unternehmungen zu den Bestimmungsgründen von Direktinvestitionen in Entwicklungsländern kommt zu dem Ergebnis, daß die Absatzsicherung sowie die relativ geringen Produktionskosten die wichtigsten Hauptmotive für getätigte Investitionen sind (3).
Eine Sicherung bzw. ein Ausbau der ausländischen Marktpostion durch Direktinvestitionen ist insbesondere auf solchen Märkten von Bedeutung, die sich im Wachstum befinden und "relativ rasch ins Gewicht fallende Nachfragepotentiale entwickeln können" (4).

---

(1) Vgl. Donges, J., Müller-Ohlsen, L., Außenwirtschaftsstrategien, Tübingen 1978, S. 150

(2) Vgl. Laumer, H., Die Direktinvestitionen der japanischen Wirtschaft in den Schwellenländern Ost- und Südostasiens, München, Köln, London 1984, S. 18

(3) Vgl. Braun, H.-G., Halbach, A.J., Helmschrott, H., Direktinvestitionen in Entwicklungsländern, München 1983, S. 55 ff.

(4) Hiemenz, U., Verpaßt Europa den Anschluß in Fernost ?, Kiel 1984, S. 19

Im Gegensatz zu den südamerikanischen Schwellenländern trugen die Direktinvestitionen in Südostasien zur weiteren Industrialisierung und indirekt zu weiteren Exporterfolgen bei, die zur Deckung der vorhandenen Auslandsschulden benötigt wurden. Aufgrund der Industrialisierungstrategie sowie der Exporterfolge sind in diesen Ländern wichtige Voraussetzungen für weitere ausländische Investitionen gegeben. Verschuldungskrisen wie in Süd- und Mittelamerika werden aufgrund der stabilen Wirtschaftspolitik dieser Region nicht befürchtet (1).

5.2 Vergleich japanischer, US-amerikanischer und deutscher Direktinvestitionen in Südostasien

In den letzten Jahren ist ein unterschiedlich starkes Engagement ausländischer Direktinvestitionen in Südostasien zu beobachten. Während die größten ausländischen Direktinvestitionen in den acht südostasiatischen Schwellenländern vorwiegend von japanischen und US-amerikanischen Unternehmen getätigt werden, sind deutsche Unternehmen mit 0,5 Mrd. $ (1980) deutlich unterrepräsentiert - siehe hierzu Tabelle 7. Gemessen an den gesamten international getätigten Auslandsinvestitionen liegt ihr Anteil in Südostasien für 1980 durchschnittlich nur bei knapp über 1%. Hierin spiegelt sich die aus dem geringen Engagement resultierende untergeordente Rolle deutscher Unternehmungen in der südostasiatischen Region wider.

Der Anteil japanischer Direktinvestitionen hingegen dokumentiert, welche strategische Bedeutung dieser Staatengruppe beigemessen wird. So werden die größten Direktinvestitionen von japanischen Unternehmen getätigt, deren Volumen 1980 9,6 Mrd.$ betrug. Von den gesamten ausländischen Direktinvesti-

---

(1) Vgl. Kebschull, D., Ausländische Direktinvestitionen in Südostasien. Ein internationaler Vergleich, in: Laumer, H. (Hrsg.), Wachstumsmarkt Südostasien. Chancen und Risiken unternehmerischer Koperation, München, Köln, London 1984, S. 446

tionen tätigten japanische Unternehmungen 54,6 % in Schwellen- und Entwicklungsländern, wovon 26,5 % - also gut die Hälfte - auf die südostasiatische Region entfiel.

Tab.7: Amerikanische, japanische und deutsche Direktinvestitionen in Südostasien (Stand: Ende 1980)

Land	USA (Mio. US-$)	BR-Deutschland (Mio. US-$)	Japan (Mio. US-$)
Hong Kong	1969	119	1095
Taiwan	510	25	370
Südkorea	587	31	1137
Singapur	1196	202	936
Philippinen	1244	27	615
Thailand	360	29	396
Malaysia	618	39	650
Indonesien	1334	69	4424
Südostasien insgesamt	7818	541	9623
Anteil in % an: - gesamten Direktinvestitionen	3,70%	1,30%	26,50%
- Direktinvestitionen in Entwicklungsländern	14,80%	5,10%	54,60%

Quelle: Kebschull, D., Ausländische Direktinvestitionen in Südostasien, in: Laumer, H., Wachstumsmarkt Südostasien, München, Köln, London 1984, S. 461

Dabei steht neben der Sicherung von Rohstoffen vor Ort sowie der Ausnutzung niedriger Lohnkosten durch Produktionsverlagerung vor allen Dingen die Sicherung dieser Absatzmärkte im Vordergrund.

Auf der Grundlage amerikanischer, japanischer sowie deutscher

Statistiken über Direktinvestitionen dieser Länder in der ASEAN-Region (1) ergibt sich eine Relation der deutschen ASEAN-Investitionen zu denen der USA von 1 : 14 und zu denen Japans von 1: 20 - nach Tabelle 8 (2).

Tab. 8: Größenverhältnis der deutschen, amerikanischen und japanischen Direktinvestitionen in den ASEAN - Ländern (Stand 1983)

Anlageland / Stammland	Indonesien (1)	Indonesien (2)	Malaysia (1)	Malaysia (2)	Philippinen (1)	Philippinen (2)	Singapur (1)	Singapur (2)	Thailand (1)	Thailand (2)	ASEAN insges. (1)	ASEAN insges. (2)
USA	50	5	13	2,4	52	46	5,4	15	21	11,6	14	(5,6)
Japan	125	15	10,5	8	37	16	4,7	9	17	8,6	20	(11)
Bundesrepublik Deutschland	1	1	1	1	1	1	1	1	1	1	1	1

(1) Bestand Ende 1983 entsprechend der Stammland-Statistik
(2) Entsprechend den von den ASEAN-Ländern ausgewiesenen Statistiken von 1983
Quelle: Jungnickel, R., Gerberding, A., Maenner, U., Investitionsbedingungen in der ASEAN-Region, Hamburg 1986, S. 49

Hieraus wird ein deutlicher Rückstand gegenüber wichtigen internationalen Konkurrenten ersichtlich. Bei einer Betrachtung der dynamischen wirtschaftlichen Entwicklung sowie des Ressourcenreichtums einiger Länder in dieser Region ergeben

---

(1) Die ASEAN-Region schließt die Schwellenländer Hong Kong, Taiwan und Südkorea aus. Siehe zum Verhältnis deutscher, japanischer und US-amerikanischer Direktinvestitionen in diesen Ländern Tabelle 7.

(2) Vgl. Jungnickel, R., Gerberding, A., Maenner, U., Investitionsbedingungen in der ASEAN-Region, Hamburg 1986, S. 48 u. S. 55

sich für deutsche Unternehmungen im internationalen Wettbewerb langfristige Nachteile (1).
So hat sich in Südostasien die starke japanische und US-amerikanische Präsenz als Haupthindernis für weitere deutsche Direktinvestitionen herausgestellt, "welche deutschen Newcomern wenig Expansionsspielraum läßt" (2).
Die von US-amerikanischen sowie japanischen Unternehmen getätigten Direktinvestitionen stellen somit im internationalen Wettbewerb Eintrittsbarrieren gegen weitere ausländische Konkurrenten dar.

Politische Unsicherheit wie in jüngster Zeit auf den Philippinen und Südkorea, finanzielle Risiken, kulturelle Unterschiede sowie - für Deutschland zutreffend - weite geographische Entfernungen sind weitere Gründe für das relativ geringe Engagement in dieser Region. Der Schwerpunkt deutscher Direktinvestitionen liegt eindeutig in wirtschaftlich stagnierenden Regionen wie Südamerika und Afrika. Somit trugen im wesentlichen die japanischen und US-amerikanischen Direktinvestitionen zur weiteren Industrialisierung der südostasiatischen Ländergruppe bei.

6. Zukünftige wirtschaftliche Entwicklung in Südostasien

Die acht südostasiatischen Schwellenländer konnten in den siebziger Jahren ein reales Wirtschaftswachstum erzielen, das durchschnittlich 6 - 7% betrug und somit deutlich über dem der Bundesrepublik Deutschland (2%) und anderer Industrieländern lag. Diese gesamtwirtschaftliche Dynamik hat sich zwar in den achtziger Jahren aufgrund weltwirtschaftlicher Rahmenbedin-

---

(1) Die aus dem geringen Direktinvestitionen reslutierenden Nachteile werden im vierten Teil der Arbeit diskutiert.

(2) Jungnickel, R., Gerberding, A., Maenner, U., Investitionsbedingungen in der ASEAN-Region, Hamburg 1986, S.323

gungen abgeschwächt, dokumentiert jedoch "immer noch das immense Wirtschaftspotential dieses Raumes" (1).
Die bisher eingeleiteten wirtschaftspolitischen Maßnahmen einzelner Länder, bei denen grundsätzlich die Exportorientierung sowie Schaffung arbeitsintensiver Industrien im Vordergrund stehen, bilden eine solide Grundlage für eine Fortsetzung der bisherigen günstigen Wirtschaftsentwicklung und weiteren Industrialisierung. Somit werden durchschnittliche Wachstumsraten des BSP von 5% - die über dem Schwellenländer- und Industrieländerdurchschnitt liegen - auch für die weitere Zukunft erwartet.
Sowohl die "Far Eastern Economic Review", die basierend auf einzelnen nationalen Quellen für diese Region die zukünftige wirtschaftliche Entwicklung abschätzt, als auch die von der Prognos und dem IFO-Institut durchgeführten Studien prognostizieren für die acht südostasiatischen Schwellenländer eine weitere günstige gesamtwirtschaftliche Entwicklung (2) - siehe hierzu auch Abbildung 1 auf Seite 3.

---

(1) Wagner, W., Stier, B., Haas, U., Deutsche und japanische Export- und Investitionsstrategien in Südostasien, Hamburg 1985, S. 15

(2) Siehe hierzu: Far Eastern Economic Review, Asia Yearbook 1986, Hong Kong 1986, S.13, Prognos (Hrsg.), Euro-Report 1986, Vol. B, Emerging Economies. Analyses and Forecasts for 35 Countries up to 1990, S. 15 u. IC 3, Jungnickel, R., Gerberding, A., Maenner, U., Investitionsbedingungen in der ASEAN-Region, Hamburg 1986, S. 39, RKW, Battelle, Ifo (Hrsg.), Strukturveränderungen der deutschen Wirtschaft. Die Industrialisierung der Entwicklungsländer und ihre Rückwirkungen auf die deutsche Wirtschaft - Perspektiven bis 1990, Bd. I, Eschborn 1981, S.31, Wagner, W., Stier, B., Haas, U., Deutsche und japanische Export- und Invetstitionsstrategien in Südostasien, Hamburg 1985, S. 26

6.1 Die Abhängigkeit der wirtschaftlichen Entwicklung Südostasiens von den Industrieländern

Die südostasiatischen Schwellenländer sind weltwirtschaftlich von der Entwicklung der Industrieländer abhängig (1). So stellen die Märkte der Industrieländer das Hauptabsatzgebiet der südostasiatischen Fertigwaren als auch der Rohstoffe dar. Das gesamtwirtschaftliche Wachstum sowie das zukünftige Importwachstum der Industrieländer beeinflussen somit die Exportmöglichkeiten der südostasiatischen Unternehmungen sowie das zukünftige Wachstum dieser Region.

Folgende Abbildung verdeutlicht diese Abhängigkeit, wobei die Wachstumsraten des Bruttosozialprodukts von Entwicklungsländern dem der Industrieländer gegenübergestellt werden.

---

(1) Von einer zunehmenden Interdependenz einzelner Länder sowie deren zukünftigen wirtschaftlichen Entwicklung gehen sowohl der Weltentwicklungsbericht 1986 der Weltbank aus als auch die Prognosen der Prognos AG, siehe hierzu: Weltbank (Hrsg.), Weltentwicklungsbericht 1986, Washington 1986, S. 46 ff., Prognos, Die Weltmärkte bis 1995. Die Entwicklung von Wirtschaft und Bevölkerung in 18 Industrieländern und 35 Schwellenländern, Basel 1984, S. 24, Far Eastern Economic Review, Asia 1986 Yearbook, Hong Kong 1986, S. 13

Abb.7: Wachstumsraten des realen Bruttoinlandsprodukts in Entwicklungsländern und Industrieländern von 1961 bis 1985 (in %)

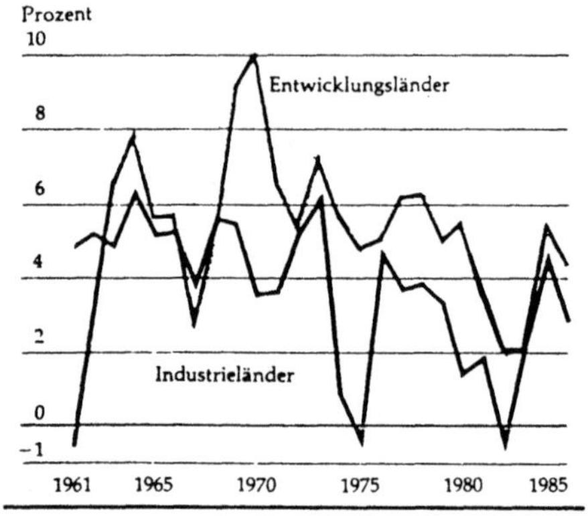

Quelle: Weltbank (Hrsg.), Weltentwicklungsbericht 1986, Washington 1986, S. 17

Basierend auf zwei Szenarien wurden für die Schwellenländer Südostasiens folgende längerfristige Prognosen der wirtschaftlichen Entwicklung erstellt (1):

1. Bei schlechten weltwirtschaftlichen Rahmenbedingungen, bei denen die Industrieländer nur ein reales Wirtschaftswachstum von 1,5% pro Jahr bis zum Jahr 2000 erzielen, liegt die durchschnittliche jährliche Wachstumsrate der südostasiatischen Schwellenländer bei 4,5%. Dabei werden insbesondere die industriell weiter fortgeschrittenen Länder wie Hong Kong und Südkorea ein überdurchschnittliches Wirtschaftswachstum erreichen.

2. Bei günstigen weltwirtschaftlichen Rahmenbedingungen, bei denen die Industrieländer ein reales Wirtschaftswachstum von

(1) Vgl. Estanislao, J.P., Aquino, A.A., Overview of the Asia Pacific Region by the Year 2000, Manila 1982

3,5% pro Jahr bis zum Jahre 2000 erzielen, liegt die durchschnittliche jährliche Wachstumsrate der südostasiatischen Schwellenländer bei 6,4%. In diesem Falle werden insbesondere die bevölkerungsreichen und ölproduzierenden Länder ein für diese Region überdurchschnittliches Wirtschaftswachstum erzielen. Das wären insbesondere die Länder Südkorea, Thailand, Malaysia und Indonesien.

Diese unterschiedlichen Szenarien deuten darauf hin, daß die südostasiatische Region und einzelne Länder in einem sehr unterschiedlichem Maße von weltwirtschaftlichen Rahmenbedingungen beeinflußt werden.
Günstige weltwirtschaftliche Rahmenbedingungen werden ein höheres wirtschaftliches Wachstum der weniger industrialisierten Schwellenländer wie Indonesien, Malaysia, Philippinen und Thailand bewirken. Diese bevölkerungsreichen und zum Teil rohstoffexportierenden Länder werden von günstigen Rahmenbedindungen in den Industrieländern sowie der davon ausgehenden Rohstoffnachfrage profitieren. Bei ungünstigen weltwirtschaftlichen Rahmenbedingungen werden besonders die industriell weiter fortgeschrittenen und exportorientierten Länder Südostasiens wie Hong Kong, Südkorea und Singapur die höchsten BSP-Wachstumsraten erzielen. Bei einem verstärkten Warenaustausch innerhalb der südostasiatischen Region werden diese Länder Exporterfolge erzielen, so daß wichtige Voraussetzungen für ein günstiges Wirtschaftswachstum gegeben sind.

Langfristige Perspektiven (1) deuten in dieser Wirtschaftsregion auf einen Wachstumsvorsprung gegenüber anderen Schwellen- und Entwicklungsländern hin. Dabei sind neben der

---

(1) Siehe hierzu Far Eastern Economic Review, Asia Yearbook 1986, S. 13 f., Hong Kong 1986, Prognos (Hrsg.), Euro-Report, Vol. B, Emerging Economies. Analyses and Forecasts for 35 Countries up to 1990, Basel 1986, Gälli, A., Neue Wachstumsmärkte in Fernost, München, Köln, London 1983, S. 343 ff.

erfolgreichen Wirtschaftspolitik und dem gesamtwirtschaftlichen Wachstum insbesondere die Bevölkerungsgröße sowie das steigende Pro-Kopf-Einkommen wichtige Faktoren, die zukünftig ein verstärktes absatzwirtschaftliches Engagement deutscher Unternehmungen in dieser Region rechtfertigen.
Langfristige Wachstumsprognosen für die ASEAN-Länder gehen von verhältnismäßig günstigen Rahmenbedingungen aus, die bis zum Jahr 2000 eine "Vervierfachung des Nachfragepotentials auf den ASEAN-Märkten" erwarten lassen (1).

6.2 Zukünftige Entwicklungen auf den Weltmärkten aufgrund struktureller Veränderungen in Südostasien

Aufgrund der in den letzten Jahren eingeleiteten industriellen Umstrukturierungsmaßnahmen (2) einiger südostasiatischer Staaten wie Hong Kong, Singapur, Südkorea und Taiwan sind zukünftig auch strukturelle Veränderungen bei den Warenexporten dieser Länder zu erwarten. Wurden bisher vorwiegend Billigprodukte aus arbeitsintensiven und technologiearmen Branchen wie der Holz-, Lederwaren-, Textil- und Bekleidungsindustrie exportiert, so sind zukünftig verstärkt forschungs- und kapitalintensive Produkte aus Südostasien zu erwarten, die zu einer Erhöhung des Industriewarenanteils am Gesamtexport der Schwellenländer beitragen werden.
So wurden in Singapur im Rahmen der Umstrukturierungsmaßnahmen drastische Lohnerhöhungen von jährlich 20% angestrebt, um arbeitsintensive Branchen durch kapital- und forschungsinten-

(1) Machetzki, R., ASEAN - Leistungsprofile, Märkte und Kooperationsaussichten, in: Südostasien aktuell, Juli 1984, S. 342

(2) Diese Länder haben im Rahmen ihrer Wirtschaftspolitik Umstrukturierungsmaßnahmen (z.B. Lohnerhöhungen) eingeleitet, so daß in zunehmendem Maße arbeitsintensive Branchen durch kapitalintensive Branchen ersetzt werden.

sive Branchen wie z.B. der Petrochemie, Pharmaindustrie sowie der Investitionsgüterindustrie, zu ersetzen (1).
Diese Neuorientierung hat sich ebenfalls in Südkorea und Taiwan vollzogen. So werden zur weiteren Industrialisierung dieser Länder den forschungs- und kapitalintensiven Branchen wie dem Maschinenbau, der Elektronikindustrie, der Petrochemie und dem Schiffsbau hohe Prioritäten eingeräumt (2).
Diese Entwicklung zugunsten kapital- und technologieintensiver Produkte führt unter Berücksichtigung der zunehmenden Bedeutung dieser Länder als Weltexporteure zu einer verschärften Wettbewerbssituation in den Branchen, in denen bisher Unternehmungen aus Industrieländern dominierten (3).

Technologisch anspruchsvolle Produkte wie z.B. Mikroprozessoren, Dioden und Transistoren sowie fototechnische und optische Geräte haben zwar einen technologisch hohen Standard, können jedoch produktionstechnisch leicht in Südostasien hergestellt und exportiert werden (4). Somit kann langfristig auch in den Branchen der Mikroelektronik mit preisgünstigen Computern, numerisch gesteuerten Werkzeugmaschinen sowie Robotern aus Südostasien gerechnet werden, die zunehmend auf dem europäischen Markt abgesetzt werden.

---

(1) Vgl. Lasserre, P., The New Industrializing Countries of Asia - Perspectives and Opportunities, in: Long Range Planning, Vol. 14, No. 3, 1981, S. 41

(2) So spricht Lasserre in diesem Zusammenhang von "strategic industries", Lasserre, P., The New Industrializing Countries of Asia - Perspectives and Opportunities, in: Long Range Planning, Vol. 14, No. 3, 1981, S. 41

(3) Auch Porter umschreibt, daß Schwellenländer ein zunehmendes Gewicht in kapitalintensiven Branchen wie dem Schiffsbau, der Elektronikindustrie und der Stahlindustrie erlangen werden, siehe hierzu Porter, M., Wettbewerbsstrategie, 4. Aufl., Frankfurt a.M. 1987, S. 371

(4) Vgl. Beyfuß, J., Dynamische Entwicklungsräume. Neue Konkurrenz oder Zukunftsmärkte ?, Köln 1985, S. 22 f.

Bisher wurden Kraftfahrzeuge in Südostasien unter Lizenzvergabe und teilweise als Joint Venture mit europäischen, US-amerikanischen sowie japanischen Partnern für den Inlandsmarkt montiert. Südkorea und Taiwan sind jedoch im Begriff, größere eigene Kapazitäten aufzubauen, so daß mittelfristig weltweit auch in dieser Branche mit zusätzlichen Niedrigpreis-Angeboten zu rechnen ist (1).
So schreibt Prognos zur zukünftigen Bedeutung der südostasiatischen Schwellenländer im weltweiten Wettbewerb folgendes: "In 1990 the emerging economies will sell manufactures worth 241.4 bn US $ on world markets; nearly 80% of this amount will be sold by the so called ASEAN - NICs" (2).

---

(1) Vgl. Gälli, A., Neue Wachstumsmärkte in Fernost, München, Köln, London 1983, S. 47

(2) Prognos (Hrsg.), Euro-report volume B, Emerging Economies. Analyses and Forecasts for 35 countries up to 1990, S. IC 3, Basel 1986

7. Der Industrialisierungsprozess in Südostasien und daraus resultierende Chancen und Risiken für die deutsche Konsumgüterindustrie

7.1 Industrialisierung und Auswirkungen auf Marktwachstum und -chancen in Südostasien

Aus den im folgenden Abschnitt diskutierten Punkten sollen für die deutsche Konsumgüterindustrie bisher nicht wahrgenommene Marktchancen abgeleitet werden, die aus dem Industrialisierungsprozeß der südostasiatischen Länder resultieren.
Die Expansion einzelner Unternehmungen ist auf diesen Auslandsmärkten "weniger an Marktanteilsgewinne auf Kosten der Konkurrenten gebunden. Sie kann auf neuen Märkten erfolgen, die im Wachstumsprozeß" (1) stehen und ein zukünftiges großes Nachfragepotential entwickeln.
Auch die Ausnutzung des Scale-Effekts, wonach Unternehmen mit einer hohen Betriebsgröße und hohen Ausbringungsmenge das Potential haben, bei steigender Kapazität eine Degression der Kosten zu erzielen (2), kann insbesondere auf solchen Auslandsmärkten realisiert werden, die sich in der Wachstumsphase befinden.

Ein verstärktes Engagement deutscher Unternehmungen führt auf expandierenden Auslandsmärkten lediglich zu einer Verlangsamung des Wachstums anderer Wettbewerber, so daß Abwehrreaktionen von etablierten US-amerikanischen, japanischen und

---

(1) Jungnickel, R., Gerberding, A., Maenner, U., Investitionsbedingungen in der ASEAN-Region, Hamburg 1986, S. 21

(2) Vgl. Haedrich, G., Berger, R., Angebotspolitik, Berlin New York 1982, S. 128, Atac, O.A., International Experience Theory and Global Strategy, in: International Marketing Review, Vol. 3, No. 4, Winter 1986, S. 56

einheimischen Unternehmungen kaum zu erwarten sind (1). In stagnierenden bzw. schrumpfenden Absatzmärkten wie in Europa hingegen würde ein Markteintritt zusätzlicher ausländischer Wettbewerber "in der Regel zum Verdrängungswettbewerb" führen, "der durch höhere Marketingaufwendungen gekennzeichnet ist" (2).

Unter dem Gesichtspunkt der dynamisch wachsenden Absatzmärkte in Südostasien und den sich daraus ergebenden Chancen sollen primär folgende wirtschaftliche Faktoren die Marktgröße dieser Region aufzeigen:

- Pro-Kopf-Einkommen (absolut / jährliche Wachstumsraten)
- Bevölkerungsgröße (absolut / jährliche Wachstumsraten)
- Importe von Konsumgütern (absolut / jährliche Wachstumsraten) (3)

Aus dem weltweit überdurchschnittlichen gesamtwirtschaftlichen und außenwirtschaftlichen Wachstum der südostasiatischen Schwellenländer resultieren - im Gegensatz zu den Entwicklungsländern - ein wachsendes Pro-Kopf-Einkommen und somit Kaufkraftgewinne für weite Bevölkerungsteile. Während die heutigen Entwicklungsländer ihre tendenziell sinkende Import-

---

(1) Vgl. Schütte, H., Marktstrategien für die Schwellenländer Asiens, in: Engels, B., Präsenz der deutschen Wirtschaft in Übersee - was ist zu tun ?, München, Köln, London 1986, S. 113

(2) Schütte, H., Marktstrategien für die Schwellenländer Asiens, in: Engels, B., Präsenz der deutschen Wirtschaft in Übersee - was ist zu tun?, München, Köln, London 1986, S. 113

(3) Siehe hierzu Tabelle 9 auf Seite 98. Siehe zur Bestimmung der Marktgröße in Südostasien: Machetzki, R., Pazifische Märkte: Hat die deutsche Wirtschaft den Anschluß verpaßt?, in: Südostasien aktuell, 1985, S. 561, Henzler, H., Neue Strategien ersetzt den Zufall, in: Manager Magazin, Heft 4/1979, S. 123 f.

kaufkraft durch Ausweitung der Rohstoffausfuhren auszugleichen versuchen, ist es den südostasiatischen Schwellenländern mit der zunehmenden Industrialisierung und der Exportförderungsstrategie gelungen, das durschnittliche Pro-Kopf-Einkommen von 1055 $ (1975) auf 2822 $ (1985) zu erhöhen (1).

(1) Siehe hierzu Tabelle A-9 im Anhang

Tab. 9: Bevölkerungsgröße, Pro-Kopf-Einkommen sowie durchschnittliche jährliche Wachstumsrate der Importe in Südostasien

Land	Bevölkerungsgröße in Mio. (1984)	Pro-Kopf-Einkommen absolut in $ (1984)	Durchschnittliches jährliches Wachstum		Prognosen des durchschnittlichen jährlichen Wachstums	
			des Pro-Kopf Einkommens 1965 - 1984	der Importe 1965 - 1984	des Pro-Kopf Einkommens 1985 - 1991	der Importe 1985 - 1991
Hong Kong	5,4 Mio.	6330 $	6,2%	9,9%	3.5%	12,2%
Taiwan	19,0 Mio.	3068 $	6,7%	23,0%	3,9%	12,2%
Südkorea	40,1 Mio.	2110 $	6,6%	16,0%	4,2%	11,0%
Singapur	2,5 Mio.	7260 $	7,8%	8,4%	3,0%	8,1%
Philippinen	53,4 Mio.	660 $	2,6%	2,6%	0,3%	6,2%
Thailand	50,0 Mio.	860 $	4,2%	5,1%	2,6%	9,3%
Malaysia	15,3 Mio.	1980 $	4,5%	6,6%	2,0%	8,8%
Indonesien	158,9 Mio.	540 $	4,9%	12,2%	1,9%	3,8%
im Vergleich: Bundesrepublik Deutschland	61,2 Mio.	11130 $	2,7%	7,6%	2,5%	10,7%

Quelle: Weltbank (Hrsg.), Weltentwicklungsbericht 1986, S. 206 - 207, Council for Economic Plannning and Development, Statistical Data Book 1986, S. 34 und S. 204, Far Eastern Economic Review (Hrsg.), Asia 1986 Yearbook, S. 7, Prognos (Hrsg.), Euro-Report 1987, Volume B, Emerging Economies. Analyses and Forecasts for 35 Countries up to 1991, Basel 1987 Prognos (Hrsg.), Euro-Report 1987, Volume A, Industrialized Countries, Basel 1987, S. 408 - 411

Aus diesem gestiegenen Pro-Kopf-Einkommen und der Bevölkerungsgröße resultiert in dieser Region eine wachsende Mittelschicht, die langfristige Absatzchancen für die deutsche Konsumgüterindustrie eröffnet (1). Eine Steigerung des Pro-Kopf-Einkommens in den Wachstumsregionen Südostasiens führt zu einer Steigerung der Nachfrage nach industriellen Produkten (2).

Nach dem Engel'schen Gesetz nehmen die Ausgaben für Nahrungsmittel bei steigendem Einkommen langsamer zu als die Gesamtausgaben; die Aufwendungen für höherwertige Waren gewinnen folglich zunehmend an Bedeutung (3). Die ausländische Nachfrage nach höherwertigen Konsumgütern nimmt somit bei steigendem Einkommen zu.
Diese zunehmende Konsumbereitschaft der Bevölkerung wurde in den letzten Jahren auch durch verstärkte Werbeaufwendungen sowie den Einfluß internationaler Unternehmungen in dieser Region unterstützt (4). Der unmittelbare Kontakt mit höherwertigen ausländischen Konsumgütern veranlaßt die Inländer, ihre gegenwärtigen Bedürfnisse zu verändern. Eine von der OECD durchgeführte Schwellenländer-Studie kommt zu dem Ergebnis, daß die Zunahme der Schwellenländer-Exporte auch zu

---

(1) Siehe zu den langfristigen Absatzchancen Südostasiens die Prognosen des durchschnittlichen jährlichen Wachstums des Pro-Kopf-Einkommens und der Importe in Tabelle 9.

(2) Vgl. Milton, A.- R., Die Industrialisierung der Dritten Welt und ihre Auswirkungen auf die Struktur des deutschen Außenhandels, in: Mitteilungen des RWI, Jg. 33, 1982, S. 30 und S. 39

(3) Vgl. Milton, A.- R., Die Industrialisierung der Dritten Welt und ihre Auswirkungen auf die Struktur des deutschen Außenhandels, in: Mitteilungen des RWI, Jg. 33, 1982, S. 30, Keegan, W., Multinational Marketing Management, 3 rd. Edition, Englewood Cliffs 1984, S.72

(4) Vgl. Gälli, A., Neue Wachstumsmärkte in Fernost, München, Köln, London 1983, S. 83

einer gesteigerten Importfähigkeit für ausländische Produkte führt (1). So konnte der Export der westlichen Industrieländer (Europa, Japan und USA) in die Märkte der acht südostasiatischen Schwellenländer von 23,9 Mrd. $ (1975) auf 71,2 Mrd. $ (1984) ausgeweitet werden (2).
Diese Importentwicklung zeigt, daß weltweit insbesondere die Länder eine gesteigerte Importfähigkeit aufweisen, die ein höheres industrielles und außenwirtschaftliches Wachstum erzielen konnten (3).

Diese Importdynamik der Schwellenländer und die sich daraus ergebenden Chancen,am ausländischen Marktwachstum teilzuhaben, wurden jedoch bisher von internationalen Unternehmungen unterschiedlich wahrgenommen.
Während japanische und US-amerikanische Unternehmungen die in den südostasiatischen Märkten liegenden Absatzchancen frühzeitig erkannt und wahrgenommen haben, stellt sich für deutsche Unternehmungen das Problem, als Nachfolger die bisherige schwache Marktposition in dieser Region auszubauen.
An den Gesamtimporten der südostasiatischen Schwellenländer betrug der durchschnittliche Anteil der japanischen Einfuhren 1984 21,8% und der der US-amerikanischen Unternehmen 15,3%. Der Anteil deutscher Exporte in Südostasien belief sich im gleichen Zeitraum lediglich auf 3,2% und zeigt somit eine deutlich schwächere Position auf - siehe hierzu Tabelle A-10 im Anhang.

---

(1) Vgl. OECD (Hrsg.), The Impact of the Newly Industrializing Countries, Paris 1979, S. 12 f. und S. 52

(2) Nach Angaben aus Tabelle A-10 im Anhang

(3) So lag in den Jahren von 1965 bis 1984 die jährliche durchschnittliche Wachstumsrate der Schwellenländerimporte in Südostasien bei 8,7%, während die für Süd- und Mittelamerika nur bei 4,6 % lag. Nach Angaben aus: IMF (Hrsg.), Direction of Trade and Statistics, Yearbook 1986, S. 189 ff.

Diese relativ starke Marktstellung und das frühzeitige Interesse japanischer Unternehmungen an dieser Region basieren neben der räumlichen Nähe insbesondere auf den dort vorhandenen Ressourcen, die Japan als rohstoffarmes Land dringend benötigt und aus denen auch ein verstärktes Engagement in dieser Region resultiert. Bei den US-amerikanischen Unternehmungen erklärt sich die Marktstellung aus einer frühzeitigen Erschließung dieser Märkte aufgrund der engen politischen und wirtschaftlichen Beziehungen der USA zu Korea und Taiwan (1).

Eine Betrachtung der Anteilsentwicklung einzelner Länder an den Gesamtimporten in der südostasiatischen Region deutet auf Verluste europäischer, US-amerikanischer aber auch japanischer Wettbewerber hin - siehe hierzu Abbildung 8.

---

(1) Vgl. Beyfuß, J., Dynamische Entwicklungsräume, Köln 1985, S. 37

Abb.8: Anteile deutscher (europäischer), japanischer und US-amerikanischer Unternehmungen an den Gesamtimporten nach Südostasien (in %)

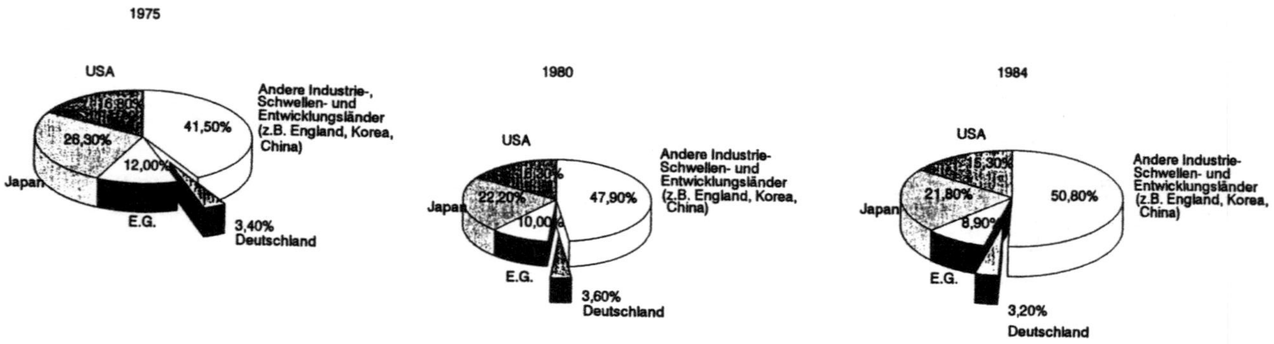

Quelle: Eigene Zusammenstellung nach Angaben Tabelle A-10 im Anhang

So verringerte sich der niedrige Anteil deutscher Unternehmungen an den Gesamtimporten von 3,4% (1975) auf 3,2% (1984). Japanische Unternehmungen, deren Anteil an den Gesamtimporten 26,3% (1975) betrug, konnten ihre gute Marktposition in dieser Region nicht weiter beibehalten. Ihr Anteil verringerte sich 1984 auf 21,8%. Der Anteil US-amerikanischer Unternehmungen fiel von 16,8% (1975) auf 15,3% (1984).
Hierin kommt die zunehmende Bedeutung weiterer ausländischer Wettbewerber, wie zum Beispiel der Volksrepublik China sowie von Wettbewerbern aus den übrigen südostasiatischen Schwellenländern, zum Ausdruck, die zu einem verstärkten Warenaustausch zwischen den einzelnen Ländern Südostasiens beitrugen und ihren Anteil bei den Importen stetig ausweiten konnten (1).

Aus einer Gegenüberstellung der jährlichen Wachstumsraten südostasiatischer Schwellenländerimporte mit den Wachstumsraten japanischer, US-amerikanischer und europäischer (deutscher) Exporte in diese Region wird aus Tabelle 10 ersichtlich, daß europäische sowie deutsche Unternehmungen insbesondere ab 1980 nicht mehr an dem durchschnittlichen Marktwachstum dieser Region teilhaben konnten.

(1) Kirchbach spricht in diesem Zusammenhang vom Süd-Südhandel in dieser Region, bei dem ein verstärkter Warenaustausch zwischen Hong Kong, Taiwan, Südkorea, Singapur, Philippinen, Thailand, Malaysia und Indonesien stattfindet. Siehe hierzu auch Kirchbach, F., The Role of Marketing Strategies in Penetrating Southeast and East Asian Markets, Kiel 1985, S.2

Tab.10: Gegenüberstellung des durchschnittlichen Importwachstums der südostasiatischen Schwellenländer und des Exportwachstums der Industrieländer (in %)

	1970 - 1975	1975 - 1980	1980 - 1985
Importe der acht südostasiatischen Schwellenländer	25,8	24,1	4,9
Exporte in die südostasiatische Region aus:			
-Europäische Gemeinschaft	32,9	19,9	1,7
-Japan	23,1	19,9	4,5
-USA	25,9	23,4	3,2

Quelle: Kirchbach, F., The Role of Marketing Strategies in Penetrating Southeast and East Asian Markets, Kiel 1985, S. 3

Die europäischen Exporte nach Südostasien expandierten im Zeitraum von 1980 - 1985 nur mit einer durchschnittlichen Wachstumsrate von 1,7% pro Jahr und lagen somit deutlich unter dem durchschnittlichen Wachstum der Gesamtimporte dieser Region, welches 4,9% betrug (1).
Die Exportwachstumsraten japanischer (4,5%) und US-amerikanischer Unternehmungen (3,2%) deuten in diesem Zeitraum von 1980 bis 1984 ebenfalls auf einen Rückgang hin. Diese Wettbewerber sind jedoch gemessen an der insgesamt niedrigeren Importwachstumsrate in Südostasien (4,9%) nicht in dem Maße gefährdet wie europäische und deutsche Unternehmungen. Aus diesen veränderten Bedingungen resultiert für deutsche Unternehmungen eine

---

(1) Vgl. Kirchbach, F., Verluste europäischer Unternehmen im Entwicklungsländergeschäft, in: Harvard Manager, 4/1986, S.69

Gefährdung ihrer Marktposition in einer der dynamischten Wachstumsregionen der Welt.

Somit konnten die deutschen Unternehmungen am jeweiligen Marktwachstum, gemessen an der Importnachfrage der jeweiligen Region, nicht teilhaben. Dieses trifft insbesondere auch auf die Branchen zu, in denen deutsche Unternehmungen bisher im internationalen Wettbewerb erfolgreich waren. Bei einer differenzierten Betrachtung der wichtigsten deutschen Exportbranchen

- chemische Produkte
- Fertigwaren (einfache Konsumgüter)
- Maschinen und Fahrzeuge (höherwertige Konsumgüter)
- verschiedene bearbeitete Waren (höherwertige Konsumgüter)

sind gerade hier deutliche Anteilsverluste zu verzeichnen (1).

Aufgrund dieser veränderten Situation ergibt sich für deutsche Unternehmungen "die Schlußfolgerung, daß ihre künftigen Exportmöglichkeiten in Fernost entscheidend von ihrer Wettbewerbsfähigkeit bei Investitions- und höherwertigen Konsumgütern abhängen werden, und zwar insbesondere gegenüber Japan" (2).

Die bisher nicht wahrgenommenen Marktchancen deutscher Unternehmungen in dieser Region lagen neben den von japanischen und amerikanischen Unternehmungen errichteten Eintrittsbarrieren zudem auch in der geographischen Entfernung, der zu großen Unterschiedlichkeit in Sprache und Kultur, der geringen

---

(1) Siehe hierzu die Ausführungen von Hiemenz, U., Verpaßt Europa den Anschluß an Fernost?, Kiel 1984, S. 7 ff. und S. 21

(2) Hiemenz, U., Verpaßt Europa den Anschluß in Fernost?, Kiel 1984, S. 9

Marktkenntnisse und den damit verbundenen Risiken sowie dem früheren geringen Marktwachstum begründet. So haben mitunter die geographischen Entfernungen und die damit verbundenen Transportkosten zur Folge, daß Unternehmungen aus unterschiedlichen Industrieländern auf bestimmten Schwellenmärkten besonders stark vertreten sind. Während japanische Firmen enge Geschäftsbeziehungen zu den asiatischen Schwellenländern unterhalten, sind US-amerikanische Firmen in latein- und mittelamerikanischen Schwellenländern und europäische Unternehmungen in den Ländern Afrikas und des nahen- und mittleren Ostens stärker vertreten (1).

7.2 Risiken auf dem südostasiatischen Absatzmarkt

Aus dem bisherigen relativ geringen Engagement deutscher Unternehmungen in dieser Region sowie den geringen Marktkenntnissen resultieren zusätzliche Risiken, die bei einem verstärkten Auslandsengagement als "Nachfolger" berücksichtigt werden müssen.

So sind japanische und US-amerikanische Wettbewerber seit längerer Zeit auf diesem Auslandsmarkt stark vertreten und verfügen über bessere Marktkenntnisse, Einblick in den wirtschaftlichen und technischen Entwicklungsstand der einzelnen Länder sowie Erfahrungen mit dem Staat, der insbesondere in Ländern wie Malaysia und Indonesien gravierend in die Entscheidungsfreiheit ausländischer Unternehmen eingreift (2).

---

(1) Siehe hierzu auch das Triade-Konzept von Ohmae im dritten Teil Abschnitt 2.1.

(2) Siehe hierzu: Doz, Y. L., Government Control in Multinational Strategic Management, New York 1979, S. 26 ff., Gerber, S., Risikoanalyse und Risikopolitik bei direkten deutschen Auslandsinvestitionen von mittelständischen Unternehmen in Entwicklungsländern, Diss., Dortmund 1981, S. 83 ff.

Dabei sollen in erster Linie die sich im Aufbau befindlichen inländischen privaten und staatlichen Unternehmungen gegenüber ausländischen Wettbewerbern geschützt werden. Die sich daraus ergebenden Wettbewerbsnachteile sowie Risiken für ausländische Unternehmungen erfordern oftmals eine Kooperation in Form eines Joint Ventures mit einer inländischen Unternehmung.

Weitere Gefahren resultieren grundsätzlich aus den sich in der Entwicklung befindlichen Gesamtstrukturen dieser Länder. Sowohl Wirtschaftspolitik, politische Stabilität, gesamtwirtschaftliche Entwicklung als auch Marktbedingungen und Wettbewerbssituation sind in dieser Entwicklungsphase (Schwellenländerphase) von Diskontinuitäten geprägt.

- Ausländische Gesetzgebungen sowie die jeweilige Wirtschaftspolitik einzelner Schwellenländer schränken oftmals die unternehmerische Handlungsfreiheit in solch einem Maße ein, daß eine Abstimmung der jeweiligen Unternehmensziele mit den ausländischen politisch-rechtlichen Bedingungen erforderlich wird (1).

- Die dynamische Entwicklung der südostasiatischen Absatzmärkte, die durch einen hohen Fremdheitsgrad sowie ständige gravierende Veränderungen der Marktbedingungen gekennzeichnet ist, erfordert von deutschen und ausländischen Unternehmungen eine größere Flexibilität bei ihren Marketingaktivitäten auf diesen Märkten.

- Die unzureichende Entwicklung örtlicher Informationsstrukturen erschwert die "Transparenz" der Märkte sowie

---

(1) Die besondere Bedeutung der politischen Risiken einzelner südostasiatischer Schwellenländer wird im dritten Teil Abschnitt 2.6 und 2.7 erläutert

die Beurteilung vorhandener Absatzchancen in dieser Region (1).

- Aufgrund der unterschiedlichen Kultur und Konsumentenmentalität in asiatischen Schwellenländern resultieren ein anderes Kauf- und Verbrauchsverhalten sowie eine andere Einstellung gegenüber ausländischen Produkten aus Industrieländern.
- Das südostasiatische Absatzgebiet stellt keinen homogenen Markt dar, sondern ist aufgrund des unterschiedlichen wirtschaftlichen Entwicklungsstands einzelner Länder sehr heterogen.

Die innenpolitischen Veränderungen auf den Philippinen zeigen in der südostasiatischen Region Diskontinuitäten der wirtschaftlichen und politischen Entwicklung auf. Jedoch dürfen bei einer langfristigen Betrachtung der Chancen und Risiken punktuelle Ereignisse - insbesondere politischer Natur - nicht überbewertet werden. Der Regierungswechsel stellt nur einen Faktor dar, der unmittelbar auf die weitere wirtschaftliche Entwicklung eines Landes Einfluß nimmt. Zur langfristigen Beurteilung der wirtschaftlichen und politischen Stabilität werden vom IFO-Institut sieben Hauptkriterien herangezogen, die neben Wirtschaft und Politik insbesondere das Staatswesen, die Wissenschaft, Kommunikation, das Sozialwesen und die Ideologie der acht südostasiatischen Länder bewertet.

Das Ergebnis der IFO-Untersuchung (2) beurteilt die Länder Südostasiens mit "mittleren bis guten Stabilitätsbedingungen" (3), die ein verstärktes Engagement ausländischer Unterneh-

---

(1) Vgl. Machetzki, R., Pazifische Märkte: Hat die deutsche Wirtschaft den Anschluß verpaßt?, in: Südostasien Aktuell, November 1985, S. 564

(2) Siehe hierzu Abbildung A-1 im Anhang sowie die ausführlichere Länderanalyse im dritten Teil Abschnitt 2.6 und 2.7

(3) Gälli, A., Neue Wachstumsmärkte in Fernost, München, Köln, London 1983, S. 351

mungen in dieser Region rechtfertigen (1). Jedoch zeigen sich unterschiedliche Ausprägungen einzelner Stabilitätsfaktoren in den acht südostasiatischen Ländern. Wirtschaft, Politik, Ideologie, Sozialwesen, Rechtswesen, Wissenschaft und Kommunikation weichen in den einzelnen Staaten in dem Maße voneinander ab, so daß eine länderspezifische Betrachtung dieser Faktoren erfolgen sollte (2).
In diesen unterschiedlichen Ausprägungen der Stabilitätsfaktoren kommt die Heterogenität der einzelnen Schwellenländer bezüglich ihres wirtschaftlichen und politischen Entwicklungsstandes zum Ausdruck. Während die industriell weiter fortgeschrittenen Länder wie Singapur, Taiwan, Malaysia und Südkorea eine stärkere Ausprägung günstiger Stabilitätsfaktoren aufweisen, werden Indonesien (aufgrund der Nachteile im Sozialwesen, Staat und Wissenschaft) und die Philippinen (aufgrund der politischen Situation und Schwächen der Wirtschaft) niedriger bewertet (3).

Die in diesem Abschnitt dargestellten wirtschaftlichen Entwicklungstendenzen der einzelnen Länder - insbesondere der industriell und politisch weiter fortgeschrittenen Staaten wie Singapur, Taiwan, Hong Kong und Südkorea - zeigen für ausländische Unternehmungen frühzeitig Chancen und Möglichkeiten auf, am langfristigen Wachstum der südostasiatischen Märkte

---

(1) Auch Prognos bewertet Südostasien langfristig - mit Ausnahme der Philippinen - als eine Region mit einem hohen Maß an politischer Stabilität, Vgl. Prognos (Hrsg.), Die Weltmärkte bis 1995. Die Entwicklung von Wirtschaft und Bevölkerung in 18 Industrieländern und 35 Schwellenländern, Stuttgart 1984, S. 198

(2) Siehe zu den Ausprägungen einzelner Stabilitätsfaktoren in südostasiatischen Schwellenländern Abbildung A-1 im Anhang und die Ausführungen im dritten Teil Abschnitt 2.6 und 2.7

(3) Die für ein Auslandsengagement wichtigen politischen Rahmenbedingungen werden im dritten Teil Abschnitt 2.6 ausführlicher behandelt

teilzuhaben. Die bisher noch relativ ungefestigten Markt- und Wettbewerbsstrukturen in dieser Wachstumsregion ermöglichen deutschen Unternehmungen, hier ihre internationale Wettbewerbsposition gegenüber japanischen und US-amerikanischen Konkurrenten neu zu bestimmen. Hierzu ist jedoch - wie oben aufgezeigt - ein verstärktes Engagement in dieser Region dringend erforderlich geworden. Es ist nachdrücklich zu betonen, daß für deutsche Unternehmungen langfristig die Gefahr besteht, von japanischen, US-amerikanischen und einheimischen Wettbewerbern aus einem der dynamischten Wachstumsmärkte gedrängt zu werden. Bei einer weiteren Konzentration des deutschen Engagements in Ländern, dessen Märkte langsam wachsen oder stagnieren, ist ein Verlust der bisherigen internationalen Wettbewerbsposition kaum abzuwenden.

DRITTER TEIL: ANALYSE DER GLOBALEN UMWELTFAKTOREN AUF EINZELNEN MÄRKTEN SÜDOSTASIENS

1. Spezifische Probleme bei der Beschaffung globaler, markt- und wettbewerbsrelevanter Informationen auf den Wachstumsmärkten Südostasiens

Eine Ausweitung der internationalen Geschäftstätigkeit auf ausländische Märkte mit hohem Fremdheitsgrad, unterschiedlichem wirtschaftlichem und politischem Entwicklungsstand sowie weiter geographischer Distanz ist mit einem erhöhten unternehmerischen Risiko verbunden, da langfristige Entscheidungen unter unvollkommenen Informationsbedingungen getroffen werden müssen. Sowohl die Ermittlung der in Südostasien bestehenden Absatzchancen als auch die Berücksichtigung einer Vielzahl neuer in- und ausländischer Wettbewerber und deren Wettbewerbsverhalten stellen im Rahmen der internationalen Analysen einen besonders komplexen Problembereich dar.
Zwar sind die fünf Wettbewerbskräfte (Wettbewerber in der Branche, potentielle neue Konkurrenten, Lieferanten, Ersatzprodukte und Abnehmer) (1) auf Auslandsmärkten wie auf dem Inlandsmarkt gleichermaßen vorhanden; sie erlangen jedoch aufgrund jeweils national völlig anders strukturierter Märkte eine unterschiedliche Priorität, die durch eine länderspezifische Analyse des Branchenwettbewerbs ermittelt werden muß.
Auch die geographische Entfernung dieser Region und die damit verbundenen sozio-kulturellen Unterschiede zwischen westlichen Industrieländern und südostasiatischen Schwellenländern führen dazu, daß anders fühlende und sich verhaltende Menschen mit anderen Denkweisen, Motivstrukturen, Anschauungsmustern und anderem Kaufverhalten berücksichtigt werden müssen (2).

---

(1) Vgl. Porter, M., Wettbewerbsstrategie, Frankfurt a.M. 1987, S. 26

(2) Vgl. Kulhavy, E., Internationales Marketing, Linz 1981, S. 243

Somit wird deutlich, daß für eine erfolgreiche internationale Geschäftstätigkeit ein zusätzlicher Informationsbedarf über die verschiedenen und fremden Auslandsmärkte und Wettbewerber entsteht, der bei einem nationalen Absatz der Produkte nicht erforderlich wäre.

Besondere Probleme bei der Beurteilung der Chancen und Risiken auf einzelnen Märkten Südostasiens ergeben sich aus den sich ständig gravierend verändernden Marktbedingungen sowie der schlechten Verfügbarkeit von national aussagefähigen und vergleichbaren statistischen Daten (1). Eine Sammlung und Aufbereitung wichtiger statistischer Daten - wie vergleichsweise vom Statistischen Bundesamt für die Bundesrepublik Deutschland - ist in diesen Schwellenländern noch nicht vorhanden, so daß bei der Sekundärforschung im internationalen Marketing auf Veröffentlichungen nationaler und supranationaler Organisationen wie

- der UNO
- der Bundesstelle für Außenhandelsinformationen (BfA)
- den Außenhandelskammern
- dem International Monetary Fund (IMF)
- der Organization for Economic Cooperation and Development (OECD)
  und
- der Weltbank

zurückgegriffen werden muß. Diese Informationsquellen sind relativ schnell erhältlich und bieten zu vergleichsweise geringen Kosten einen groben Überblick über allgemeine

---

(1) Auch Lassere und Keegan weisen auf die Problematik in südostasiatischen Schwellenländern hin, die aus den kaum vorhandenen, veralteten, unverläßlichen sowie nicht vergleichbaren Marktdaten resultieren, siehe hierzu Lassere, P., Strategic Planning in South-East Asia, in Euro-Asia Business Review, Vol. 2, No. 2, 1983, S. 39 f., Keegan , W., Multinational Marketing Management, 3rd Edition, Englewood Cliffs 1984, S. 230 f.

Bedingungen in den Industrie-, Schwellen- und Entwicklungsländern. Zwar beinhalten diese Quellen vergangenheitsbezogene Daten, aus denen Prognosen für einzelne Ländermärkte nicht abgeleitet werden können (1); sie zeigen jedoch vergleichbare Daten zu anderen Länderregionen und deuten auf weltweit markante regionale wirtschaftliche Entwicklungen hin (2).

Diese Sammlung, Analyse und Interpretation von relevanten Auslandsmarktinformationen soll das erhöhte Risiko bei einem internationalen Absatz der Produkte reduzieren und frühzeitig neue zu erwartende Absatzchancen in bestimmten Länderregionen aufzeigen (3). Insbesondere auf den Märkten der südostasiatischen Schwellenländer, die durch eine dynamische Entwicklung der gesamtwirtschaftlichen Rahmenbedingungen und politisch-rechtlichen Veränderungen gekennzeichnet sind, kommt der Beschaffung relevanter Informationen über

- die globale Umweltsituation und Rahmenbedingungen (Länderlebenszyklusphasen, sozio-kulturelle Besonderheiten, wirtschaftliche Gegebenheiten, politisch-rechtliche Gegebenheiten und natürlich-technische Gegebenheiten)

---

(1) Vgl. Raffée, H., Kreutzer, R., Ansätze zur Erfassung von Länderrisiken in ihrer Bedeutung für Direktinvestitionsentscheidungen, in: Kortzfleisch, G.v., Kaluza, B. (Hrsg.), Internationale und nationale Problemfelder der Betriebswirtschaftslehre, Berlin 1984, S. 37

(2) Siehe zu den Prognosen für einzelne Ländermärkte die Experten-Panels und das Scoring-Modell im Rahmen des BERI-Informationssystems (dritter Teil Abschnitt 2.7.1.1), die Szenarien für Südostasien (zweiter Teil Abschnitt 6.1) sowie die wirtschaftlichen Daten von Prognos

(3) Vgl. Aaker, D.A., Strategic Market Management, New York 1984, S. 93

- die ausländischen Marktbedingungen (Marktpotential, Markteintrittsbarrieren, Absatzmittler, Distributionsstrukturen, ausländische Konsumenten)

- die Wettbewerbsstruktur und -intensität (Verhalten in- und ausländischer Wettbewerber)

eine besondere Bedeutung zu für die daraus abzuleitenden Marketingziele sowie die Formulierung internationaler Strategien. Dabei hängt die Relevanz einzelner Auslandsmarktinformationen ausschließlich von der jeweiligen Umwelt- und Marktsituation sowie dem wirtschaftlichen Entwicklungsstand einzelner Länder ab (1). Während z.B. auf dem US-amerikanischen Markt die Wettbewerbsbedingungen (Zahl, Größe und Wettbewerbsstrategien einzelner Wettbewerber) eine wichtige Informationsgrundlage für die Strategieentscheidung auf diesem Auslandsmarkt bildet, können auf den Märkten der südostasiatischen Schwellenländer hingegen die staatliche Einflußnahme auf ausländische Unternehmungen, die politische Stabilität bzw. Instabilität, die Distributionsstrukturen und soziokulturellen Gegebenheiten strategisch wichtige Informationen darstellen, die einen entscheidenden Einfluß auf die Wahl der Internationalisierungsstrategie haben. Becker spricht in diesem Zusammenhang von einer strategischen Informationslinse, die auf die Umweltbereiche ausgerichtet werden muß, die für das strategische Konzept des Unternehmens besonderes Gewicht haben. Je nach Auslandsmarkt haben dabei die verschiedenen Umwelten ein unterschiedliches Gewicht (2).

---

(1) Vgl. Meffert, H., Althans, J., Internationales Marketing, Stuttgart 1982, S. 37

(2) Vgl. Becker, J., Marketing-Konzeption, 2. Aufl., München 1988, S. 370

Dieser komplexe und differenziertere Informationsbedarf beim internationalen Absatz der Produkte und die dem entgegenstehende schwache "Informationsinfrastruktur" einzelner Schwellenländer bilden somit einen Problembereich, von dem eine erfolgreiche Geschäftstätigkeit abhängt. So schreibt Segler hierzu: "Gutes Informationsmanagement wird im internationalen Marketing zunehmend zu einem zentralen Erfolgsfaktor. Dies kann dazu führen, daß es zukünftig zweckmäßig wird...eigens die Stelle eines Informationsmanagers im Unternehmen zu schaffen. Eben dieser Trend beginnt sich schon jetzt in den Vereinigten Staaten abzuzeichnen" (1).

Zur Überwindung der unvollkommenen Informationsbasis über ausländische Absatzmärkte sowie der daraus resultierenden Ungewißheit über zukünftige Bedingungen bieten verschiedene Forschungsinstitute sowie Fachzeitschriften Veröffentlichungen bzw. Informationsdienste an (2), in denen politische, wirtschaftliche, infrastrukturelle, ökologische sowie soziokulturelle Faktoren berücksichtigt werden.

So haben Wirtschafts- und Forschungsinstitute wie

- das Hamburger Weltwirtschaftsarchiv (HWWA)
- der Ostasiatische Verein, Hamburg
- das INSEAD, Euro-Asia Centre, Fontainebleau
- das Institut zur Erforschung technologischer Entwicklungslinien (ite), Hamburg

---

(1) Segler, K., Basisstrategien im internationalen Marketing, Frankfurt a.M. 1987, S. 37

(2) Siehe hierzu Raffée, H., Kreutzer, R., Ansätze zur Erfassung von Länderrisiken und ihrer Bedeutung für Direktinvestitionsentscheidungen, in: Kortzfleisch, G.v., Kaluza, B. (Hrsg.), Internationale und nationale Problemfelder der Betriebswirtschaftlehre, Berlin 1984, S. 34 f.

- das Rationalisierungs - Kuratorium der Deutschen Wirtschaft (RKW)
- das IFO-Institut für Wirtschaftsforschung, München
- das Institut für Weltwirtschaft, Kiel
- die Prognos AG, Basel
- die Metra Consulting Group, London (Internationale Unternehmensberatung)

Studien und Länderberichte veröffentlicht, die speziell auf die südostasiatischen Wachstumsmärkte ausgerichtet sind und regionale Besonderheiten unterstreichen. Zusätzlich veröffentlicht das Manager-Magazin einmal jährlich einen mm-Ländertest, bei dem durch ein Experten-Panel das Investitionsklima von über 50 Ländern bewertet wird. Ein weiteres international bedeutendes Informationsangebot ist der BERI-Index (Business Environment Risk Index), bei dem ebenfalls mit Hilfe von Experten-Panels die jeweils aktuellen politischen und wirtschaftlichen Risiken einzelner Länder ermittelt werden. Das Ergebnis dieses Risiko-Punktbewertungsverfahrens ist ein "country rating", bei dem die Länder mit Noten von "sehr günstig" bis "unerträglich" bewertet werden (1).

Dieses Informationsangebot von

- Wirtschaft- und Forschunginstituten
- Internationalen Unternehmensberatungen
- kommerziellen Informationsdiensten (z.B. Geschäftsrisiko Informations-Dienst, Frost & Sullivan Inc.)

---

(1) Vgl. Meffert, H., Althans, J., Internationales Marketing, Köln 1982, S. 79, Raffée, H., Kreutzer, R., Ansätze zur Erfassung von Länderrisiken und ihrer Bedeutung für Direktinvestitionsentscheidungen, in: Kortzfleisch, G.v., Kaluza, B. (Hrsg.), Internationale und nationale Problemfelder der Betriebswirtschaftslehre, Berlin 1984, S. 34

- Fachzeitschriften (Manager-Magazin, Euromoney, Institutional Investor) (1)

sowie supranationaler Organisationen wie z.B. der UNO, Weltbank und der OECD bilden im Rahmen der Sekundärforschung eine Informationsbasis, anhand derer vorab länderspezifische Risiko- und Chancenpotentiale frühzeitig identifiziert (2) sowie grundsätzliche Markterschließungs- und Marktbearbeitungsstrategien festgelegt werden können.

Auf der Basis der vorhandenen Informationen können in einem weiteren Schritt "Informationsdefizite" - die aus den unterschiedlichen Auslandsmarktbedingungen resultieren - durch eine gezielte Primäranalyse vervollständigt werden. Denn je spezieller die benötigten Informationen der Unternehmung sind und je niedriger der wirtschaftliche Entwicklungsstand eines Landes ist, desto weniger ist damit zu rechnen, daß benötigte Daten bereits erhoben und frei zugänglich sind (3).

So müssen aktuelle und spezifische Marktbedingungen einzelner Schwellenländer sowie unternehmens- und produktspezifische Informationen, wie z.B. über

- unterschiedliche Abnehmergruppen
- Kaufgewohnheiten und unterschiedliche Verhaltensweisen ausländischer Konsumenten

---

(1) Vgl. Raffée, H., Kreutzer, R., Ansätze zur Erfassung von Länderrisiken in ihrer Bedeutung für Direktinvestitionsentscheidungen, in: Kortzfleisch, G.v., Kaluza, B. (Hrsg.), Internationale und nationale Problemfelder der Betriebswirtschaftslehre, Berlin 1984, S. 48

(2) Vgl. Douglas, S., Craig, C.S., Information for International Marketing Decisions, in: Murray, T., Handbook of International Business, New York 1982, Section 29, S. 3

(3) Vgl. Berekoven, L., Internationales Marketing, 2. Aufl., Herne, Berlin 1985, S. 66

- Distributionsstrukturen
- Produktverwendung
- deutsche Firmen- und Produktimages
- die Wahrnehmung und Wirkungsweise ausländischer Werbebotschaften

durch Analysen ermittelt werden, die international tätige Marktforschungsinstitute (z.B. Nielsen) auf den jeweiligen Zielmärkten durchführen. Hierbei sollte jedoch insbesondere in Schwellenländern die Relevanz solcher aufwendigen Untersuchungen überprüft werden. Spezifische Markt- und Rahmenbedingungen verändern sich auf den dynamischen Wachstumsmärkten Südostasiens in dem Maße, daß aktuell durchgeführte Primäranalysen nach relativ kurzer Zeit nicht mehr zutreffend sind. Erschwerend kommt hinzu, daß schriftliche Befragungen aufgrund der hohen Analphabeten-Quote nicht durchführbar sind und sich ausschließlich auf die städtischen Ballungszentren beziehen können (1). In Entwicklungs- und Schwellenländern jedoch lebt der größte Teil der Bevölkerung auf dem Lande. Somit kommt im internationalen Marketing der Sekundärforschung das Hauptgewicht zu (2).

Eine fundierte und relevante Informationsgewinnung setzt - neben der Sammlung, Aufbereitung und Interpretation von Sekundärquellen - einen unternehmensinternen Informationsfluß zwischen Stammhaus und den auf dem südostasiatischen Märkten operierenden Tochtergesellschaften bzw. Auslandsniederlassungen voraus. Auslandsvertreter, Kundendienstmitarbeiter

---

(1) Siehe zu den methodischen Problemen der Marktforschung in Südostasien Beaton, D.C., The Development of Market Research in South East Asia, in: The Journal of the Market Research, Vol. IX, No. 2, April 1967, S. 62 f.

(2) Vgl. hierzu Meissner, H. G., Außenhandelsmarketing, Stuttgart 1981, S. 59, Zarth, H.R., Erschließung von Auslandsmärkten mit Hilfe der Marktforschung, in: Ott, W. (Hrsg.), Handbuch der praktischen Marktforschung, München 1972, S. 851

sowie das Management der Tochtergesellschaften sind weitere wertvolle Informationsquellen, die über spezifische und aktuelle Auslandsmarktprobleme berichten können und somit eine verbesserte Markttransparenz schaffen.

Die Ermittlung ausländischer Marktbesonderheiten sowie "Informationen aus erster Hand" (1) sind in den südostasiatischen Schwellenländern besonders wichtig; diese müssen durch landeskundige Spezialisten, ausländische Institute, Behörden, ortsansässige Unternehmungen sowie einheimische Privatpersonen eingeholt werden . So verfügen beispielsweise große südostasiatische Unternehmungen über besondere Informationskanäle zu staatlichen Behörden und zur Regierung, so daß gesetzliche Veränderungen, Aufhebungen von Importbeschränkungen für bestimmte Produkte frühzeitig erkannt und somit neue Marktchancen ermittelt werden können. Die Beschaffungsmöglichkeit solcher Informationen stellt in dieser Region, wo der Staat allgemein stärker in das unternehmerische Geschehen eingreift, einen bedeutenden Vorteil gegenüber anderen ausländischen Konkurrenten dar. So werden aktuelle statistische Daten, die von der Regierung erhoben worden sind, keinen privaten Personen und Unternehmungen zugänglich gemacht. Diese Zurückhaltung wichtiger Basisinformationen sowie von Informationen über zukünftige Veränderungen gesetzlicher Bestimmungen und Reglementierungen (z.B. Einfuhrbeschränkungen) kann jedoch in diesen Ländern durch finanzielle Zuwendungen bei den betreffenden Behördenstellen überwunden werden (2). Der Bezug länderspezifischer Informationen durch diese Quellen ist

---

(1) Vgl. Raffée, H., Kreutzer, R., Ansätze zur Erfassung von Länderrisiken und ihrer Bedeutung für Direktinvestitionsentscheidungen, in: Kortzfleisch, G.v., Kaluza, B. (Hrsg.), Internationale und nationale Problemfelder der Betriebswirtschaftslehre, Berlin 1984, S. 48

(2) Siehe hierzu auch Beaton, D.C., The Development of Market Research in South East Asia, in: The Journal of the Market Research, Vol. IX, No. 2, April 1967, S. 62

aufgrund der niedrigen Gehälter von Beamten in Staaten wie Indonesien, Thailand, Malaysia und den Philippinen relativ kostengünstig (1).

Auch die Befragung anderer deutscher Unternehmungen und unter Umständen direkter Konkurrenten, die schon seit längerem auf dem betreffenden Auslandsmarkt ihre Produkte absetzen, sind wichtige Quellen, die bei der Informationsbeschaffung zu berücksichtigen sind, zumal auf wachsenden und weniger umkämpften Schwellenländermärkten die Bereitschaft, allgemeine Branchen-und Auslandserfahrungen, Informationen sowie Know how mitzuteilen, größer ist.

Somit sollte von deutschen Unternehmungen im Rahmen der internationalen Analysen eine Auswahl wichtiger Umwelt-, Markt- und Wettbewerberinformationen konkretisiert und ständig aktualisiert werden, um Veränderungen frühzeitig zu erkennen und in die Marketingplanung mit einbeziehen zu können.
Keegan schreibt zur Notwendigkeit der frühzeitigen Identifikation von Auslandsmarktchancen folgendes:"The Major challenge in successfully exploiting latent markets is the identification of market opportunity. Inital success will not be competitiveness, but rather the ability to identify opportunities..." (2).

---

(1) Siehe zur Korruptionsmentalität in den weniger entwickelten südostasiatischen Ländern auch: Kebschull, D., Ausländische Direktinvestitionen in Südostasien - Ein internationaler Vergleich des Engagements, in: Laumer, H. (Hrsg.), Wachstumsmarkt Südostasien, München, Köln, London 1984, S. 449

(2) Keegan, W., Multinational Marketing Management, 3rd Edition, Englewood Cliffs 1984, S. 229

2. Analyse der globalen Umwelt auf einzelnen Märkten Südostasiens (Länderanalyse)

Eine marktorientierte Unternehmensführung erfordert bei einer Geschäftstätigkeit auf ausländischen Märkten zwangsläufig eine Orientierung an mehreren und völlig anderen Umwelten, mit denen das Unternehmen langfristig verbunden ist. Dieses führt zu einer Erweiterung des Marketing und der Analysen um die internationale Dimension, aus der sich eine "Veränderung, Multiplizierung und Komplizierung des Umfeldes" (1) ergibt. So müssen neben dem ausländischen Absatzmarkt eine Vielzahl von "fremden" Umweltfaktoren analysiert und berücksichtigt werden, die für die deutsche Unternehmung auf dem Inlandsmarkt als Selbstverständlichkeit gelten und weitgehend bekannt sind.

Unterschiedliche Mentalitäten, Einstellungen, kulturelle und sprachliche Besonderheiten, politisch-rechtliche und soziale Bedingungen sowie der technologische und wirtschaftliche Entwicklungsstand eines Landes sind Faktoren, die in dieser Region stark von den Industrieländern abweichen und als Basisinformationen analysiert werden müssen. So sind insbesondere staatliche Interventionen, politische Instabilität, Ausschreitungen und Unruhen aufgrund des politisch-rechtlichen und wirtschaftlichen Entwicklungsstandes dieser Länder bei einem langfristigen Auslandsengagement zu untersuchen. Sie haben neben den markt- und wettbewerbsspezifischen Faktoren einen wesentlichen Einfluß auf den langfristigen Unternehmenserfolg und erfordern somit von der deutschen Unternehmung eine Orientierung an diesen vorherrschenden Umweltgegebenheiten (2).

---

(1) Meffert, H., Althans, J., Internationales Marketing, Stuttgart 1982, S. 23

(2) Vgl. Aaker, D.A., Strategic Market Management, New York 1984, S. 93, Porter, M., Wettbewerbsstrategie, 4. Aufl., Frankfurt a. M. 1987, S. 25

Dülfer entwickelte zum Problem der Umweltberücksichtigung im internationalen Management ein Schichtenmodell der verschiedenen Faktoren, die auf die internationale Unternehmung direkten oder indirekten Einfluß haben und zu berücksichtigen sind. So wird in dem Modell (siehe Abbildung 9) zwischen direkten Interaktionspartnern, wie z.B. Wettbewerbern, Lieferanten und Konsumenten ("Aufgaben-Umwelt"), und der globalen Umwelt unterschieden (1), die bei der Ermittlung von Marktchancen, der Wahl der Eintrittsstrategie sowie der Formulierung der Internationalisierungsstrategie im Vordergrund stehen sollten. Die "Aufgaben-Umwelt" bezeichnet Dülfer als potentiell relevante Umwelt, während die übrigen Elemente der ausländischen Umwelt,wie rechtlich-politische Normen sowie soziale Beziehungen etc., nur indirekten Einfluß auf die Unternehmung haben und somit als "globale oder restliche Umwelt" umschrieben werden (2).

---

(1) Vgl. Dülfer, E., Zum Problem der Umweltberücksichtigung im "Internationalen Management", in: Pausenberger, E. (Hrsg.), Internationales Management, Stuttgart 1981, S. 32, Haedrich, G., Tomczak, T., Strategische Markenführung, Bern, Stuttgart 1990, S. 39 ff.

(2) Dülfer, E., Zum Problem der Umweltberücksichtigung im "Internationalen Management", in: Pausenberger, E. (Hrsg.), Internationales Management, Stuttgart 1981, S. 32

Abb. 9: Schichtenmodell der Umweltdifferenzierung

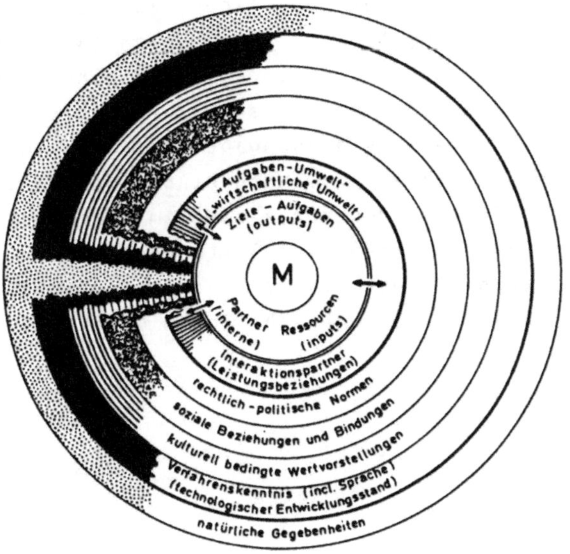

Quelle: Dülfer, E., Zum Problem der Umweltberücksichtigung im "Internationalen Management", in: Pausenberger, E. (Hrsg.), Internationales Management, Stuttgart 1981, S.31

Die Möglichkeiten einer Unternehmung, Einfluß auf diese globale Umwelt auszuüben beziehungsweise diese zu verändern, sind sehr eingeschränkt, so daß diese Umweltparameter als gegeben akzeptiert werden müssen. Inländische und auch andere internationale Unternehmungen stehen diesen Gegebenheiten ebenfalls gegenüber und werden hiervon in ihren Verhaltensweisen und Strategieentscheidungen gleichermaßen beeinflußt (1). So ergeben sich z.B. aus natur- und kulturbedingten

(1) Vgl. Porter, M., Wettbewerbsstrategie, 4. Aufl., Frankfurt a. M. 1987, S. 25

Gegebenheiten eines Landes spezifische Konsumentenbedürfnisse, die bei einem Absatz der Produkte eine Modifizierung und eine veränderte Marktbearbeitung erforderlich machen. Aus der Analyse der globalen Umwelt in Südostasien (Abbildung 10, Globales Umsystem II) können somit vorab allgemeine Rahmenbedingungen, Entwicklungstendenzen sowie Möglichkeiten und Grenzen eines intensiveren Auslandsengagement aufgezeigt und in die strategische Marketingplanung einbezogen werden. Es wird deutlich, daß Entscheidungsprozesse im internationalen Marketing in zunehmendem Maße von Faktoren der globalen Umwelt bestimmt werden (wie z.B. dem gesamtwirtschaftlichen Wachstum Südostasiens, politisch-rechtlichen Bedingungen etc.) - siehe Abbildung 10.

Abb. 10: Umsystem der Unternehmung im Ausland

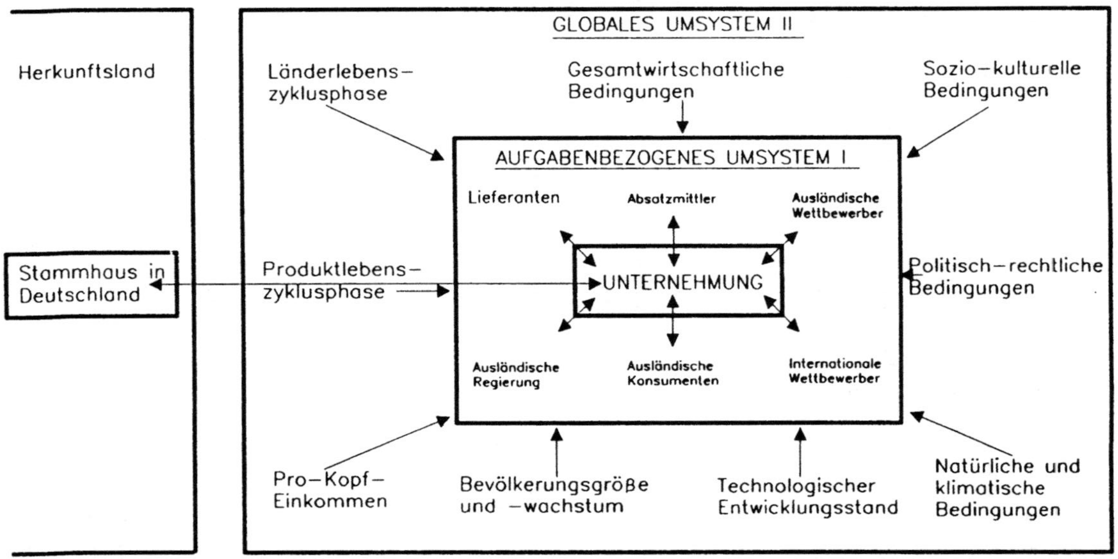

Quelle: In Anlehnung an Raffée, H., Kreutzer, R., Ansätze zur Erfassung von Direktinvestitionsentscheidungen, in: Kortzfleisch, G.v., Kaluza, B. (Hrsg.), Internationale und nationale Problemfelder der Betriebswirtschaftslehre, Berlin 1984, S. 41

Auf den Detailinformationen der südostasiatischen Umwelt basierend, werden in einem weiteren Schritt durch die Analyse marktspezifischer Gegebenheiten Marktchancen und -risiken ermittelt. Hier kann die Unternehmung auf die wichtigsten Interaktionspartner (Branche, Lieferanten, Absatzmittler, Wettbewerber und Konsumenten) Einfluß nehmen (aufgabenbezogenes Umsystem I)(1). Dabei wird der Erfolg auf Auslandsmärkten wesentlich von der Kenntnis von Detailinformationen über den jeweiligen Branchenmarkt bestimmt (2). Völlig anders strukturierte Märkte, unterschiedliche Verhaltensweisen der Marktteilnehmer sowie Einstellungen und Lebensgewohnheiten der Bevölkerung stellen in südostasiatischen Schwellenländern wichtige und unumgängliche Basisinformationen für absatzpolitische Entscheidungen dar.
Unter Einbeziehung der spezifischen Auslandsmarktbedingungen (Umsystem II und aufgabenbezogenes Umsystem I) und einer internationalen Stärken-/Schwächenanalyse (Unternehmensanalyse) (3) können im Anschluß alternative und dem südostasiatischen Wachstumsmarkt entsprechende Internationalisierungsstrategien abgeleitet werden.

---

(1) Vgl. Haedrich, G., Tomczak, T., Strategische Markenführung, Bern, Stuttgart 1990, S. 40 f.

(2) Vgl. Zarth, H.R., Erschließung von Auslandsmärkten mit Hilfe der Marktforschung, in: Ott, W. (Hrsg.), Handbuch der praktischen Marktforschung, München 1972, S. 843

(3) Siehe hierzu auch die Ausführungen von Haedrich, G., Tomczak, T., Strategische Markenführung, Bern, Stuttgart 1990, S. 59 ff.

2.1 Geographische Lage und natürliche und technische Gegebenheiten in Südostasien

Für internationale Unternehmungen stellen die unterschiedlichen natürlichen und technischen Gegebenheiten Südostasiens ein wichtiges Element der ausländischen Umwelt dar. Aus ihnen können spezifische Konsumentenbedürfnisse abgeleitet werden, die oftmals eine Modifikation deutscher Produkte erfordern und somit im bedeutenden Maße die Auslandsmarktentscheidungen beeinflussen. Aber auch das Wettbewerbsverhalten internationaler Unternehmungen wird in zunehmendem Maße von diesen Einflußfaktoren bestimmmt (1). So haben japanische und US-amerikanische Unternehmungen in der südostasiatischen Region die Länder Indonesien, Malaysia, Philippinen und Thailand aufgrund dort vorhandener Rohstoffreserven frühzeitig als Beschaffungs- und Absatzmärkte erschlossen. Wichtige Bodenschätze wie Eisenerz, Zinn, Erdöl, Kautschuk, etc. werden von japanischen und US-amerikanischen Firmen nach dem Konzept der globalen Optimierung (2) abgebaut, verarbeitet und zum Teil in die Heimatländer exportiert, wo sie für industriell hochwertige Produkte verarbeitet werden.
Die Analyse der natürlichen und technischen Gegebenheiten Südostasiens stellt somit vor dem Hintergrund der globalen Unternehmensstrategie internationaler Wettbewerber ein wichtiges Element des internationalen Marketing dar, aus dem vorhandene Chancen- und Risikopotentiale identifiziert werden können. Deshalb soll im folgenden eine kurze Darstellung der natürlichen und technischen Gegebenheiten Südostasiens

---

(1) Vgl. Abell, D.F., Hammond, J.S., Strategic Market Planning, Englewood Cliffs 1979, S. 54

(2) Als Konzept der globalen Optimierung verstehen Clee und Ohmae den Einkauf von Rohstoffen wo sie am billigsten sind, Produktion in den Ländern mit dem niedrigsten Lohnniveau und Verkauf in attraktiven Märkten. Siehe hierzu: Ohmae, K., Macht der Triade, Wiesbaden 1985, S. 1

erfolgen, die in erheblichem Maße von denen des deutschen Inlandmarktes abweichen. Denn je weiter die Länder geographisch vom Heimatmarkt entfernt sind, desto "radikaler" ändert sich die Umwelt, in der deutsche internationale Unternehmungen tätig sind (1).

Als wichtigste abweichende Elemente des ausländischen Umfeldes sollen die geographische Lage, Klima und Topographie, natürliche Ressourcen, technologischer Entwicklungsstand und die Infrastruktur in der südostasiatischen Region erörtert werden.

Die geographische Lage der im indischen und pazifischen Ozean liegenden südostasiatischen Schwellenländer läßt die extreme Entfernung zum Heimatland erkennen und "vermittelt darüber hinaus eine Vorstellung von seiner Erreichbarkeit" (2). Während japanische Unternehmungen lediglich 3000 Kilomter von den südostasiatischen Wachstumsmärkten entfernt liegen, beträgt die Distanz zur Bundesrepublik Deutschland 10240 Kilometer, so daß deutsche Unternehmungen in diesem Fall eine geographische Randlage einnehmen - siehe hierzu Abbildung 11.

---

(1) Vgl. Kulhavy, E., Internationales Marketing, Linz 1981, S. 55

(2) Berekoven, L., Internationales Marketing, Herne, Berlin 1985, S. 79

Abb. 11: Die Triade mit vier Ecken (Tetrade)

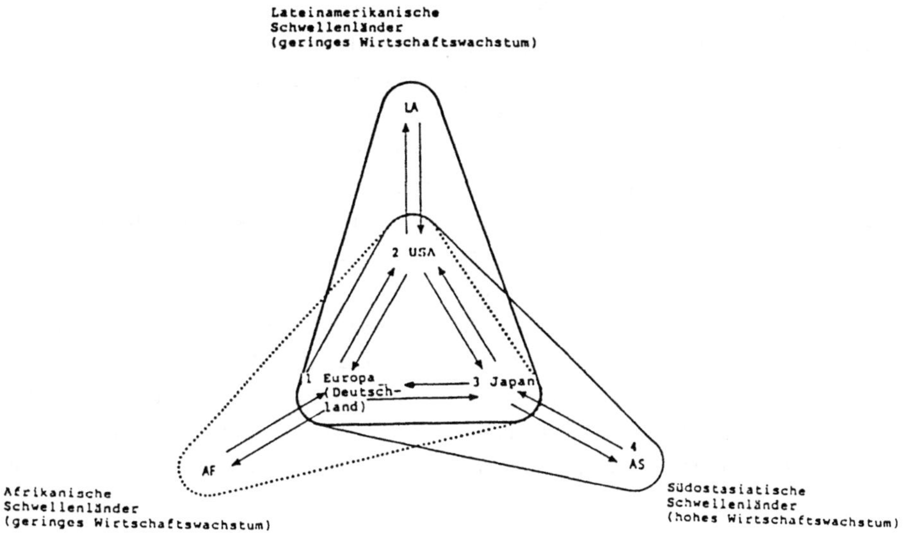

Quelle: Ohmae, K., Macht der Triade, Wiesbaden 1985, S. 144

Ohmae plädiert in seinem Triade-Konzept dafür, neben der Orientierung an den strategisch bedeutenden Märkten USA, Europa und Japan in einem weiteren weniger entwickelten Gebiet - nämlich den Schwellen- und Entwicklungsländern - vertreten zu sein. "Eigentlich hat die Triade nämlich vier Ecken..." (1). Nach einer rein auf geographische Entfernungen sowie traditionelle Geschäftsbeziehungen orientierten Entscheidungsfindung sollten japanische Unternehmungen in den asiatischen Schwellenländern, europäische in afrikanischen Schwellenländern und US-amerikanische in den lateinamerikanischen Schwellenländern vertreten sein - siehe hierzu Abbildung 11.

(1) Ohmae, K., Macht der Triade, Wiesbaden 1985, S. 143

Aufgrund der sehr unterschiedlichen Wachstumsentwicklungen einzelner Schwellenländer hat die südostasiatische Region weltweit eine strategische Bedeutung für alle Triade-Unternehmungen gewonnen. Unabhängig von der geographischen Entfernung zu dieser Region sollten - im Gegensatz zu der von Ohmae vertretenen These - weltweit tätige Unternehmungen insbesondere auf diesen Wachstumsmärkten vertreten sein, da langfristig eine Sicherung der internationalen Wettbewerbsposition nur durch eine "Insider-Position" (1) auf den Triade-Märkten und den südostasiatischen Schwellenmärkten erreicht werden kann. Dieses gilt besonders für deutsche internationale Unternehmungen, die zur Überwindung ihrer geographischen Randlage zu dieser Region ein verstärktes Auslandsengagement anstreben sollten. Denn bisher führte "die geographische Ferne, die zu großen Unterschiede in Kultur und Sprache, sowie viel Unkenntnis ... zu einem Rückstand Europas bei Handel und Investitionen..." (2).

Auf dem Triade-Konzept basierend kann somit weltweit eine geographische Schwerpunktlegung auf 4 Hauptregionen (USA, Europa, Japan und Südostasien) erfolgen, die in folgenden Ausführungen als Tetrade (3) umschrieben werden soll - siehe hierzu Abbildung 11.

In engem Zusammenhang mit der geographischen Lage der südostasiatischen Schwellenländer stehen die klimatischen sowie

---

(1) Unter dem Begriff "Insider-Position" versteht Ohmae, wenn sich eine internationale Unternehmung auf ausländischen Märkten (z.B. den Triade-Märkten USA, Japan und Europa) etabliert hat. Vgl. Ohmae, K., Macht der Triade, Wiesbaden 1985, S. 141 ff.

(2) Gälli, A., Neue Wachstumsmärkte in Fernost, München, Köln, London 1983, S. 4

(3) Während unter der Triade die drei wichtigsten Absatzmärkte USA, Japan und Europa verstanden werden, soll als Tetrade ein aus 4 Einheiten bestehendes Ganzes gelten, bei dem die südostasiatischen Schwellenländer die vierte Einheit bilden

topographischen Gegebenheiten, die in erheblichem Maße von denen in der Bundesrepublik Deutschland abweichen. Fast alle Schwellenländer befinden sich aufgrund der Äquatornähe in einer tropischen Zone, die durch ein feuchtheißes Klima gekennzeichnet ist. Die vier Jahreszeiten, wie sie in der Bundesrepublik vorherrschen, sind in dieser Region nicht vorhanden. Somit unterliegen diese Länder keinen extremen Temperaturschwankungen, wie sie in Europa oder den USA üblich sind. Bis auf Südkorea mit überwiegend kontinentalem Klima herrscht in den übrigen südostasiatischen Schwellenländern ein tropisches Klima, das durch ergiebige Regenfälle während der Monsumzeit geprägt ist. Während der gesamten Jahreszeit herrscht eine relativ hohe Luftfeuchtigkeit vor, so daß im Rahmen der internationalen Produktpolitik entsprechende korrosionsbeständige Materialien verwendet werden müssen (z.B. tropengerechte Motoren) (1).
Auch für den Transport sind spezielle Maßnahmen (Transportverpackung) erforderlich, die das Produkt vor der hohen Luftfeuchtigkeit und den tropischen Temperaturen schützen. Dies gilt insbesondere für Lebensmittel, deren Haltbarkeit und Verderblichkeit im wesentlichen durch einen klimagerechten Transportschutz bestimmt wird. Weiterhin sind neben den klimatischen Bedingungen topographische Faktoren wie Gebirge, Wüsten, Urwälder, Flora und Fauna sowie die Bodenbeschaffenheit von Bedeutung, da unwegsame Formationen die physische Warendistribution stark beeinflussen oder zum Teil aus Zeit- und Kostengründen nicht ermöglichen. Besonders in großflächigen Schwellenländern mit schlechter Infrastruktur und natürlichen Barrieren, wie Urwälder und Gebirge, ergeben sich Transport- und Absatzprobleme, wenn die Konsumenten über die Gesamtfläche eines Staates verteilt leben (2).

---

(1) Vgl. Schneider, D.J.G.(Hrsg.), Das Südostasien-Geschäft, Wiesbaden 1988, S. 54

(2) Vgl. Stahr, A.G., Auslandsmarketing, Bd. I, Stuttgart 1979, S. 76

Während in den wirtschaftlich und technologisch weiter entwickelten Schwellenländern, wie Hong Kong, Singapur, Taiwan, Südkorea und Malyasia, eine mittlere bis gute Infrastruktur (z.B. Verkehrsnetz und Eisenbahnlinien) vorhanden ist, muß in Indonesien, den Philippinen sowie in Thailand mit schwerwiegenden infrastrukturellen Problemen gerechnet werden, die die Beschaffung, den Transport sowie den Absatz der Produkte erschweren. Sowohl für Indonesien als auch die Philippinen besteht - neben der schlechten Infrastruktur - das Problem in der Landesgröße sowie der insulären Zersplitterung des Landes, was eine optimale Erschließung nicht ermöglicht (1). Hingegen wird in Thailand die infrastrukturelle Erschließung durch hohe Gebirgszüge erschwert.

Aus den im groben Überblick dargestellten natürlich-technischen Gegebenheiten Südostasiens geht hervor, daß deutsche Unternehmungen diesem bisher wenig beachteten Einflußfaktor eine stärkere Bedeutung einräumen müssen, da sowohl das Wettbewerbsverhalten globaler Konkurrenten als auch die Absatzchancen auf einzelnen Märkten Südostasiens hierdurch determiniert werden.

---

(1) Vgl. Schneider, D.J.G. (Hrsg.), Das Südostasien-Geschäft, Wiesbaden 1988, S. 60 ff., Kellner, K., Die Wachstumsmärkte der Asean-Staaten, Wilfer 1985, S. 28 ff., Gälli, A., Neue Wachstumsmärkte in Fernost, München, Köln, London 1983, S. 51 f.

2.2 Analyse der unterschiedlichen Länderlebenszyklusphasen als Hilfsinstrument bei der internationalen Marktwahl

International tätige Unternehmen stehen einer Vielzahl potentieller Auslandsmärkte gegenüber, die im Hinblick auf sich bietende Absatzchancen zu überprüfen sind. Dabei sollen aus der Vielzahl der weltweit möglich zu bearbeitenden Länder solche selektiert werden, die langfristige Erfolgschancen anbieten und zur Unternehmenssicherung einen entscheidenden Beitrag leisten. Diese Auswahl von Ländern bzw. Ländergruppen, bei der sich die Unternehmung langfristig in bestimmten Wirtschaftsregionen der Welt festlegt, stellt sich als ein "zentrales strategisches Problem im internationalen Marketing" dar (1). Denn mit der Auswahl der zu bearbeitenden Auslandsmärkte wird auch eine Schwerpunktlegung auf Ländergruppen mit unterschiedlichem wirtschaftlichen Entwicklungsstand sowie unterschiedlicher Wirtschaftsdynamik vorgenommen.
Diese globalen Umweltfaktoren haben in den Schwellenländern Südostasiens eine größere Dynamik als in Industrieländern und beeinflussen in besonderem Maße das zukünftige Marktpotential sowie langfristige Chancen dieser Region.
Der bisherige Prozeß der Marktwahl im internationalen Marketing hat die Kriterien der unterschiedlichen Länderlebenszyklusphasen zwischen Industrie-, Schwellen- und Entwicklungsländern weitgehend unberücksichtigt gelassen (2), so daß regionale Wachstumsmärkte sowie sich dort entwickelnde Absatzchancen weitgehend verborgen blieben. Die Entwicklung einzelner Länder bzw. Ländergemeinschaften zu weltweit

---

(1) Meffert, H., Althans, J., Internationales Marketing, Stuttgart 1982, S. 69

(2) Siehe zum Prozeß der Marktwahl im internationalen Marketing: Meffert, H., Althans, J., Internationales Marketing, Stuttgart 1982, S. 69 ff., Meissner, H.G., Strategisches Internationales Marketing, Berlin, Heidelberg 1987, S. 130 ff., Henzler, H., Neue Strategie ersetzt den Zufall, in: Manager Magazin, Heft 4/1979, S. 122 ff.

wichtigen Wirtschaftsregionen vollzieht sich über eine längere Zeitperiode, so daß der strategische Planungshorizont von "mindestens 5 - 7 Jahren und maximal 10 - 12 Jahren" (1) für internationale Unternehmungen neu festzusetzen ist.
Dieses gilt insbesondere bei der Auswahl der zu bearbeitenden Schlüsselmärkte bzw. Wirtschaftsregionen, "die viele deutsche Unternehmen dazu hätte bewegen müssen, ... die Märkte im ostasiatischen Becken zu erschließen"(2).
Die Entwicklung dieser Schwellenländer zu einem weltweit wichtigen Wirtschaftszentrum vollzieht sich je nach wirtschaftlicher Dynamik in einem Zeitraum von 2 - 3 Dekaden und soll anhand einzelner Länderlebenszyklusphasen in Südostasien analysiert werden.

Wie schon im zweiten Teil der Arbeit, Abschnitt 3 angedeutet, unterliegen auch Länder einem Lebenszyklus ähnlich dem Produktlebenszyklus.
Bei einer weltweiten Betrachtung kann unter Berücksichtigung des gesamtwirtschaftlichen Wachstums (Wirtschaftsdynamik) sowie des durchschnittlichen Pro-Kopf-Einkommens von Schwellen- und Entwicklungsländern eine Klassifizierung einzelner Länder bzw. Ländergruppen in eine Entwicklungs-, Wachstums-, Reife- und Sättigungsphase vorgenommen werden. Anhand dieser Einteilung können im Rahmen der strategischen Marketingplanung Länder mit gesamtwirtschaftlich günstigen Rahmenbedingungen auf sich langfristig bietende Absatzchancen überprüft werden.

---

(1) Hinterhuber, H.H., Strategische Unternehmensführung, Berlin, New York 1984, S. 29

(2) Segler, K., Basisstrategien im internationalen Marketing, Frankfurt a.M., New York 1986, S. 56

Abb. 12: Unterschiedliche Länderlebenszyklusphasen zwischen der Gruppe der Industrie-, Schwellen- und Entwicklungsländer (Länderportfoliomatrix)

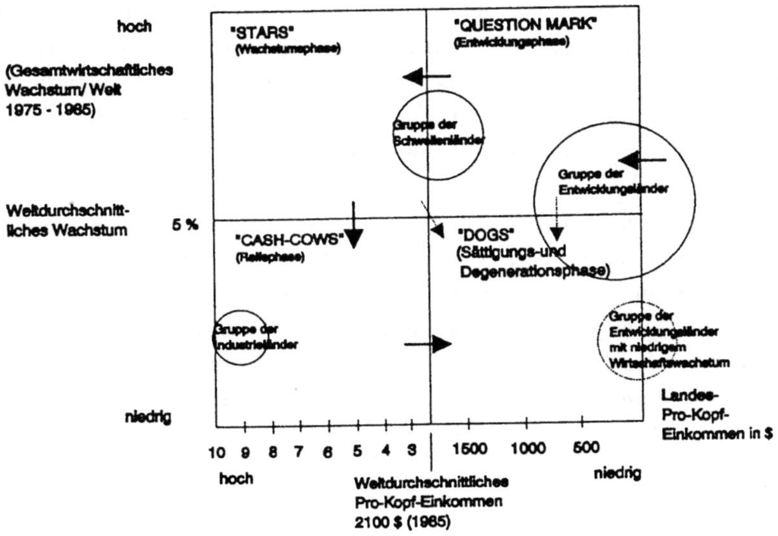

——→ Länderlebenszyklus

---→ Verlauf bei ungünstigem Wirtschaftswachstum

In Anlehnung an die Vier-Felder-Matrix der Boston Consulting Group werden zur Beurteilung einzelner Ländermärkte das gesamtwirtschaftliche Wachstum in einer Periode von 10 - 15 Jahren sowie das durchschnittliche Pro-Kopf-Einkommen der Bevölkerung zugrunde gelegt. Diese beiden Größen sollen auf

den südostasiatischen Absatzmärkten als Indikatoren für sich langfristig bietende Marktchancen gelten (1).
Auf der Abzisse wird das durchschnittliche Pro-Kopf-Einkommen einzelner Länder eingetragen, wobei die Trennungslinie zwischen hohem und niedrigem Einkommen bei dem Mittelwert von 2100 $ für 1985 liegt, was dem Weltdurchschnitt entspricht. Die Ordinate gibt das durchschnittlich jährliche Wachstum einzelner Ländergruppen (Industrie-, Schwellen- und Entwicklungsländer) in einer Periode von 10 Jahren wieder. Auch hier liegt die Trennungslinie zwischen hohem und niedrigem Wachstum bei einem weltdurchschnittlichen Wert von 5%.

Die Position einzelner Kreise verdeutlicht die Lebenszyklusphase, in denen sich einzelne Ländergruppen in der Vier-Felder-Matrix befinden, während die Größe der Kreise die unterschiedliche Bevölkerungsdichte zwischen der Gruppe der Industrie-, Schwellen- und Entwicklungsländern darstellen (2). Entsprechend der Lebenszyklusphase einzelner Länder kann in diesem Portfolio-Modell zwischen

- Question Mark Countries
- Star Countries
- Cash-Cow Countries
  und
- Dog Countries

unterschieden werden.

---

(1) Auch Perlitz gibt die durchschnittliche Wachstumsrate des Bruttosozialprodukts als wichtigen Indikator für grundsätzliche Marktchancen auf Auslandsmärkten an, siehe hierzu Perlitz, M., Country-Portfolio Analysis - Assessing Country Risk and Opportunity, in: Long Range Planning, Vol. 18, No. 4, 1985, S. 11

(2) Die unterschiedliche Bevölkerungsgröße zwischen Industrie-, Schwellen- und Entwicklungsländern wird anhand des Durchmessers der Kreise in Abbildung 12 dargestellt.

In der Entwicklungsphase befinden sich solche Länder, die ein niedriges Pro-Kopf-Einkommen von 500$ aufweisen, aber ein mindestens durchschnittliches oder über dem Weltdurchschnitt liegendes Wirtschaftswachstum von $\geq$ 5% erzielen konnten. In diesen Question Mark Countries kann zukünftig das Pro-Kopf-Einkommen der Bevölkerung bei anhaltender wirtschaftlicher Dynamik dem Weltdurchschnitt angenähert werden.
Aus dieser Gruppe der Entwicklungsländer (Question Mark Countries) entwickeln sich diejenigen in den Star-Bereich hinein, die ein fortschreitendes wirtschaftliches Wachstum sowie eine weitere Zunahme des durchschnittlichen Pro-Kopf-Einkommens der Bevölkerung erzielen können. Andere Entwicklungsländer, wie z.B. Venezuela, Peru, Chile und Argentinien bewegen sich in dieser Matrix aufgrund ihres niedrigen Wirtschaftswachstums (< 5%) (1) verbunden mit niedrigem Pro-Kopf-Einkommen sowie anderen wirtschaftlichen Problemen (Verschuldungskrise der Dritten Welt) entgegengesetzt zum Länderlebenszyklus (2) in den Dog-Bereich hinein.

Die Länder, die sich in den Star-Bereich hineinentwickeln, müssen langfristig ein über dem Weltdurchschnitt liegendes gesamtwirtschaftliches Wachstum erzielen, so daß das Pro-Kopf-Einkommen der Bevölkerung weiter zunimmt (3). Diese Voraussetzungen treffen auf die meisten Schwellenländer Südostasiens zu. Süd- und mittelamerikanische Länder sowie die Philippinen hingegen, die sich aufgrund ihres früher günstigen Wirtschaftswachstums ebenfalls in Richtung Star-Bereich zu entwickeln schienen, konnten ihre bisherige

---

(1) Siehe zum niedrigen Wirtschaftswachstum der süd- und mittelamerikanischen Länder die Angaben der Weltbank. Weltbank (Hrsg.), Weltentwicklungsbericht 1987, S. 228 f.

(2) Siehe hierzu auch den Verlauf der Philippinen bei ungünstigem Wirtschaftswachstum in Abbildung 13

(3) Siehe zum überdurchschnittlichen gesamtwirtschaftlichen Wachstum und steigenden Pro-Kopf-Einkommen die Entwicklung der südostasiatischen Schwellenländer in der Periode 1960 bis 1975 und 1975 bis 1985 in Abbildung 13.

wirtschaftliche Weiterentwicklung nicht fortsetzen, so daß diese Ländergruppe entgegen dem Länderlebenszyklus in den Dog-Bereich oder den Question Mark Bereich zurückfielen (1).

Star-Länder, deren Pro-Kopf-Einkommen dem der Industrieländer annähernd gleichzusetzen ist, verfügen über ein über dem Weltdurchschnitt liegendes Wirtschaftswachstum, was allgemein zu günstigen Rahmenbedingungen, wie z.B. steigenden Importen, außenwirtschaftlichem Wachstum sowie schnell wachsenden Branchenmärkten führt, auf denen Marktanteilsgewinne leichter realisiert werden können als in den stagnierenden Industrieländern (2).

Cash-Cow Länder sind in der Regel durch ein sehr hohes durchschnittliches Pro-Kopf-Einkommen der Bevölkerung gekennzeichnet, verbunden jedoch mit geringem Wirtschaftswachstum, das bei weitem unter dem Weltdurchschnitt liegt. Das Wirtschaftswachstum stagniert oder ist in einigen Ländern sogar negativ. Dieses trifft auf die westlichen Industrieländer wie die USA, Bundesrepublik Deutschland, Italien, Frankreich, England, Belgien usw. zu.
Aufgrund des hohen Pro-Kopf-Einkommens der Bevölkerung sowie des gegenwärtig vorhandenen großen Marktpotentials können in diesen Cash-Cow-Ländern größere Mengen abgesetzt und höhere

---

(1) Aus der Gruppe der Schwellenländer fallen diejenigen Länder in den Question Mark-Bereich zurück, wo das Pro-Kopf-Einkommen der Bevölkerung stagniert beziehungsweise unter dem Weltdurchschnitt sinkt. In den Dog-Bereich fallen diejenigen Schwellenländer zurück, die nur ein unterdurchschnittliches Wirtschaftswachstum (< 5%) erzielen können und wo das Pro-Kopf-Einkommen der Bevölkerung unter den Weltdurchschnitt sinkt. Siehe zu den zwei möglichen Verläufen bei ungünstigem Wirtschaftswachstum Abbildung 12.

(2) Vgl. Schütte, H., Marktstrategien für die Schwellenländer Asiens, in: Engels, B. (Hrsg.), Präsenz der deutschen Wirtschaft in Übersee, München, Köln, London 1986, S. 113

Gewinne realisiert werden als in den Schwellenländern. Entsprechend dem Länderlebenszyklusverlauf werden die Cash-Cow-Länder (Industrieländer) langfristig bei anhaltendem geringen Wirtschaftswachstum oder Stagnation in den Dog-Bereich abfallen, der durch ein sehr niedriges Wirtschaftswachstum gekennnzeichnet ist.

Dieses Länder-Portfolio Modell kann aus der Vielzahl von Auslandsmärkten diejenigen bestimmen, die sich über eine längere Zeitperiode in den Star Bereich entwickelt haben oder entwickeln werden und für ein langfristiges Auslandsengagement erfolgsversprechend sind.

Eine auf die südostasiatische Region begrenzte Analyse der unterschiedlichen Länderlebenszyklusphasen zeigt in Abbildung 13 über eine längere Zeitperiode folgendes Länder-Portfolio auf. Im Vergleich dazu gibt die Bundesrepublik Deutschland als ein typisches Cash-Cow Land die grundsätzliche Entwicklung der Industrieländer an.

Abb. 13: Lebenszyklusphasen einzelner südostasiatischer Schwellenländer in der Periode I (1960 - 1975) und Periode II (1975 - 1985) im Vergleich zu Bundesrepublik Deutschland

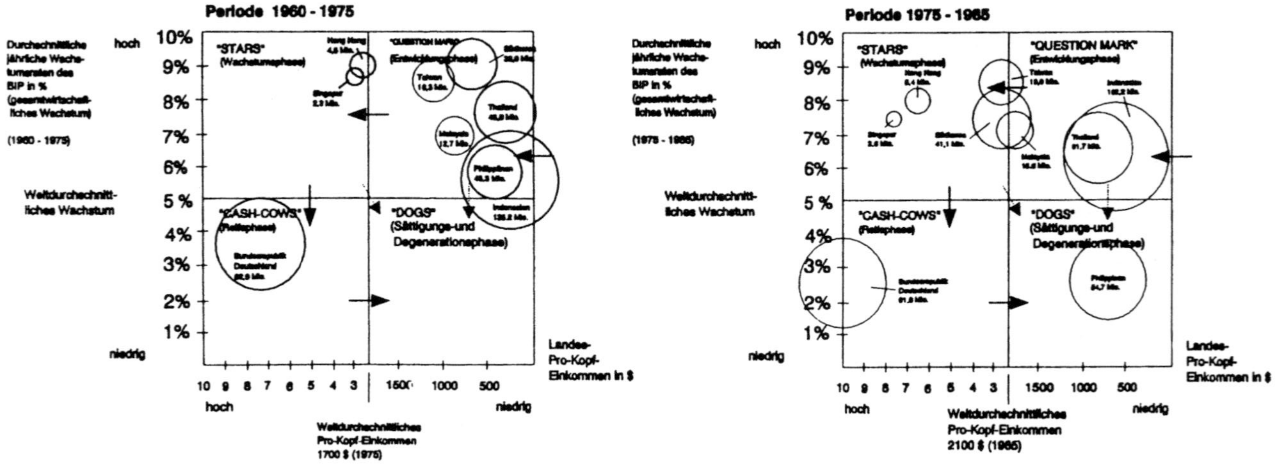

——→ Länderlebenszyklus
-----→ Verlauf bei ungünstigem Wirtschaftswachstum

Alle Daten entnommen aus: Weltbank, Weltentwicklungsbericht 1978 und 1987, Washington 1978, 1987, Prognos, Euro-Report 1987 Volume B, Emerging Economies, Basel 1987, Prognos, Euro-Report Volume A, Industrialized Countries Basel 1987

In der Periode 1960 - 1975 befinden sich fast alle südostasiatischen Schwellenländer bis auf Hong Kong und Singapur im Question Mark Bereich. Südkorea mit hoher gesamtwirtschaftlicher Dynamik, gefolgt von Taiwan, Thailand, Malaysia, den Philippinen sowie Indonesien bewegen sich aufgrund ihres steigenden Pro-Kopf Einkommens in Richtung Star-Bereich.
Die Bundesrepublik Deutschland hingegen, deren Länderlebenszyklus der Reifephase entspricht, bewegt sich in diesem Länderportfolio-Modell weiter in den Cash-Cow Bereich hinein, der durch ein niedriges gesamtwirtschaftliches Wachstum, aber hohes Pro-Kopf-Einkommen der Bevölkerung gekennzeichnet ist.

In der Periode 1975 - 1985 wird deutlich, daß sich die südostasiatischen Schwellenländer aufgrund ihrer unterschiedlichen wirtschaftlichen Dynamik in verschiedenen Phasen des Länderlebenszyklus befinden.
Hong Kong sowie Singapur konnten aus der Gruppe der südostasiatischen Schwellenländer ihr Pro-Kopf-Einkommen dem der Industrieländer annähern und entwickeln sich langsam aus dem Star-Bereich in Richtung Cash-Cow-Bereich, während Taiwan, Südkorea sowie Malaysia in dieser Periode den Star Bereich erreicht haben. Ein am Weltdurchschnitt gemessenes überdurchschnittliches Wirtschaftswachstum dieser Länder wird voraussichtlich die Entwicklung zu künftigen Stars begünstigen.
Indonesien und Thailand deuten auf eine fast unveränderte Position im Länderportfolio hin. Ein knapp über dem Weltdurchschnitt liegendes gesamtwirtschaftliches Wachstum sowie ein sehr langsam wachsendes durchschnittliches Pro-Kopf-Einkommen der Bevölkerung zeigen auf, daß diese Länder sich nur langsam in Richtung Star-Bereich entwickeln werden. Von den acht südostasiatischen Schwellenländern bilden die Philippinen in der letzten Betrachtungsperiode (1975 - 1985) eine Ausnahme. Politische Instabilität, niedriges Pro-Kopf-Einkommen sowie ein unterdurchschnittliches gesamtwirtschaftliches Wachstum führten dazu, daß ähnlich wie in den süd- und mittelamerikanischen Schwellenländern eine Entwicklung in den

Dog-Bereich nicht verhindert werden konnte. Eine grundlegende Veränderung, die zu einer Entwicklung in den Question Mark-Bereich führen könnte, erscheint aufgrund des niedrigen Wirtschaftswachstum dieses Landes sowie struktureller Probleme (Wirtschaftspolitik, Regierungswechsel, Unruhen,etc.) unwahrscheinlich, so daß diese Position auch über einen längeren Zeitraum beibehalten wird.

Aus der Analyse der unterschiedlichen Länderlebenszyklusphasen zwischen Industrie-, Schwellen- und Entwicklungsländern können künftige regionale Wachstumszentren frühzeitig identifiziert und bei der Marktwahl bzw. Festlegung eines regional begrenzten Auslandsengagements berücksichtigt werden. Dabei sollte ein ausgewogenes Länderportfolio eine ausreichende Zahl von Cash-Cow-Ländern, Star-Ländern sowie Question Mark-Ländern aufweisen. Eine Konzentration des Auslandsengagements auf etablierte Auslandsmärkte, die zum heutigen Zeitpunkt umsatz- und gewinnträchtig sind (Cash-Cow-Länder), führt zu einer Vernachlässigung von Question Mark und Star-Ländern, die den zukünftigen Unternehmenserfolg entscheidend bestimmen.

2.3 Verschiedene Produkt- und Marktlebenszyklen in Industrie- und Schwellenländern

Das Konzept des Produktlebenszyklus, das in seiner allgemeinsten Form besagt, "daß auch künstlich geschaffene Systeme bestimmte Gesetzmäßigkeiten natürlicher Systeme aufweisen, beginnend bei der Phase des Entstehens über das Wachstum und die Reifephase bis zur Degeneration und zum Absterben" (1)

---

(1) Haedrich, G., Berger, R., Angebotspolitik, Berlin, New York 1982, S. 94

hat seine Gültigkeit sowohl auf dem nationalen Markt als auch auf Auslandsmärkten (1).
Unterschiedliche Einführungszeitpunkte auf verschiedenen Auslandsmärkten sowie spezifische Marktbedingungen, die auf die Lebenszeit einen Einfluß haben, führen dazu, daß beim internationalen Absatz der Produkte unterschiedliche Produktlebenszyklusphasen berücksichtigt werden müssen (2).
Dieses trifft insbesondere zwischen Ländern bzw. Ländergruppen mit unterschiedlichem wirtschaftlichen Entwicklungsstand zu. Schwellenländer befinden sich in ihrer wirtschaftlichen Entwicklung in einer anderen Phase als die Industrieländer, was in dem vorhergehenden Abschnitt eingehend verdeutlicht wurde.
Sowohl die gesamtwirtschaftliche Entwicklung, der technologische Entwicklungsstand als auch das Pro-Kopf-Einkommen der Bevölkerung befinden sich auf einem anderen Niveau, so daß die Nachfrage nach bestimmten Produkten, wie z.B. Konsumgütern aus Industrieländern, noch sehr gering sein kann, aber stetig wächst. Entsprechend den unterschiedlichen Lebenszyklusphasen würde sich ein und dasselbe Produkt auf den Märkten der Schwellenländer in der Einführungs- oder Wachstumsphase befinden, während es zum gleichen Zeitpunkt auf den Industriemärkten schon die Degenerationsphase erreicht hat.

---

(1) Die international verschiedenen Produktlebenszyklen beziehen sich auf unterschiedliche Lebenszyklusphasen eines Produktes auf Auslandsmärkten mit gleichem oder unterschiedlichem wirtschaftlichen und technologischen Entwicklungsstand. Internationale Unternehmungen können bei der Marktwahl und -erschließung - unter Berücksichtigung der unterschiedlichen Lebenszyklusphasen eines Produktes auf verschiedenen Auslandsmärkten - eine zeitliche Reihenfolge festlegen. Dieses Konzept der international verschiedenen Produktlebenszyklen bietet der Unternehmung eine Entscheidungshilfe bei der Marktwahl und Erschließung von Auslandsmärkten an.

(2) Vgl. Keegan, W., Multinational Marketing, 3rd Edition, Englewood Cliffs 1984, S. 43

Abb. 14: Lebenszyklus eines Produktes auf unterschiedlichen Auslandsmärkten, dargestellt durch die Umsatzkurven (Fiktives Beispiel)

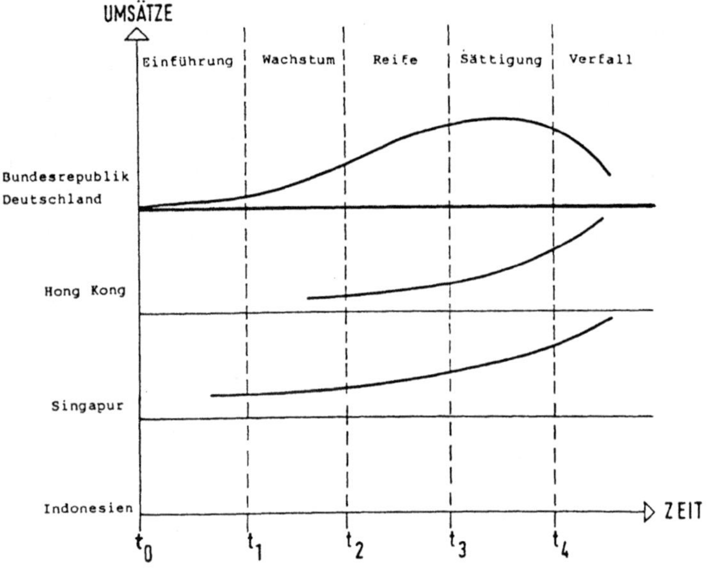

Quelle: In Anlehnung an Stahr, G., Auslandsmarketing, Bd. II, Marketingstrategie, Berlin 1979, S. 32

Abbildung 14 verdeutlicht diese unterschiedlichen Lebenszyklusphasen eines Produktes in der Bundesrepublik Deutschland sowie in Hong Kong, Singapur und Indonesien. National eingeführt wurde das Produkt (z.B. Farbfernseher) in Deutschland zum Zeitpunkt t 0, während es in Hong Kong zum Zeitpunkt t 2, in Singapur zum Zeitpunkt t 1 und in Indonesien bisher noch nicht eingeführt worden ist.

Diese unterschiedlichen Einführungszeitpunkte sowie von Land zu Land unterschiedlichen Markt- und Wettbewerbsbedingungen führen dazu, daß sich das Produkt zum Zeitpunkt t 4 in der Bundesrepublik Deutschland in der Degenerationsphase befindet, während es in Hong Kong und Singapur erst in die Wachstumsphase eingetreten ist. Auf diesen Märkten, wo das Produkt eine Innovation ist, können Käufergruppen erweitert werden, während auf dem Inlandsmarkt geänderte Nachfrageverhältnisse sowie leistungsfähigere Konkurrenzprodukte (1) den Eintritt in die Degenerationsphase einleiten.

Diese unterschiedlichen Lebenszyklusphasen eines Produktes auf verschiedenen Auslandsmärkten ermöglichen der internationalen Unternehmung, ihren Umsatz sowie den Gewinn langfristig zu steigern, indem neue Absatzmärkte in einer bestimmten zeitlichen Reihenfolge erschlossen werden.
Bei einem rein nationalen Absatz eines Produktes fließen in den verschiedenen Lebenszyklusphasen (Einführung, Wachstum, Reife, Sättigungs- und Degenerationsphase) unterschiedliche Finanzmittelströme (Vgl. Abbildung 15).

Abb. 15: Produktlebenszyklus-Konzept

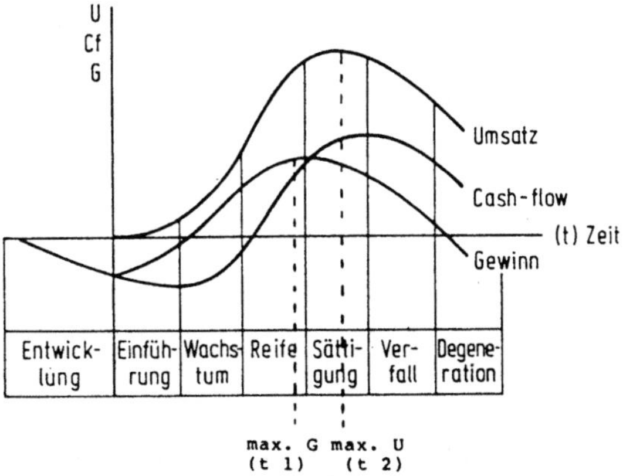

Quelle: Haedrich, G., Berger, R., Angebotspolitik, Berlin, New York 1982, S. 127

---

(1) Z.B. durch den Eintritt neuer internationaler Wettbewerber (japanischer und US-amerikanischer Unternehmen auf dem Inlandsmarkt)

Bedeutend für den internationalen Absatz der Produkte ist hierbei, daß das Gewinnmaximum schon in der Reifephase (t1) erzielt wird, während das Umsatzmaximum erst in der Sättigungsphase (t2) erreicht werden kann (1). Durch eine systematische und zeitlich festgelegte Reihenfolge können internationale Firmen auf gesamtunternehmerischer Ebene (2) frühzeitig (beispielsweise vor der Reifephase der Produkte) neue Auslandsmärkte erschließen, so daß parallel neue Lebenszyklen beginnen und sinkende Umsätze und Gewinne auf dem Inlandsmarkt durch neue Finanzmittelströme aus dem Ausland ausgeglichen werden (siehe hierzu Abbildung 16).

---

(1) Siehe zur Bedeutung der unterschiedlichen Zeitpunkte von Gewinn und Umsatzmaximum auch die Ausführungen von Majaro. Vgl. Majaro, S., International Marketing, London 1977, S. 80 ff.

(2) Siehe zu den Vorteilen des Planungsprozesses im gesamtunternehmerischen Zusammenhang: Haedrich, G., Tomczak, T., Strategische Markenführung, Bern, Stuttgart 1990, S. 72 ff.

Abb. 16: Lebenszyklen eines Produktes auf dem Inlandsmarkt und verschiedenen Auslandsmärkten (Fiktives Beispiel anhand der Länder Hong Kong und Singapur)

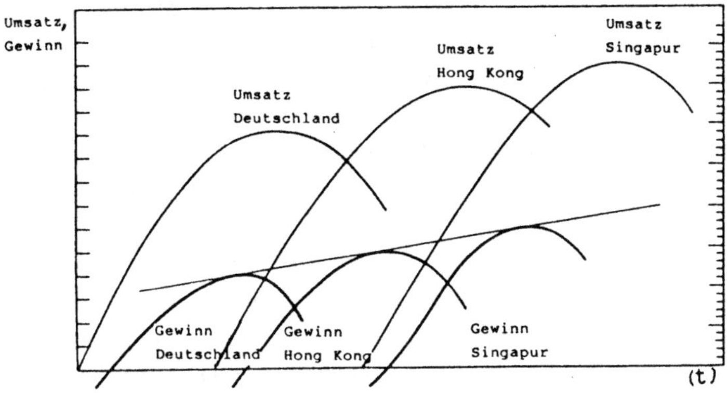

Quelle: In Anlehnung an Majaro, S., International Marketing, 2 nd Edition, London 1982, S. 82

Bedingt durch immer kürzer werdende Produktlebenszyklen in den Industrieländern (1) ist eine kritische Analyse sowie Orientierung an dem Konzept der international verschiedenen Produktlebenszyklusphasen dringend erforderlich geworden. Dieses gilt insbesondere für die acht Märkte der südostasiatischen Schwellenländer, die bezüglich ihrer sozio-kulturellen, politisch-rechtlichen und wirtschaftlichen Bedingungen sowie der Produktlebenzyklusphasen eine zeitlich verschobene Entwicklung durchmachen.
Lancaster und Wesenlund führten zur Produktlebenszyklus-Theorie im internationalen Bezugsrahmen eine empirische

---

(1) Vgl. Hoffmann, K., Der Produktlebenszyklus, Freiburg 1972, S. 9

Untersuchung durch (1). Dabei wurden am Beispiel der Textilindustrie zeitversetzte Lebenszyklen zwischen den Industrieländern (USA und Europa) und den Schwellenländern Südostasiens nachgewiesen (2). Während in den Industrieländern im Zeitraum von 1956 bis 1980 ein ständiger Rückgang der Baumwollstoffproduktion ermittelt wurde, konnten südostasiatische Schwellenländer hingegen ein hohes Wachstum erzielen. In diesen Ländern befand sich das Produkt in der Zeit von 1956 bis 1980 in der Wachstumsphase des Lebenszyklus, während es hingegen in den USA und Europa die Degenerationsphase erreicht hat (3).
Unter Einbeziehung der empirisch ermittelten Daten stellen Lancaster und Wesenlund eine Projektion auf, bei der die zeitlich verschobenen Produktlebenszyklen zwischen den Industrieländern und südostasiatischen Schwellenländern sich in den afrikanischen Entwicklungsländern weiter fortsetzen werden - siehe hierzu Abbildung A-4 im Anhang.

---

(1) Weitere empirische Untersuchungen zu den international verschiedenen Produktlebenszyklen wurden von folgenden Autoren durchgeführt: Lutz, J.M., Green, R.T., The Product Life Cycle and the Export Position of the United States, in: JoIBS, Winter 1983, S. 77 - 93, Muller-Sebastián, A., The Product Life Cycle Theory: Empirical Evidence, in: JoIBS, Vol. XVII, Winter 1983, S. 95 - 105, Beuttel, W., Simmerl, J., Escherl, H.J., Entscheidungsverhalten bei Auslandsaktivitäten, München 1980, S. 103 ff., Hoy, H.J., Shaw, J.J., The United States Comparative Advantage and its Relationships to the Product Life Cycle Theory and the World Gross National Product Market Share, in: CJoWB, Vol. XVI, 1/1981, S. 40 - 50

(2) Siehe zu den zeitversetzten Lebenszyklen von Baumwollstoff auf Auslandsmärkten Abbildung A-3 im Anhang.

(3) Vgl. Lancaster, G., Wesenlund, I., A Product Life Cycle Theory for International Trade: An Empirical Investigation, in: European Journal of Marketing, Vol. 18, No. 6-7/1984, S. 86

Die Kenntnis der zeitlichen Verschiebung sowie der Gesetzesmäßigkeiten des Produktlebenszyklus ermöglichen der deutschen Unternehmung, international unterschiedliche Produkteinführungszeitpunkte auf Auslandsmärkten festzulegen und der Stellung im Produktlebenszyklus entsprechende Normstrategien für den südostasiatischen Absatzmarkt abzuleiten. Diese Normstrategien in Südostasien weichen aufgrund der unterschiedlichen Stellung im Produktlebenszyklus erheblich von denen ab, die für das gleiche Produkt auf dem Inlandsmarkt herangezogen werden.
So kann beispielsweise für eine strategische Geschäftseinheit in Südostasien mit hohem Marktwachstum, aber niedrigem relativen Marktanteil eine Investitionsstrategie formuliert werden, während für die gleiche Geschäftseinheit auf dem deutschen Inlandsmarkt mit niedrigem Marktwachstum und niedrigem relativen Marktanteil eine Abschöpfungs- oder Desinvestitionsstrategie verfolgt wird.

Diese Analyse der international verschiedenen Produktlebenszyklen bildet auf den Märkten der südostasiatischen Schwellenländer auch eine wichtige Grundlage für die Marketingaktivitäten, die den jeweiligen Marktbedingungen (Wachstumsmarkt) und dem Entwicklungsstand des Landes entsprechen sollten.

2.4 Bevölkerungsgrösse, -struktur und -wachstum in Südostasien sowie deren Implikationen auf die Konsumgüternachfrage

Für die internationalen absatzpolitischen Entscheidungen sind Bevölkerungsgröße und -wachstum einzelner Länder zu wichtigen Einflußfaktoren geworden.
Aufgrund des Bevölkerungsrückgangs in den Industrieländern und dem entgegengesetzten explosionsartigen Bevölkerungswachstum der "Dritten Welt" resultieren globale strukturelle Verände-

rungen, aus denen langfristige Chancen und Risiken für die deutsche Konsumgüterindustrie aufgezeigt werden sollen. Hierzu ist eine sorgfältige Analyse der verschiedenen Ländermärkte erforderlich.

Gravierende Veränderungen der Bevölkerungsgröße durch eine Zu- oder Abnahme führen zu einer Verschiebung der Nachfrage nach kurz- und langlebigen Konsumgütern und beeinflussen somit - als externe Einflußfaktoren - das langfristige Branchenwachstum sowie die Wettbewerbsintensität (1) auf bestimmten Ländermärkten. Der Bevölkerungsrückgang in den westlichen Industrieländern sowie das Bevölkerungswachstum der Entwicklungs- und Schwellenländer führen langfristig zu internationalen Nachfrageverschiebungen (2), bei denen die südostasiatischen Schwellenländer weltweit eine Schlüsselposition einnehmen (3).
Sowohl die Bevölkerungsgröße als auch das durchschnittliche jährliche Bevölkerungswachstum dieser Länder liegen im Vergleich zur Bundesrepublik Deutschland deutlich höher und werden unter Einbeziehung des steigenden Pro-Kopf-Einkommens ein zukünftiges Nachfragepotential darstellen.

---

(1) Vgl. Porter, M., Wettbewerbsstrategie, Frankfurt a. M. 1987, S. 217

(2) Porter führt als Beispiel für demographische Veränderungen sowie deren Auswirkungen auf die Nachfrage nach bestimmten Konsumgütern die rückläufige Geburtenrate in den USA an. Die zur Zeit niedrige Geburtenrate in den USA führte dazu, daß die Nachfrage nach Babyprodukten aller Art sehr gering ist, "während Produkte, deren Zielgruppe die der 25 bis 35 Jährigen ist, gegenwärtig von den Wirkungen des Babybooms der Nachkriegszeit profitieren". Porter, M., Wettbewerbsstrategie, Frankfurt a.M. 1987, S. 217

(3) Auch Ohmae sieht in den Entwicklungsländern aufgrund des dort vorherrschenden hohen Bevölkerungswachstums die Märkte der Zukunft. Vgl. Ohmae, K., Macht der Triade, Wiesbaden 1985, S. 174

Eine regionale Betrachtung des Bevölkerungswachstums und der Bevölkerungsgröße Südostasiens deutet auf die Heterogenität dieser Ländergruppe hin. Insgesamt betrug die Bevölkerungszahl der acht südostasiatischen Schwellenländer 1985 352 Mio., wovon allein in Indonesien als bevölkerungsreichstem Staat 162,2 Mio. Menschen lebten, gefolgt von den Phillipinen (54,7 Mio.), Thailand (51,7 Mio.), Südkorea (41,1 Mio.), Taiwan (19,0 Mio.) sowie Hong Kong (5,4 Mio.). Singapurs Einwohnerzahl hingegen lag als bevölkerungsärmster Staat dieser Region bei lediglich 2,6 Mio. Einwohnern.

Abb.17: Bevölkerungsgröße und durchschnittliches jährliches Bevölkerungswachstum der südostasiatischen Schwellenländer im Vergleich zur Bundesrepublik Deutschland

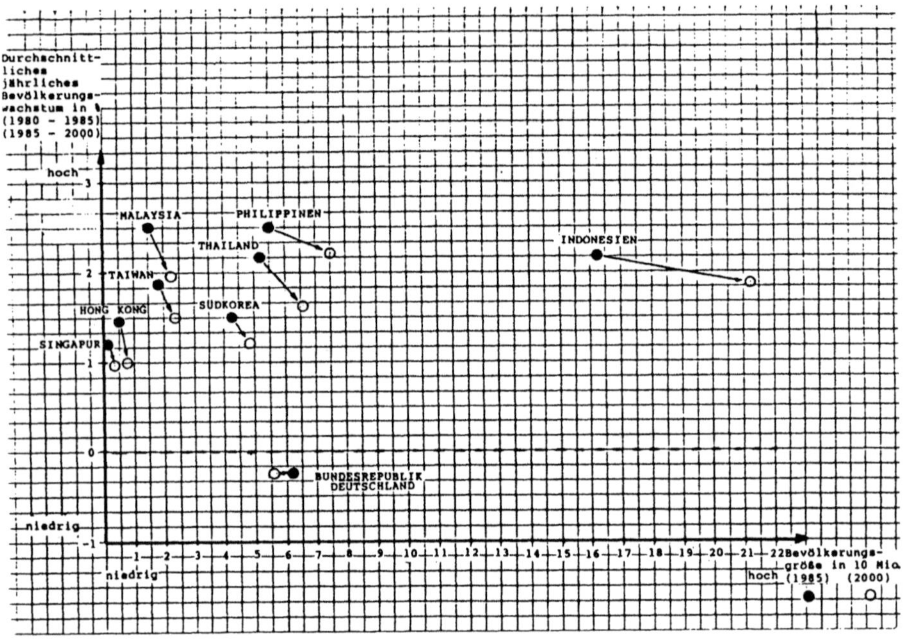

Alle Daten
entnommen aus: Weltbank (Hrsg.), Weltentwicklungsbericht 1987, Washington 1987, Prognos (Hrsg.), Euro-Report 1987, Vol. B, Emerging Economies, Basel 1987

Aus Abbildung 17 geht deutlich hervor, daß alle südostasiatischen Länder - ungeachtet der unterschiedlichen Bevölkerungsgröße - ein höheres Bevölkerungswachstum aufweisen konnten als die Bundesrepublik Deutschland, das als klassisches Industrieland sogar einen durchschnittlichen jährlichen Rückgang von

0,2% zu verzeichnen hatte. Diese unterschiedliche Bevölkerungsentwicklung zwischen Industrie- und Schwellenländern führt zu einem relativen Bevölkerungsrückgang in den Industrieländern, während die Bevölkerung der Schwellenländer hingegen stetig zunimmt. So deuten langfristige Prognosen bis zum Jahr 2000 auf eine bevölkerungsreiche südostasiatische Region mit 456 Mio. Einwohnern hin, während die Bevölkerung der Bundesrepublik Deutschland auf 59,0 Mio. Einwohner zurückgehen wird - siehe Tabelle A-11 im Anhang.

Aus diesem hohen Bevölkerungswachstum in Südostasien resultiert langfristig auch eine andere Bevölkerungsstruktur mit anderen Nachfragestrukturen nach bestimmten Konsumgütern als in den Industrieländern. Während der Bevölkerungsanteil älterer Menschen in der Bundesrepublik Deutschland und in anderen Industrieländern (USA, England, Frankreich, etc.) ständig zunimmt, zeigen die südostasiatischen Schwellenländer eine klassische Bevölkerungspyramide auf, bei der ein geringerer älterer sowie ein großer jüngerer Bevölkerungsanteil vorhanden ist - siehe hierzu Abbildung 18.

Abb. 18: Bevölkerungsstruktur in südostasiatischen Schwellenländern im Vergleich zur Bundesrepublik Deutschland

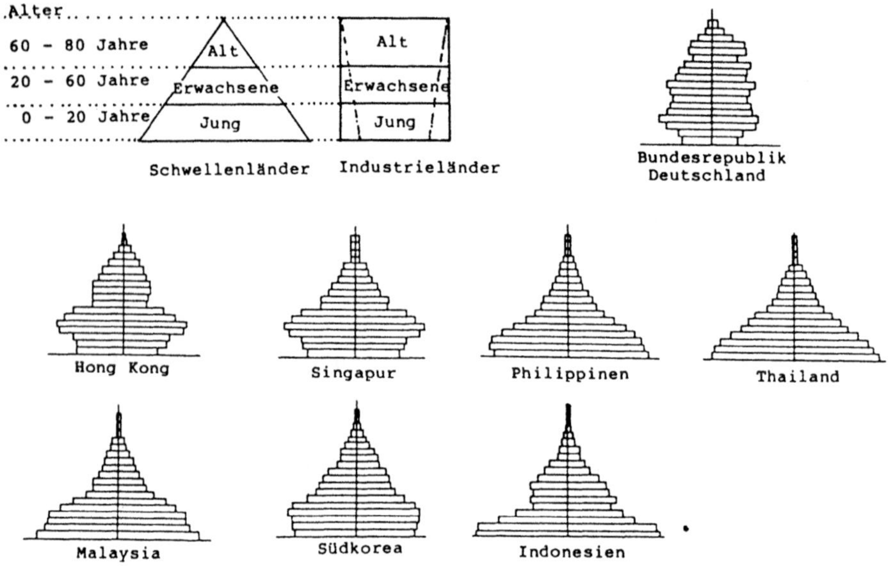

Quelle: Perlitz, M., Country-Portfolio Analysis - Assessing Country Risk and Opportunity, in : Long Range Planning, Vol. 18, No. 4, 1985, S. 22

In diesen Ländern beträgt der Anteil der jungen Bevölkerung (0 - 20 Jahre) bis zu 60%, so daß sich hier für bestimmte Branchen (z.B. Motorräder, Stereoanlagen, Schallplatten, Jeans, etc.), die für den "Jugendmarkt" typisch sind, zusätzliche Absatzchancen eröffnen (1).

---

(1) Vgl. Kotler, P., Marketing - Management, 4. Aufl., Stuttgart 1982, S. 109

Die hohe Nachfrage nach Produkten des "Jugendmarktes" hat nach Perlitz in dem letzten Jahrhundert - aufgrund der damaligen jungen Bevölkerungsstruktur in den USA, der Bundesrepublik Deutschland und in England - entscheidend zur Industrialisierung und zu einem hohen Lebensstandard in diesen Ländern beigetragen (1).

Eine industrielle Weiterentwicklung der südostasiatischen Länder sowie die vorhandene Bevölkerungsstruktur werden somit mit einem Wachstum von Branchenmärkten verbunden sein, die die großen jungen Käuferschichten ansprechen.
Die Bundesrepublik Deutschland sowie andere Industrieländer hingegen sind durch eine zurückgehende Bevölkerungsgröße und einer ständigen Zunahme des älteren Bevölkerungsanteils gekennzeichnet. In diesen Ländern werden eher solche Branchen ein Wachstum erzielen, die den Bedürfnissen der alternden Bevölkerung entsprechen. Hier ist nach Kotler eine steigende Nachfrage nach Altersheimen, ruhigen Freizeitaktivitäten (z.B. Angeln, Golf) sowie Rollstühlen, Gehstöcken und Hörgeräten zu erwarten (2).
Aufgrund des weltweit unterschiedlichen Bevölkerungswachstums und der Bevölkerungsstrukturunterschiede zwischen Industrie- und Schwellenländern resultieren langfristig globale Nachfrageverschiebungen nach Konsumgütern, die von der deutschen internationalen Unternehmung (3) ein verstärktes Engagement in der südostasiatischen Region erfordern, um wichtige Zukunftsmärkte nicht an japanische und US-amerikanische

---

(1) Vgl. Perlitz, M., Country-Portfolio Analysis - Assessing Country Risk and Opportunity, in: Long Range Planning, Vol.18, No. 4, 1985, S. 17

(2) Vgl. Kotler, P., Marketing - Management, 4. Aufl., Stuttgart 1982, S. 109

(3) Insbesondere in den Branchen, die Produkte für den "Jugendmarkt" herstellen

Wettbewerber zu verlieren als auch einen Ausgleich für die zu erwartenden Absatzrückgänge auf dem deutschen Inlandsmarkt zu erzielen.

2.5 Pro-Kopf-Einkommen und Einkommensentwicklung in südostasiatischen Schwellenländern

Neben der Bevölkerungsgröße und dem -wachstum der südostasiatischen Schwellenländer sind das Pro-Kopf-Einkommen sowie die Einkommensentwicklung wichtige Indikatoren für die Größe des Auslandsmarktes, ausgedrückt in Marktvolumen und -potential (1). Veränderungen des Pro-Kopf-Einkommens und somit der Kaufkraft einzelner Konsumenten sind wichtige Parameter, die die zukünftigen Chancen auf ausländischen Absatzmärkten aufzeigen. Bei einer weltweiten Betrachtung des durchschnittlichen Pro-Kopf-Einkommens ist eine deutliche Einkommenskonzentration in den Triade-Ländern USA, Europa und Japan (2) zu verzeichnen, in denen auch der härteste Konkurrenzdruck vorherrscht.

Die südostasiatischen Schwellenländer konnten aufgrund ihres gesamtwirtschaftlichen, industriellen und außenwirtschaftlichen Wachstums das durchschnittliche Pro-Kopf-Einkommen der Bevölkerung stetig erhöhen, so daß sich die ökonomischen Bedingungen langfristig dem Industrieländerniveau annähern werden.
Durch diese tendenzielle Annäherung der ökonomischen Bedin-

---

(1) Vgl. Meffert, H.,Althans, J., Internationales Marketing, Stuttgart 1982, S. 40

(2) Der Begriff Triade-Länder Europa, Japan und USA wurde von Ohmae in bezug auf die wichtigsten Märkte im weltweiten Wettbewerb geprägt. Siehe Ohmae, K., Macht der Triade, Wiesbaden 1985, S. 143

gungen Südostasiens mit den Industrieländern wird sich nach Porter der weltweite Wettbewerb in der Konsumgüterbranche intensivieren (1), da zusätzliche Konkurrenten ihre Produkte auf den Weltmärkten absetzen. Damit einhergehend eröffnen sich jedoch auch neue Absatzchancen auf den Märkten der Schwellenländer, die weltweit zunehmend an Bedeutung gewinnen.

Tabelle 11: Bevölkerungsgröße, Pro-Kopf-Einkommen sowie Einkommensentwicklung südostasiatischer Schwellenländer im Vergleich zur Bundesrepublik Deutschland

Land	Bevölkerungsgrösse in Mio.	Pro-Kopf Einkommen in $ (1976)	Durchschnittlicher jährlicher Zuwachs des Pro-Kopf Einkommens von 1965 -1985 in %	Pro-Kopf Einkommen in $ (1984)	Einkommensentwicklung der südostasiatischen Schwellenländer im Verhältnis zur Bundesrepublik Deutschland in % (1) (Bundesrepublik Deutschland = 100%) (1976)	(1984)
Hong Kong	5,4	2110	6,1	6330	29	57
Taiwan	19,0	1070	6,0	3068	14	28
Südkorea	40,1	670	6,6	2110	9	19
Singapur	2,5	2700	7,6	7260	37	65
Philippinen	53,4	410	2,3	660	6	6
Thailand	50,0	380	4,0	860	5	8
Malaysia	15,3	860	4,4	1980	12	18
Indonesien	158,3	240	4,8	540	3	5
Zum Vergleich: Bundesrepublik Deutschland	61,2	7380	2,7	11130	100	100

1) Eigene Berechnungen nach Angaben des Weltentwicklungsberichtes

Quelle: Weltbank, Weltentwicklungsbericht 1978 und 1987, Washington 1978, 1987

(1) Vgl. Porter, M., Wettbewerbsstrategie, Frankfurt a.M. 1987, S. 361

Eine regionale Betrachtung des durchschnittlichen Pro-Kopf-Einkommens der acht südostasiatischen Schwellenländer zeigt in Tabelle 11 deutliche Einkommensunterschiede zwischen einzelnen Märkten auf, die sich in Zukunft eher verstärken werden und eine Unterteilung in zwei Gruppen erforderlich machen (1).

1. Gruppe: Hong Kong, Taiwan, Singapur, Südkorea
2. Gruppe: Malaysia, Thailand, Philippinen, Indonesien

Sowohl das Pro-Kopf-Einkommen als auch die Einkommensentwicklung der industriell weiter fortgeschrittenen Länder wie Hong Kong, Taiwan, Singapur und Südkorea liegen deutlich höher als in den übrigen Schwellenländern Südostasiens und eröffnen aufgrund der wachsenden Mittelschicht neue Absatzchancen für die deutsche Konsumgüterindustrie. In den weniger industrialisierten Ländern hingegen, wie Malaysia,Thailand, Philippinen und Indonesien, liegen das Pro-Kopf-Einkommen sowie die Einkommensentwicklung im Vergleich zu Deutschland deutlich niedriger. Die Absatzchancen für Konsumgüter in derartigen Ländern sind aufgrund der fehlenden Mittelschicht zur Zeit noch gering (2).

Ein durchschnittliches jährliches Wachstum des Pro-Kopf-Einkommens - wie in dieser Region von 4% bis 7% - führt auch in diesen Ländern langfristig zu einer erhöhten Nachfrage nach langlebigen Konsumgütern des gehobenen Bedarfs (3).
Daraus ging in einzelnen Branchenmärkten innerhalb kurzer Zeit

---

(1) Ohmae spricht in diesem Zusammenhang vom Nord-Süd-Gefälle, bei dem sich die Einkommensschere zwischen den nördlichen und südlichen Ländern Südostasiens in Zukunft vergrößern wird. Vgl. Ohmae, K., Macht der Triade, Wiesbaden 1985, S. 178

(2) Vgl. Stahr, G., Auslandsmarketing Bd. I, Marktanalyse, Stuttgart 1979, S. 52

(3) Siehe hierzu zweiter Teil Abschnitt 7.1.

eine Verdoppelung bzw. Vervielfachung der Nachfrage nach Konsumgütern (z.B. Fernsehgeräte, Motorräder) hervor, deren "Volumen an Größenordnungen heranreicht, die durchaus mit dem Absatz in europäischen Ländern vergleichbar sind" (1). Diese günstige Entwicklung des Pro-Kopf-Einkommens ist für eine erfolgreiche Ausweitung der internationalen Geschäftstätigkeit deutscher Unternehmungen besonders in Branchen wichtig, wo die Produkte (langlebige Konsumgüter) vorwiegend für Industriemärkte mit hohem Pro-Kopf-Einkommen entwickelt worden sind und nur auf solchen Auslandsmärkten abgesetzt werden sollten, die der ökonomischen Situation des Inlandsmarktes (Kaufkraftpotential) weitgehend entsprechen. Für andere Branchen, wie beispielsweise der Zigarettenindustrie, ist das Pro-Kopf-Einkommen der Bevölkerung keine entscheidende Größe für zusätzliche Absatzchancen auf Auslandsmärkten. Als kurzlebiges und preiswertes Konsumgut sind für dieses Produkt Bevölkerungsgröße sowie das -wachstum wichtige Faktoren, die zusätzliche Chancen auf Auslandsmärkten aufzeigen.

Die weltweit differierenden Einkommen einzelner Länder sowie die unterschiedlichen Einkommensentwicklungen erfordern von der internationalen Unternehmung eine länder- bzw. regionalspezifische Analyse dieser Parameter, um eine optimale Anpassung einzelner Marketinginstrumente, wie z.B. der Produkt- und Preispolitik, an den vorherrschenden Marktgegebenheiten Südostasiens zu erzielen.

---

(1) Schütte, H., Marktstrategien für die Schwellenländer Asiens, in: Engels, B. (Hrsg.), Präsenz der deutschen Wirtschaft in Übersee, München, Köln, London 1986, S. 113

2.6 Politische Risiken in einzelnen Ländern Südostasiens

Jede Form des Auslandsengagements ist mit einem erhöhten Risiko verbunden, da eine Vielzahl benötigter Informationen über die "fremden" Auslandsmärkte nicht verfügbar sind und eine sehr große Ungewißheit über die zukünftige ausländische Marktentwicklung vorherrscht.
Aber auch andere, nicht marktrelevante Faktoren (Globales Umsystem II) (1), die auf die deutsche internationale Unternehmung direkten oder indirekten Einfluß ausüben,können zu weitreichenden Konsequenzen führen.
Einen entscheidenden Faktor stellen in diesem Zusammenhang die von Land zu Land unterschiedlichen politischen Rahmenbedingungen dar, die die Entscheidungsfreiheit der Unternehmung beträchtlich einschränken, aber auch ein noch weitaus größeres Risikopotential in sich bergen, das bis zur Enteignung des im Ausland investierten Kapitals reichen kann.
So schreiben Rummel und Heenan zu den aus politischen Risiken resultierenden Konsequenzen folgendes: "The failure of executives to assess the political climate where they do business can have disastrous implications... the example of Lebanon has resulted in a loss of more than 60.000 lives and $ 3 billion in damages (2)".
Eine sorgfältige Analyse der politischen Rahmenbedingungen des ausländischen Zielmarktes ist bei langfristigen Investitionsentscheidungen besonders in solchen Ländern erforderlich, die sich in einem wirtschaftlichen und strukturellen Wandel befinden, wie z.B. in den Schwellenländern Südostasiens.

---

(1) Siehe zu den nichtmarktrelevanten Faktoren im Ausland das Globale Umsystem II in Abbildung 10.

(2) Rummel, R.J., Heenan , D.A., How Multinationals Analyze Political Risk, in: Havard Business Review, Jan./Feb. 1978, S. 67

Das dynamische wirtschaftliche Wachstum dieser Region ist auch mit einem je nach Land unterschiedlichen politischen Wandel (politische Turbulenzen) verbunden, aus dem die internationale Unternehmung frühzeitig vorhandene Risikopotentiale identifizieren sollte. Denn trotz des fortgeschrittenen wirtschaftlichen Entwicklungsstandes entsprechen die politischen Bedingungen in einigen Fällen nicht denen eines Schwellenlandes, sondern eher denen eines Entwicklungslandes.
Die politische Instabilität von sich wirtschaftlich entwickelnden Ländern wurde in einer Untersuchung von Green (1) herausgearbeitet, bei der die gegenwärtig vorhandene politische Struktur eines Landes als Indikator für mögliche radikale politische Veränderungen in der Zukunft angesehen wurde (2). Während die wirtschaftlich schon entwickelten Industrieländer mit einem demokratischen Regierungssystem die geringsten politischen Risiken in sich bergen, weisen Entwicklungsländer mit Militärdiktaturen sowie Länder, die in die "politische Unabhängigkeit entlassen wurden, die höchsten politischen Risiken" auf (3).

Diese im hohen Maße von den Industrieländern abweichenden politischen Rahmenbedingungen der südostasiatischen Schwellenländer müssen in einem ersten Schritt durch eine spezifische Analyse (desk research) charakterisiert werden, um allgemeine vorhandene politische Risiken aufzuzeigen. Auf der allge-

---

(1) Green, R.T., Political Structures as a Predictor of Radical Political Change, in: Columbia Journal of World Business, Vol. IX, No.1, 1974, S. 35

(2) Vgl. Rhein, W., die Beurteilung des Länderrisikos im Auslandsgeschäft der Banken als Informationsproblem, Diss., München 1979, S. 103

(3) Raffée, H., Kreutzer, R., Ansätze zur Erfassung von Länderrisiken in ihrer Bedeutung für Direktinvestitionsentscheidungen, in: Kortzfleisch, G.v., Kaluza, B. (Hrsg.), Internationale und nationale Problemfelder der Betriebswirtschaftlehre, Berlin 1984, S. 33

meinen politischen Länderanalyse basierend kann in einem zweiten Schritt mit Hilfe eines Verfahrens der Länderrisikoanalyse von BERI (Business Environment Risk Information) eine politische Prognose erstellt werden (1). Damit können frühzeitig Hinweise für sich abzeichnende Risikopotentiale in einzelnen Ländern gewonnen werden (2).

2.6.1 Analyse der allgemeinen politischen Situation und Risiken in Südostasien

Die politischen Bedingungen sowie Risiken in der südostasiatischen Region sind so unterschiedlich, daß eine ländergruppenspezifische Analyse grundsätzlich aufzeigen soll, welche Gefahren sich hier für internationale Unternehmungen verbergen.

Entsprechend dem unterschiedlichen wirtschaftlichen Entwicklungsstand der einzelnen Länder erfordert auch das jeweils gegebene politische Klima eine Einbeziehung in den internationalen Planungsprozeß, um vorhandenen sowie sich abzeichnenden Risikopotentiale durch entsprechende Markteintrittsstrategien in Form von Exporten, Lizenzvergaben, Joint Ventures oder Tochtergesellschaften begegnen zu können. Mit Hilfe einer gegenwartsbezogenen Länderanalyse, bei der aufgrund des unterschiedlichen politischen und wirtschaftlichen Entwicklungsstandes einzelner Staaten zwei Hauptgruppen gebildet werden, können vorab Entscheidungen für eine Markterschließung oder einen Marktaustritt geprüft sowie Grenzen und Möglichkei-

---

(1) Siehe zum Verfahren der Länderrisikoanalyse von Haner (BERI) folgende Ausführungen im dritten Teil Abschnitt 2.7

(2) Vgl. Raffée, H., Kreutzer, R., Ansätze zur Erfassung von Länderrisiken in ihrer Bedeutung für Direktinvestitionsentscheidungen, in: Kortzfleisch, G.v., Kaluza, B. (Hrsg.), Internationale und nationale Problemfelder der Betriebswirtschaftlehre, Berlin 1984, S. 27

ten des Auslandsengagements aufgezeigt werden (1). Dieses ist besonders bei einem Engagement in der südostasiatischen Region notwendig, da in einigen Ländern der Staat gravierend in die unternehmerische Entscheidungsfreiheit internationaler Unternehmungen eingreift. Die Gefahr, die im Ausland erwirtschafteten Gewinne nicht mehr in das Heimatland zurücktransferieren zu können; gesetzliche Bestimmungen, einheimische Mitarbeiter und Führungskräfte zu beschäftigen; Beteiligungsbeschränkung; protektionistische Maßnahmen; Enteignungen (2); Boykottmaßnahmen und Gewaltanwendung sind nur einige Beispiele, die aus einer allgemeinen politischen Instabilität sowie der Wirtschaftspolitik einiger südostasiatischer Schwellenländer resultieren können.

Hieraus wird deutlich, daß bei internationalen Analysen die Einbeziehung von wirtschaftlichen und politischen Risiken eine immer wichtiger werdende Bedeutung zukommt (3), da hiervon auch entscheidend der Erfolg beziehungsweise Mißerfolg eines internationalen Engagements auf Schwellenmärkten abhängen kann. Deshalb soll im folgenden eine für Investitionsentscheidungen relevante politische Risikoanalyse der südostasia-

---

(1) Auch Henzler filtert bei seinem fünfstufigen Selektionsmodell bei der Vorauswahl die Länder heraus, in denen die politische Situation sowie gesetzliche Bestimmungen sehr ungünstig sind. Vgl. Henzler, H., Neue Strategie ersetzt den Zufall, in: Manager Magazin, Heft 4, 1979, S. 122

(2) Aus einer Studie von Gladwin/Walter geht hervor, daß insbesondere Regierungen von Ländern, die sich in einer Phase der gesellschaftlichen Umstrukturierung befinden (Schwellenländerphase), wesentlich häufiger zu eigentumsentziehenden Maßnahmen gegenüber ausländischen Unternehmungen greifen, als Regierungen von Industrie- und Entwicklungsländern. Siehe hierzu: Gladwin, T., Walter, I., Multinationals under Fire, New York 1980, S. 294 f., De Haan, H., Die Risikopolitik der internationalen Unternehmung, Diss., Gießen 1983, S. 82 f.

(3) Vgl. Aaker, D.A., Strategic Market Management, New York 1984, S. 284

tischen Region erfolgen. Hierzu werden bei den beiden Ländergruppen (Gruppe I und II) folgende Faktoren untersucht, die im wesentlichen die bisherige sowie gegenwärtige politische Entwicklung beeinflußten und von denen eine Gefährdung der zukünftigen politischen Stabilität ausgehen könnte:

1. Die innenpolitische Stabilität eines Landes soll anhand der bisherigen sowie gegenwärtigen Tendenz zum Umsturz, Aufstand sowie zu allgemeinen Unruhen aufgezeigt werden. Zu den zu überprüfenden Variablen gehören politische Unruhen, Ausschreitungen, Guerillakriege sowie Regierungskrisen.
2. Die außenpolitische Stabilität eines Landes soll anhand von Feindseligkeiten zwischen verschiedenen Staaten sowie vorhandenen territorialen Gebietsansprüchen analysiert werden. Hierzu muß neben der Überprüfung territorialer Gebietsansprüche auch die politische Anerkennung eines Landes untersucht werden. Nicht vorhandene oder abgebrochene diplomatische Beziehungen sowie militärische Gewalt sind deutliche Indikatoren für die außenpolitische Instabilität eines Landes.
3. Das innenpolitische Klima soll durch destabilisierende Faktoren - wie die Neigung zu extrem links- bzw. rechtsgerichteten Parteien - aufgezeigt werden. Die Größe der kommunistischen Partei und deren Anhänger sowie die Stellung des Militärs im politischen Prozeß müssen hierbei in Betracht gezogen werden.
4. Die Gesamtbewertung der wirtschaftlichen Entwicklung sowie die Eingriffe des Staates in die Entscheidungsfreiheit internationaler Unternehmungen sind für Auslandsinvestitionen von besonderer Bedeutung. Neben der Wirtschaftspolitik des Landes sind Größen wie das Pro-Kopf-Einkommen, die

Einkommensverteilung, die Höhe der Auslandsverschuldung und das gesamtwirtschaftliche Wachstum zu berücksichtigen (1).

2.6.1.1 Die politischen Rahmenbedingungen in den südostasiatischen Schwellenländern der Gruppe I

In der ersten Ländergruppe werden die südostasiatischen Staaten zusammengefaßt, die in ihrem politischen und wirtschaftlichen Entwicklungsstand weiter fortgeschritten sind und bisher eine für diese Region hohe innen- und außenpolitische Stabilität aufweisen konnten (2). Destabilisierende Einzelfaktoren wie allgemeine Unruhen, Ausschreitungen, extrem links- bzw. rechtsgerichtete Parteien usw. sind in den Ländern der Gruppe I kaum oder gar nicht vorhanden, so daß günstige Voraussetzungen für eine zukünftige politische Stabilität gegeben sind.

Singapur, Taiwan, Malaysia und Hong Kong gehören zu den politisch stabilen Ländern Südostasiens, wobei Malaysia eine stärkere Ausprägung destabilisierender Faktoren (ethnische Spannungen) aufweist.
Singapur gehört der ASEAN (Association of Southeast Asian Nations) an, die zum Zweck der wirtschaftlichen, politischen und kulturellen Zusammenarbeit südostasiatischer Staaten gegründet wurde. Durch die politische Zusammenarbeit der Mitgliedsstaaten sollte im Verbund ein für die internationalen Wirtschaftsbeziehungen und für die nationale Entwicklung

---

(1) Vgl. Rummel, R.J., Heenan, D.A., How Multinationals Analyze Political Risk, in: Havard Business Review, Jan.- Feb. 1978, S. 71

(2) Die bisherigen und gegenwärtigen politischen Rahmenbedingungen einzelner Länder werden im Anhang von S. 299 - 317 eingehend erläutert

erforderliches politisches Sicherheitsklima in dieser Region geschaffen werden (1). Darüber hinaus sollte die ASEAN dazu dienen, Konfliktpotentiale - wie zum Beispiel territoriale Gebietsansprüche unter den Mitgliedsstaaten - durch Verhandlungen zu beseitigen. Das somit von den ASEAN-Staaten geschaffene politische Sicherheitsklima war ein wichtiger Faktor für das bisherige dynamische Wachstum einzelner Länder und die Entwicklungserfolge dieser Region. Trotz der offiziellen demokratischen Staatsform herrscht in Singapur ein "rigider staatlicher Dirigismus" (2) vor, der in vielen gesellschaftlichen Bereichen die Bevölkerung durch Verordnungen lenkt, die Macht der Gewerkschaften einschränkt und den Medien eine Selbstzensur auferlegt.
Eine erfolgreich geführte exportorientierte Industrialisierungsstrategie, gekoppelt mit einer marktwirtschaftlichen Wirtschaftsordnung, haben zu einem hohen Lebensstandard der Bevölkerung geführt. Unter diesen günstigen Rahmenbedingungen hat sich Singapur zu einem Land mit einer sehr hohen politischen Stabilität entwickelt (3).

Ähnlich stabile Rahmenbedingungen wie Singapur weist auch Taiwan auf. Dessen politische Sondersituation (4) sowie

---

(1) Vgl. Machetzki, R., Asean - Leistungsprofile, Märkte und Kooperationsaussichten, in: Südostasien aktuell, 7/1984, S. 333

(2) Gälli, A., Neue Wachstumsmärkte in Fernost, München, Köln, London 1983, S. 152

(3) Siehe hierzu auch: Business International (Hrsg.), Asia Pacific Forecasting Study 1984 - 1988, o.O. 1984, S. Sl, Gälli, A., Neue Wachstumsmärkte in Fernost, München, Köln, London 1983, S. 154 f., Prognos (Hrsg.), Euro-Report 1988, Vol. B, Emerging Economies. Analysis and Forecasts for 35 Countries up to 1991, Basel 1987, S. 112 AS

(4) Siehe hierzu die genauen Ausführungen im Anhang

die gegenwärtig betriebene pragmatische Politik sind entscheidende Voraussetzungen für die Stabilität und das hohe gesamtwirtschaftliche Wachstum Taiwans (1). Trotz nicht vorhandener diplomatischer Beziehungen unterstützen sowohl Japan als auch die USA die pragmatische Wirtschaftspolitik und Demokratisierung Taiwans durch intensive Wirtschafts- und Handelsbeziehungen, so daß langfristig sowohl die wirtschaftliche als auch politische Stabilität dieses Landes gewährleistet bleibt.

Malaysia kann aufgrund der politischen Rahmenbedingungen ebenfalls in die Gruppe I mit eingestuft werden. Es müssen jedoch gravierende Einkommensunterschiede sowie die ethnische, religiöse und sprachliche Vielfalt (2) berücksichtigt werden, die in der Vergangenheit (1969) zu heftigen Unruhen und Ausschreitungen gegen Minoritäten in der Bevölkerung führten. Die künftige politische Stabilität Malaysias hängt davon ab, inwieweit bei der gegebenen Rassenvielfalt und den bestehenden Einkommensunterschieden Spannungen abgebaut werden können.
Unter Berücksichtigung der insgesamt guten wirtschaftlichen Rahmenbedingungen (steigendes Pro-Kopf-Einkommen, Wirtschaftswachstum etc.), der zunehmenden Industrialisierung sowie der

---

(1) Vgl. Prognos (Hrsg.), Euro-Report, Vol. B, Emerging Economies. Analysis and Forecasts for 35 Countries up to 1991, Basel 1988, S. 122 AS, Business International (Hrsg.), Asia Pacific Forecasting Studie 1984 - 1988, o.O. 1984, S. T1

(2) Die ethnische, religiöse sowie sprachliche Vielfalt Malaysias kommt darin zum Ausdruck, daß sowohl Malaien, Chinesen und Inder ihre eigene Sprache beibehalten sowie ihre Religion ausüben. Neben den Malaien, die Moslems sind, den Chinesen, die Buddhisten sind sowie Inder, die Hindus sind, üben 16% der Bevölkerung den christlichen Glauben aus.

auf Stabilität und Kooperation ausgerichteten Innen- und Außenpolitik können die politischen Rahmenbedingungen trotz ethnischer Spannungen mittel- und langfristig als relativ stabil angesehen werden (1).

Als ein weiteres Land kann Hong Kong - trotz des auslaufenden Pachtvertrages im Jahr 1997 - in die Gruppe I eingestuft werden.
Ab diesem Zeitpunkt wird die kommunistische Volksrepublik China die Souveränität und die politische Kontrolle Hong Kongs übernehmen. Diese absehbare politische Umstrukturierung führte in jüngster Zeit zu einem Kapitalabfluß und zu einer verstärkten Emigration von Arbeits- und Führungskräften der Wirtschaft aus Hong Kong, so daß langfristig ein geringeres wirtschaftliches Wachstum in dieser Region zu erwarten ist (2).
Kurz- und mittelfristig kann in Hong Kong bis 1997 als britische Kronkolonie mit einer relativ hohen politischen Stabilität und wirtschaftlichem Wachstum gerechnet werden.

---

(1) Siehe hierzu auch: Schneider, D.J.G. (Hrsg.), Das Südostasien - Geschäft, Wiesbaden 1988, S. 67, Business International (Hrsg.), Asia Pacific Forecasting Study 1984 -1988, o.O. 1984, S. M1

(2) Vgl. Prognos (Hrsg.), Euro-Report, Vol. B, The Emerging Economies. Analayses and Forecasts for 35 Countries up to 1991, Basel 1988

2.6.1.2 Die politischen Rahmenbedingungen in den südostasiatischen Schwellenländern der Gruppe II

In die Ländergruppe II werden die südostasiatischen Staaten zusammengefaßt, deren politischer Entwicklungsstand nicht dem anderer Länder in dieser Region entspricht. Destabilisierende Einzelfaktoren wie Streiks, politische Unruhen, Ausschreitungen und Regierungskrisen haben in dieser Ländergruppe II (Thailand, Indonesien, Südkorea und Philippinen) eine stärkere Ausprägung und beeinflussen in entscheidendem Maße die politischen Rahmenbedingungen sowie die wirtschaftliche Weiterentwicklung einzelner Staaten (1).

Thailand hat unter den asiatischen Schwellenländern neben Malaysia eine konstitutionelle Monarchie, die bisher die politischen Rahmenbedingungen und die Stabilität des Landes prägte. Unruhen in der Bevölkerung sowie krisenhafte politische Entwicklungen wurden bisher durch den großen Einfluß des Königs und dessen Popularität begrenzt, so daß der Monarchie in diesem Land politisch eine wichtige stabilisierende Funktion zukommt (2).
Die Aufrechterhaltung der innenpolitischen Stabilität gehörte in den letzten Jahren mit zu den wichtigsten Problemen und war unter dem Gesichtspunkt der unruhigen Nachbarstaaten Laos, Kambodscha und Vietnam sowie dem damit verbundenen Flüchtlingsstrom nur schwer zu bewältigen (3). Darüber hinaus stellt die im Untergrund wirkende kommunistische Partei, eine

---

(1) Die bisherigen und gegenwärtigen politischen Rahmenbedingungen einzelner Länder werden im Anhang von S. 299 - 317 eingehend erläutert

(2) Vgl. Business International (Hrsg.), Asia Pacific Forecasting Study 1984 - 1988, o.O. 1984, S. TH 3

(3) Vgl. Gälli, A., Neue Wachstumsmärkte in Fernost, München, Köln, London 1983, S. 205

systemkritische Studentenschaft und der aufstrebende städtische Mittelstand ein weiteres Unruhepotential dar, das zu Spannungen führt und damit kurz- und mittelfristig die politische Stabilität des Landes gefährden kann. Wirtschaftliche Probleme wie die hohe Arbeitslosigkeit, extreme Einkommensunterschiede sowie eine ungleiche Vermögensverteilung bergen ein politisches Risikopotential in sich, das zu Unruhen und Ausschreitungen wie 1976 führen kann.
Diese Vielzahl negativer Faktoren und die ungewisse Königsnachfolge stellen trotz der gegenwärtig relativ politischen Stabilität des Landes ein Unruhepotential dar, das kurz- und mittelfristig zu Massenaufständen, Volksunruhen und Putschversuchen führen könnte (1).

Indonesiens politische Rahmenbedingungen werden durch das System der "gelenkten Demokratie" entscheidend beeinflußt (2). In dieser "gelenkten Demokratie" konzentriert sich die politische Macht auf den Präsidenten, den von ihm ernannten Ministern und den militärischen Streitkräften. Die Aufgabe des Militärs in der Politik bestand und besteht auch heute noch darin, die nationale Einheit und innere Sicherheit aufrechtzuerhalten, was angesichts der 300 ethnischen Gruppen, der geographischen Entfernungen sowie der vorhandenen Unruhepotentiale nur schwer zu bewältigen ist. Spannungen zwischen einer wohlhabenden chinesischen Minorität und Indonesiern sowie eine kommunistische Untergrundbewegung beeinträchtigen in erheblichem Maße die politische Stabilität des Landes. Neben wirtschaftlichen Problemen, die hauptsächlich aus dem

---

(1) Siehe hierzu auch: Prognos (Hrsg.), Euro-Report 1988 Volume B. Emerging Economies. Analyses and Forecasts for 35 Countries up to 1991, Basel 1988, S. 132 AS

(2) Vgl. Schneider, D.J.G. (Hrsg.), Das Südostasien - Geschäft, Wiesbaden 1988, S. 34

drastischen Preisverfall von Rohstoffen resultieren, sind in Indonesien zusätzlich bedeutende Unruhepotentiale vorhanden, die die gegenwärtige sowie zukünftige politische Stabilität des Landes beeinträchtigen. Unterschiedliche islamische Strömungen führen immer wieder zu Spannungen und gewalttätigen Aktionen von Extremisten, die durch die islamische Revolution im Iran auch in Indonesien zugenommen haben (1).
Separatistische Strömungen in Ost-Timor und auf den Molukken können nur sehr schwer kontrolliert werden, so daß auch von hier destabilisierende Faktoren auf die politische Stabilität einwirken. Unter Einbeziehung der vorhandenen Unruhepotentiale sowie der gegenwärtigen schlechten wirtschaftlichen Rahmenbedingungen, die durch ein niedriges Pro-Kopf-Einkommen, Mindereinnahmen aus Rohstoffexporten, hohe Arbeitslosigkeit und eine hohe Auslandsverschuldung gekennzeichnet sind, muß mittel- und langfristig mit einer hohen politischen Instabilität gerechnet werden (2).

Von den acht südostasiatischen Schwellenländern weist Südkorea neben den Philippinen die politisch instabilsten Rahmenbedingungen auf. Turbulente Entwicklungen wie Kriegszustände, Umstürze und Militärputschversuche prägten in der Vergangenheit die politischen Rahmenbedingungen Südkoreas. Darüber hinaus wurden Studentenunruhen, Streiks sowie Ausschreitungen - hervorgerufen durch politische Unzufriedenheit der Bevölkerung und gravierende Einkommensunterschiede - durch starke Polizei- und Sicherheitskräfte niedergeschlagen.

---

(1) Vgl. Machetzki, R., Asean - Leistungsprofile, Märkte und Kooperationsaussichten, in: Südostasien aktuell, Heft 7/1984, S. 334

(2) Siehe hierzu auch: Gälli, A. Neue Wachstumsmärkte in Fernost, München, Köln, London 1983, S. 252 ff., Rummel, R.J., Heenan, D.A., How Multinationals Analyze Political Risk, in: Harvard Business Review, Jan.-Feb. 1978, S. 72 ff., Prognos (Hrsg.), Euro-Report 1987 Volume B. Emerging Economies. Analyses and Forecasts for 35 Countries up to 1991, Basel 1987, S. 22 AS

Die politischen, sozialen und gesellschaftlichen Verhältnisse entsprechen immer noch nicht dem wirtschaftlichen Entwicklungsstand des Landes, so daß bei einer schrittweisen Liberalisierung kurz- und mittelfristig weiterhin mit instabilen Rahmenbedingungen in diesem Land gerechnet werden muß.

Die Philippinen nehmen unter den acht südostasiatischen Schwellenländern eine Sonderstellung ein. Sowohl politisch als auch wirtschaftlich befindet sich dieses Land gegenwärtig in einer der schlimmsten Krisen seiner Geschichte und wird international als Risikoland eingestuft (1).
Eine hohe Auslandsverschuldung, Korruption und Devisenknappheit führten Anfang der achtziger Jahre zu einer verschlechterten wirtschaftlichen Situation, die sich auf alle Bereiche der Wirtschaft negativ auswirkte. Hinzu kam eine hohe Arbeitslosigkeit von 50%, extrem ungleiche Einkommens- und Vermögensverteilung und eine große Armut weiter Bevölkerungsteile, die zu Unruhen und Demonstrationen führten (2). Die gegenwärtige wirtschaftliche Krise, Zahlungsunfähigkeit gegenüber dem Ausland und destabilisierende Faktoren (hohe Arbeitslosigkeit und Massenarmut) werden sich auf absehbare Zeit nicht wesentlich verbessern, so daß mittel- und langfristig mit großen sozialen Problemen und weiterhin mit einer hohen politischen Instabilität gerechnet werden muß (3).

---

(1) Siehe hierzu die vom BERI-Institut ermittelten Werte, Business International (Hrsg.), Asia Pacific Forecasting Study 1984 - 1988, o.O. 1984, S. P 1 ff., Machetzki, R., Asean -Leistungsprofile, Märkte und Kooperationsaussichten, in: Südostasien aktuell, Heft 7 / 1984, S. 336, Schneider, D.J.G., Das Südostasien - Geschäft, Wiesbaden 1988, S. 100

(2) Ca. 50% der philippinischen Bevölkerung lebt unterhalb der Armutsgrenze. Siehe hierzu: Schneider, D.J.G., Das Südostasien - Geschäft, Wiesbaden 1988, S. 97

(3) Siehe hierzu auch: Prognos (Hrsg.), Euro - Report 1988, Volume B. Emerging Economies. Analyses and Forecasts for 35 Countries up to 1991, Basel 1988, S. 92 AS, Business International (Hrsg.), Asia Pacific Forecasting Study 1984 -1988, o.O. 1984, S. P1 u. P33

2.7 Das BERI - Informationssystem in Südostasien

2.7.1 Der BERI-Index als Frühwarnsystem zur Beurteilung einzelner Länderrisiken in Südostasien

Im Anschluß an die Idendifikation allgemein vorhandener politischer Risiken kann nach Rummel/Heenan mit Hilfe länderspezifischer Risikoindizes eine Prognose des Eintretens eines bestimmten politischen Ereignisses mit negativen Auswirkungen erstellt werden (1). Hierbei hat sich in Wissenschaft und Praxis das Scoring-Modell (2) von BERI (Business Environment Risk Information) durchgesetzt, das anhand von Expertenpanels die politischen und wirtschaftlichen Risiken von 45 Ländern ermittelt und in einem country-rating mit Noten von "sehr günstig" bis "unerträglich" bewertet (3). Dabei wird das politische Risiko einzelner Länder durch drei Hauptkriterien ermittelt

1. Das Geschäftsklima Operation-Risk-Index (ORI) (ob eine ausländische Unternehmung im Auslandsmarkt Chancen hat, einen angemessenen Gewinn in der fremden Währung zu erzielen)

---

(1) Vgl. Rummel, R.J., Heenan, D.A., How Multinationals Analyze Political Risk, in: Harvard Business Review, Jan.-Feb. 1978, S. 70

(2) Siehe zu den wichtigsten Schritten bei der Erstellung eines Scoring - Modells: Dichtl, E., Beskow, W., Köglmayer, H.- G., Risikobewertung im Auslandsgeschäft, in: Jahrbuch der Absatz- und Verbrauchsforschung, 30. Jg., Heft 3/1984, S. 208 - 229

(3) Vgl. Meffert, H., Althans, J., Internationales Marketing, Stuttgart 1982, S. 79, Stahr, G., Internationale strategische Unternehmensführung, Stuttgart 1989, S. 71 f.

2. Die politische Stabilität (ob die politischen Bedingungen auch in Zukunft erhalten bleiben oder ein Regierungswechsel, Bürgerkriege etc. zu erwarten sind)
Political-Risk-Index (PRI)

3. Das Transfer-Risiko (ob die im Ausland erwirtschafteten Gewinne zum Stammhaus transferiert werden können)
Remittance and Repatriation Factor (RF)

und für jedes Land eine Investitionsempfehlung (Profit Opportunity Recommandation = POR) erarbeitet (1). Dieser BERI-Index kann somit im Rahmen der internationalen Analysen als ein Frühaufklärungssystem zur rechtzeitigen Erkennung von Chancen und Risiken auf Auslandsmärkten eingesetzt werden (2).

2.7.1.1 Das Geschäftsklima (ORI) in den südostasiatischen Schwellenländern

Die weltweite Bedeutung, die dem BERI-Index zur Beurteilung politischer Risiken auf Auslandsmärkten eingeräumt wird, geht

---

(1) Vgl. Hake, B., Der BERI-Index, ein Hilfsmittel zur Beurteilung des wirtschaftspolitischen Risikos von Auslandsinvestitionen, in: Lück, W., Trommsdorff, V., Internationalisierung der Unternehmung, Berlin 1982, S. 464

(2) Zur Beurteilung von Auslandsmärkten sowie Früherkennung von wirtschaftlichen und politischen Risiken bieten unterschiedliche Institute, Marktforschungsinstitute sowie Fachzeitschriften durchgeführte Untersuchungen mit "Country Ratings" an. Neben dem BERI-Institut werden vom Manager-Magazin (Zeitschrift), Euromoney (Zeitschrift), Business International Corporation (Marktforschungsinstitut), Institutional Investor Magazine (Zeitschrift) und dem IFO -Institut Auslandsmärkte untersucht und mit country ratings beurteilt. Siehe hierzu: Walldorf, E.G., Auslandsmarketing, Wiesbaden 1987, S. 281 ff., Dichtl, E., Beskow, W., Köglmayr, H.-G., Risikobewertung im Auslandsgeschäft, in: Jahrbuch der Absatz- und Verbrauchsforschung, 30. Jg., Heft 3/1984, S. 208 - 229

daraus hervor, daß 1982 etwa 50% der Triade-Unternehmen bei ihren Direktinvestitionen im Ausland das BERI-Informationssystem verwendeten (1). Der von Haner im College of Business and Economics der University of Delaware entwickelte BERI-Index stützt sich auf 15 Indikatoren, die von der politischen Stabilität eines Landes bis zur Verfügbarkeit von Investitionskapital auf dem einheimischen Markt reichen.

---

(1) Vgl. Hake, B., Der BERI-Index, ein Hilfsmittel zur Beurteilung des wirtschaftspolitischen Risikos von Auslandsinvestitionen, in: Lück, W., Trommsdorff, V., Internationalisierung der Unternehmung, Berlin 1982, S. 465, Raffeé, H., Kreutzer, R., Ansätze zur Erfassung von Länderrisiken in ihrer Bedeutung für Direktinvestitionsentscheidungen, in: Kortzfleisch, G.v., Kaluza, B. (Hrsg.), Internationale und nationale Problemfelder der Betriebswirtschaftslehre, Berlin 1984, S. 34

Abb. 19: BERI-Index für die Beurteilung von Länderrisiken

Schweiz 1978/II	Anzahl Punkte[1])	Gewichtung	Gesamtwertung[2])
1. Politische Stabilität	3,8	3,0	11,40
2. Haltung gegenüber Auslandinvestitionen und Gewinntransfer	3,0	1,5	4,50
3. Nationalisierungsbestrebungen	3,8	1,5	5,70
4. Inflation	3,6	1,5	5,40
5. Wirtschaftswachstum	2,4	2,5	6,00
6. Arbeitskosten / Produktivität	2,9	2,0	5,80
7. Zahlungsbilanz	3,4	1,5	5,10
8. Währungskonvertibilität	3,7	2,5	9,25
9. Bürokratische Hindernisse	2,9	1,0	2,90
10. Durchsetzbarkeit vertraglicher Vereinbarungen	3,5	1,5	5,25
11. Qualität der Dienstleistungen und Zuverlässigkeit der Vertragspartner	3,4	0,5	1,70
12. Qualität des einheimischen Managements und der Partner	3,3	1,0	3,30
13. Verkehrsverbindungen	3,5	1,0	3,50
14. Kurzfristige Kredite (Verfügbarkeit auf dem lokalen Markt	3,2	2,0	6,40
15. Langfristige Anleihen/Investitionskapital (Verfügbarkeit auf dem einheimischen Markt)	3,2	2,0	6,40
BERI-Gewichtung		25,0	82,60

[1]) Von 0,0 (= nicht akzeptabel) bis 4,0 (= außerordentlich günstig).

[2]) Eine „Gesamtnote" von 100 Punkten wurde einem „perfekten" Anlage- und Investitionsklima mit der Note 4 für jedes der 15 Kriterien entsprechen.

Einstufung der Länder

I über 71 Punkte: Typische Situation eines insgesamt stabilen Industrielandes.

II 56 bis 71 Punkte: Lander mit mäßigem Risiko und gewissen Erschwernissen im täglichen Betrieb.

III 41 bis 55 Punkte: Hohes Risiko und schlechtes Geschäftsklima für ausländische Unternehmen.

IV unter 40 Punkte: Für ausländische Investitionen nicht akzeptabel.

Quelle: Rhein,W., Die Beurteilung des Länderrisikos im Auslandskreditgeschäft der Banken als Informationsproblem, Diss. München 1979, S.129

Der unterschiedlichen Bedeutung der 15 Indikatoren bei der Beurteilung des Geschäftsklimas wird dadurch Rechnung getragen, daß diese verschieden mit 0,5 Pkt. bis 3,0 Pkt. gewichtet werden - siehe Abbildung 19. Dabei erhalten die politische Stabilität mit einem Faktor von 3,0, das Wirtschaftswachstum

(2,5) und die Währungskonvertibilität (2,5) eine besonders hohe Gewichtung. Mit Hilfe eines Experten-Panels aus den Triade-Ländern wird das Geschäftsklima für 45 Länder mit Punkten von 0,0 (nicht akzeptabel) bis 4,0 (außerordentlich günstig) bewertet.
Der Einschätzungswert pro Indikator multipliziert mit dem unterschiedlichen Gewichtungsfaktor ergibt bei der Addition der 15 Werte einen Gesamtindex, der bei 100 Punkten ein ideales Geschäftsklima in dem jeweiligen Land ergeben würde (1). Die Bundesrepublik Deutschland sowie die USA als Länder mit hoher politischer Stabilität sowie günstigem wirtschaftlichen Klima erreichen jedoch maximal 79 Punkte, die die typische Situation eines insgesamt stabilen Industrielandes widerspiegeln (2).
Anhand der unterschiedlich erreichten Punktzahl in der Gesamtwertung wird eine Einstufung der Länder in vier Gruppen vorgenommen, so daß langfristige Investitionsentscheidungen unter Berücksichtigung des Geschäftsklimas überprüft werden können.

I (Sehr günstiger Operation-Risk-Index ORI)
über 71 Punkte: Typische Situation eines insgesamt stabilen Industrielandes.

II 56 bis 71 Punkte: Länder mit mäßigem Risiko und gewissen Erschwernissen im täglichen Betrieb.

III 41 bis 55 Punkte: Hohes Risiko und schlechtes Geschäftsklima für ausländische Unternehmungen.

---

(1) Vgl. Hake, B., Der BERI-Index, ein Hilfsmittel zur Beurteilung des wirtschaftspolitischen Risikos von Auslandsinvestitionen, in: Lück, W., Trommsdorff, V., Internationalisierung der Unternehmung, Berlin 1982, S. 467, Rhein, W., Die Beurteilung des Länderrisikos im Auslandskreditgeschäft der Banken als Informationsproblem, Diss., München 1979, S. 127

(2) Siehe den BERI-Index in: Meffert, H., Althans, J., Internationales Marketing, Stuttgart 1982, S. 79

IV (Sehr ungünstiger Operation-Risk-Index ORI)
unter 40 Punkte: Für ausländische Investitionen nicht akzeptabel.

Für die acht südostasiatischen Schwellenländer wurden im Vergleich zu einigen europäischen Industrieländern folgende Operation-Risk-Indizes (ORI) ermittelt.

Hong Kong	-	Bundesrepublik Deutschland	II
Indonesien	III	England	II
Südkorea	II	Schweiz	I
Malaysia	II		
Philippinen	III		
Singapur	I		
Taiwan	II		
Thailand	III		

Anmerkung: I (sehr günstiges Geschäftsklima)
IV (sehr ungünstiges Geschäftsklima)

Quelle: Alle BERI-Daten entnommen aus: Perlitz, M., Country Portfolio Analysis - Assessing Country Risk and Opportunity, in: Long Range Planning, Vol. 18, No. 4, 1985, S. 24

Diese anhand des BERI-Index ermittelten Werte zeigen in den südostasiatischen Ländern wie Südkorea, Malaysia, Singapur und Taiwan ein Geschäftsklima, das den Bedingungen eines Industrielandes ähnlich ist. Die Länder Indonesien, Philippinen und Thailand deuten in ihrem ORI-Index auf ein hohes Risiko mit schlechtem Geschäftsklima für ausländische Unternehmen hin, wobei die Bedingungen für ausländische Investitionen noch akzeptabel sind.

2.7.1.2 Die politische Stabilität in den südostasiatischen Schwellenländern

Politische Risiken, die interne sowie externe Ursachen haben, sind in einigen südostasiatischen Schwellenländern, wie z.B. in den Philippinen und in Indonesien, bedeutende Faktoren, die zur allgemeinen Instabilität führen und somit auch weitreichende Konsequenzen für die deutsche internationale Unternehmung haben können.

Unvorhersehbare Regierungswechsel, Bürgerkriege und soziale Konflikte, die die Symptome politischer Risiken darstellen, können zu Enteignungen führen ohne jegliche Entschädigung des Gastlandes, was für die Unternehmung ein "Totalverlust" von Kapital und Know-How bedeuten würde. Um jedoch vorhandene ausländische Marktchancen wahrnehmen zu können, muß bei jedem Auslandsengagement ein gewisses politisches Risiko eingegangen werden (1).

Hieraus wird ersichtlich, daß bei langfristigen Investitionsentscheidungen im Ausland eine genaue Beurteilung der vorhandenen politischen Situation und eine Prognose für einen Zeitraum von 5 und 10 Jahren (2) erfolgen muß, um frühzeitig mögliche Risiken identifizieren zu können.

Die neben dem BERI-Index wohl bedeutendste Untersuchung zur Prognose des politischen Risikos auf Auslandsmärkten wurde von Feierabend und Feierabend im Zeitraum von 1948 - 1962 durchgeführt, bei der aufgrund politischer Ereignisse das politische

---

(1) Vgl. Bernkopf, G., Strategien zur Auswahl ausländischer Märkte, Diss., München 1980, S. 119

(2) Meffert/Althans geben einen Prognosezeitraum von 5 und 10 Jahren an, was bei langfristigen Auslandsentscheidungen, wie z.B. Aufbau einer Tochtergesellschaft, zu kurz erscheint. Siehe hierzu: Meffert, H., Althans, J., Internationales Marketing, Stuttgart 1982, S. 83

Risiko prognostiziert werden sollte. Die These, auf der die Untersuchung basierte, ging davon aus, "daß politische Instabilität aus einem aggressiven Verhalten entspringt, welches auf Frustration zurückzuführen ist" (1).

Folgende These von Feierabend/Feierabend trifft auf die sich entwickelnden südostasiatischen Schwellenländer und hierbei insbesondere die Länder Philippinen und Indonesien zu, was auch in dem Ergebnis der Untersuchung festgehalten wurde (2). "Political instability ... is defined as the degree or the amount of aggression directed of individuals or groups within the political system against other groups or against the complex of officeholders and individuals and groups associated with them. Or conversely, it is the amount of aggression directed by these officeholders againts other individuals, groups or officeholders within the polity" (3). So gehörte Indonesien neben Kuba und Laos im Untersuchungszeitraum von 1955 - 1961 zu den Ländern mit der größten

---

(1) Bernkopf, G., Strategien zur Auswahl ausländischer Märkte, Diss., München 1980, S. 136

(2) Siehe zur Untersuchungsmethode: Bernkopf, G., Strategien zur Auswahl ausländischer Märkte, Diss., München 1980, S. 137 f.

(3) Feierabend, I.K., Feierabend,R.L., Aggressive Behaviors within Polities, 1948 - 1962: A Cross - National Study, in: The Journal of Conflict Solution, Vol. 10, No. 2, 1966, S. 249 f.

politischen Instabilität. Eine neuere Untersuchung (1), bei der die längerfristige politische Stabilität verschiedener Auslandsmärkte beurteilt wird, stellt der Political Risk Index (PRI) des BERI-Instituts dar.
Dabei werden anhand eines Experten-Panels 10 politische Variablen beurteilt, die auf einer 8 Punkte-Skala die Situation heute, in 5 Jahren und 10 Jahren aufzeigen sollen.
Die 10 Variablen unterteilen sich in:

I Interne Ursachen für das politische Risiko (Variablen 1-6)
II Externe Ursachen für das politische Risiko (Variablen 7-8) und
III Symptome des politischen Risikos (Variablen 9-10)

---

(1) Zur Beurteilung von Auslandsmärkten sowie Früherkennung von wirtschaftlichen und politischen Risiken bieten unterschiedliche Institute, Marktforschungsinstitute sowie Fachzeitschriften durchgeführte Untersuchungen mit "Country Ratings" an. Neben dem BERI-Institut werden vom Manager-Magazin, Euromoney, Business International Corporation, Institutional Investor Magazine und dem IFO-Institut Auslandsmärkte untersucht und mit "Country Ratings" beurteilt. Siehe hierzu: Walldorf, E. G., Auslandsmarketing, Wiesbaden 1987, S. 281 ff., Dichtl, E., Beskow, W., Köglmayr, H.-G., Risikobewertung im Auslandsgeschäft, in: Jahrbuch der Absatz- und Verbrauchsforschung, 30. Jg., Heft 3/1984, S. 208 - 229

Abb. 20: Variablengerüst zur Analyse und Prognose des politischen Risikos

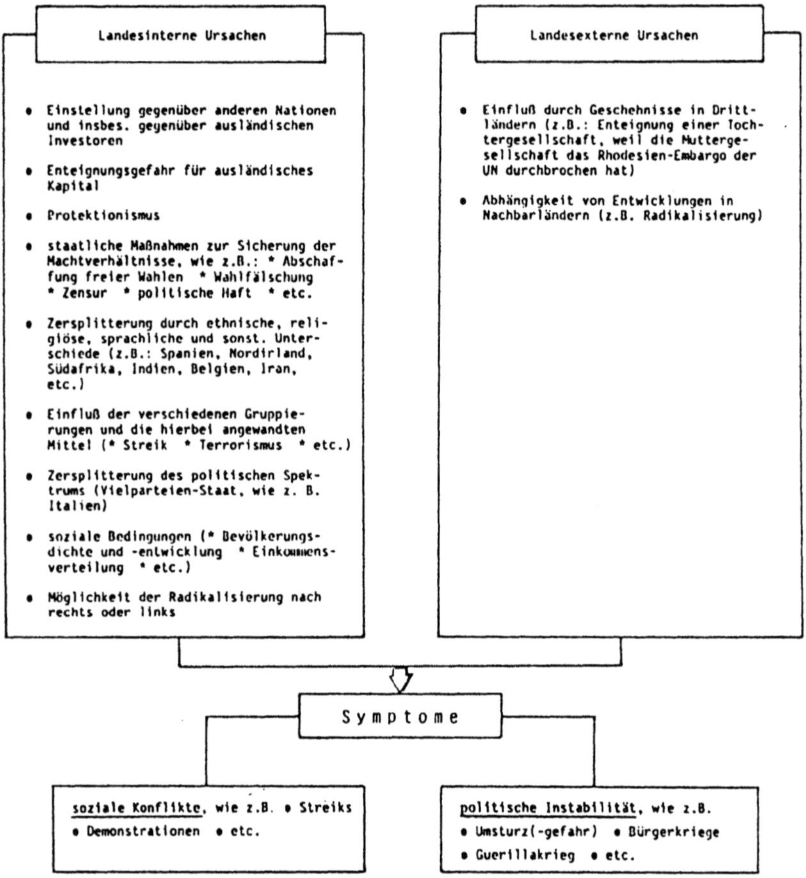

Quelle: Meffert, H., Althans, J., Internationales Marketing, Stuttgart 1982, S. 82, Walldorf, E.G., Auslandsmarketing, Wiesbaden 1987, S. 293

Allgemein erfahren die in Abbildung 20 aufgezeigten internen und externen politischen Variablen in der südostasiatischen Region eine größere "Unruhe", da sich diese Länder in einem wirtschaftlichen Entwicklungsprozeß befinden, der durch strukturelle Veränderungen gekennzeichnet ist. Jüngste soziale Konflikte in Südkorea sowie die politische Instabilität der Philippinen sind Beispiele hierfür und deuten auf das politische Risiko dieser Länder hin.

Mit Hilfe eines Experten-Panels, das die 10 politischen Variablen jeweils auf einer 8 Punkte-Skala (0 = kein negativer Einfluß auf die Investitionsentscheidung, 7 = schwerwiegender negativer Einfluß) bewertet, ergeben sich 4 politische Risikoklassen (1), bei denen die Länder in minimales Risiko, akzeptables Risiko, hohes Risiko und nicht akzeptables Risiko (Political Risk Indizes) unterteilt werden.

I Gruppe (Minimales politisches Risiko 0-19 Punkte)	In diese Gruppe werden solche Länder eingestuft, wo ein Regierungswechsel kaum zu gravierenden Einschränkungen des Wirtschaftslebens führt. Soziale Konflikte werden in diesen Ländern nicht erwartet (z.B. Norwegen, Schweiz und Japan)
II Gruppe (Akzeptables politisches Risiko 20-34 Punkte)	In dieser Gruppe befinden sich solche Länder, bei denen in der Vergangenheit bei Auslandsinvestitionen negative Einflußnahmen der Regierung vorkamen. Weitere Einflußnahmen werden jedoch zukünftig nicht erwartet. Geringe soziale Unruhen haben in diesen Ländern keine größeren politischen Auswirkungen (z.B. England, Deutschland, Holland)

(1) Siehe zum genaueren zweistufigen Verfahren der politischen Risikoprognose: Meffert, H., Althans, J., Internationales Marketing, Stuttgart 1982, S. 83 f.

III Gruppe (Hohes politisches Risiko 35-44 Punkte)	In dieser Gruppe werden Länder eingeordnet, bei denen in der Vergangenheit negative Folgen aus der Wirtschaftspolitik für ausländische Unternehmungen resultierten und auch in Zukunft zu erwarten sind (z.B. Brasilien, Italien, Griechenland)
IV Gruppe (Nicht-akzeptables Risiko über 45 Punkte)	In diese Gruppe werden solche Länder eingestuft, bei denen die politischen Bedingungen das Geschäftsleben ernsthaft behindern. Verstaatlichungen von ausländischen Unternehmungen bzw. Nationalisierung von ausländischem Kapital sind bereits vorgekommen. Streiks, Unruhen und Demonstrationen sind an der Tagesordnung. (Z.B. Iran, Kolumbien, Argentinien) (1)

Im Rahmen der BERI-Untersuchung wurden für die acht südostasiatischen Schwellenländer folgende Political Risk Indizes (PRI) ermittelt. Zum internationalen Vergleich werden einige PRI-Indizes europäischer Länder gegenübergestellt.

(1) Vgl. Meffert, H., Althans, J., Internationales Marketing, Stuttgart 1982, S. 84, alle PRI-Indizes entnommen aus: Perlitz, M., Country-Portfolio Analysis - Assessing Country Risk and Opportunity, in: Long Range Planning, Vol. 18, No. 4, 1985, S. 24

Hong Kong	-	Bundesrepublik Deutschland	II
Indonesien	III	England	II
Südkorea	IV	Schweiz	I
Malaysia	III		
Philippinen	IV		
Singapur	I		
Taiwan	II		
Thailand	III		

Anmerkung: I (minimales politisches Risiko)
IV (nicht-akzeptables politisches Risiko)

Quelle: Alle BERI-Daten entnommen aus: Perlitz, M., Country Portfolio Analysis - Assessing Country Risk and Opportunity, in: Long Range Planning, Vol. 18, No. 4, 1985, S. 24

Die von BERI ermittelten PRI-Indizes zeigen in der südostasiatischen Region eine sehr heterogene politische Stabilität auf. Während Singapur mit einer sehr hohen politischen Stabilität und Taiwan mit einem akzeptablen Risiko eingestuft werden, ist dieses in Südkorea (Streiks, Unruhen und Demonstrationen) und den Philippinen (Unruhen und Regierungswechsel) für jede Form der ausländischen Geschäftstätigkeit nicht akzeptabel. Indonesien und Malaysia weisen hingegen ein hohes politisches Risiko auf, aus dem in der Vergangenheit negative Folgen für internationale Unternehmungen resultierten.

Die besondere Bedeutung des BERI-Index als Frühaufklärungssystem zur Beurteilung von Länderrisiken und Chancen geht daraus hervor, daß mit Hilfe dieser qualitativen Prognosemethode (Delphi-Methode) systematisch erfaßte und ausgewertete Indikatoren interpretiert werden, die im zeitlichen Ablauf

später folgenden Entwicklungen vorauslaufen (1). Somit können bei einer "Übertragung von Erfahrungswerten aus der Vergangenheit in die Zukunft" (2) Entwicklungen mit einer hohen Wahrscheinlichkeit vorhergesagt werden.
So wurden von BERI bei einer politischen Analyse Polens im Frühjahr 1980 der baldige politische Umsturz Gireks, schwere soziale Unruhen sowie militärische Unterdrückungsmaßnahmen vorhergesagt (3).
Auch Iran wurde von BERI bereits 1978 mit 51 Punkten in die Ländergruppe IV mit nicht akzeptablem politischen Risiko eingestuft und die Prognosen lagen derzeit in 5 Jahren bei einem weiter verschlechterten Wert von 36 Punkten und in 10 Jahren bei 38 Punkten (4).

2.7.1.3 Das Transfer-Risiko in den südostasiatischen Schwellenländern

Ein weiteres Risikoindiz, das der Business-Environment-Risk Index aufzeigt, ist das Transfer-Risiko in einzelnen Ländern. Dieses Transfer-Risiko (Remittance and Repatriation Factor = R-Factor), das die Gefahr beinhaltet, die im Ausland erwirtschafteten Gewinne sowie das investierte Kapital nicht mehr in das Heimatland zurücktransferieren zu können, ist in solchen Ländern besonders groß, deren wirtschaftlicher Entwicklungs-

---

(1) Vgl. Meissner, H.G., Internationales Strategisches Marketing, Berlin 1987, S. 119

(2) Meissner, H.G., Internationales Strategisches Marketing, Berlin 1987, S. 115

(3) Vgl. Hake, B., Der BERI-Index, ein Hilfsmittel zur Beurteilung des wirtschaftspolitischen Risikos von Auslandsinvestitionen, in: Lück, W., Trommsdorff, V., Internationalisierung der Unternehmung, Berlin 1982, S. 472

(4) Vgl. Meffert, H., Althans, J., Internationales Marketing, Stuttgart 1982, S. 84

stand sehr niedrig ist und zunehmende Zahlungsschwierigkeiten des Landes zu einer restriktiven Devisenpolitk zwingen.

Dazu werden folgende restriktive Maßnahmen ergriffen, die die freie Handlungsfähigkeit deutscher und anderer internationaler Unternehmungen in erheblichem Maße einschränken:

1. Beschränkung oder Verbot des Devisenverkehrs für in- und ausländische Unternehmungen, Banken und Privatpersonen. Genehmigungspflicht oder Verbot von Auslandsreisen.

2. Beschränkung der Handlungsfähigkeit ausländischer Unternehmungen durch Importverbote, Restriktionen beim Kapital- und Gewinntransfer in das Heimatland. Ein- und Ausfuhrverbote für bestimmte Produkte und Technologien.

Mit dieser Vielzahl stärkerer und schwächerer Möglichkeiten der ausländischen Regierung, auf einzelne "Unternehmensaktivitäten" restriktiv einzugreifen, soll in erster Linie die Zahlungsfähigkeit des Landes gewährleistet werden. Unter dem Gesichtspunkt der hohen Verschuldung einzelner Entwicklungs- und Schwellenländer kommt somit dem Transfer-Risiko bei der Beurteilung ausländischer Märkte eine besondere Bedeutung zu. Hierzu werden im Rahmen der BERI-Untersuchung die außenwirtschaftliche Leistungsfähigkeit, die Zahlungsbilanz, die Währungsreserven sowie die Auslandsschulden eines Landes analysiert und mit Punkten beurteilt (1).
Anhand des für jedes Land ermittelten Transfer-Risikos kann eine Einteilung in vier Gruppen erfolgen, bei der

---

(1) Siehe zum genaueren Verfahren bei der Ermittlung des Transfer - Risikos: Hake, B., Der BERI-Index, ein Hilfsmittel zur Beurteilung des wirtschaftspolitischen Risikos von Auslandsinvestitionen, in: Lück, W., Trommsdorff, V., Internationalisierung der Unternehmung, Berlin 1982, S. 468 ff.

Länder mit einem "geringen Risiko" (I) 70 bis 100 Punkte,
Länder mit "mäßigem Risiko" (II) 55 bis 69 Punkte,
Länder mit "hohem Risiko" (III) 40 bis 54 Punkte
und
Länder mit "unakzeptablem Risiko" (IV) 0 bis 39 Punkte

erzielen müssen.

Für die einzelnen südostasiatischen Schwellenländer wurden folgende sehr unterschiedliche Transferrisiko-Indizes (R-Factor) ermittelt. Zum internationalen Vergleich werden einige R-Factors europäischer Länder gegenübergestellt.

Hong Kong	-	Bundesrepublik Deutschland	I
Indonesien	IV	England	I
Südkorea	III	Schweiz	I
Malaysia	II		
Philippinen	III		
Singapur	I		
Taiwan	I		
Thailand	III		

Anmerkung: I (geringes Transfer Risiko)
IV (nicht akzeptables Transfer Risiko)

Quelle: Alle Daten entnommen aus: Perlitz, M., Country Portfolio Analysis - Assessing Country Risk and Opportunity, in: Long Range Planning, Vol. 18, No. 4, 1985, S. 24

2.7.2 Die Investitionsempfehlung des BERI für die südostasiatischen Schwellenländer

Unter Zugrundelegung der drei Hauptkomponenten von BERI (Geschäftsklima, politische Stabilität sowie Transfer-Risiko) wird für jedes Land eine allgemeine Investitionsempfehlung (Profit Opportunity Recommendation) erarbeitet.
Diese Empfehlung berücksichtigt eine zeitpunktbezogene Analyse der vorhandenen politischen Situation sowie eine langfristige Prognose in 5 Jahren und in 10 Jahren, die ständig aktualsiert wird und der internationalen Unternehmung bei veränderten Bedingungen eine neue Entscheidungsgrundlage für kurz- und langfristige Investitionen anbietet. Dabei werden die jeweils ermittelten ORI-, PRI- und RF-Indizes zusammengefaßt und in einer Investitionsempfehlung für jedes einzelne Land weitergegeben.

Investitionsempfehlung I	Diese Länder sind aufgrund der ermittelten Indizes grundsätzlich für Investitionen geeignet
Investitionsempfehlung II	In diesen Ländern sollten nur Investitionen in Form von Lizenz- oder Managementverträgen getätigt werden (Verzicht auf eigene Kapitalbeteiligung)
Investitionsempfehlung III	In diesen Ländern sollten aufgrund der ermittelten Indizes nur kurzfristige Transaktionen - wie z.B. durch Importe - getätigt werden

Investitions-empfehlung IV	Keine geschäftlichen Transaktionen, da mindestens zwei von insgesamt drei Indizes ein unakzeptables Risiko aufweisen (1)

Aufgrund der für die südostasiatischen Schwellenländer sehr unterschiedlich ausgefallenen ORI-, PRI- und RF-Indizes ergibt sich auch bei den Investitionsempfehlungen des BERI ein unterschiedliches Bild, das die Heterogenität dieser Ländergruppe unterstreicht. Während für Singapur und Taiwan sehr günstige Investitionsempfehlungen, ähnlich wie in der Bundesrepublik Deutschland und der Schweiz, ausgewiesen werden, sollten in Indonesien sowie den Philippinen aufgrund des unakzeptablen Risikos keine langfristigen Investitionen getätigt werden.
Im einzelnen ergeben sich für die südostasiatischen Schwellenländer folgende Investitionsempfehlungen (POR). Zum internationalen Vergleich werden Investitionsempfehlungen für einige europäische Industrieländer aufgeführt.

---

(1) Vgl. Hake, B., Der BERI-Index, ein Hilfsmittel zur Beurteilung des wirtschaftspolitischen Risikos von Auslandsinvestitionen, in: Lück, W., Trommsdorff, V., Internationalisierung der Unternehmung, Berlin 1982, S. 471

Hong Kong	-	Bundesrepublik Deutschland	I
Indonesien	IV	England	I
Südkorea	II	Schweiz	I
Malaysia	II		
Philippinen	IV		
Singapur	I		
Taiwan	I		
Thailand	III		

Anmerkung: I (für Investitionen geeignet)
IV (für Investitionen ungeeignet)

Quelle: Alle Daten entnommen aus: Perlitz, M., Country Portfolio Analysis - Assessing Country Risk and Opportunity in: Long Range Planning, Vol. 18, No. 4, 1985, S. 24

2.7.3 Die internationale Länderportfolio-Analyse in Südostasien unter Einbeziehung der politischen Risiken

Anhand der von BERI ermittelten Risiko-Indizes sowie der für jedes Land erarbeiteten Investitionsempfehlung soll mit Hilfe einer 16-Felder Portfolio-Matrix eine komprimierte Darstellung der vorhandenen Chancen (POR) und politischen Risiken (ORI, PRI, RF) einzelner Länder erfolgen.
Diese kombinierte Gegenüberstellung der Risikopotentiale mit den vorhandenen Chancen (POR) einzelner Länder ermöglicht es, aus der Vielzahl der weltweit gegebenen Auslandsmärkte ein für das Unternehmen "optimales Länderbündel" (1) in der südostasiatischen Region zu bestimmen, in eine Rangfolge zu bringen und entsprechende Normstrategien abzuleiten.

---

(1) Meffert, H., Althans, J., Internationales Marketing, Stuttgart 1982, S. 85

Dazu werden - entsprechend der Position einzelner Länder im Portfolio - Strategien der Markterschließung, selektive Strategien sowie Entscheidungen über den Marktaustritt bestimmt und Ressourcen für einzelne Länder zugewiesen. Durch die Zuweisung der Ressourcen auf einen Verbund von Auslandsmärkten soll mit Hilfe der Portfolio-Analyse weltweit innerhalb des Verbundes ein Ausgleich der sich langfristig auswirkenden Chancen und Risiken erzielt werden (1).

Zur Einstufung einzelner Länder in das internationale Länderportfolio werden die im Rahmen der BERI-Untersuchung in Abschnitt 2.7.2 ermittelten Investitionsempfehlungswerte (Profit Opportunity Recommendation) auf der Abzisse eingetragen, die in vier Spalten unterteilt ist. Auf der Ordinate, welche ebenfalls entsprechend der Unterteilung des BERI in 4 Reihen untergliedert ist, werden die Mittelwerte eingetragen, die sich aus den Risikoindizes ORI (Abschnitt 2.7.1.1), PRI (Abschnitt 2.7.1.2) und RF (Abschnitt 2.7.1.3) einzelner Länder ergeben (2).
So ergibt sich anhand der Mittelwerte von ORI, PRI und RF (Risikoindizes) und der Investitionsempfehlung eine Länderportfolio-Matrix, in der die acht südostasiatischen Schwellenländer sowie einige ausgewählte Industrie- und Entwicklungsländer folgende Position einnehmen - vgl. Abbildung 21.

---

(1) Vgl. Meissner, H.G., Strategisches Internationales Marketing, Berlin 1987, S. 130

(2) Die Einstufung einzelner Länder in das internationale Länderportfolio-Modell soll anhand eines Beispiels erläutert werden. Der von BERI ermittelte Investitionsempfehlungswert (Abschnitt 2.7.2) für Indonesien liegt bei IV. Dieser ungeeignete Investitionsempfehlungswert IV wird in der Matrix in der linken Spalte eingetragen. Für Indonesien wurde ein Operation-Risk-Index von III, ein Political-Risk-Index von III und ein R-Factor von IV ermittelt. Der arithmetische Wert von ORI, PRI und R-Factor beträgt 3,3 , so daß Indonesien in Zeile III der Matrix eingestuft wird. Siehe hierzu auch die Ausführungen von Perlitz, M., Country-Portfolio-Analysis - Assessing Country Risk and Opportunity, in: LRP, Vol.18, No. 4, 1985, S. 23 ff.

Abb. 21: Internationales Länderportfolio

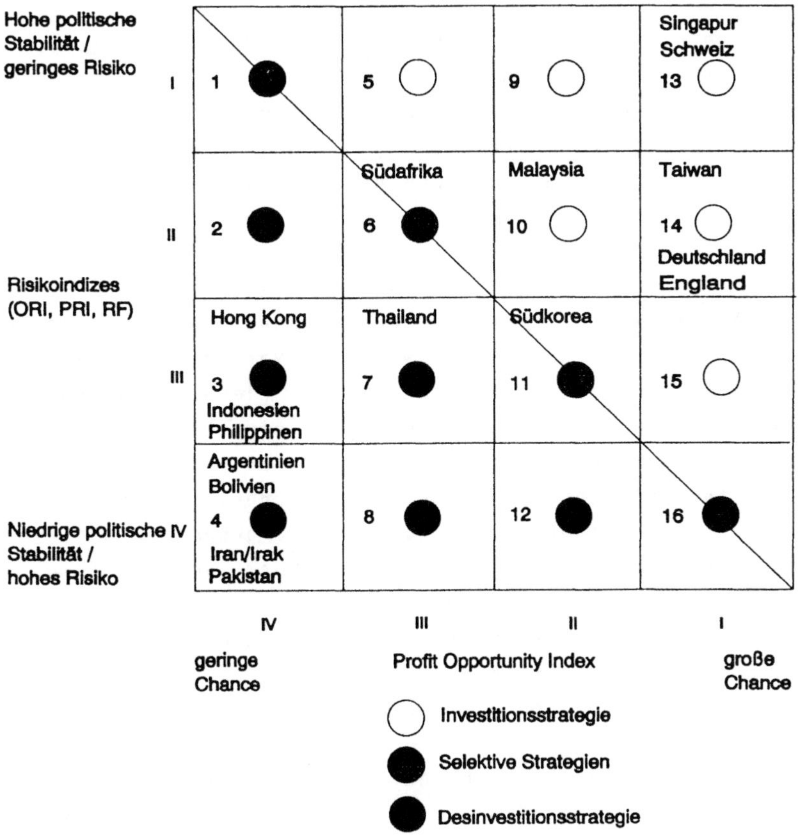

Quelle: In Anlehnung an Perlitz, M., Country Portfolio Analysis - Assessing Country Risk and Opportunity, in: Long Range Planning, Vol. 18, No. 4, 1985, S. 25, Meissner, H.G., Strategisches Internationales Marketing, Berlin, Heidelberg 1987, S. 133

Entsprechend der von Mc. Kinsey & Co. entwickelten Portfolio-Matrix (1) können auch in dieser 16-Felder-Matrix drei Zonen unterschieden werden, aus denen sich die unterschiedlichen Normstrategien ergeben.

1. Oben rechts: die Zone der Kapitalbindung auf Auslandsmärkten (Markterschließung)
2. Unten links: die Zone der Kapitalfreisetzung auf Auslandsmärkten (Marktaustritt)
3. Dazwischen liegend als Diagonale: die Zone der selektiven Strategien auf Auslandsmärkten.

In diesem Länderportfolio können grundsätzlich in allen Märkten Auslandsinvestitionen getätigt werden, die in den Feldern 5,9,10,13,14 und 15 liegen. Der Markteintritt auf den Feldern 9,10,13 und 14 erscheint in diesem Länderbündel besonders interessant, da sie sich durch eine hohe politische Stabilität, geringes Risiko und eine von BERI ermittelte günstige Investitionsempfehlung auszeichnen. Während die Länder in den Feldern 13 und 14 sich aufgrund der günstigen Investitionsempfehlung von I für jede Form von Auslandsinvestitionen - auch mit langfristigem Charakter wie z.B. Tochtergesellschaft, Auslandsniederlassung und Joint Venture - eignen, sollten in den Feldern 9 und 10 nur ertragsunabhängige Investitionen in Form von Lizenzvergaben und Managementverträgen getätigt werden.
Demgegenüber sollten in den Ländern, die in diesem Portfolio in den Feldern 2,3,4,7,8 und 12 liegen, keine langfristigen Auslandsinvestitionen getätigt werden. Sowohl die politische Instabilität und das hohe Risiko dieser Länder als auch die von BERI ermittelten Investitionsempfehlungen sollten zu einem stufenweisen Austritt aus diesen Märkten und einer Freisetzung von finanziellen, materiellen und personellen Ressourcen

---

(1) Siehe zum Grundschema des Portfolio-Modells von Mc. Kinsey & Co.: Haedrich, G., Berger, R., Angebotspolitik, Berlin 1982, S. 139

führen. Lediglich mit den Ländern in Feld 7 können aufgrund der Investitionsempfehlung von III (POR) und des Risikoindizes von III noch kurzfristige Transaktionen in Form von Exporten getätigt werden. Damit sollen die noch vorhandenen Gewinnpotentiale auf diesen Märkten ohne zusätzlichen Einsatz finanzieller Mittel abgeschöpft werden.

Für die Länder, die in den Feldern 1,6,11 und 16 liegen, sollten selektive Strategien erwogen werden. Abhängig von der unterschiedlichen Risikobereitschaft einzelner internationaler Unternehmungen sind in den Feldern 6 und 11 mit mittlerer politischer Stabilität sowie Investitionsempfehlungen von II und III "Übergangsstrategien" notwendig (1). Bei einer fortschreitenden wirtschaftlichen und politischen Weiterentwicklung dieser Länder können mittelfristig eine bessere politische Stabilität sowie geeignetere Investitionsbedingungen erwartet werden. In den Ländern der Felder 6 und 11 sollten deshalb nur begrenzte Investitionen getätigt werden, die lediglich zur Sicherung der Auslandsmarktposition dienen. Bei den Ländern der Felder 1 und 16 hingegen sollte aufgrund der ungeeigneten Investitionsempfehlung von IV sowie der niedrigen politischen Stabilität ein Austritt aus diesen Märkten erfolgen.

Die auf der Grundlage von politischen Risiken, Geschäftsklima und Transferbedingungen getroffenen Investitionsempfehlungen für einzelne Länder bzw. Länderbündel sollten lediglich als Leitlinie (Grobauswahl) bei der internationalen Marktwahl dienen.
Dieses Portfolio-Konzept bezieht bei der Beurteilung einzelner Länder nur politische und wirtschaftliche Risikoindizes wie ORI, PRI und RF-Factor sowie für einzelne Länder ermittelte Investitionsempfehlungen ein. Somit bleiben andere wichtige

---

(1) Siehe hierzu auch: Hinterhuber, H.H., Strategische Unternehmensführung, Berlin, New York 1984, S. 124

Größen wie z.B. Branchenwachstum, Bevölkerungsgröße, Pro-Kopf-Einkommen und Marktattraktivität bei einer Kombination von Chancen und Risiken weitgehend unberücksichtigt (1).
Für eine pragmatische Entscheidungshilfe bei Auslandsinvestitionen sollten jedoch die ermittelten Risikoindizes auch branchen- und unternehmensspezifisch "aufbereitet" werden. Die Notwendigkeit einer solchen spezifischen "Aufbereitung" liegt darin begründet, daß zum Beispiel zunehmende politische Unsicherheiten mit inneren Unruhen für einige Branchen wie der Rüstungsindustrie (Ausrüstung zur Aufrechterhaltung der inneren Ruhe) gute Absatzchancen eröffnen, während andere Unternehmungen diese Gegebenheiten anders bewerten müssen.

Trotz dieser erwähnten Schwachstellen des Länderportfolio-Modells können aufgrund der Position einzelner Länder bzw. Ländergruppen in der Matrix eine breite Streuung des politischen Risikos auf verschiedenen Märkten angestrebt und entsprechende Normstrategien abgeleitet werden. Denn bei einer Auswahl eines Länderbündels sollen nicht einzelne Marktentscheidungen optimiert werden, sondern es soll erst durch den Verbund einer größeren Anzahl von Auslandsmärkten eine Optimierung erzielt werden (2).

Somit würde ein ausgeglichenes internationales Länderportfolio bei einer breiten Streuung des Risikos auch solche Länder

---

(1) Henzler bezieht bei seinem fünfstufigen Selektionsmodell zur Beurteilung von Chancen und Risiken auf Auslandsmärkten sowie der Auswahl von Auslandsmärkten folgende Kriterien ein: politische Situation, gesetzliche Beschränkungen, Bevölkerung, Bruttosozialprodukt, Potential einer Branche, Marktgröße pro Kopf und technisches Niveau. Vgl. Henzler, H., Neue Strategie ersetzt den Zufall, in: Manager Magazin, Heft 4/1979, S. 122 ff.

(2) Vgl. Meissner, H.G., Winkelgrund, R., Internationales Marketing als Herausforderung deutscher Unternehmungen, in: Marketing, 4. Jg., Heft 2/1982, S. 118

beinhalten, die bezüglich ihrer politischen Stabilität sowie der Investitionsempfehlung von BERI ungünstiger beurteilt wurden.

Für die Auslandsmarktwahl in der südostasiatischen Region stellt das internationale Länderportfolio ein wichtiges Analyseinstrument dar.
Anhand der ermittelten Risiko-Indizes und der Einstufung der Länder in das Länderportfolio können einzelne südostasiatische Absatzmärkte im Hinblick auf ihre Zielerfüllung überprüft und in eine Rangfolge gebracht werden (1). Dabei werden aus den acht südostasiatischen Schwellenmärkten diejenigen selektiert, die für deutsche internationale Unternehmungen langfristig am erfolgversprechendsten sind und in denen das Auslandsengagement umgehend intensiviert werden sollte.
Die attraktivsten Wachstumsmärkte in der südostasiatischen Region stellen unter Einbeziehung der BERI-Indizes und entsprechend dem internationalen Länderportfolio Singapur (Rang 1), Taiwan (Rang 2), Malaysia (Rang 3) und Südkorea (Rang 4) dar. In diesen Ländern sollten deutsche internationale Unternehmungen eine starke Wettbewerbs- und Marktposition anstreben, um langfristig an den Chancenpotentialen dieser Wachstumsmärkte teilzuhaben.
Welche Form des Auslandsengagements (z.B. Managementverträge, Lizenzvergabe, Auslandsniederlassung, etc.) angestrebt werden sollte, hängt in entscheidendem Maße von der politischen Stabilität des betreffenden Investitionslandes ab (2):

---

(1) Vgl. Meffert, H., Althans, J., Internationales Marketing, Stuttgart 1982, S. 69 und S. 85

(2) Siehe hierzu auch: Meffert, H., Althans, J., Internationales Marketing, Stuttgart 1982, S. 77 ff. und S. 90, Stahr, G., Internationale strategische Unternehmensführung, Stuttgart 1989, S. 67

langfristig kann jedoch in den oben genannten Ländern bei gegebenem wirtschaftlichen und industriellen Wachstum mit stabilen politischen Rahmenbedigungen gerechnet werden.
Weitere südostasiatische Schwellenmärkte wie Thailand (Rang 5), Hong Kong (Rang 6), Indonesien (Rang 7) und die Philippinen (Rang 8) sollten unter Berücksichtigung der breiten Streuung des Risikos (1) im Länderportfolio als "Präsenz- oder Gelegenheitsmärkte " mit Brückenkopfcharakter in einer zweiten Phase erschlossen werden. Die gesamtwirtschaftliche, industrielle und politische Weiterentwicklung dieser Staaten könnte unter Umständen mittel- und langfristig dazu führen, daß sogenannte Bedarfsschwellen überschritten werden und attraktive Marktpotentiale entstehen (2). Der Vorteil eines frühzeitigen Engagements in diesen Ländern liegt insbesondere darin, daß deutsche Unternehmungen ihre Auslandsmarktposition gegenüber vorhandenen und nachfolgenden internationalen Konkurrenten bereits zu einem Zeitpunkt festigen können, bei dem die Wettbewerbsintensität auf diesen Märkten noch relativ gering ist.

---

(1) Risiko im Sinne von wirtschaftlichen und politischen Risiken im Länderbündel

(2) Vgl. Stahr, G., Internationale strategische Unternehmensführung, Stuttgart 1989, S. 64

2.8 Sozio-kulturelle Besonderheiten Südostasiens

Als bedeutsame Einflußfaktoren sind erst in jüngster Zeit sozio-kulturelle Umweltbedingungen verstärkt in den strategischen Planungsprozeß internationaler Unternehmungen mit einbezogen worden (1). Einstellungen, Sprache, Religion, Wertvorstellungen sowie gesellschaftliche Normen weichen zwischen europäischen Industrieländern und südostasiatischen Schwellenländern in erheblichem Maße voneinander ab und beeinflussen die jeweiligen Kauf- und Verbrauchsgewohnheiten der Konsumenten. So schreibt Redding hierzu folgendes: "It is clear that the relative importance of the various needs is seen differently in Asia as against the West. ...that the Western Group of countries and the Southeast Asian group are at opposite ends of the continuum ... that the kind of expectations which an Oriental has of the business context vary from the Western kind " (2).

Für die deutsche internationale Unternehmung stellt sich das Problem, diese sozio-kulturellen Besonderheiten sowie die daraus reslutierenden. Normen, Verhaltensweisen und Verhaltenserwartungen richtig zu erkennen und bei einem Auslands-

---

(1) Vgl. Raffeé, H., Wiedmann, K.-P., Strategisches Marketing, Stuttgart 1985, S. 8 und S. 21, Kreikebaum, H., Strategische Unternehmensplanung, 2. Aufl., Stuttgart 1987, S. 38, Keegan, W., Multinational Marketing, 3 rd. Edition, New Jersey 1984, S. 96 ff., Majaro, S., International Marketing, 2 nd. Edition, London 1982, S. 44 ff., Seidel, H., Erschließung von Auslandsmärkten, Berlin 1977, S. 82 f., Meffert, H., Marktsegmentierung und Marktwahl im internationalen Marketing, in: Die Betriebswirtschaft, 37. Jg., 1977, S. 437, Meffert, H., Landwehr, R., Gass, C., Internationales Management - Grundprobleme und Strategieansätze, Münster 1984, S. 18

(2) Redding, S.G., Cultural Effects on the Marketing Process in Southeast Asia, in: Journal of Market Research, Vol. 24, No. 2, 1982, S. 102

engagement zu berücksichtigen. Eine Nichtbeachtung typischer sozio-kultureller Umweltfaktoren kann den Unternehmenserfolg auf Auslandsmärkten erheblich einschränken oder sogar verhindern (1). Wertvorstellungen und Einstellungen ausländischer Konsumenten, die zum Teil religiös begründet sind, haben einen Einfluß auf ihr wirtschaftliches Verhalten und ihre Bedürfnisse (2). Hierzu zählt beispielsweise das Konsumverbot alkoholischer Getränke und Schweinefleisch in Ländern, deren Bevölkerung sich zum Islam bekennt. In Indonesien sind ca. 90 Prozent der Bevölkerung islamischer Glaubensrichtung, so daß hier mit einem Konsumverzicht der oben genannten Produkte gerechnet werden muß.

Andere religiöse Verhaltensnormen, die sowohl die Grundeinstellung zum Leben als auch die "Konsummentalität" (Konsumverhalten) beeinflussen, sind die in Südostasien vorherrschenden

---

(1) Vgl. Seidel, H., Erschließung von Auslandsmärkten, Berlin 1977, S. 84, Raffée, H., Kreutzer, R., Ansätze zur Erfassung von Länderrisiken in ihrer Bedeutung für Direktinvestitionsentscheidungen, S. 42, in: Kortzfleisch, G.v., Kaluza, B. (Hrsg.), Internationale und nationale Problemfelder der Betriebswirtschaftslehre, Berlin 1984, S. 27 - 63, Redding, S.G., Cultural Effects on the Marketing Process in Southeast Asia, in: Journal of Market Research, Vol. 24, No. 2, 1982, S. 98

(2) Erst in jüngster Zeit wird im internationalen Marketing der Religion eine größere Bedeutung eingeräumt. Aus der religiös - revolutionären Erschütterung im Iran sowie der daraus veränderten Grundhaltung der Bevölkerung wird deutlich, daß in Schwellen- und Entwicklungsländern sozio-kulturelle Faktoren - und insbesondere die Religion - ein Umweltfaktor erster Ordnung im internationalen Marketing darstellt. Siehe hierzu: Kulhavy, E., Internationales Marketing, Linz 1981, S. 67, Raffeé, H., Kreutzer, R., Ansätze zur Erfassung von Länderrisiken in ihrer Bedeutung für Direktinvestitionsentscheidungen, in: Kortzfleisch, G.v., Kaluza, B. (Hrsg.), Internationale und nationale Problemfelder der Betriebswirtschaftslehre, Berlin 1984, S. 27, Redding, S.G., Cultural Effects on the Marketing Process in Southeast Asia, in: Journal of Market Research, Vol. 24, No. 2, 1982, S. 98 ff.

Glaubensrichtungen des Buddhismus, des Konfuzianismus sowie des Islams (1). Im Gegensatz zu der "Konsumoffenheit" der Industrieländer muß in einigen südostasiatischen Ländern und weiten Bevölkerungsteilen mit einer eher ablehnenden Konsumeinstellung - im Sinne westlicher Industrieländer - gerechnet werden.

Aber auch unterschiedliche Wertvorstellungen sowie Einstellungen der Bevölkerung gegenüber ausländischen Unternehmungen können zu Fremdenfeindlichkeit und Sanktionen führen. Ein starkes Nationalbewußtsein - wie es beispielsweise in Indonesien vorherrscht - kann dazu führen, daß von Regierungsseite versucht wird, den Einfluß ausländischer Unternehmungen weitgehend einzuschränken oder zu verhindern. So führt der Aufbau oder Ausbau von Auslandsniederlassungen in Südostasien bei der urbanen Bevölkerung oftmals zu Mißtrauen und Ängsten, da deren Wertvorstellungen und Einstellungen von den europäischer Entscheidungsträger internationaler Unternehmungen in erheblichem Maße abweichen.

In diesem Zusammenhang müssen in den südostasiatischen Schwellenländern auch die langjährige Abhängigkeit von Kolonialmächten, militärische Besatzungszeiten sowie Unterdrückungsmaßnahmen der Japaner berücksichtigt werden. Diese historischen Entwicklungen haben die gegenwärtige Grundhaltung, Wertvorstellung und Einstellung gegenüber ausländischen Unternehmungen geprägt (2).

Einige südostasiatische Staaten, die erst vor kurzer Zeit in die politische Unabhängigkeit entlassen worden sind, können sich durch Investitionen ausländischer Unternehmungen erneut in ihrer Souveränität und Selbstbestimmung bedroht fühlen.

---

(1) Hinduismus und Buddhismus zeichnen sich dadurch aus, daß Bedürfnisse nach weltlichen - insbesondere materiellen - Gütern zurücktreten.

(2) Vgl. Tümpen, M.M., Strategische Frühwarnsysteme für politische Auslandsrisiken, Wiesbaden 1987, S. 72

Sowohl die zunehmende Industrialisierung der südostasiatischen Schwellenländer als auch das verstärkte Engagement US-amerikanischer, japanischer sowie europäischer Unternehmungen trugen dazu bei, daß vorhandene sozio-kulturelle Strukturen in jüngster Zeit einem großen Wandel unterliegen. Denn durch den Transfer von personellen, materiellen und immateriellen Ressourcen in diese Länder erfolgte auch ein "kultureller Transfer", der vorhandene sozio-kulturelle Strukturen Südostasiens in erheblichem Maße beeinflußte und veränderte.

Standardisierte Werbung globaler Unternehmungen führt langfristig auch auf Schwellenmärkten zu einer Homogenisierung der Nachfrage, so daß "... individuelle Wünsche und Bedürfnisse der Menschen ... in ein einheitliches weltumfassendes Korsett gepreßt" (1) werden.
Zur weltweiten Homogenisierung der Nachfrage sowie der damit eingehenden Veränderungen sozio-kultureller Strukturen schreibt Levitt folgendes: "Die Technologie verwischt und beseitigt ideologische Unterschiede. Im Wirtschaftsleben gibt es wohl keinen anschaulicheren Beweis dafür, als die anhaltende Beliebtheit von Mc. Donald's Restaurants auf den Champs Elysees wie auf der Ginza, von Coca-Cola in Bahrain, Pepsi in Moskau ... Sony Fernsehern und Levis Jeans" (2).
Mit dem Absatz der Produkte sowie der Werbung auf südostasiatischen Märkten erfolgt oftmals auch eine Übertragung des in westlichen Industrieländern vorhandenen Materialismus und des "American Way of Life". Somit bestimmen weltweit tätige Unternehmungen in bedeutendem Maße auch Art und Richtung des

---

(1) Levitt, T., Die Globalisierung der Märkte, in: Levitt, T., Die Macht des kreativen Marketing, Düsseldorf 1986, S. 42

(2) Levitt, T., Die Globalisierung der Märkte, in: Levitt, T., Die Macht des kreativen Marketing, Düsseldorf 1986, S. 41

sozio-kulturellen Wandels südostasiatischer Schwellenländer (1).

Ein gegenüber dem europäischen Kulturkreis abweichender sozio-kultureller Faktor stellt die in Südostasien oft anzutreffende Korruptionsmentalität von Beamten sowie Privatpersonen dar. Insbesondere in Ländern wie Malaysia und Indonesien, in denen die politische Macht zentralisiert ist und Beamte aufgrund geringer Staatseinnahmen unterbezahlt sind, wird die Annahme von Bestechungsgeldern toleriert oder ist sogar erwünscht (2). Sowohl im täglichen Geschäftsleben als auch im Umgang mit Behörden und Verwaltung spielt Bestechung nach wie vor eine wesentliche Rolle und erfordert von deutschen internationalen Unternehmungen ein erhebliches Maß an "Fingerspitzengefühl" (3).
So werden für die Beschaffung wichtiger Basisinformationen und auch für die bevorzugte Behandlung bei Behörden Bestechungsgelder entgegen genommen. Allgemein herrscht bei Beamten einiger südostasiatischer Schwellenländer die Auffassung, daß "schon die Erfüllung bestehender Gesetze und Verordnungen ein Entgegenkommen sei" und eine individuelle Anerkennung verdiene (4).

---

(1) Schwellenländer befinden sich in einer Phase der internen Auseinandersetzung mit ihrer eigenen Identität zwischen Tradition und Fortschritt

(2) Vgl. Pott, P., Direktinvestitionen im Ausland, Diss., München 1983, S. 109, Beaton, D.C., The Development of Market Research in South East Asia, in: The Journal of the Market Research, Vol. IX, No. 2, April 1967, S. 62

(3) Siehe hierzu auch: Jungnickel, R., Gerberding, A., Maenner, U., Investitionsbedingungen in der ASEAN - Region, Hamburg 1986, S. 244

(4) Jungnickel, R., Gerberding, A., Maenner, U., Investitionsbedingungen in der ASEAN - Region, Hamburg 1986, S. 245

Als weitere sozio-kulturelle Besonderheit Südostasiens soll im folgenden die "Wirtschaftsmentalität" dieser Länder aufgezeigt werden, worunter die Auswirkungen sozialer und kultureller Normen innerhalb des Wirtschaftslebens eines Landes verstanden wird (1).

Im täglichen Geschäftsleben und bei Geschäftsverhandlungen herrscht eine für europäische Verhältnisse ungewöhnlich freundliche Umgangs- und Höflichkeitsform vor. Eine direkte Verneinung vorgeschlagener Geschäftsvereinbarungen wird zumeist aufgrund der asiatischen Höflichkeitsform vermieden, so daß auch bei Geschäftsgesprächen ein gewisses Einfühlungsvermögen notwendig ist.

Darüber hinaus ist für deutsche Unternehmungen wichtig, daß die im südostasiatischen Wirtschaftsleben (Industrie, Handel und Finanzen) dominierende chinesische Minorität - und allgemein alle Asiaten - durch ein von Grund auf unterschiedliches soziales Gruppengefüge geprägt sind. Das Zugehörigkeitsgefühl der Asiaten bzw. die Bindung an eine Großfamilie ist besonders bei der chinesischen Minorität sehr stark geprägt, so daß im Wirtschaftsleben (z.B. bei einem Joint Venture mit einem ausländischen Partner) Auftragsvergabe, Personal- und Absatzentscheidungen nicht immer nach ökonomischen Kriterien vorgenommen werden. Hierzu schreibt Redding folgendes: "By far the most important factor relating to Chinese business is that it is family business. The firm is almost always a family firm ... and the effect is that business decisions are often made with family interests in mind rather than the Westerner's alternative rationalities" (2).

---

(1) Vgl. Meissner, H.G., Anthropologische Grundlagen der Exportmarktforschung, Berlin 1959, S. 52 f.

(2) Redding, S.C., Cultural Effects on the Marketing Process in Southeast Asia, in: Journal of Market Research, Vol. 24, No. 2, 1982, S. 106

Die starke Verflechtung mit chinesischen Wirtschaftsbeziehungen und ihren Usancen stellen in der gesamten südostasiatischen Region eine sozio-kulturelle Besonderheit dar, die von deutschen internationalen Unternehmungen bei zukünftigen Handlungsalternativen stärker als bisher berücksichtigt werden sollte (1).
Allgemein erfordert die südostasiatische Geschäftsmentalität neben einem erhöhten Zeitaufwand bei Verhandlungen und Gesprächen eine größere geschäftliche Flexibilität und geringeres Maß an "Genauigkeit".
Ein Engagement deutscher Unternehmungen in dieser Region erfordert somit von den Entscheidungsträgern eine verstärkte Auseinandersetzung mit den sozio-kulturellen Besonderheiten, um eine Verhaftung im eigenen Wertesystem und eine Übertragung auf anders strukturierte Kulturkreise zu vermeiden. Nur durch eine Einbeziehung und Analyse sozio-kultureller Faktoren können Risiken erkannt und durch entsprechende "Anpassungsstrategien" begegnet werden.

---

(1) Siehe zu weiteren sozio-kulturellen Besonderheiten Südostasiens: Schneider, D.J.G. (Hrsg.), Das Südostasien-Geschäft, Wiesbaden 1988, Gälli, A., Neue Wachstumsmärkte in Fernost, München, Köln, London 1983, Schneidewind, D., Marketing-Strategien in ostasiatischen Märkten, in: ZfbF, 36. Jg., 1984, S. 76 f., Jungnickel, R., Gerberding, A., Maenner, U., Investitionsbedingungen in der ASEAN-Region, Hamburg 1986, Kellner,K., Die Wachstumsmärkte der Asean-Staaten, Wilfer 1985, S. 84 f., Redding, S.C., Cultural Effects on the Marketing Process in Southeast Asia, in: Journal of the Market Research, Vol. 24, No. 2, 1982, S. 98 - 114, Machetzki, R., Asean - Leistungsprofile, Märkte und Kooperationsaussichten, in: Südostasien aktuell, Juli 1984, S. 347 f.

3. Auswirkungen und Implikationen für deutsche Unternehmungen

Aus der oben dargestellten Analyse der südostasiatischen Schwellenländer geht hervor, daß neben den markt- und wettbewerbsspezifischen Faktoren die globalen Umweltfaktoren einen bedeutenden Einfluß auf die internationale Unternehmensstrategie und den -erfolg ausüben. Diskontinuierliche Entwicklungen der gesamtwirtschaftlichen Rahmenbedingungen sowie politische Veränderungen sind Einflußfaktoren, die bei einem langfristigen Auslandsengagement in Schwellenländern systematisch analysiert und prognostiziert werden müssen.
Die bisher dargestellten Verfahren zur Beurteilung und Früherkennung von Chancen und Risiken, wie z.B. die Analyse der Länderlebenszyklusphasen und der BERI-Index, sollten von deutschen internationalen Unternehmungen verstärkt als strategisches Frühwarn- bzw. Früherkennungssystem im internationalen Marketing genutzt werden.
Dieses Frühwarnsystem kann auch als eine spezielle Art von Informationssystem verstanden werden, bei dem wichtige Umweltinformationen (mit zeitlichem Vorlauf) auf Auslandsmarktentwicklungen aufmerksam machen, die von strategischer Bedeutung sind (1).

Mit der strategischen Analyse

- der geographischen Lage und den natürlich-technischen Gegebenheiten in Südostasien
- der unterschiedlichen Länderlebenszyklusphasen

---

(1) Vgl. Hahn, D., Klausmann, W., Frühwarnsysteme und strategische Unternehmensplanung, in: Hahn, D., Taylor, B. (Hrsg.), Strategische Unternehmungsplanung, 3. Aufl., Würzburg 1984, S. 52 f.

- der verschiedenen Produktlebenszyklen in Industrie- und Schwellenländern
- der Bevölkerungsgröße und des Bevölkerungswachstums
- des Pro-Kopf-Einkommens und der Einkommensentwicklung
- der politischen Situation
  sowie
- der sozio-kulturellen Besonderheiten

sollen deutsche Unternehmungen in die Lage versetzt werden, vom Inlandsmarkt abweichende Rahmenbedingungen sowie langfristige Veränderungen angenommener Rahmenbedingungen rechtzeitig zu identifizieren. Insbesondere die Analyse der unterschiedlichen Länderlebenszyklusphasen und der politischen Situation und Risiken in Südostasien eröffnen die Möglichkeit, bereits vor dem tatsächlichen Eintritt Maßnahmen zur Ausnutzung von Chancen bzw. zur Abwendung von Risiken einzuleiten.
Staatliche Interventionen, Eingriffe in die Entscheidungsfreiheit ausländischer Unternehmungen sowie die politische Instabilität sind in einigen südostasiatischen Schwellenländern entscheidende Faktoren, die von deutschen Firmen verstärkt berücksichtigt werden sollten. Von diesen Faktoren hängen in bedeutendem Maße die Möglichkeiten und Grenzen eines Auslandsengagements in dieser Wachstumsregion ab.
Die frühzeitige Identifikation von Chancen und Risiken in diesen Analysefeldern hat für die internationale Marketingplanung - die durch eine Langfristigkeit und geringe Revidierbarkeit gekennzeichnet ist - einen hohen Stellenwert eingenommen (1). Spezifische Bedingungen und latente Auslandsmärkte

---

(1) Vgl. Meissner, H.G., Strategisches Internationales Marketing, Berlin 1987, S. 77

können durch "schwache Signale" rechtzeitig identifiziert und bei dem internationalen Marktwahlprozeß mit einbezogen werden (1).

Hierzu müssen neben den BERI-Indizes und dem internationalen Länderportfolio je nach Entscheidungssituation (2) die relevanten Analysefelder des dritten Teils herangezogen werden, um bei der Festlegung des Auslandsmarktengagements die strategischen Schlüsselmärkte Südostasiens aufzeigen zu können.
Im Anschluß hieran können für den südostasiatischen Schwellenmarkt entsprechende Normstrategien abgeleitet werden.

---

(1) Vgl. Keegan, W., Multinational Marketing, 3rd Edition, Englewood Cliffs 1984, S. 227 f., Hahn, D., Frühwarnsysteme, in: Buchinger, G. (Hrsg.), Umfeldanalysen für das strategische Management, Wien 1983, S. 16

(2) Entscheidungssituation im Sinne der Form des Auslandsengagements wie z.B. Lizenz, Joint Venture, Auslandsniederlassung usw.

VIERTER TEIL: ANALYSE MARKT- UND WETTBEWERBSSPEZIFISCHER FAKTOREN AUF SÜDOSTASIATISCHEN WACHSTUMSMÄRKTEN

1. Marktrelevante Informationen über den südostasiatischen Wachstumsmarkt

Die im vorigen dritten Teil dargestellten globalen Umweltfaktoren (globales Umsystem II) zeigen allgemeine Rahmenbedingungen und Entwicklungstendenzen Südostasiens auf, die sowohl inländische als auch ausländische Wettbewerber betreffen (1). Politische, natürliche und technische Gegebenheiten sowie unterschiedliche Produktlebenszyklusphasen in Schwellenländern sind "Kräfte außerhalb der Branche" (2), auf die die deutsche internationale Unternehmung keinen Einfluß nehmen kann. Diese Gegebenheiten sowie deren Veränderungen müssen von allen Wettbewerbern rechtzeitig erkannt und bei dem internationalen Marktwahlprozeß und den Marketingaktivitäten mit einbezogen werden. Märkte, bei denen die Faktoren der globalen Umwelt eine erfolgreiche Bearbeitung nicht ermöglichen, müssen somit im Vorfeld der Analysen selektiert werden (3).

Im Gegensatz zum globalen Umsystem II kann die deutsche Unternehmung im folgenden aufgabenbezogenen Umsystem I auf ihre Interaktionspartner (ausländische Lieferanten, Absatzmittler, Wettbewerber, Regierungen und Konsumenten) direkten

---

(1) Vgl. Porter, M.E., Wettbewerbsstrategie, 4. Aufl., Frankfurt a. M. 1987, S. 25

(2) Porter, M.E., Wettbewerbsstrategie, 4. Aufl., Frankfurt a. M. 1987, S. 25

(3) Siehe zum Marktwahlprozeß auch das mehrstufige Filtermodell von Henzler. Henzler, H., Neue Strategie ersetzt den Zufall, in: Manager Magazin, Heft 4/1979, S. 122

Einfluß nehmen und somit im Rahmen der internationalen Unternehmensstrategie aktiv die südostasiatische Markt- und Wettbewerbsstruktur beeinflussen oder verändern. Hierzu müssen die spezifischen Marktbedingungen und das Verhalten der ausländischen Marktteilnehmer eingehend analysiert und interpretiert werden (1).

Marktrelevante Informationen sollen darüber Aufschluß geben, wie hoch das ausländische Nachfragepotential und wie die eigenen Marktchancen in Südostasien zu bewerten sind. Darüber hinaus müssen sowohl vorhandene Markteintrittsbarrieren, die typische Wettbewerbsstruktur, allgemeine Rahmenbedingungen als auch die unterschiedlichen Mentalitäten und Verbrauchergewohnheiten analysiert werden. Denn während der deutschen Unternehmung die fünf Triebkräfte des Branchenwettbewerbs auf dem Inlandsmarkt weitgehend bekannt sind, können diese in Südostasien einen völlig anderen Stellenwert einnehmen (2).

Mit Hilfe der internationalen Analyse und Prognose marktrelevanter Faktoren soll untersucht werden, inwieweit die südostasiatischen Absatzmärkte mit ihren Chancen und Risiken für deutsche Unternehmungen eine strategische Bedeutung haben. Hierauf aufbauend können Ansätze bzw. entsprechende Internationalisierungsstrategien formuliert werden. Insbesondere unter dem Gesichtspunkt der von Ohmae vertretenen These, daß

---

(1) Vgl. Meffert, H., Althans, J., Internationales Marketing, Stuttgart 1982, S. 36, Hinterhuber, H.H., Strategische Unternehmensführung, 3. Aufl., Berlin, New York 1984, S. 49

(2) Während beispielsweise in den Triade-Ländern die "Rivalität unter den bestehenden Unternehmen" (Wettbewerber in der Branche) die bedeutenste Triebkraft ist, kann in Südostasien hingegen die Verhandlungsstärke der Absatzmittler die bedeutenste Triebkraft sein. Siehe hierzu: Porter, M.E., Wettbewerbsstrategie, 4. Aufl., Frankfurt a. M. 1987, S. 25 f.

global operierende Unternehmungen außer auf den Triade-Märkten "noch in einem weiteren weniger entwickelten Gebiet vertreten sein" sollten (1), kommt den Wachstumsmärkten Südostasiens bei der Sicherung und dem Ausbau der weltweiten Positionen eines Unternehmens eine wichtige Rolle zu.

1.1 Rahmenbedingungen und Charakteristika südostasiatischer Wachstumsmärkte

Im zweiten Teil der Arbeit wurden die globalen Veränderungen, die aus der zunehmenden Industrialisierung südostasiatischer Schwellenländer resultieren, bereits dargestellt. Neben dem gesamtwirtschaftlichen, industriellen und außenwirtschaftlichen Wachstum soll nun aufgezeigt werden, inwiefern dieses Wachstum Auswirkungen auf die gegenwärtige Situation und die künftige Entwicklung der südostasiatischen Konsumgütermärkte hat (2). Denn von dem zum Teil diskontinuierlichen gesamtwirtschaftlichen Wachstum (ökonomische Rahmenbedingungen) der südostasiatischen Schwellenländer gehen entscheidende "Impulse" aus, die das Marktvolumen und Marktpotential

---

(1) Ohmae, K., Macht der Triade, Wiesbaden 1985, S. 143

(2) Im zweiten Teil, Abschnitt 7 und 7.1 wird das Marktwachstum unter Berücksichtigung des Industrialisierungsprozesses der südostasiatischen Schwellenländer untersucht. Dabei waren das gesamtwirtschaftliche, industrielle und außenwirtschaftliche Wachstum sowie die Importdynamik die entscheidenden Faktoren, die analysiert wurden.
In den folgenden Ausführungen hingegen sollen spezifische Rahmenbedingungen südostasiatischer Konsumgütermärkte untersucht werden, wobei das Marktvolumen, -potential, -dynamik und das Verhalten der Wettbewerber im Mittelpunkt der Betrachtung stehen.

bestimmen (1). Bei einem dynamischen Wirtschaftswachstum, verbunden mit steigendem Pro-Kopf-Einkommen, entstehen Märkte mit hohen Wachstumsraten und "erheblichen Verschiebungen zwischen einzelnen Teilmärkten und Marktsegmenten, die in einzelnen Bereichen innerhalb kurzer Zeit zu einer Verdoppelung bzw. zum Vielfachen der ursprünglichen Nachfrage führen können und dann bereits im Volumen an Größenordnungen heranreichen, die durchaus mit dem Absatz in europäischen Ländern vergleichbar sind" (2). Diese verborgenen und plötzlich stark wachsenden Märkte sind ein typisches Charakteristikum der südostasiatischen Schwellenländer. Ausländisches Marktpotential (Aufnahmefähigkeit des Auslandsmarktes) und Marktvolumen (realisierte Absatzmenge einer Branche) weichen auf diesen Wachstumsmärkten weit voneinander ab, so daß das nicht ausgeschöpfte Potential zu hohen Zuwachsraten des Umsatzes in- und ausländischer Unternehmungen führen kann (3) (vergleiche Abbildung 22).

---

(1) Siehe hierzu auch: Meffert, H., Marketing, 5. Aufl., Wiesbaden 1980, S. 151, Kotler, P., Marketing-Management, 4. Aufl., Englewood Cliffs 1982, S. 694 f.

(2) Schütte, H., Marktstrategien für die Schwellenländer Asiens, in: Engels, B. (Hrsg.), Präsenz der deutschen Wirtschaft in Übersee - was ist zu tun? München, Köln, London 1986, S. 113

(3) Vgl. Meffert, H., Marketing, 5. Aufl., Wiesbaden 1980, S. 186 f.

Abb. 22: Marktvolumen und Marktpotential auf Wachstumsmärkten und stagnierenden Märkten

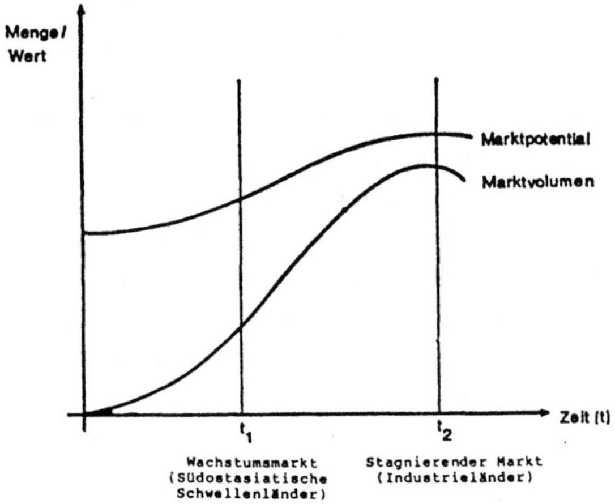

Quelle: In Anlehnung an Meffert, H., Marketing, 5. Aufl., Wiesbaden 1980, S. 187

Aufgrund der Attraktivität solcher ausländischen Wachstumsmärkte muß jedoch jederzeit - ähnlich wie in jungen Branchenmärkten (1) - mit Markteintritten nationaler und internationaler Wettbewerber gerechnet werden, was bei nicht gefestigten Marktstrukturen zu weiteren Unsicherheiten führt.
Allgemein sind die "Spielregeln" des südostasiatischen Absatzmarktes und des Wettbewerbs größtenteils ungeklärt und werden langfristig durch die stärksten Wettbewerber sowie den

---

(1) Siehe zur Markt- und Wettbewerbssituation junger Branchen: Porter, M.E., Wettbewerbsstrategie, 4. Aufl., Frankfurt a. M. 1987, S. 273 ff., Meffert, H., Strategische Unternehmensführung und Marketing, Wiesbaden 1988, S. 57 ff.

Staat bestimmt (1). Sowohl nicht vorhandene "Spielregeln" in bezug auf die ungefestigten Markt- und Wettbewerbsstrukturen und mögliche neue staatliche Eingriffe als auch die Wachstumsdynamik Südostasiens lassen auf diesen Märkten ein relativ "wirtschaftsfriedliches Verhalten" der beteiligten Unternehmen erwarten (2).
Ein Markteintritt deutscher internationaler Unternehmungen würde in Südostasien aufgrund der Marktphase (Wachstumsphase) und allgemein günstiger Rahmenbedingungen nicht zu einem Verdrängungswettbewerb führen. Im Gegensatz hierzu würde ein Markteintritt neuer internationaler Wettbewerber auf stagnierenden Industriemärkten zu "Abwehrreaktionen" etablierter Unternehmungen führen. Auf diesen Märkten liegen inländisches Marktpotential und Marktvolumen dicht zusammen, so daß zusätzliche neue Wettbewerber Marktanteile nur zu Lasten inländischer Unternehmungen erzielen können (3). Diese von den Industrieländern abweichenden Rahmenbedingungen südostasiatischer Wachstumsmärkte müssen sowohl bei der Zielfestsetzung als auch bei der Internationalisierungsstrategie mit einbezogen werden.

---

(1) Vgl. Porter, M.E., Wettbewerbsstrategie, 4. Aufl., Frankfurt a. M. 1987, S. 290, Hinterhuber, H.H., Wettbewerbsstrategie, Berlin, New York 1982, S. 147

(2) In dieser Marktphase findet in der Regel kein Verdrängungswettbewerb statt.

(3) Vgl. Meffert, H., Strategische Unternehmensführung und Marketing, Wiesbaden 1988, S. 83

1.1.1 Spezifische Marktsituation und technologischer Entwicklungsstand in Südostasien

Auf der Grundlage der Rahmenbedingungen von Wachstumsmärkten soll im folgenden die spezifische südostasiatische Situation aufgezeigt werden, um somit eine bessere Markttransparenz zu erzielen und Risikopotentiale aufzuzeigen. Hierzu erfolgt anstatt der bisherigen länderspezifischen Analyse eine regionalspezifische Analyse, da primär die von den Industriemärkten abweichenden Rahmenbedingungen südostasiatischer Schwellenmärkte untersucht werden sollen.
Aus dem unterschiedlichen wirtschaftlichen Entwicklungsstand zwischen Schwellenländern (Wachstumsphase) und Industrieländern (Reife- und Sättigungsphase) ergeben sich unterschiedliche Strukturmerkmale von Branchen und Märkten. Dynamische Marktveränderungen sowie strategische Unsicherheiten bezüglich der entsprechenden Technologie, der Produktpositionierung, des Marketing und Service etc. kennzeichnen die grundsätzliche Problematik (1), mit der internationale aber auch nationale Wettbewerber auf Schwellenmärkten konfrontiert sind. Während auf den Industriemärkten viele Branchen die Reife- und Sättigungsphase erreicht haben, stellen Industriezweige wie PKW, Haushaltsgeräte, HiFi- und Videogeräte in Südostasien eine Produktinnovation dar. Diese Märkte befinden sich in der Anfangsphase ihres Lebenszyklus. Aufgrund des unterschiedlichen wirtschaftlichen und technologischen Entwicklungsstandes südostasiatischer Schwellenländer müssen internationale Unternehmungen Entscheidungen darüber treffen, inwieweit ihre Produkte den spezifischen Marktbedingungen angepaßt

---

(1) Vgl. Porter, M.E., Wettbewerbsstrategie, 4. Aufl., Frankfurt a. M. 1987, S. 275, Cvar, M.R., Fallstudien: Erfolge und Fehlschläge im globalen Wettbewerb, in: Porter, M.E. (Hrsg.), Globaler Wettbewerb, Wiesbaden 1989, S. 567

werden sollen (1). Dieses führt dazu, daß in dieser Marktphase im allgemeinen eine technologische Unsicherheit vorherrscht, da internationale Unternehmungen bei der Produktpolitik auf Schwellenmärkten unterschiedliche Strategieansätze verfolgen (2).
Deutsche Unternehmungen, deren Produkte in erster Linie für technologisch weit entwickelte Industriemärkte konzipiert worden sind, müssen für Schwellenmärkte mit niedrigem Entwicklungsstand gegebenfalls Produktveränderungen vornehmen. Dieses gilt besonders bei Technologien, die für die südostasiatischen Marktbedingungen mit Komponenten ausgestattet sind, die das Produkt verteuern, aber für den ausländischen Verbraucher keinen Nutzen haben (3).

---

(1) Vgl. Porter, M.E., Wettbewerbsstrategie, 4. Aufl., Frankfurt a. M. 1987, S. 354

(2) Internationale Unternehmungen können bei der Produktpolitik auf Schwellenmärkten unterschiedliche Strategieansätze verfolgen. Dabei müssen Entscheidungen darüber getroffen werden, ob bei den gegebenen unterschiedlichen Auslandsmarktbedingungen in Südostasien eine Standardisierung oder Differenzierung der Produkte und Marketingkonzeption erfolgen soll. Bei der Standardisierung werden die Produkte und die Marketingkonzeptionen - aus Gründen niedriger Kosten - ungeachtet der länderspezifischen Besonderheiten und Umweltbedingungen unverändert auf die Schwellenmärkte übertragen.
Im Gegensatz hierzu wird bei der Differenzierung - durch eine Anpassung der Produkte und der Marketingkonzeption an den südostasiatischen Marktbedingungen - versucht, das gesamte Marktpotential auszuschöpfen. Welcher Strategieansatz auf südostasiatischen Schwellenmärkten verfolgt wird, hängt in entscheidendem Maße von der gewählten Internationalisierungsstrategie ab. Siehe hierzu die Ausführungen über die internationalen Strategiealternativen,insbesondere multinationales und globales Marketing, ab S. 24 ff. der Arbeit.

(3) Vgl. Schneider, D.J.G. (Hrsg.), Das Südostasien-Geschäft, Wiesbaden 1988, S. 54, Berekoven, L., Internationales Marketing, 2. Aufl., Herne, Berlin 1985, S. 88

Weitere Unsicherheiten resultieren aus der ungefestigten Branchen- und Marktstruktur, möglichen Eingriffen des Staates in das Wirtschaftsgeschehen sowie den Zugangsmöglichkeiten zu geeigneten ausländischen Vertriebskanälen. Diese Faktoren sowie deren strategische Bedeutung weichen auf diesen Märkten in erheblichem Maße von den Märkten der Industrieländer ab und beeinflussen die Wettbewerbssituation Südostasiens. Insbesondere die Eingriffe des Staates - als regulatives und protektionistisches Element - wirken sich grundlegend auf die Markt- und Wettbewerbsstruktur in dieser Region aus (1). Durch "diskriminierende" staatliche Eingriffe oder Beschränkungen wie Importrestriktionen, Einfuhrverbote usw. sollen in erster Linie die im Aufbau befindlichen südostasiatischen Unternehmungen gegenüber ausländischen Wettbewerbern geschützt werden (2).

Dabei kann die Einflußnahme des Staates in Ländern wie Thailand und den Philippinen so umfassend sein, daß Internationalisierungsstrategien deutscher Unternehmungen grundlegend modifiziert werden müssen. Dieses gilt besonders für Branchen, die für die weitere Industrialisierung der einzelnen Länder von strategischer Bedeutung sind und die deshalb "geschützt" werden sollen (3).

---

(1) Vgl. Doz, Y.L., Die Rolle des Staates im globalen Wettbewerb, in: Porter, M.E. (Hrsg.), Globaler Wettbewerb, Wiesbaden 1989, S. 258, Lasserre, P., Strategic Planning in South-East Asia, in: Euro-Asia Business Review, Vol. 2, No. 2, 1983, S. 40

(2) Die Eingriffe des Staates wurden im dritten Teil,Abschnitt 2.6 im Rahmen der politischen Analyse bereits erläutert. Da jedoch Beschränkungen wie Importrestriktionen, Einfuhrverbote, Kontingente usw. ein spezifisches Merkmal in der südostasiatischen Region darstellt und sich entscheidend auf die Markt- und Wettbewerbsbedingungen auswirkt, werden diese Faktoren an dieser Stelle mit erwähnt.

(3) Siehe hierzu: Zweiter Teil Abschnitt 2.1

1.1.2 Marktpotential und Marktwachstum in Südostasien

Für internationale Unternehmungen stellt das ausländische Marktpotential ein wesentliches Selektionskriterium für eine Markterschließung dar. Denn anhand des gegenwärtig vorhandenen Potentials können Aufnahmefähigkeit und Absatzchancen des Zielmarktes aufgezeigt werden. So werden bei der Analysephase die Märkte bzw. die Länder selektiert, die ein hohes Marktpotential haben und für ein zukünftiges Auslandsengagement interessant sind. Darüber hinaus müssen im Rahmen der strategischen Marketingplanung die Einflußfaktoren untersucht werden, die die gegenwärtige Auslandsmarktsituation (vorhandenes Marktpotential) kennzeichnen und langfristige Entwicklungstendenzen aufzeigen (1).

Bisher standen bei der Auslandsmarktwahl nur statische Einflußgrößen wie das gegenwärtig vorhandene Pro-Kopf-Einkommen und die Bevölkerungsgröße im Mittelpunkt der Auslandsmarktselektion. Gegenwärtig "unattraktive Märkte", verstanden als Märkte mit einer geringen Bevölkerungsgröße und niedrigem Pro-Kopf-Einkommen, wurden hierbei ausgeklammert (2). Bei diesem Verfahren der Auslandsmarktwahl werden Chancenpotentiale auf den dynamischen Wachstumsmärkten Südostasiens nicht rechtzeitig erkannt und bleiben somit unberücksichtigt. Ein

---

(1) Nach Machetzki müssen folgende Faktoren wie das vorhandene Pro-Kopf-Einkommen, die Bevölkerungsgröße und die Importe von Konsumgütern sowie deren Wachstumsraten untersucht werden, um das Marktpotential auf südostasiatischen Schwellenmärkten aufzuzeigen. Siehe hierzu: Machetzki, R., Pazifische Märkte: Hat die deutsche Wirtschaft den Anschluß verpaßt?, in: Südostasien aktuell, 1985, S. 561

(2) Siehe zum Prozeß der Auslandsmarktwahl: Henzler, H., Neue Strategie ersetzt den Zufall, in: Manager Magazin, Heft 4/1979, S. 122 f., Stahr, G., Rationale Auswahl von Auslandsmärkten, Köln 1985, S. 3 ff., Kulhavy, E., Internationales Marketing, Linz 1981, S. 103 ff.

im Vergleich zu anderen Auslandsmärkten gegenwärtig geringes Marktpotential bedeutet nicht unbedingt, daß in südostasiatischen Ländern mittelfristig keine Absatzchancen für deutsche Produkte bestehen. So führen Importrestriktionen, -verbote und die begrenzte Kaufkraft weiter Bevölkerungsteile zu einem latenten Bedarf potentieller Abnehmer, der bei begrenztem Angebot nicht realisiert werden kann (1).
Keegan und Stahr kennzeichnen diese Auslandsmärkte als latente d.h. verborgene Märkte mit einem latenten Marktpotential und niedriger Wettbewerbsintensität. Im Gegensatz zu den Industriemärkten (Triade-Märkte) mit hoher Wettbewerbsintensität liegt die Aufgabe bei latenten Märkten darin, diese Schwellenmärkte frühzeitig zu erkennen und das Auslandsengagement in diesen Regionen zu intensivieren (2). So sollten zur Früherkennung von latenten Wachstumsmärkten folgende ökonomische Merkmale eines Landes untersucht werden, die sowohl die gegenwärtige als auch künftige Größe und die Eigenschaften eines Marktes bestimmen (3):

---

(1) Vgl. Stahr, G., Rationale Auswahl von Auslandsmärkten, Köln 1985, S. 12

(2) Vgl. Keegan, W., Multinational Marketing, 3rd Edition, Englewood Cliffs, New Jersey 1984, S. 229

(3) Siehe hierzu: Meffert, H., Althans, J., Internationales Marketing, Stuttgart 1982, S. 40, Bidlingmaier, J., Marketing 1, 10. Aufl., Opladen 1983, S. 36 f., Schütte, H., Marktstrategien für die Schwellenländer Asiens, in: Engels, B. (Hrsg.), Präsenz der deutschen Wirtschaft in Übersee - was ist zu tun? München, Köln, London 1986, S. 111, Capon, N., The Development of Markets and Marketing in the Pacific Basin, in: Mason, R.H., International Business in the Pasific Basin, Lexington 1987, S. 167 ff.

- Bruttosozialprodukt (absolut/jährliche Wachstumsrate)
- Pro-Kopf-Einkommen (absolut/jährliche Wachstumsrate)
- Bevölkerungsgröße und -wachstum (1)

Die Einbeziehung von gesamtwirtschaftlichen Indikatoren bei der Ermittlung des Marktpotentials in Südostasien ist aufgrund des unterschiedlichen Entwicklungsstandes und des hohen Wirtschaftswachstums dieser Region von besonderer Bedeutung. So wird das Auslandsmarktpotential der südostasiatischen Schwellenländer - verstanden als die Gesamtheit möglicher Absatzmengen für ein bestimmtes Produkt in dieser Region - von der Höhe des gesamtwirtschaftlichen Wachstums sowie der langfristigen Entwicklung des Pro-Kopf-Einkommens wesentlich beeinflußt (2).
Aufgrund des hohen gesamtwirtschaftlichen Wachstums sowie der dynamischen Entwicklung südostasiatischer Schwellenländer weichen das ausländische Marktpotential und das Marktvolumen stark voneinander ab - siehe hierzu Abbildung 22. Das latente Auslandsmarktpotential, was bisher in der südostasiatischen Region nicht ausgeschöpft wurde, kann bei einem intensiven

(1) Siehe zu den ökonomischen Merkmalen Südostasiens Tabelle 9, 11, 12 und Abbildung 17

(2) Nach Bidlingmaier, Kotler und Douglas/Craig nimmt die Höhe des gegenwärtigen und zukünftigen Bruttosozialprodukts bei der Bestimmung des Gesamtumsatzes sowie des Verkaufsvolumens für einzelne Produkte eine Schlüsselstellung ein. Vgl. hierzu: Bidlingmaier, J., Marketing 1, 10. Aufl., Opladen 1983, S. 36 f., Kotler, P., Marketing-Management, 4. Aufl., Stuttgart 1982, S. 693 f., Douglas, S., Craig, C., International Marketing Research, Englewood Cliffs 1983, S. 95

Engagement zu hohen Zuwachsraten beim Absatz nationaler und auch internationaler Unternehmungen führen (1).

Im Rahmen der internationalen Unternehmensstrategie, bei der zum Zweck der langfristigen Verbesserung der Gewinnperspektiven zukünftige Gewinnpotentiale geschaffen werden sollen (2), müssen die Auslandsmärkte neu festgelegt werden, auf denen die deutsche Unternehmung langfristig operieren will. Die Früherkennung zukünftiger Chancenpotentiale auf den südostasiatischen Absatzmärkten soll anhand folgender Faktoren erfolgen, die nach Meffert/Althans und Schütte das Auslandsmarktpotential aufzeigen. Dabei werden - im Gegensatz zum bisherigen Verfahren der Auslandsmarktwahl (lediglich Einbeziehung statischer Einflußgrößen) - die langfristigen Entwicklungen des Bruttosozialprodukts untersucht und Prognosen des BSP im Jahre 1993 mit einbezogen (dynamische Analyse - siehe Tabelle 12).

---

(1) Siehe hierzu auch: Schütte, H., Marktstrategien für die Schwellenländer Asiens, in: Engels, B. (Hrsg.), Präsenz der deutschen Wirtschaft in Übersee - was ist zu tun?, München, Köln, London 1986, S. 113, Stahr, G., Rationale Auswahl von Auslandsmärkten, Köln 1985, S. 18, Becker, J., Grundlagen der Marketing-Konzeption, 2. Aufl., München 1988, S. 374

(2) Vgl. Hinterhuber, H.H., Strategische Unternehmensführung, 3.Aufl., Berlin, New York 1984, S. 88

Tab.12: Marktwachstumsmodell für Südostasien und der Bundesrepublik Deutschland 1987 - 1993 (nach Schütte) (1)

Land	Bruttosozialprodukt in Mrd. $ 1987	Durchschnittliche jährliche Wachstumsrate in 1987 - 1993	Bruttosozialprodukt in Mrd. $ 1993	Zusätzliche Marktgröße in Mrd. $
Hong Kong	45,6	6,0	64,6	
Taiwan	67,3	6,4	97,9	
Südkorea	109,1	6,4	158,0	
Singapur	17,5	5,6	24,2	
Philippinen	35,9	4,0	45,5	
Thailand	47,4	6,0	67,2	
Malaysia	33,3	5,2	45,1	
Indonesien	96,3	3,6	119,2	
Südostasien insgesamt:	452		621	169
im Vergleich: Bundesrepublik Deutschland	899	2,2	1024	125

(1) Marktwachstumsmodell nach Schütte.
Siehe hierzu: Schütte, H., Marktstrategien für die Schwellenländer Asiens, in: Engels, B. (Hrsg.), Präsenz der deutschen Wirtschaft in Übersee, München, Köln, London 1986, S. 112

Quelle: Alle Daten entnommen aus: Prognos, Euroreport '89, Vol. B, Emerging Economies, S. IC 8 und S. IC 9, Basel 1989, Prognos Euroreport '89, Vol. A, Industrialized Countries, S. 391, Basel 1989

Mit der Analyse des Bruttosozialprodukts sowie dessen jährlichen Wachstumsraten sollen möglichst frühzeitig "chancenhaltige" Veränderungen der Unternehmensumwelt identifiziert werden, so daß rechtzeitig eine Internationalisierungsstrategie eingeleitet bzw. die vorhandene Strategie angepaßt werden kann.
Das in Tabelle 12 dargestellte Marktwachstumsmodell zeigt auf, daß "das Bruttosozialprodukt als Kennziffer für Kaufkraft von öffentlicher und privater Seite" (1) in Südostasien 1987 lediglich 452 Milliarden US-Dollar betrug. Im Vergleich zur Bundesrepublik Deutschland mit einem Bruttosozialprodukt von 899 Milliarden Dollar war der südostasiatische Absatzmarkt zu diesem Zeitpunkt somit nur halb so groß wie der Inlandsmarkt (2). Deutsche internationale Unternehmungen müssen im Rahmen der strategischen Planung und Frühaufklärung "das Wachstum dieser Märkte und die damit verbundene Aussicht auf ein zukünftiges großes Marktpotential" (3) mit analysieren.
So deuten langfristige Prognosen auf wesentlich höhere Wachstumsraten des Bruttosozialprodukts in Südostasien bis 1993 hin. Während für die Bundesrepublik Deutschland eine niedrige Wachstumsrate von durchschnittlich 2,2 % prognostiziert wird, liegt diese für die südostasiatischen Schwellenländer auf einem deutlich höheren Niveau von 3,6 % - 6,4 %.

---

(1) Schütte, H., Marktstrategien für die Schwellenländer Asiens, in: Engels, B. (Hrsg.), Präsenz der deutschen Wirtschaft in Obersee - was ist zu tun ?, München, Köln, London 1986, S. 111

(2) Diese geringe Marktgröße ist nach Schütte auch ein Hauptgrund für das geringe Engagement deutscher Unternehmungen in dieser Region. Vgl. hierzu: Schütte, H., Marktstrategien für die Schwellenländer Asiens, in: Engels, B. (Hrsg.), Präsenz der deutschen Wirtschaft in Obersee - was ist zu tun ?, München, Köln, London 1986, S. 111

(3) Schütte, H., Marktstrategien für die Schwellenländer Asiens, in: Engels, B. (Hrsg.), Präsenz der deutschen Wirtschaft in Obersee - was ist zu tun ?, München, Köln, London 1986, S. 112

Diese prozentualen Wachstumsraten müssen mit dem absoluten bisherigen und prognostizierten Bruttosozialprodukt in Zusammenhang gesehen werden, um Rückschlüsse auf das Auslandsmarktpotential ziehen zu können. So wird das Bruttosozialprodukt für die Bundesrepublik Deutschland bei einer hohen Ausgangsgröße von 899 Milliarden Dollar und geringem Wachstum 1993 1024 Milliarden Dollar betragen. Diese zusätzliche Marktgröße, verstanden als zusätzliches Potential für den Absatz von Produkten und Dienstleistungen, beträgt auf dem wettbewerbsintensiven Inlandsmarkt 125 Milliarden Dollar.

Für die südostasiatischen Schwellenländer ergibt sich bei einer niedrigen Ausgangsgröße von 452 Milliarden Dollar und relativ hohem Wachstum ein Bruttosozialprodukt, welches 1993 621 Milliarden Dollar betragen wird. Aus diesem hohen Wachstum ergibt sich eine zusätzliche Marktgröße von 169 Milliarden Dollar, die unter Berücksichtigung der relativ niedrigen Wettbewerbsintensität (wirtschaftsfriedliches Verhalten der Wettbewerber) auf diesen Auslandsmärkten ein Chancenpotential für deutsche Unternehmungen darstellt.

Dieses Marktwachstumsmodell verdeutlicht, daß das bisherige Verfahren der Auslandsmarktwahl kritisch zu überprüfen ist. Eine Bewertung einzelner Auslandsmärkte nach gegenwärtigem Marktpotential, Pro-Kopf-Einkommen und gegenwärtiger Bevölkerungsgröße würde solche Zukunftsmärkte vernachlässigen, die aufgrund ihres dynamischen Wachstums den internationalen Unternehmenserfolg entscheidend mitbestimmen können.
Die verstärkte Einbeziehung der dynamischen Analysen (siehe Tabelle 12), die auf langfristige Entwicklungstendenzen und Chancenpotentiale (1) hinweist, ist ein entscheidender Faktor, der im internationalen Wettbewerb frühzeitig auf strategisch wichtige Schlüsselmärkte aufmerksam macht. Hierdurch können deutsche Unternehmungen ihr bisheriges

---

(1) Chancenpotential im Sinne von zusätzlicher Marktgröße

internationales Engagement bzw. ihre Investitionsschwerpunkte den Chancenpotentialen ausländischer Märkte gegenüberstellen und entsprechende Korrekturen bezüglich des weltweiten Engagements vornehmen.

1.2 Markteintrittsbarrieren in Südostasien

Hat die deutsche Unternehmung den internationalen Marktwahlprozeß abgeschlossen und sich für die Erschließung bzw. Intensivierung ihres Auslandsengagements (1) in Südostasien entschieden, so müssen bei gegebener Marktattraktivität bestehende Eintrittsbarrieren untersucht werden (2). Dieses gilt insbesondere für Schwellenländer, die sich - wie schon an anderer Stelle aufgezeigt (3) - in einem industriellen Entwicklungsprozeß befinden, bei dem inländische Unternehmungen bzw. gesamte Branchen gegenüber ausländischen Wettbewerbern geschützt werden. Der Markteintritt und somit auch die Möglichkeit, zukünftige Gewinnpotentiale dieser Region zu erschließen, hängen von den Eintrittsbarrieren ab, die gegenüber internationalen Wettbewerbern errichtet worden sind. Dabei können ausländische Regierungen aufgrund ihrer verfolgten Wirtschaftspolitik den Markteintritt internationaler

---

(1) Siehe zur Intensivierung des Auslandsengagements auf attraktiven südostasiatischen Schwellenmärkten die Ausführungen im dritten Teil Abschnitt 2.7.3

(2) Im internationalen Wettbewerb auf Schwellenmärkten kommt den regulativen und protektionistischen Maßnahmen des Staates als Eintrittsbarriere eine bedeutende Rolle zu. Weitere Eintrittsbarrieren, die den Zugang zur Branche erschweren wie Betriebsgrößenersparnisse, Produktdifferenzierung, Umstellungskosten, Kostenvorteile, Zugang zu den Vertriebskanälen und hoher Kapitalbedarf sollen unter Berücksichtigung der Internationalisierungsstrategie an dieser Stelle zurückgestellt werden. Siehe zu den Hauptgründen von Eintrittsbarrieren die Ausführungen von Porter, M.E., Wettbewerbsstrategie, 4. Aufl., Frankfurt a.M. 1987, S. 29 ff. und S. 180 ff.

(3) Siehe hierzu auch Abschnitt 2.1 im zweiten Teil

Unternehmungen begrenzen oder sogar völlig verhindern (1). Insbesondere in den Branchen, die für die industrielle Weiterentwicklung der südostasiatischen Schwellenländer besonders wichtig sind und deshalb geschützt werden, muß langfristig mit hohen Eintrittsbarrieren gerechnet werden. Lasserre spricht in diesem Zusammenhang von "strategic industries" in Südostasien und führt neben der Elektronik- und Unterhaltungsindustrie auch die Petrochemie, den Schiffbau sowie die Pharmaindustrie als Branchen auf (2), die besonders durch staatliche Reglementierungen gegenüber ausländischen Konkurrenten geschützt werden.
In Form von Investitionskontrollen, Distributionseinschränkungen (Exportverpflichtung), Importverboten, Importzöllen, Kontingenten und Anti-Dumping-Kontrollen kann der Staat regulativ und protektionistisch auf die Wettbewerbsstruktur der südostasiatischen Absatzmärkte und die betrieblichen Strukturen ausländischer Marktteilnehmer einwirken (3).
Diese in ihrer Intensität und Wirkungsweise abgestuften Eintrittsbarrieren (4) können soweit führen, daß interna-

---

(1) Siehe zur Wirtschaftspolitik und den protektionistischen Maßnahmen einzelner südostasiatischer Schwellenländer auch die Ausführungen von Lütkenhorst, W., Handelsförderung und Handelsbarrieren in den Ländern Südostasiens, in: Laumer, H. (Hrsg.), Wachstumsmarkt Südostasien, München, Köln, London 1984, S. 267 ff.

(2) Vgl. Lasserre, P., The New Industrializing Countries of Asia - Perspectives and Opportunities, in: Long Range Planning, Vol. 14, No. 3, 1981, S. 40 f.

(3) Vgl. Doz, Y.L., Die Rolle des Staates im globalen Wettbewerb, in: Porter, M. (Hrsg.), Globaler Wettbewerb, Wiesbaden 1989, S. 258

(4) Die Markteintrittsbarrieren in Form von Investitionskontrollen, Importverbote und anderen regulativen staatlichen Maßnahmen werden im Rahmen der politischen Analyse auf südostasiatischen Schwellenmärkten mit untersucht. Siehe hierzu die Ausführungen im dritten Teil Abschnitt 2.6.1

tionale Markteintrittsstrategien deutscher Unternehmungen grundlegend modifiziert werden müssen oder ein Marktverzicht in Betracht gezogen werden muß.

Um im Rahmen der Internationalisierungsstrategie ausländische Marktchancen wahrnehmen zu können und "in allen wichtigen Märkten als Insider präsent zu sein" (1), müssen vorhandene sowie zu erwartende Markteintrittsbarrieren untersucht und entsprechende Eintrittsstrategien formuliert werden.

Abb. 23: Protektionistische Maßnahmen ausgewählter Länder

	OECD					Entwicklungsländer												
	Japan	USA	Deutschland	Frankreich	Großbritannien	Korea	Taiwan	Philippinen	Thailand	Malaysia	Singapur	Indonesien	Mexiko	Brasilien	Venezuela	Peru	Indien	Spanien
Kontrolle ausländischer Investitionen						●	●	●	●	●		●	●		●	●	●	●
Distributionseinschränkung (Exportverpflichtung)				●		●		●	●		●		●				●	●
Importverbot				△		●		●	●			●	●	●	●	●	●	
Importzölle						●	●	●	●			●	●	●	●	●	●	
Kontingente und freiwillige Selbstbeschränkung	●	●	●	△	●		●										●	●
Anti-Dumping-Kontrolle	●	●	●	●	●			●						●			●	●

△ nur gegen Japan
● gegen alle oder mehrere Länder

Quelle: Ohmae, K., Macht der Triade, Wiesbaden 1985, S. 41

(1) Ohmae, K., Macht der Triade, Wiesbaden 1985, S. 40

Aus Abbildung 23 geht deutlich hervor, daß insbesondere in Schwellen- und Entwicklungsländer eine Vielfalt staatlicher Beschränkungen berücksichtigt werden müssen. Porter spricht in diesem Zusammenhang von geschützten Märkten in Entwicklungsländern (1).
Besonders verschlossene Märkte mit "hohen" Eintrittsbarrieren sind nach Ohmae die Philippinen mit fünf sowie Südkorea und Thailand mit jeweils vier protektionistischen Maßnahmen.
Märkte mit "mittleren" Eintrittsbarrieren sind Taiwan und Indonesien mit jeweils drei protektionistischen Maßnahmen, während Singapur und Malaysia als Märkte mit "niedrigen" Eintrittsbarrieren klassifiziert werden können.
Diese recht unterschiedlichen handels- und investitionspolitischen Beschränkungen einzelner Länder bestimmen in entscheidendem Maße,ob und in welcher Form ein Markteintritt deutscher und internationaler Unternehmungen in dieser Region ermöglicht wird.

Die unternehmenspolitische Entscheidung, ob in Südostasien ein verstärktes Auslandsengagement angestrebt werden sollte, muß unter Berücksichtigung der jeweils vorhandenen Markteintrittsschwierigkeiten und der generellen Marktattraktivität einzelner Länder getroffen werden.
Anhand der vom BERI-Institut ermittelten Profit Opportunity Recommandation Indizes sowie der vorhandenen Markteintrittsschwierigkeiten ergibt sich in Abbildung 24 für die südostasiatischen Schwellenländer folgende Konstellation. Zum Vergleich werden die USA und die Bundesrepublik Deutschland mit aufgeführt.

---

(1) Vgl. Porter, M.E., Der Wettbewerb auf globalen Märkten: Ein Rahmenkonzept, in: Porter, M.E. (Hrsg.), Globaler Wettbewerb, Wiesbaden 1989, S. 52

Abb. 24: Generelle Marktattraktivität und Markteintritts-schwierigkeiten in ausgewählten Ländern (1)

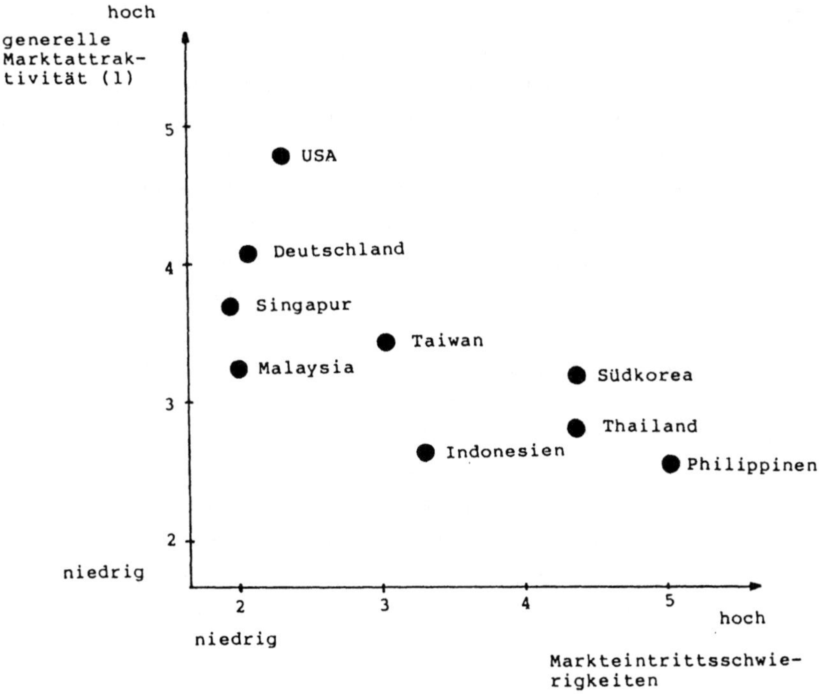

(1) Die generelle Marktattraktivität der südostasiatischen Schwellenländer wurde anhand der Profit Opportunity Recommandation (POR) Indizes in diese Abbildung übertragen. (Siehe hierzu auch Abschnitt 2.7.2 sowie das internationale Länderportfolio in Abschnitt 2.7.3 des dritten Teils). Die Markteintrittsschwierigkeiten wurden anhand der protektionistischen Maßnahmen einzelner Länder aus Abbildung 23 ermittelt.

Quelle: In Anlehnung an Simon, H., Eintrittsbarrieren und Eintrittsstrategien im japanischen Markt, USW-Working Paper 1/1985, Erfstadt 1985, S. 2

Singapur und Malaysia sind Länder mit mittlerer Marktattraktivität und niedrigen Markteintrittsschwierigkeiten, während in Taiwan und Südkorea - beide ebenfalls mit mittlerer Marktattraktivität - schon mit mittleren Markteintrittsschwierigkeiten - gerechnet werden muß.
Indonesien, Thailand und die Philippinen werden als Länder mit mittlerer bis niedriger Marktattraktivität und sehr unterschiedlichen Markteintrittsschwierigkeiten eingestuft. Während Indonesien mit drei Markteintrittsbarrieren und Thailand mit vier Markteintrittsbarrieren noch als Länder mit mittleren Markteintrittsschwierigkeiten eingestuft werden, sind die Philippinen als ein Land mit hohen Markteintrittsschwierigkeiten zu bewerten.
Unter Berücksichtigung der niedrigen Marktattraktivität und hohen Markteintrittsbarrieren in Thailand und den Philippinen sollten diese schwierigen Märkte zu einem späteren Zeitpunkt erschlossen werden, um Entwicklungen abzuwarten, die die bestehenden Eintrittsbarrieren verändern (1). Denn im Zeitablauf können sich die Eintrittsbarrieren aufgrund neuer wirtschaftspolitischer Maßnahmen verändern und somit von internationalen Unternehmungen überwunden werden (2).

---

(1) Vgl. Becker, J., Grundlagen der Marketing-Konzeption, 2. Aufl., München 1988, S. 283

(2) Die Überwindung von Markteintrittsbarrieren durch einen vorläufigen Marktverzicht stellt im internationalen Marketing eine interessante Alternative dar. So führte ein sich zwischen den USA und Japan anbahnender Handelskrieg dazu, daß die japanische Regierung im Frühjahr 1985 zu einer Marktöffnung bereit war. Protektionistische Maßnahmen wurden seitdem zurückgenommen. Siehe hierzu auch: Segler, K., Basisstrategien im internationalen Marketing, Frankfurt a.M. 1986, S. 102, Doz, Y.L., Die Rolle des Staates im globalen Wettbewerb, in: Porter, M.E. (Hrsg.), Globaler Wettbewerb, Wiesbaden 1989, S. 275

Für die übrigen südostasiatischen Schwellenländer müssen unter Berücksichtigung der mittleren Marktattraktivität sowie der gegebenen Markteintrittsschwierigkeiten flexible Eintrittsstrategien in Betracht gezogen werden. Hierbei lassen sich folgende Alternativen mit jeweils unterschiedlichem Güter-, Kapital- und Managementtransfer unterscheiden:

- Export
- Lizenzvergabe
- Joint Venture
- Auslandsniederlassung
  und
- Tochtergesellschaft.

Handels- und investitionspolitischen Eintrittsbarrieren einzelner Länder kann so mit entsprechenden Eintrittsstrategien begegnet werden. Beschränkt beispielsweise Korea den Gütertransfer durch Distributionseinschränkungen, Importverbote und Importzölle sowie den Kapitaltransfer durch Kontrolle ausländischer Investitionen, so sollten in diesem Land Lizenzverträge abgeschlossen oder ein Joint Venture mit einer inländischen Unternehmung gegründet werden.

Die Überwindung einzelner Markteintrittsbarrieren erfordert von der deutschen internationalen Unternehmung ein hohes Maß an Flexibilität und Kooperationsbereitschaft, da oftmals nur auf diesem Wege ein Zutritt auf diesen Schwellenmärkten möglich ist.

Für den Erfolg einer internationalen Unternehmung "ist es von entscheidener Bedeutung, die von den Gastgeberstaaten auf strategisch wichtigen Märkten ergriffenen Maßnahmen (Ein-

trittsbarrieren) genau zu verstehen und auch die erforderlichen Mittel zu investieren" (1).
Deshalb soll an dieser Stelle nochmals erwähnt werden, daß südostasiatische Schwellenländer im Rahmen ihrer Industrialisierungsstrategie auf Auslandsinvestitionen aus Industrieländern angewiesen sind (2). Technisches Know-how, Managementqualifikation, Kapitaltransfer usw. sind für die weitere Industrialisierung und die Beschäftigungssituation von großer Wichtigkeit, so daß nur solche Unternehmungen Zugang zu diesen geschützten Märkten haben, die frühzeitig Kooperationsformen anstreben oder Direktinvestitionen in den südostasiatischen Schwellenländern tätigen (3).

---

(1) Doz, Y.L., Die Rolle des Staates im globalen Wettbewerb, in: Porter, M.E. (Hrsg.), Globaler Wettbewerb, Wiesbaden 1989, S. 303

(2) Siehe zu den Markteintrittsbarrieren und der Industrialisierung von Schwellen- und Entwicklungsländern auch die Ausführungen von Keegan und Doz. Keegan, W., Multinational Marketing, 3rd Edition, Englewood Cliffs 1984, S. 81 ff., Doz, Y.L., Die Rolle des Staates im globalen Wettbewerb, Wiesbaden 1989, S. 275

(3) Die von Korea, den Philippinen, Thailand und Singapur erhobene Distributionseinschränkung (Exportverpflichtung) soll internationale Unternehmungen dazu bewegen, in diesen Ländern Investitionen zu tätigen. Um sich Zugang zu diesen Auslandsmärkten zu verschaffen, müssen internationale Unternehmungen sich verpflichten, einen Teil für den Export zu produzieren.

1.3 Distributionsstrukturen und internationale Distributionspolitik in Südostasien

1.3.1 Traditionelle Distributionsstrukturen in Schwellenländern

Im Zusammenhang mit dem Markteintritt in Südostasien müssen vorhandene Distributionswege und Absatzmittler untersucht werden, die den Absatz deutscher Produkte auf Schwellenmärkten ermöglichen sollen. Sowohl die Distributionswege als auch die -organisationen (Absatzmittler) beeinflussen in entscheidendem Maße die Verfügbarkeit deutscher Produkte auf dem südostasiatischen Absatzmarkt und sind somit für den internationalen Unternehmenserfolg von großer Bedeutung.
Unter Berücksichtigung des wirtschaftlichen Entwicklungsstands der südostasiatischen Schwellenländer sowie der traditionell vorhandenen Distributionsstrukturen sollen im folgenden die sich daraus ergebenden Probleme für deutsche Unternehmungen untersucht werden. Sowohl die physische Distribution, die den Versand, Transport und die Lagerung umfaßt, als auch die vorhandenen Distributionsorganisationen (Absatzmittler) sind in dieser Region nicht ausreichend entwickelt und stellen für ausländische Unternehmungen einen "Stolperstein" dar.
Lange Absatzwege mit einer Vielzahl von Absatzmittlern zählen zu den besonderen Merkmalen des Distributionssystems in Schwellen- und Entwicklungsländern. Die Verbindung zwischen Produzenten und "Groß- und Einzelhandel wird durch eine Vielzahl kleiner Handelsagenten, Makler, Kommissionäre oder auf eigene Rechnung arbeitender Transportunternehmer geschaffen" (1).
Insbesondere in den wirtschaftlich und technisch weniger entwickelten Ländern wie Indonesien, Thailand und den

---

(1) Hahne, D., Marketing in Entwicklungsländern, München 1979, S. 239

Philippinen sind in ländlichen Gebieten, in denen der Großteil der Bevölkerung lebt, die primitivsten Distributionsformen anzutreffen (1). Stationäre Nachbarschaftsläden, Tauschhandel sowie eine Vielzahl von Straßenhändlern stellen hier das traditionelle Distributionssystem dar, so daß die Versorgung der ländlichen Bevölkerung mit industriell gefertigten Konsumgütern über diese Absatzkanäle nicht gewährleistet werden kann. Darüber hinaus fehlen diesen Absatzmittlern entsprechende technische Einrichtungen, die eine kühle, trockene und geschützte Lagerhaltung der Produkte in dieser Region ermöglichen (2).

Im Gegensatz zu den oben genannten Unzulänglichkeiten des traditionellen Distributionssystems in ländlichen Gebieten sind in den Stadtgebieten der Schwellenländer und Stadtstaaten wie Hong Kong und Singapur effiziente Absatzwege vorhanden. Aufgrund der in den Großstädten lebenden wohlhabenden Bevölkerung ist das Distributionssystem - ähnlich wie in den westlichen Industrieländern - weit entwickelt (3). Jede Form des Groß- und Einzelhandels ist vorhanden, so daß die physische Distribution und die Versorgung der ausländischen Verbraucher mit Konsumgütern hier weitgehend ermöglicht werden.

Diese unterschiedliche Effizienz der Distribution in Land- und Stadtgebieten ist ein wesentliches Charakteristikum in

---

(1) Der Anteil der Landbevölkerung betrug 1980 in Indonesien 82%, Malaysia 71%, Thailand 85% und den Philippinen 65%. Siehe hierzu auch: Lasserre, P., Strategic Planning in South-East Asia, in: Euro-Asia Business Review, Vol. 2, No. 2, 1983, S. 38

(2) Vgl. Hahne, D., Marketing in Entwicklungsländern, München 1979, S. 239

(3) Vgl. Kinsey, J., Marketing in Developing Countries, London 1988, S. 127

südostasiatischen Schwellenländern. Kinsey und Meffert umschreiben diese von der Anlage her verschiedenen Distributionssysteme als dualistische nebeneinander bestehende Marktstruktur, die bei internationalen distributionspolitischen Entscheidungen deutscher Unternehmungen mit einzubeziehen ist (1).

1.3.2 Markteintrittsstrategien und internationale Distributionspolitik in Südostasien

Aufgrund der geringen Leistungsfähigkeit (2) traditioneller Distributionsstrukturen in den weniger entwickelten südostasiatischen Schwellenländern stellt sich für internationale Unternehmungen die Frage, ob in Hinblick auf die absatzpolitischen Zielsetzungen und Ressourcen eigene oder fremde Absatzwege benutzt werden sollen (3).
Grundsätzlich kommen im Rahmen der internationalen Distributionspolitik eine Vielzahl von Alternativen in Betracht, die vom indirekten Export über Handelshäuser bis zur Auslandsproduktion mit eigener Vertriebsgesellschaft reichen können. Welche Form der Eintrittsstrategie gewählt wird, hängt neben dem branchen- und produktspezifischen Besonderheiten auch von der Größe des ausländischen Marktpotentials sowie der Bedeutung des Auslandsgeschäfts für die internationale Unter-

---

(1) Vgl. Kinsey, J., Marketing in Developing Countries, London 1988, S. 41 f., Meffert, H., Marketing in Entwicklungsländern, Arbeitspapier des Instituts für Marketing der Universität Münster, Nr. 8, Münster 1976, S. 30

(2) Geringe Leistungsfähigkeit traditioneller Distributionsstrukturen in ländlichen Gebieten und insbesondere in den weniger entwickelten Ländern wie Indonesien, Thailand und den Philippinen

(3) Vgl. Kahmann, J., Absatzpolitik multinationaler Unternehmungen, Berlin 1972, S. 72

nehmung ab. So werden bei einem stufenweisen Ausbau des Auslandsgeschäfts in der Anfangsphase bestehende ineffiziente Distributionsstrukturen genutzt, bevor ein eigenes Distributionssystem im Auslandsmarkt errichtet wird.

Die Form des Markteintritts in Südostasien (1) determiniert in entscheidendem Maße auch die Wahl und Länge der Absatzwege. Denn "je nach Ausmaß des Auslandsengagements (z.B. Export- oder Direktinvestitionen) ist bereits vorgezeichnet, ob der Absatz direkt oder indirekt erfolgt und welche Typen von Absatzmittlern in Frage kommen" (2). In Abbildung 25 sind verschiedene Markteintrittsstrategien dargestellt, die jeweils einen unterschiedlichen Transfer von Rohstoffen, Gütern, Kapital, Personal und Know-how beinhalten.

---

(1) Siehe zu den unterschiedlichen Formen des Markteintritts auf Auslandsmärkten Abbbildung 25

(2) Meffert, H., Althans, J., Internationales Marketing, Stuttgart 1982, S. 155

Abb. 25: Internationale Markteintrittsstrategien und Absatzwege in Südostasien

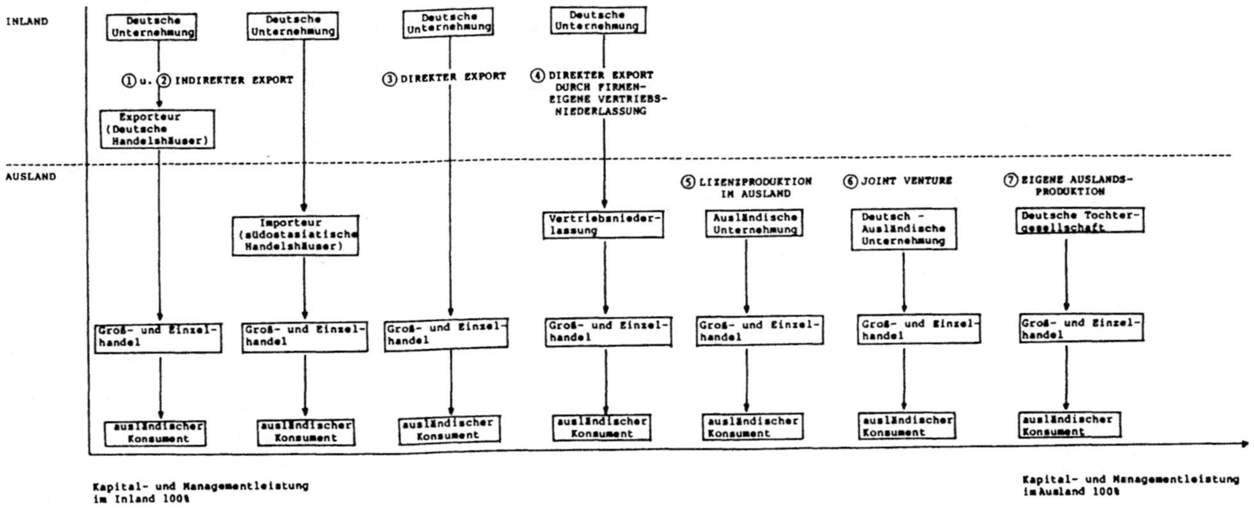

Quelle: In Anlehnung an Meffert, H., Althans, J., Internationales Marketing, Stuttgart 1982, S. 154 und S. 160, Meissner, H.G., Strategisches Internationales Marketing, Berlin 1987, S. 47

Die Intensität des Auslandsengagements und damit auch der Transfer von Ressourcen vollziehen sich in einem Entwicklungsprozeß, bei dem verschiedene Stufen ausgelassen oder übersprungen werden können (1). Entsprechend dem wirtschaftlichen Entwicklungsstand südostasiatischer Schwellenländer und dem bisherigen niedrigen Marktpotential werden diese Märkte in der Anfangsphase des Auslandsgeschäfts vorwiegend durch den indirekten Export bearbeitet. Hierbei übernehmen die deutschen und europäischen Handelshäuser (Exporteure) (2), als Institution kolonialen Ursprungs, eine zwar abnehmende, aber immer noch wichtige Distributionsfunktion (Verkauf und Lieferung) in dieser Region ein (3).
Der indirekte Export kann jedoch auch über südostasiatische Handelshäuser (Importeure) getätigt werden, die in den letzten Jahren im Vertriebsnetz internationaler Unternehmungen zunehmend an Bedeutung gewonnen haben. Insbesondere für Produkte, die in ländlichen Gebieten oder an den Staat verkauft werden sollen, kommt den lokalen Handelshäusern der Übersee-Chinesen eine wichtige Schlüsselposition zu. In beiden Fällen erzielen ausländische Importeure durch ihre besseren politischen Beziehungen zu staatlichen Entscheidungs-

---

(1) Vgl. Berekoven, L., Internationales Marketing, 2. Aufl., Herne, Berlin 1985, S. 39

(2) Neben deutschen und europäischen Handelshäusern nehmen in der südostasiatischen Region die japanischen Generalhandelshäuser (sogo shosha) eine überragende Stellung ein. Die strategische Bedeutung der sogo shosha für japanische Unternehmungen wird im vierten Teil, Abschnitt 2.3.1 eingehend erläutert.

(3) Siehe hierzu auch: Kirchbach, F.v., Marketing Channels and Strategies of Foreign Companies in Southeast Asia, in: Laumer, H. (Hrsg.), Wachstumsmarkt Südostasien, München, Köln, London 1984, S. 327, Mc.Coy, H.E., Methods, Channels and Financing of Purchases in the Pacific Basin, in: Mason, R.H. (Hrsg.), International Business in the Pacific Basin, Lexington 1978, S. 157 f.

trägern und Kenntnisse lokaler Usancen erhebliche Vorteile gegenüber ihren Konkurrenten (1).
Für deutsche Unternehmungen, die keine Auslandsmarkterfahrungen haben und kapitalschwach sind, bietet sich diese Form des Markteintritts an, da die Lieferung und der Verkauf der Produkte von einem wirtschaftlich selbständigen Exporteur oder Importeur durchgeführt wird. Durch die Übertragung der Distributionsfunktion an den Exporteur bzw. Importeur wird das Auslandsrisiko der deutschen Unternehmung minimiert: jedoch ergeben sich hierdurch auch absatzpolitische Probleme. So stehen deutsche Unternehmungen durch die Mittlerfunktion der Handelshäuser nur indirekt mit dem Absatzmarkt und den Konsumenten in Verbindung. Spezifische Bedürfnisse südostasiatischer Konsumenten oder Marktveränderungen können so nur schwer ermittelt und bei Auslandsentscheidungen mit einbezogen werden. Auch die Kontrollmöglichkeiten über den weiteren Absatzweg des Produktes sind aufgrund der Benutzung betriebsfremder Absatzmittler sehr begrenzt, so daß andere Formen des Markteintritts mit einem eigenen Distributionssystem zu untersuchen sind (2).

Eine weitere Markteintrittsstrategie stellt in diesem Zusammenhang der direkte Export dar, bei dem die deutsche Unternehmung ihre Produkte ohne Einschaltung von Exporteuren oder Importeuren direkt an den südostasiatischen Groß- und Einzelhandel oder den Endverbraucher verkauft. Die Transport-,

---

(1) Vgl. Kirchbach, F.v., Verluste europäischer Unternehmen im Entwicklungsländergeschäft, in: Harvard Manager, Heft 4/1986, S. 71

(2) Vgl. Obleis, H.P., Das absatzpolitische Instrumentarium der multinationalen Unternehmung, Ernsbach 1976, S. 113, Mc.Coy, H.E., Methods, Channels and Financing of Purchases in the Pacific Basin, in: Mason, R.H., International Business in the Pacific Basin, Lexington 1978, S. 158

Lagerhaltungs- und Finanzierungsfunktion werden in diesem Fall nicht auf wirtschaftlich selbständige Exporteure/Importeure übertragen, sondern selbst übernommen. Durch den Aufbau direkter Geschäftsbeziehungen zu ausländischen Groß- und Einzelhändlern und Konsumenten kann die deutsche Unternehmung - im Vergleich zum indirekten Export - die Kontrollmöglichkeiten über den Distributionsweg weiter ausbauen.

Bei einer fortschreitenden Internationalisierung, bei der das Auslandsgeschäft für die deutsche Unternehmung zunehmend an Bedeutung gewinnt, können fremde und daher weisungsfreie Distributionsorgane durch eine firmeneigene und weisungsgebundene Vertriebsniederlassung ersetzt werden (1).
Durch den Aufbau einer eigenen effizienten Vertriebsniederlassung mit Kundendienst und technischer Beratung soll der Absatzmarkt intensiver durchdrungen werden; spezifische Marktverhältnisse und -veränderungen können somit direkt an das deutsche Stammhaus weitergeleitet werden (2). Darüber hinaus besteht die Aufgabe der ausländischen Vertriebsniederlassung darin, den in dieser Region wichtigen persönlichen Kontakt zwischen der deutschen Unternehmung und den südostasiatischen Abnehmern (Handel und Konsumenten) weiter auszubauen. Diese Form der Markteintrittsstrategie, bei der neben dem Export der Produkte ein Transfer von Kapital, Personal und Know-how stattfindet, wird erst in einer" Spätphase des Exports" gewählt, bei der das südostasiatische Auslandsge-

---

(1) Vgl. Kulhavy, E., Internationales Marketing, Linz 1981, S. 18

(2) Vgl. Ringle, G., Exportmarketing, Wiesbaden 1977, S. 90

schäft eine entsprechende Umsatzgröße erreicht haben sollte (1). Blockierte Absatzkanäle durch eine konsequent betriebene Ausschließlichkeitspolitik starker Konkurrenten sowie ein ineffizientes lokales Distributionssystem sind weitere mögliche Gründe, die zum Aufbau einer eigenen Vertriebsniederlassung im Ausland zwingen können (2).

Die Lizenzvergabe an südostasiatische Produktionsunternehmen ist in dieser Region eine wichtige Vertriebsstrategie ausländischer Unternehmungen. Unter Berücksichtigung der protektionistischen und regulativen Maßnahmen (Importverbote, Zölle und Kontingente), die sich ausschließlich gegenüber ausländische Wettbewerber richten, stellt die Lizenzvergabe eine Alternative dar, indirekt in verschlossene Auslandsmärkte einzudringen (3). Der bisherige Export wird dabei durch die Aufnahme der Produktion durch einen ausländischen Lizenznehmer ersetzt. Durch die zeitliche und entgeltliche Übertragung von Know-how (Rechte, Patente, Verfahren, etc.) und Vertriebsaufgaben auf südostasiatische Unternehmungen wird das Auslandsrisiko (Gefahr von Enteignung, Nationalisierung) und die Finanzmit-

---

(1) Eine Untersuchung von Mindestumsatzgrößen, bei deren Überschreitung sich internationale Unternehmungen dazu entschließen, betriebseigene Vertriebsniederlassungen in Südostasien zu gründen, ergab, daß diese schon bei Umsätzen von wenigen Millionen Dollar pro Land realisiert wurde. Vgl. hierzu Kirchbach, F.v., Verluste europäischer Unternehmungen im Entwicklungsländergeschäft, in: Harvard Manager, 4/1986, S. 71

(2) Vgl. Übleis, H.P., Das absatzpolitische Instrumentarium der multinationalen Unternehmung, Ernsbach 1976, S. 106

(3) Siehe hierzu auch: Zweiter Teil, Abschnitt 2.1 und vierter Teil, Abschnitt 1.2

telbindung bei steigendem Geschäftsvolumen weitgehend begrenzt (1). Auf diese Weise können südostasiatische Märkte leicht und schnell erschlossen werden, ohne daß größere Kapitalbeträge ins Ausland transferiert werden müssen. Deshalb wurde diese kooperative Form des Markteintritts auch von vielen europäischen und deutschen mittelständischen Unternehmen im Südostasien-Geschäft bevorzugt (2).

Eine weitere kooperative Markteintrittsstrategie stellt ein Joint Venture (Strategische Allianz) dar. Hierbei gründen eine deutsche und eine südostasiatische Unternehmung gemeinsam ein drittes Unternehmen, dessen Standort im Land eines der Beteiligten - in diesem Fall in Südostasien - liegt (3). Aufgrund unterschiedlicher Beteiligungsmöglichkeiten kann die Einflußnahme der deutschen Geschäftsführung weitgehend geregelt werden, was in dieser Region besonders wichtig ist.
In vielen Fällen ist diese Form des Markteintritts mit der Produktion vor Ort die einzige Möglichkeit, in verschlossene Märkte wie die Philippinen, Thailand und Indonesien einzutreten. In diesen Ländern haben die Regierungen aus Furcht vor einer Überfremdung der Volkswirtschaft und zu großen Einflußmöglichkeiten ausländischer Unternehmungen Vorschriften über

---

(1) Vgl. Meissner, H.G., Strategisches Internationales Marketing, Berlin 1987, S. 48

(2) Vgl. Kirchbach, F.v., Verluste europäischer Unternehmen im Entwicklungsländergeschäft, in: Harvard Manager, 4/1986, S. 71

(3) Vgl. Meffert, H., Althans, J., Internationales Marketing, Stuttgart 1982, S. 156

Beteiligungsverhältnisse erlassen, die sehr restriktiv sind (1). So werden im Normalfall nur solche Joint Ventures zugelassen, die eine Minoritätsbeteiligung des deutschen Partners von maximal 49% vorsehen.

Durch die gemeinsame Gründung eines Joint Ventures und der Produktionsaufnahme im Ausland ergeben sich für die deutsche Unternehmung eine Vielzahl von Vorteilen wie Risikominderung, Ausnutzung komparativer Kostenvorteile, bessere Marktkenntnis, größere Marktnähe und flexiblere Reaktionsmöglichkeiten auf den sich rasch wandelnden südostasiatischen Absatzmärkten (2).
Auch im Umgang mit ausländischen Behörden kann der südostasiatische Partner aufgrund persönlicher Beziehungen zu wichtigen Entscheidungsträgern und Kenntnissen lokaler Usancen eher dazu beitragen, "lokale Erleichterungen und Vergünstigungen" zu erzielen als ein zu hundert Prozent im deutschen Besitz stehendes Unternehmen. Darüber hinaus können gegebenfalls schon vorhandene Vertriebseinrichtungen des südostasiatischen Partners für den Absatz der Produkte in Anspruch genommen werden, so daß der Aufbau eines eigenen Distributionssystems in einem fremden Markt entfällt.

Die ausgeprägteste Form der Markteintrittsstrategie stellt die Neugründung oder der Kauf einer Produktionsstätte im südostasiatischen Auslandsmarkt dar. Hierbei kann sich die Auslandsproduktion auf die Produktion von Teilen, vollständiger Produkte oder - wie in Südostasien aufgrund des technischen

---

(1) Siehe zu den Investitionsbedingungen und der staatlichen Einflußnahme in diesen Ländern: Jungnickel, R., Gerberding, A., Maenner, U., Investitionsbedingungen in der ASEAN-Region, Hamburg 1986

(2) Vgl. Schneider, D.J.G., Das Südostasien-Geschäft, Wiesbaden 1988, S. 27

Entwicklungsstandes üblich - auf die Montage oder das Assembling von gelieferten Teilen beziehen (1).

Hohe Zölle auf den Import von Fertigprodukten führten in der vergangenen Zeit dazu, daß deutsche und ausländische Unternehmungen verstärkt zu dieser Strategie der Vor-Ort-Produktion mit einem Assembling von importierten Halbfertigprodukten übergegangen sind. Diese Kombination von Auslandsproduktion und Import stellt nach Kirchbach und Wagner/Stier/Haas bei gegebenen restriktiven Beschränkungen (hohe Zölle auf Fertigprodukte) die wichtigste Vertriebsstrategie in der südostasiatischen Region dar (2).

Ein typisches Beispiel hierfür ist die Automobilbranche. Restriktive Beschränkungen auf den Import von PKW's führten dazu, daß wichtige Zwischenprodukte wie Motoren und Getriebe importiert und von der Tochtergesellschaft in Südostasien montiert wurden.
Durch die direkte Produktion und Marktbearbeitung vor Ort ergeben sich für die deutsche Tochtergesellschaft die gleichen Vorteile wie bei einem Joint Venture; das heißt komparative Kostenvorteile, bessere Marktkenntnisse, Marktnähe und flexiblere Reaktionsmöglichkeiten, verbunden mit dem Vorteil des Alleineigentums. Darüber hinaus ermöglicht die ständige Präsenz auf dem Auslandsmarkt bessere Einfluß- und Kontrollmöglichkeiten über die Distributionswege und eine intensivere Marktbearbeitung.

---

(1) Vgl. Kulhavy, E., Internationales Marketing, Linz 1981, S. 29

(2) Vgl. Kirchbach, F.v., The Role of Marketing Strategies in Penetrating Southeast and East Asian Markets, Kiel 1985, S. 60, Wagner, W., Stier, B., Haas, U., Deutsche und japanische Export- und Investitionsstrategien in Südostasien, Hamburg 1985, S. 159

Die oben aufgezeigten Alternativen des internationalen Markteintritts in Südostasien und die damit verbundene Wahl der Absatzwege zeigt auf, daß deutsche Unternehmungen auf staatliche Restriktionen und Bestimmungen landesspezifisch und fexibel reagieren können. Die Intensität des Auslandsengagements und damit auch die Wahrnehmung von Chancenpotentialen wird in dieser Region immer noch sehr stark von den ausländischen Regierungen - bzw. deren Wirtschaftspoltik- bestimmt, so daß kooperative Strategien oftmals die einzige Möglichkeit sind, diese Märkte langfristig zu erschließen. Auch im Hinblick auf die Distribution erscheint die Zusammenarbeit mit einem lokalen Partner, der langjährige wirtschaftliche und persönliche Beziehungen zu landesüblichen Distributionsorganen unterhält, als vorteilhaft. Bei einer fortschreitenden Industrialisierung der südostasiatischen Schwellenländer werden sich die zum Teil ineffizienten Distributionstrukturen weiter entwickeln, so daß langfristig ein schrittweises Angleichen an das "Industrieländer-Niveau" (effizientes Distributionssystem) zu erwarten ist (1). Von daher sollten deutsche Unternehmungen in der ersten Phase ihrer Internationalisierung die im Auslandsmarkt vorhandenen Absatzwege nutzen, bevor ein betriebseigenes Distributionssystem errichtet wird.

---

(1) Siehe hierzu auch: Obleis, H.P., Das absatzpolitische Instrumentarium der multinationalen Unternehmung, Ernsbach 1976, S. 103

1.4 Internationale und intranationale Marktsegmentierung unter Einbeziehung des Verbraucherverhaltens und der Zielgruppen in Südostasien

Aus dem unterschiedlichen wirtschaftlichen Entwicklungsstand, niedrigeren Pro-Kopf-Einkommen der Konsumenten und den sozio-kulturellen Besonderheiten Südostasiens resultieren unterschiedliche Kauf- und Verbrauchsgewohnheiten, was zunächst eine internationale Marktsegmentierung auf Weltebene (1. Ebene) dringend erforderlich macht. Dabei werden die acht südostasiatischen Absatzmärkte länderübergreifend als eine Gruppe (Schwellenländer) mit gleicher Marktreaktion zusammengefaßt, die gegenüber den Industrie- und Entwicklungsländern möglichst heterogen sein sollte (1).

---

(1) Zur Marktsegmentierung auf Weltebene werden neben dem sozio-kulturellen, politisch-rechtlichen, technologischen Entwicklungsstand und dem Pro-Kopf-Einkommen der Bevölkerung insbesondere der wirtschaftliche Entwicklungsstand in einzelnen Ländern (Schwellenländerphase) herangezogen. Diese spezifischen Merkmale bilden die Grundlage von Typologien von Ländergruppen. Siehe hierzu auch: Meffert, H., Althans, J., Internationales Marketing, Stuttgart 1982, S. 60 ff., Meffert, H., Marktsegmentierung und Marktwahl im internationalen Marketing, in: Die Betriebswirtschaft, 37. Jg., 1977, Heft 2, S. 435 ff., Segler, K., Basisstrategien im internationalen Marketing, Frankfurt a.M. 1987, S. 196 ff., Waldorf, E.G., Auslandsmarketing, Wiesbaden 1987, S. 151 f.

Der gesamte Weltmarkt wird somit in Teilmärkte untergliedert, so daß aufgrund des unterschiedlichen wirtschaftlichen Entwicklungsstands und der Kauf- und Verbrauchsgewohnheiten eine differenzierte Marktbearbeitung erfolgen kann - siehe hierzu Abbildung 26 (1).

(1) Auf einzelne Segmentierungskriterien und Methoden zur Marktaufspaltung soll an dieser Stelle nicht näher eingegangen werden. Siehe zu den Marktsegmentierungskriterien und Bildung von Marktsegmenten auf Weltebene: Meffert, H., Marktsegmentierung und Marktwahl im internationalen Marketing, in: Die Betriebswirtschaft, 37. Jg., 1977, Heft 2, S. 435 ff., Kuhlhavy, E., Internationales Marketing, Linz 1981, S. 85 ff., Berekoven, L., Internationales Marketing, 2. Aufl., Herne, Berlin 1985, S. 119 ff., Bernkopf, G., Strategien zur Auswahl ausländischer Märkte, Diss., München 1980, S. 61 ff., Majaro, S., International Marketing, 2nd Edition, London 1982, S. 42 ff.

Abb. 26: Internationale und intranationale Marktsegmentierung in Schwellenländern

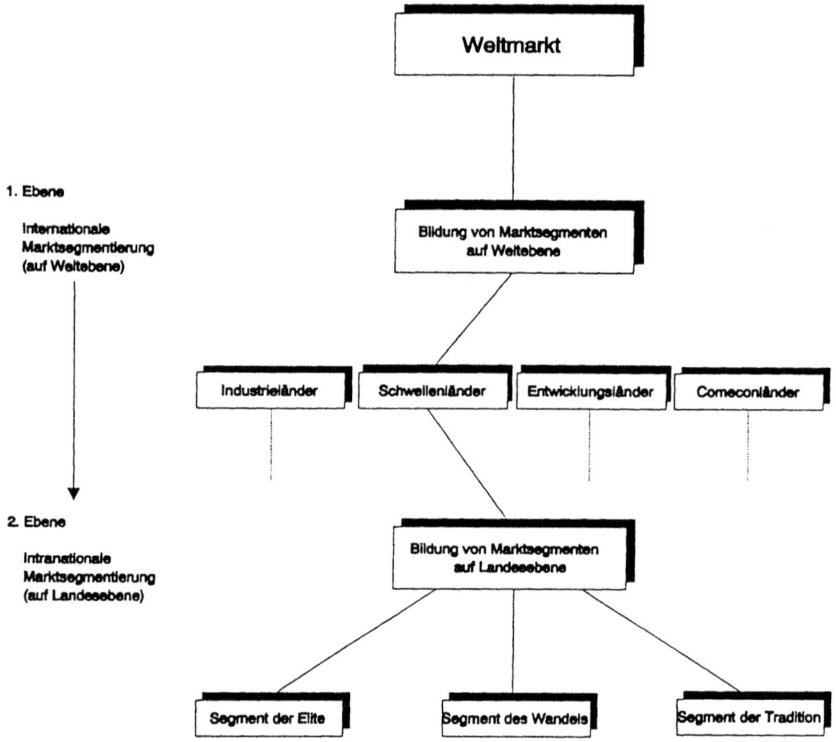

Quelle: Eigene Zusammenstellung

Spezifische Bedürfnisse und Erwartungen ausländischer "Schwellenländer-Konsumenten" können dadurch genauer definiert und somit eher zielgruppengerecht befriedigt werden.
In einem weiteren Schritt müssen nun - wie in Abbildung 26 dargestellt - auf Landesebene (2. Ebene) die Konsumenten

innerhalb der südostasiatischen Staaten in homogene Gruppen unterteilt werden (1). Hierzu werden im Rahmen der intranationalen Segmentierung auf Konsumgütermärkten demographische Kriterien wie Alter, Familienstand, Einkommen, Beruf, Ausbildung etc. herangezogen, die in einer engen Korrelation mit spezifischen Bedürfnissen der südostasiatischen Konsumenten stehen. Zusätzlich sollen mit Hilfe psychographischer Segmentierungskriterien wie Einstellungen und Anforderungen bzw. Erwartungen an deutsche Produkte verschiedene Nachfragesegmente differenziert werden (2).
Diese psychographischen Merkmale südostasiatischer Konsumenten haben eine unmittelbare Auswirkung auf das Kaufverhalten und sind in diesen Ländern relativ konstant bzw. erst über einen längeren Zeitraum veränderbar (3).

Im folgenden werden die Konsumenten der acht südostasiatischen Schwellenländer nach psychographischen Kriterien wie Einstellungen gegenüber ausländischen Produkten, Verhaltensmerkmalen, Lebensstil, Persönlichkeitsmerkmalen und Einkommen in Marktsegmente unterteilt.
Dabei ist für diese Region charakteristisch, daß aufgrund der zunehmenden Industrialisierung und sehr unterschiedlicher Einkommensverteilung die Bedürfnisse und sozio-kulturellen

---

(1) Vgl. Meffert, H., Landwehr, R., Gass, C., Internationales Management, Münster 1984, S. 29

(2) Siehe zu den psychographischen Marktsegmentierungskriterien: Meffert, H., Marktsegmentierung und Marktwahl im internationalen Marketing, in: Die Betriebswirtschaft, 37. Jg., 1977, Heft 2, S. 438, Meffert, H., Althans, J., Internationales Marketing, Stuttgart 1982, S. 62 f., Kuhlhavy, E., Internationales Marketing, Linz 1981, S. 116, Kreutzer, R., Global Strategies for Competing successfully in West Asia, Mannheim 1986, S. 1 ff., Kotler, P., Marketing-Management, 4. Auflage, Stuttgart 1982, S. 208 f.

(3) Vgl. Kuhlhavy, E., Internationales Marketing, Linz 1981, S. 116

Merkmale der Bevölkerung sehr heterogen sind und bei einer Segmentierung ihren Niederschlag finden müssen. Ein Nebeneinander von modernen, westlich orientierten und überkommenen landwirtschaftlich geprägten Wirtschaftssektoren kennzeichnet die allgemeine Marktsitution für Konsumgüter in Südostasien, bei der nach Schütte (1) drei Segmente unterschieden werden können - siehe Abbildung 27.

Abb. 27: Marktsegmente auf dem Konsumgütermarkt der südostasiatischen Schwellenländer (1)

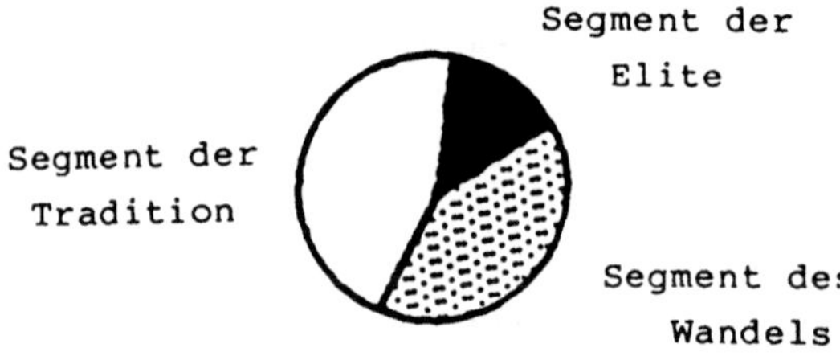

(1) Zur Erfassung und Bildung von Marktsegmenten in Südostasien werden neben dem Pro-Kopf-Einkommen, der Religion und dem sozialen Status auch psychographische Merkmale wie Einstellungen, Lebensstil und Persönlichkeitsmerkmale herangezogen. Die Untergliederung in die Segmente Elite, Wandel und Tradition stellt eine pragmatische Aufteilung des südostasiatischen Konsumgütermarktes in unterschiedliche Teilmärkte bzw. Nachfrageschichten dar.

Quelle: Kreutzer, R., Global Strategies for Competing Successfully in West Asia, Mannheim 1986, S. 9

---

(1) Siehe zur Segmentierung auf den südostasiatischen Konsumgütermärkten das Konzept von Schütte. Schütte, H., Marktstrategien für die Schwellenländer Asiens, in: Engels, B. (Hrsg.), Präsenz der deutschen Wirtschaft in Übersee, München, Köln, London 1986, S. 115 ff., Kreutzer, R., Global Strategies for Competing Successfully in West Asia, Mannheim 1986, S. 8 ff.

Das Segment der Elite, des Wandels und der Tradition bilden hierbei abgegrenzte Untergruppen ausländischer Konsumenten, die praktisch separate Märkte darstellen und entsprechend mit differenzierten Marketingprogrammen zu bearbeiten sind.

1.4.1 Segment der Elite

Die Stadtbevölkerung Südostasiens läßt sich, wie in Abbildung 27 dargestellt, aufgrund extremer Einkommensunterschiede (1) und psychographischer Kriterien nochmals unterteilen, so daß ein Segment der Elite und ein Segment des Wandels die unterschiedlichen Käuferschichten voneinander abgrenzen.
Bedingt durch die rasche Industrialisierung und der Konzentration der Wirtschaftsmacht auf eine kleine Gruppe hat sich in den südostasiatischen Schwellenländern ein Elite-Segment gebildet, dessen Konsumenten auch am deutschen Standard gemessen sehr wohlhabend sind. Nach psychographischen Kriterien, die auf den individuellen Lebensstil und die Persönlichkeitsstruktur Bezug nehmen (2), können die Konsumenten dieses Segments als westlich orientiert, prestigebewußt und in der Hauptstadt lebend charakterisiert werden. Die begrenzte Nachfrage nach ausländischen Produkten mit hohem Prestigewert wie Leica, Cartier, Rolex, Bally etc. wird durch Importe über Hong Kong und Singapur in diese Region abgedeckt, so daß unterstützende Marketingaktivitäten weitgehend überflüssig sind (3). Das Wachstum dieses Elite-Segments ist

---

(1) Siehe zur ausgewogenen Einkommensverteilung in Industrieländern und unausgewogenen Einkommensverteilung in Schwellen- und Entwicklungsländern: Stahr, G., Auslandsmarketing, Bd. I, Stuttgart 1979, S. 53 f.

(2) Vgl. Kotler, P., Marketing-Management, 4. Aufl., Stuttgart 1982, S. 208 f.

(3) Vgl. Schütte, H., Marktstrategien für die Schwellenländer Asiens, in: Engels, B. (Hrsg.), Präsenz der deutschen Wirtschaft in Übersee, München, Köln, London 1986, S. 116

auch bei anhaltender Wirtschaftsdynamik und zunehmender Industrialisierung relativ gering und bietet für deutsche internationale Unternehmungen langfristig nur ein begrenztes Chancenpotential.

1.4.2 Segment des Wandels

Die Konsumenten dieses Marktsegments gehören zum größten Teil zur Stadtbevölkerung, die sich jedoch gegenüber dem Elite-Segment durch ein geringeres Einkommen sowie andere psychographische Merkmale abgrenzen lassen.
Sowohl die zunehmende Industrialisierung als auch das gesamtwirtschaftliche Wachstum dieser Region führen dazu, daß diese am "Aufschwung" teilhabende Bevölkerungsgruppe über ein wachsendes Pro-Kopf-Einkommen verfügt. Dieses Einkommen, welches weit über die Mindesthöhe zur Befriedigung der Grundbedürfnisse hinausreicht, steht in zunehmendem Maße für Konsumgüter und Dienstleistungen zur Verfügung, die zur Verbesserung der Lebensqualität dienen. Die große Nachfrage dieser Kundengruppe sowie "Aufsteiger" aus dem unteren Segment der Tradition ergeben langfristig eines der dynamischten und attraktivsten Marktsegmente in der südostasiatischen Region (1).

Bei einem weiteren hohen Wirtschaftswachstum, verbunden mit steigendem Pro-Kopf-Einkommen, bietet dieses Segment für deutsche Unternehmungen ein bedeutendes Chancenpotential. Jedoch müssen insbesondere in diesem attraktiven Segment auch Risikopotentiale berücksichtigt werden, die sich aus der Schwellenländerphase und dem sozio-kulturellen Wandel in

---

(1) Vgl. Schütte, H., Marktstrategien für die Schwellenländer Asiens, in: Engels, B. (Hrsg)., Präsenz der deutschen Wirtschaft in Übersee, München, Köln, London 1986, S. 116

Südostasien ergeben. Die kulturell "verwurzelten", aber westlichen Konsumnormen gegenüber aufgeschlossenen Konsumenten befinden sich in einer "Identitätskrise". Denn die traditionellen Wertvorstellungen, die die bisherigen Kauf- und Verbrauchsgewohnheiten bestimmten, werden durch den Wandel in bedeutenem Maße verändert und den Konsumnormen der Industrieländer angepaßt (1). Bei einem durch ausländische Produkte und Unternehmungen beschleunigten sozio-kulturellen Wandel können sich auch in diesem Segment Kundengruppen bilden, die zusätzlichen Neuerungen skeptisch gegenüberstehen.

1.4.3 Segment der Tradition

In dem Segment der Tradition wird der Großteil der südostasiatischen Bevölkerung zusammengefaßt, der nur über ein sehr niedriges Pro-Kopf-Einkommen verfügt und auf dem Land lebt. Dieses Segment stellt in den weniger entwickelten südostasiatischen Schwellenländern wie Indonesien, Thailand, Philippinen und Malaysia den Massenmarkt dar, auf dem aufgrund der noch sehr begrenzten Kaufkraft Produkte für die einfache Lebensführung und des täglichen Bedarfs nachgefragt werden (2).
Die schlechte Infrastruktur und der geringe Informationsstand

---

(1) In der internationalen und globalen Marketingliteratur wird dieser Problemkreis - die Konvergenzthese (Angleichung) - sehr ausführlich behandelt. Siehe hierzu: Levitt, T., Die Globalisierung der Märkte, in: Levitt, T., Die Macht des kreativen Marketing, Düsseldorf 1986, S. 41 ff., Meffert, H., Voraussetzungen und Implikationen von Globalisierungsstrategien, in: Meffert, H., Strategische Unternehmensführung und Marketing, Wiesbaden 1988, S. 273 f., Porter, M. (Hrsg.), Globaler Wettbewerb, Wiesbaden 1989, S. 2 ff.

(2) Vgl. Schütte, H., Marktstrategien für die Schwellenländer Asiens, in: Engels, B. (Hrsg.), Präsenz der deutschen Wirtschaft in Übersee, München, Köln, London 1986, S. 117

(aufgrund fehlender Medien) in ländlichen Gebieten (wie z.B. Zeitungen, Zeitschriften und Fernsehen) führen dazu, daß die Konsumenten dieses Segments konservativ eingestellt und kulturell den alten Traditionen verbunden sind.
Technischen Neuerungen und ausländischen Produkten stehen diese Konsumenten sehr skeptisch gegenüber, so daß eine Marktdurchdringung nur durch ein mittel- oder langfristiges Auslandsengagement erzielt werden kann.
Die Bedeutung und das Chancenpotential dieses Marktsegments hängen im wesentlichen davon ab, wieviel vom gesamtwirtschaftlichen Wachstum dieser Bevölkerungsschicht als Einkommenserhöhung zufällt. Insbesondere in Ländern mit hohem gesamtwirtschaftlichen Wachstum und fortschreitender Industrialisierung wird dieses große Segment - unter Voraussetzung einer ausgewogenen Einkommensverteilung - ein wichtiges Potential darstellen, welches mit einer differenzierten Marketingstrategie zu bearbeiten ist.

1.4.4 Länderübergreifende Zusammenfassung der Marktsegmente in Südostasien

Auf der Grundlage der intranationalen Marktsegmentierung, bei der drei verschiedene Teilmärkte bzw. Nachfragegruppen voneinander abgegrenzt werden, können deutsche Unternehmungen ihre Absatzchancen bzw. -risiken in einzelnen Segmenten besser beurteilen (1). Bevor jedoch eine Auswahl und Bearbeitung der erfolgsträchtigsten Marktsegmente erfolgt, muß zunächst geklärt werden, ob die Größe eines Marktsegments in einem südostasiatischen Land ausreicht, um dieses differenziert zu bearbeiten. Oftmals sind einzelne Segmente (z.B. wie das Elite-Segment) in einem Stadtstaat wie Hong Kong oder Singapur so klein, daß eine differenzierte Bearbeitung in nur einem

---

(1) Siehe zur Größe, Stabilität, Tragfähigkeit und Erreichbarkeit einzelner Segmente auf dem südostasiatischen Konsumgütermarkt die Ausführungen im vierten Teil Abschnitt 2.1

Land unrentabel wäre. Auch die Segmentierung müßte aufgrund des begrenzten Marktpotentials und Marktvolumens dieser Stadtstaaten auf ihre ökonomische Zweckmäßigkeit hin überprüft werden (1). Da sich jedoch die acht südostasiatischen Staaten in einer "Schwellenländerphase" befinden, bei der alle Märkte drei gleiche Untergruppen von Kunden aufweisen, können diese länderübergreifend zusammengefaßt werden (2). In Abbildung 28 wird diese länderübergreifende Zusammenfassung einzelner Marktsegmente dargestellt, wobei zu beachten ist, daß die Segmente der Elite, des Wandels und der Tradition von Land zu Land größenmäßig unterschiedlich sind.

---

(1) Vgl. Meffert, H., Marktsegmentierung und Marktwahl im internationalen Marketing, in: Die Betriebswirtschaft, 37. Jg., 1977, Heft 2, S. 438

(2) Siehe zu der länderübergreifenden Zusammenfassung von Marktsegmenten auch: Porter, M.E., Der Wettbewerb auf globalen Märkten: Ein Rahmenkonzept, in: Porter, M.E. (Hrsg.), Globaler Wettbewerb, Wiesbaden 1989, S. 52, Takeuchi, H., Porter, M.E., Die drei Aufgaben des internationalen Marketing im Rahmen einer globalen Unternehmensstrategie, in: Porter, M.E. (Hrsg.), Globaler Wettbewerb, Wiesbaden 1989, S. 157 f., Kreutzer, R.T., Global Strategies for Competing successfully in West Asia, Mannheim 1986, S. 8 ff.

Abb. 28: Länderübergreifende Zusammenfassung der Marktsegmente in Südostasien

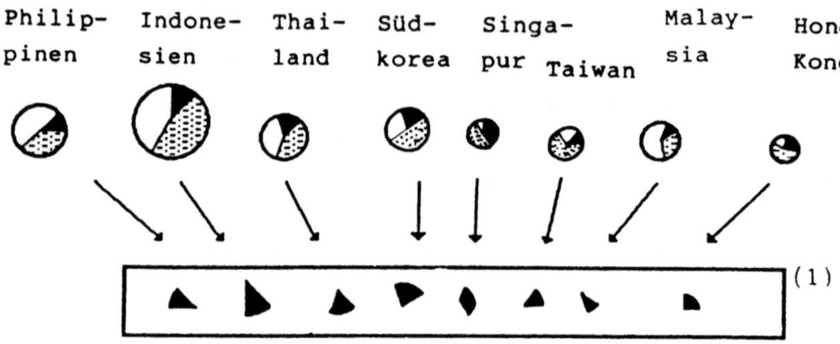

Länderübergreifende Zusammenfassung des Elite-, Wandel- und Traditions-Segments und Entwicklung differenzierter, segmentspezifischer Marketingprogramme

Standardisierte, regionale Übernahme der Marketingprogramme

(1) Zusammenfassung des Elite-Segments der acht südostasiatischen Schwellenländer, wobei hier die unterschiedliche Größe zwischen einzelnen Staaten und der Anteil an der Gesamtbevölkerung dargestellt wird.

Quelle: In Anlehnung an Kreutzer, R.T., Global Strategies for Competing Successfully in Westasia, Mannheim 1986, S.9

Entsprechend den unterschiedlichen Marktsegmenten kann nun eine länderübergreifende standardisierte und segmentspezifisch differenzierte Marketingstrategie verfolgt werden. Dabei werden jeweils für das Segment der Elite, das Segment des Wandels und das Segment der Tradition differenzierte Marketingprogramme entworfen, die jedoch regional in allen acht Ländern aufgrund der gleichen Marktreaktion standardisiert übernommen werden. Diese Segmentierungsmethode stellt aufgrund der Ähnlichkeiten bezüglich der sozio-kulturellen Bedingungen, des wirtschaftlichen Entwicklungsstands, der Wertvorstellungen und Verbrauchsgewohnheiten in der südostasiatischen Region eine wichtige Voraussetzung bei der Auswahl der attraktivsten Marktsegmente als auch bei der Formulierung erfolgreicher internationaler Marketingstrategien dar.
So kann beispielsweise mit Hilfe dieses Klassifizierungssystems der Verkauf universeller Produkte innerhalb dieser Ländergruppe oder modifizierter Produkte in mehreren Ländergruppen ermöglicht werden (1), da die ausländische Nachfrageseite mit dem eigenen Leistungsangebot der deutschen Unternehmung in Übereinstimmung gebracht wird.

2. Wettbewerbsanalyse in Südostasien

Ein weiteres wichtiges Analysefeld im internationalen Marketing stellt die ausländische Wettbewerbsstruktur dar, bei der die spezifischen Wettbewerbsbedingungen und vorhandene einheimische und internationale Wettbewerber untersucht werden müssen.

Auf den südostasiatischen Schwellenmärkten, die durch ein hohes Wachstum und günstige Rahmenbedingungen gekennzeichnet sind, ist die Wettbewerbsintensität allgemein niedriger als

---

(1) Vgl. Takeuchi, H., Porter, M.E., Die drei Aufgaben des internationalen Marketing im Rahmen einer globalen Unternehmensstrategie, in: Porter, M.E. (Hrsg.), Globaler Wettbewerb, Wiesbaden 1989, S. 157 ff.

auf den Triade-Märkten. Dieses liegt darin begründet, daß aufgrund der bisherigen geringen Attraktivität dieser Märkte und Eintrittsbarrieren (1) die Anzahl der Wettbewerber begrenzt ist und Marktanteilsgewinne weniger auf Kosten der Konkurrenten gebunden sind. Marktanteilsgewinne können aus dem dynamischen Wachstumsprozeß erzielt werden, so daß inländische und internationale Wettbewerber nicht in Bedrängnis (Verdrängungswettbewerb) gebracht werden (2).
Bei einem weiteren günstigen Wirtschafts- und Branchenwachstum und relativ niedriger Wettbewerbsintensität können deutsche internationale Unternehmungen in dieser Region langfristig hohe Gewinnpotentiale abschöpfen (3) und den Versuch unternehmen, ihre Position im internationalen Wettbewerb neu zu bestimmen.

Im folgenden sollen nun die allgemeinen Wettbewerbsbedingungen in Südostasien unter Bezugnahme auf die Marktsegmente der Elite, des Wandels und der Tradition untersucht werden. Jedes einzelne Segment weist eine unterschiedliche Wettbewerbsintensität auf, da neben einheimischen Wettbewerbern zusätzlich weitere ausländische Konkurrenten aus Japan, Europa und den USA mit einzubeziehen sind. Zwar ist die Wettbewerbsintensität auf Schwellenmärkten niedriger als auf Industriemärkten, jedoch müssen deutsche Unternehmungen bei ihren internationalen Marketingaktivitäten auch in dieser Region von einem Wettbewerb ausgehen, der auf internationaler Ebene basiert.

---

(1) Siehe zu den Eintrittsbarrieren auf südostasiatischen Schwellenmärkten den vierten Teil der Arbeit, Abschnitt 1.2

(2) Vgl. Schütte, H., Marktstrategien für die Schwellenländer Asiens, in: Engels, B. (Hrsg.), Präsenz der deutschen Wirtschaft in Übersee, München, Köln, London 1986, S. 120, Hinterhuber, H.H., Wettbewerbsstrategie, Berlin, New York 1982, S. 184, Porter, M.E., Wettbewerbsstrategie, 4. Aufl., Frankfurt a. M. 1987, S. 43

(3) Siehe zu der Wettbewerbsintensität und den Gewinnpotential einer Branche: Porter, M.E., Wettbewerbsstrategie, 4. Aufl., Frankfurt a. M. 1987, S. 25 ff.

2.1 Allgemeine Wettbewerbsbedingungen auf Schwellenmärkten

Bedingt durch die zunehmende Internationalisierung von Unternehmen haben sich weltweit die Wettbewerbsbedingungen auf den Industriemärkten erheblich verschärft. Viele Unternehmungen der Konsum- und der Investitionsgüterindustrie aber auch aus dem Dienstleistungsbereich sind von einer rein nationalen Geschäftstätigkeit zu einer internationalen bzw. globalen Geschäftstätigkeit übergegangen, die seit 1963 auch verstärkt die Schwellenländer Südostasiens mit einbezieht (1).

Diese Internationalisierungstendenz führt dazu, daß bei einer Untersuchung der Wettbewerbsbedingungen auf südostasiatischen Schwellenmärkten neben inländischen Konkurrenten ein größerer Kreis von Eintrittskandidaten erfaßt und ein breiteres Angebot potentieller Ersatzprodukte einbezogen werden müssen (2). Sowohl die Wettbewerbsintensität als auch der Auslandserfolg deutscher Unternehmungen werden in zunehmendem Maße von diesem "kritischen Einflußfaktor" (Internationalisierung) beeinflußt (3).

Leistungsstarke Konkurrenten aus Ländern wie Japan, Hong Kong, Korea und Taiwan haben die Theorien über den internationalen Wettbewerb in Frage gestellt, die besagten, daß die industriell und technisch fortschrittlichsten Nationen die Führungsrolle übernehmen werden (4).

---

(1) Siehe hierzu auch: Porter, M.E., Der Wettbewerb auf globalen Märkten: Ein Rahmenkonzept, in: Porter, M.E. (Hrsg.), Globaler Wettbewerb, Wiesbaden 1989, S. 18 f.

(2) Vgl. Porter, M.E., Wettbewerbsstrategie, 4. Aufl., Frankfurt a. M. 1987, S. 346

(3) Vgl. Keegan, W., Multinational Marketing, 3rd Edition, Englewood Cliffs, New Jersey 1984, S. 276

(4) Vgl. Porter, M.E., Wettbewerbsstrategie, 4. Aufl., Frankfurt a. M. 1987, S. 363 , Porter, M.E., Der Wettbewerb auf globalen Märkten: Ein Rahmenkonzept, in: Porter, M.E. (Hrsg.), Globaler Wettbewerb, Wiesbaden 1989, S. 18

In den folgenden Ausführungen soll nun untersucht werden, inwieweit und in welchen Segmenten südostasiatische Unternehmungen auf ihren eigenen Heimatmärkten eine starke Wettbewerbsposition einnehmen und die Wettbewerbsbedingungen beeinflussen. Abbildung 29 zeigt die Wettbewerbssituation auf, die auf den südostasiatischen Konsumgütermärkten vorherrscht.

Abb.29: Wettbewerbsbedingungen für Konsumgüter

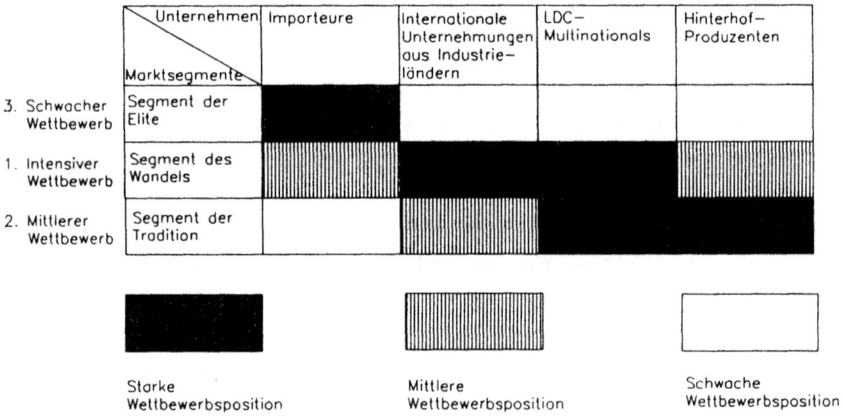

Quelle: Schütte, H., Marktstrategien für die Schwellenländer Asiens, in: Engels,B. (Hrsg.), Präsenz der deutschen Wirtschaft in Übersee, München, Köln, London 1986, S. 122

In jedem einzelnen Segment sind nationale und internationale Wettbewerber unterschiedlich stark vertreten, so daß die Wettbewerbsbedingungen sehr stark variieren. Die höchste

Wettbewerbsintensität herrscht im attraktivsten Marktsegment des Wandels vor (1). Hier ist die Rivalität unter den bestehenden Konkurrenten am intensivsten, da dieses Segment langfristig die größten Chancenpotentiale aufweist und neben vorhandenen inländischen und ausländischen Wettbewerbern potentielle neue Konkurrenten aus dem Ausland (England, Frankreich, Holland usw.) durch ihren Markteintritt etablierte Unternehmen bedrohen.
Eine starke Wettbewerbsposition nehmen die südostasiatischen Multis (LDC-Multinationals) und international bzw. global tätige Unternehmungen aus den Industrieländern - vorwiegend aus Japan und den USA - ein.
Die starke Wettbewerbsposition der LDC-Multinationals läßt sich daraus ableiten, daß diese zum Teil im Staatsbesitz befindlichen Unternehmungen oder private Firmen mit sehr guten Verbindungen zur politischen Führung im Lande den Markteintritt weiterer internationaler Wettbewerber begrenzen können und durch die verfolgte Wirtschaftspolitik vielfältige Hilfestellungen und Subventionen erhalten (2). Darüberhinaus verfügen diese einheimischen Unternehmungen über sehr gute Marktkenntnisse, die sie zu den wichtigsten Konkurrenten in diesem Marktsegment machen - vgl. Abbildung 29 (3).

---

(1) Vgl. Schütte, H., Marktstrategien für die Schwellenländer Asiens, in: Engels, B. (Hrsg.), Präsenz der deutschen Wirtschaft in Übersee, München, Köln, London 1986, S. 122

(2) Siehe hierzu auch die Ausführungen im zweiten Teil der Arbeit Abschnitt 2.1 und vierten Teil der Arbeit, Abschnitt 1.2 sowie Porter, M.E., Wettbewerbsstrategie, 4. Aufl., Frankfurt a.M. 1987, S. 37, 56 und S. 364 ff.

(3) Die besseren Marktkenntnisse der LDC-Multinationals sind Faktoren, die auf die Wettbewerbsposition einen entscheidenden Einfluß nehmen und daher nicht zu unterschätzen sind. Einige südostasiatische regionale Marken haben sich gegenüber ausländischen Markenprodukten erfolgreich durchgesetzt. Siehe hierzu auch: Segler, K.,Kreutzer, R.T., Singapur setzt Akzente, in: Thexis 4/1986, S. 38, Schütte, H., Marktstrategien für die Schwellenländer Asiens, in: Engels, B. (Hrsg.), Präsenz der deutschen Wirtschaft in Übersee, München, Köln, London 1986, S. 121

Importeure und kleine inländische Unternehmungen ("Hinterhof-Produzenten") stehen hier ebenfalls im Wettbewerb, da dieses attraktive Marktsegment eine große Anzahl von Konsumenten zusammenfaßt, die über ein relativ hohes Pro-Kopf-Einkommen verfügt. Sie nehmen jedoch aufgrund ihres niedrigen Marktanteils in diesem Segment und der dominierenden Stellung internationaler Unternehmungen und der LDC-Multinationals nur eine mittlere Wettbewerbsposition ein.

Das Segment der Tradition ist durch eine mittlere Wettbewerbsintensität geprägt, da aufgrund der geringen Attraktivität lediglich kleine inländische Unternehmungen ("Hinterhof-Produzenten") in Konkurrenz mit südostasiatischen Multis und internationalen Unternehmungen stehen. Für kleine inländische Unternehmungen und LDC-Multinationals stellt dieses Segment die Domäne dar, wo sie eine starke Wettbewerbsposition gegenüber ihren internationalen Konkurrenten erzielen können. Die noch sehr begrenzte Kaufkraft und differenzierte Kundenbedürfnisse führen dazu, daß billige und markenlose Produkte südostasiatischer Unternehmungen eine große regionale Bedeutung einnehmen können. Eine arbeitsintensive Herstellung in kleinen Betrieben bei einfachster Produktionstechnologie und niedrigen Distributions- und Verwaltungskosten (1) ermöglicht es, auf ländlichen Gebieten gegenüber internationalen Unternehmungen erfolgreich zu konkurrieren. Internationale Wettbewerber aus den Industrieländern, die diesem Marktsegment mit sehr begrenzter Kaufkraft gegenwärtig nur eine geringe Bedeutung zumessen, nehmen hier eine mittlere Wettbewerbsposition ein.
Importeure (deutsche und südostasiastische Handelshäuser) können in diesem Marktsegment nur eine schwache Wettbewerbs-

---

(1) Vgl. Schütte, H., Marktstrategien für die Schwellenländer Asiens, in: Engels, B. (Hrsg.), Präsenz der deutschen Wirtschaft in Obersee, München, Köln, London 1986, S. 121, Porter, M.E., Wettbewerbsstrategie, 4. Aufl., Frankfurt a. M. 1987, S. 356 f.

position erzielen, da sie die ausländischen Produkte meist undifferenziert auf dem südostasiatischen Absatzmarkt absetzen. Unterschiedliche Verbrauchs- und Gebrauchsgewohnheiten (einfache Lebensführung) sowie die Skepsis gegenüber teuren Produkten aus dem Ausland erschweren eine intensivere Marktdurchdringung.

Im Gegensatz zum Segment der Tradtion nehmen Importeure im Segment der Elite eine starke Wettbewerbsposition ein. Die begrenzte Nachfrage der Elite-Schicht nach exklusiven Produkten mit hohem Prestigewert wird weitgehend durch deutsche und südostasiatische Handelshäuser abgedeckt. Internationale Unternehmungen aus Industrieländern, LDC-Multinationals und kleine "Hinterhof-Produzenten" beschränken ihre Marketingaktivitäten auf die anderen großen Marktsegmente, so daß sie in dem relativ kleinem Elite-Segment nur eine schwache Wettbewerbsposition einnehmen. Entsprechend diesen Gegebenheiten herrscht im Elite-Segment nur ein relativ schwacher Wettbewerb vor.

Die von Segment zu Segment unterschiedliche Wettbewerbsintensität sowie die unterschiedliche Wettbewerbsposition einzelner Unternehmungen verdeutlichen, daß Importeure, ausländische und inländische Unternehmungen den einzelnen Marktsegmenten eine unterschiedliche Bedeutung beimessen. Die Strukturen der relativ jungen südostasiatischen Schwellenmärkte sind jedoch noch weitgehend ungefestigt, so daß einzelne Marktteilnehmer ihre Wettbewerbsposition in einzelnen Segmenten weiter ausbauen und somit die Intensität des Wettbewerbs verschärfen können.
Deutsche internationale Unternehmungen müssen bei künftigen Marketingentscheidungen langfristige Chancenpotentiale einzelner Marktsegmente und die dort vorhandene Wettbewerbsposition einzelner Marktteilnehmer verstärkt mit einbeziehen, um in dieser Region erfolgreich konkurrieren zu können.

Daneben ist es im internationalen Wettbewerb erforderlich, die Vielzahl der Konkurrenten aus dem In- und Ausland sowie deren spezifisches Verhalten eingehend zu untersuchen. Neben ausländischen Konkurrenten aus den USA und Japan stehen deutsche Unternehmungen in dieser Region neuen Wettbewerbern aus Südostasien gegenüber, die in den letzten Jahren national und international sehr erfolgreich waren und die Wettbewerbssituation nachdrücklich veränderten (1).

2.2 Identifikation der Wettbewerber in Südostasien

Die Wettbewerbsbedingungen der südostasiatischen Konsumgütermärkte werden sowohl von inländischen Unternehmungen als auch von internationalen bzw. globalen Unternehmungen beeinflußt. Dieses Aufeinandertreffen verschiedener Wettbewerber aus Südostasien, Japan, Europa und den USA mit unterschiedlichen Zielen und Strategien führt dazu, daß die Analysen in weltweiten Branchen schwieriger und komplexer werden.
Während im Inland über die Wettbewerber Informationen aus dem laufenden Geschäft gesammelt werden und diese weitgehend bekannt sind, fällt es im Ausland oft schwer, "die Absichten der jeweils anderen zu verstehen und sich über die Spielregeln der Branche zu einigen" (2). Der erhöhte Informationsbedarf über die Vielzahl der in- und ausländischen Konkurrenten, vielschichtige Wechselbeziehungen zwischen Staat und Inlandsunternehmungen und die dazu konträr stehende schwache Informationsbasis bilden einen kritischen Faktor bei der internationalen Konkurrenzanalyse.
Die Bestimmung der zukünftigen Marktstellung deutscher Unternehmungen in der südostasiatischen Region setzt eine

---

(1) Siehe hierzu auch: Porter, M.E., Wettbewerbsstrategie, 4. Aufl., Frankfurt a.M. 1987, S. 371, Porter, M.E. (Hrsg.), Globaler Wettbewerb, Wiesbaden 1989, S. 18

(2) Porter, M.E., Wettbewerbsstrategie, 4. Aufl., Frankfurt a.M. 1987, S. 44

Identifikation und Analyse nationaler und internationaler Wettbewerber voraus.

Neben japanischen und US-amerikanischen Unternehmungen zählen südostasiatische Unternehmungen zu den wichtigsten Konkurrenten in dieser Region. Dabei kann zwischen Schwellenländern-Multis und kleinen einheimischen Unternehmungen unterschieden werden, die bei einer Konkurrentenanalyse nicht zu vernachlässigen sind (1).
Die Strategie der Konzentration auf das Marktsegment der Tradition führte dazu, daß diese Unternehmungen ("Hinterhof-Produzenten") mit markenlosen und billigen Produkten regional eine starke Wettbewerbsposition gegenüber ausländischen Konkurrenten einnehmen konnten. Diese Firmenverbände - vorwiegend chinesische Großfamilien - gehen von anderen Bedingungen und häufig abweichenden Zielen aus. Um die Unabhängigkeit des eigenen Familienbetriebes aufrechtzuerhalten, geben sich diese inländischen Wettbewerber oftmals mit sehr niedrigen Ertragsraten auf ihr investiertes Kapital zufrieden. In einer solchen Situation können diese Wettbewerber kurzfristig die Rentabilität einer Branche auf eine Mindestertragsrate drücken (2), so daß ein Engagement deutscher internationaler Unternehmungen in dieser Region unrentabel und irrational erscheinen würde.
Neben diesen kleinen südostasiatischen Unternehmungen ("Hinterhof-Produzenten") zählen inländische Unternehmungen (LDC-Multinationals), die häufig mit japanischen Firmen kooperieren

---

(1) Vgl. Kreikebaum, H., Strategische Unternehmensplanung, 2. Aufl., Stuttgart 1987, S. 62, Lecraw, D.J., Internationalization of Firms from LDC's: Evidence from the ASEAN Region, in: Kumar, K., Mc.Leod, M.G., Multinationals from Developing Countries, Lexington 1981, S. 40f.

(2) Siehe hierzu auch: Porter, M.E., Wettbewerbsstrategie, 4. Aufl., Frankfurt a.M. 1987, S. 27 f., Lecraw, D.J., Internationalization of Firms from LDC's: Evidence from the ASEAN Region, in: Kumar, K., Mc.Leod, M.G., Multinationals from Developing Countries, Lexington 1981, S. 40

und direkte Verbindungen zur politischen Führung des Landes haben, zu weiteren wichtigen Wettbewerbern in dieser Region. Bessere Marktkenntnisse und die Unterstützung der Heimatregierung führten dazu, daß diese Schwellenländer-Multis (Samsung/Korea; Siam Cement/Thailand; Formosa Plastics/Taiwan; Sime Darby/Malaysia; San Miguel/Philippinen; Astra/Indonesien) vom wirtschaftlichen Aufschwung in dieser Region am meisten profitieren konnten. Sie expandierten entweder ins Ausland oder diversifizierten im Inland, wie beispielsweise Astra/Indonesien und Siam Cement/Thailand (1).
Das Wettbewerbsverhalten der südostasiatischen "Multis" kann für deutsche Unternehmungen als eine "Orientierungsgrundlage" dienen, da sie mit den spezifischen Verhältnissen in dieser Region, die für sie ein Inlandsmarkt ist, bestens vertraut sind. Ein besserer Überblick über die Marktlage in Schwellenländern, Kenntnisse über sozio-kulturelles und mentalitätsbedingtes Verbraucherverhalten als auch wichtige "Insider-Informationen" (2) verschaffen diesen Unternehmungen entscheidende Vorteile gegenüber ausländischen Wettbewerbern aus Japan,USA und Deutschland.

Von den Wettbewerbern aus den Triade-Ländern dominieren in der gesamten südostasiatischen Region Unternehmungen aus Japan. Neben der Sicherung von Ressourcen (Eisen, Erz, Kautschuk etc.), die Japan als rohstoffarmes Land dringend benötigt, stand auch eine intensive Marktdurchdringung und der Aufbau nahe gelegener Absatzmärkte im Vordergrund strategischer

---

(1) Vgl. Schütte, H., Marktstrategien für die Schwellenländer Asiens, in: Engels, B. (Hrsg.), Präsenz der deutschen Wirtschaft in Übersee, München, Köln, London 1986, S. 121

(2) Siehe zu den Insider-Informationen bzw. Informationen aus erster Hand auch den dritten Teil Abschnitt 1

Entscheidungen (1). Die gegenwärtig starke Vormachtstellung japanischer Wettbewerber auf allen acht südostasiatischen Schwellenmärkten beruht unter anderem auf einer "Verquickung von Poltik und Wirtschaft" (2).
Japanische Generalhandelshäuser (sogo shosha), die über weltweite Kommunikationsnetze, Auslandserfahrungen und Finanzkraft verfügen, trugen wesentlich zum Ausbau der japanisch-südostasiatischen Wirtschaftsbeziehungen bei (3). Somit zählen japanische Unternehmungen auf den Märkten der südostasiatischen Schwellenländer zu den bedeutensten ausländischen Wettbewerbern (4). Insbesondere kleine und mittlere japanische Unternehmungen haben sich in der Anfangsphase des Auslandsgeschäfts von diesen Generalhandelshäusern in der gesamten südostasiatischen Region erfolgreich vertreten lassen. So schreibt Kirchbach zu der strategischen Bedeutung der sogo shosha in Südostasien folgendes: "Die Existenz der sogo shosha bedeutet einen deutlichen Marktzugangsvorteil japanischer Firmen gegenüber ihren westlichen Konkurrenten" (5).

---

(1) Siehe hierzu auch: Heiduk, G. (Hrsg.), Japan als führende Wirtschaftsmacht in einem zukünftigen pazifischen Weltwirtschaftszentrum, Baden-Baden 1985, Laumer, H., Japans wirtschaftliche Verflechtung mit Südostasien, Hamburg 1977, Laumer, H., Die Direktinvestitionen der japanischen Wirtschaft in den Schwellenländern Ost- und Südostasiens, München, Köln, London 1984

(2) Schneider, D.J.G., Das Südostasien-Geschäft, Wiesbaden 1988, S. 21

(3) Vgl. Kirchbach, F.v., Verluste europäischer Unternehmen im Entwicklungsländergeschäft, in: Harvard Manager 4/1986, S. 70

(4) Auf die Bedeutung der sogo shosha für japanische Unternehmungen wird im nächsten Abschnitt 2.3 näher eingegangen.

(5) Kirchbach, F.v., Verluste europäischer Unternehmen im Entwicklungsländergeschäft, in: Harvard Manager 4/1986, S. 70

Im Gegensatz zu der Vormachtstellung japanischer Unternehmungen konnten europäische (englische, deutsche und holländische) und US-amerikanische Wettbewerber ihre Position nicht wesentlich ausbauen. Internationale Unternehmungen, vorwiegend US-amerikanischer und britischer Herkunft, zählen in der südostasiatischen Region zu wichtigen ausländischen Wettbewerbern; sie haben jedoch seit Beginn des dynamischen Wirtschaftswachstums in den 60er und 70er Jahren an Konkurrenzfähigkeit verloren.
Während Unternehmungen wie Unilever, BAT, Nestlé, Hoechst, Bayer und Shell ihre bisherige Auslandsposition beibehalten konnten, mußten Unternehmungen des Fahrzeugbaus, der Elektrotechnik und der Kameraindustrie gravierende Marktanteilsverluste hinnehmen. Insbesondere in diesen Branchen konnten deutsche, britische und US-amerikanische Unternehmungen, die der japanischen Konkurrenz im vollem Umfang ausgesetzt waren, ihre Wettbewerbsposition nicht halten und zogen sich weitgehend vom Markt zurück (1).

Im Rahmen der Identifikation und Analyse der wichtigsten Wettbewerber in Südostasien muß überprüft werden, ob angesichts der dominierenden Wettbewerbsposition japanischer und südostasiatischer Konkurrenten die zukünftige Marktstellung deutscher internationaler Unternehmungen in dieser Region langfristig erhalten bleiben oder ausgebaut werden kann. Die allgemeine Analyse der gegenwärtigen Wettbewerbsbedingungen in dieser Region führt zu dem Ergebnis, daß die südostasiatischen Wachstumsmärkte auf die Dauer aufgegeben werden müssen, wenn

---

(1) Vgl. Schütte, H., Marktstrategien für die Schwellenländer Asiens, in: Engels, B. (Hrsg.), Präsenz der deutschen Wirtschaft in Obersee, München, Köln, London 1986, S. 120, Hamel, G., Prahalad, C.K., Haben Sie wirklich eine globale Strategie?, in: Harvard Manager, 1. Quartal 1986, S. 95

nicht rechtzeitig Maßnahmen zur Markterhaltung bzw. Marktdurchdringung getroffen werden. Hierzu zählen unter anderem eine Intensivierung des Auslandsengagements durch Vergabe von Lizenzen, Joint Ventures und der Aufbau von Auslandsniederlassungen.

2.3 Unterscheidungsmerkmale japanischer, einheimischer und US-amerikanischer Unternehmen in Südostasien

Die in den vorhergehenden Ausführungen angesprochenen Merkmale japanischer, einheimischer und US-amerikanischer Wettbewerber müssen im Rahmen der internationalen Konkurrentenanalyse eingehender untersucht werden, um die zukünftige Stellung deutscher Unternehmungen in der südostasiatischen Region neu bestimmen zu können. Die internationale Marktposition deutscher Unternehmungen wird also davon abhängen, inwieweit durch Internationalisierungsstrategien dauerhafte Wettbewerbsvorteile gegenüber den stärksten Konkurrenten in Südostasien erzielt werden können.
Hieraus ergibt sich die Notwendigkeit, die bisherigen und möglichen Strategien sowie die Stärken und Schwächen der Konkurrenten eingehend zu analysieren (1).
Insbesondere japanische Unternehmungen, die in dieser Region als Auslandsfirmen vor dem gleichen Problem standen wie gegenwärtig deutsche Unternehmungen, sind bisher aus dem internationalen Wettbewerb auf Schwellenmärkten erfolgreich hervorgegangen. Sie zählen neben den einheimischen Unternehmungen zu den wichtigsten Wettbewerbern in dieser Region, die aufgrund der frühzeitigen Erschließung dieser Rohstoff- und Absatzmärkte und ihrer globalen Unternehmensstrategie eine dominierende Marktposition erzielen konnten.
Die Vielzahl nationaler und internationaler Wettbewerber sowie der unterschiedliche wirtschaftliche und technische Entwick-

---

(1) Vgl. Hinterhuber, H.H., Wettbewerbsstrategie, Berlin, New York 1982, S. 103

lungsstand dieser Region führen dazu, daß bei der Konkurrentenanalyse folgende Faktoren wie:

- Unterschiede in den Zielen, Mitteln und Fähigkeiten ausländischer Unternehmungen
- Faktorkostenunterschiede zwischen Industrie- und Schwellenländer
- unterschiedliche Bedingungen auf Schwellenmärkten
- unterschiedliches Verhalten der ausländischen Regierungen

zu berücksichtigen sind (1). Aus ihnen resultieren die wichtigen Unterscheidungsmerkmale japanischer, einheimischer und US-amerikanischer Unternehmungen in dieser Region (2).

2.3.1 Japanische Unternehmen in Südostasien

Japanische Unternehmen sind weltweit auf den Triade-Märkten als auch auf den Märkten der südostasiatischen Schwellenländer stark vertreten. Ihre gegenwärtig dominierende Marktposition in der gesamten südostasiatischen Region resultiert aus einer globalen Unternehmensstrategie, bei der die Schwellenmärkte eine wichtige Schlüsselposition einnehmen.

---

(1) Vgl. Porter, M.E., Wettbewerbsstrategie, 4. Aufl., Frankfurt a.M. 1987, S. 346

(2) Die in den folgenden Punkten zu behandelnden unterschiedlichen Internationalisierungsstrategien japanischer, US-amerikanischer, südostasiatischer und deutscher Unternehmungen sollen als vereinfachte Tendenzaussage gelten. Deutsche Unternehmungen wie Siemens, BBC, Bayer und Henkel operieren in den letzten Jahren zunehmend global. Allgemein jedoch können deutsche Firmen als international, US-amerikanische als multinational und japanische als global operierende Unternehmen unterschieden werden. Siehe zu dieser Tendenzaussage auch: Meffert, H., Wagner, H., Marketing im Spannungsfeld zwischen weltweitem Wettbewerb und nationalen Bedürfnissen, Münster 1986, S. 5 ff.

Während europäische und US-amerikanische Unternehmungen in den 60er und 70er Jahren den südostasiatischen Ländern wenig Bedeutung einräumten, wurden diese geographisch um Japan liegenden Ländermärkte mit Brückenkopf-Charakter in die Globalisierungsstrategie verstärkt mit einbezogen.
Allgemein liegt der globalen Strategie japanischer Unternehmungen ein weltweiter Ausbau bzw. Aufbau der Marktpositionen in allen wichtigen Regionen des Tetraeders zugrunde. So operiert nach Ohmae ein japanisches Triade-Unternehmen "überwiegend in den USA, Westeuropa und Südostasien: mit Japan als Zentrum..." (1).

Nachdem japanische Unternehmungen durch Unterstützung der eigenen Regierung (Handels- und Eintrittsbarrieren, Importrestriktionen, Importzölle usw.) in ihrem geschützten Inlandsmarkt eine starke Marktposition aufbauen konnten, weiteten sie ihre Unternehmensaktivitäten auf die bevölkerungsreichen Schwellenländer Südostasiens aus - vgl. Abbildung 30.

Abb. 30: Globaler Markterschließungspfad japanischer Unternehmen

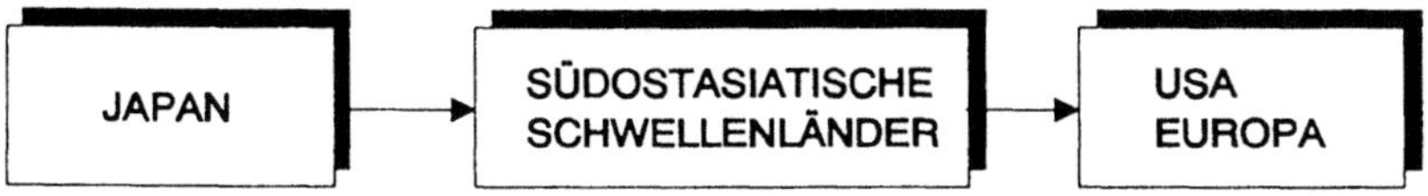

Quelle: In Anlehnung an Jatusripitak, S., Fahey, L., Kotler, P., Strategic Global Marketing: Lessons from the Japanese, in: CJoWB, Vol. XX, No. 1, Spring 1985, S. 47

---

(1) Ohmae, K., Macht der Triade, Wiesbaden 1985, S. 11

Diese Schwellenmärkte mit einer Gesamtbevölkerung von 344,6 Millionen Einwohnern (1) und einem hohen Marktwachstum sind für global operierende japanische Unternehmungen von strategischer Bedeutung.
Die schon in den 50er Jahren angestrebte globale Unternehmensstrategie führte in den nachfolgenden Dekaden dazu, daß mit Hilfe der in Japan und Südostasien erzielten Absatzmengen Erfahrungskurven-Effekte (Theorie der Lernkurve, Größendegressionseffekt und technologischer Fortschritt) erzielt werden konnten, die zu komparativen Kostenvorteilen im internationalen Wettbewerb führten (2).
Insbesondere in der Periode von 1950 bis 1970, die durch ein relativ hohes Wachstum gekennzeichnet ist, konnten japanische Unternehmungen aus dem Erfahrungskurven-Effekt ihren Nutzen ziehen. Dieser besagt, daß mit jeder Verdoppelung der kummulierten Produktionsmenge die auf die Wertschöpfung bezogenen Stückkosten eines Produktes potentiell um 20 bis 30% zurückgehen (3). In dieser Zeitperiode befanden sich die südostasiatischen Absatz- und Branchenmärkte noch in der ersten Phase ihres Lebenszyklus, bei dem eine Verdoppelung des

---

(1) Nach Angaben aus Tabelle 9

(2) Vgl. Atac, O., International Experience Theory and Global Strategy, in: International Marketing Review, Vol.3, No. 4, Winter 1986, S. 54, Bea, F.X., Beutel, R., Die Bedeutung des Exports für die Entwicklung der Kosten und die Gestaltung der Preise, in: Dichtl, E., Issing, O.(Hrsg.), Exporte als Herausforderung für die deutsche Wirtschaft, Köln 1984, S. 312 f., Keegan, W., Strategic Market Planning: The Japanese Approach, in: International Marketing Review, Vol. 1, No. 1, Autumn 1983, S. 9

(3) Vgl. Haedrich, G., Berger, R., Angebotspolitik, Berlin, New York 1982, S. 129, Atac, O., International Experience Theory and Global Strategy, in: International Marketing Review , Vol. 3, No. 4, Winter 1986, S. 54 ff.

akkummulierten Volumens noch innerhalb kurzer Perioden möglich war (1).
Die frühzeitige Markterschließung, komparative Kostenvorteile verbunden mit der Strategie der Konzentration auf wenige Produktgruppen (PKW, Motorräder, Fernseher, Radios, Uhren usw.) und Differenzierung der Produkte (z.B. technologisch verbesserte Ausführungen, elektrische Konsumgüter wie Taschenrechner, HiFi-Geräte, tragbare kompakte Fernsehgeräte) führten zu den strategischen Wettbewerbsvorteilen japanischer Unternehmungen in dieser Region (2).
Auf diesen "wettbewerbsschwachen" südostasiatischen Schwellenmärkten mit Brückenkopf-Charakter wurden die Produktqualität und Marketingfähigkeiten ständig verbessert, um in Anschluß mit qualitativ und technisch ausgereiften Produkten die wettbewerbsintensiven Märkte der Industrieländer USA und Europa zu erschließen - vgl. Abbildung 30 (3).

Die gegenwärtig dominierende Marktposition japanischer Unternehmungen in dieser Region konnte jedoch nur durch intensive Marketingaktivitäten und ein entsprechendes Auslandsengagement erzielt werden. So mußten japanische Firmen

---

(1) Vgl. Schütte, H., Marktstrategien für die Schwellenländer Asiens, in: Engels, B. (Hrsg.), Präsenz der deutschen Wirtschaft in Übersee, München, Köln, London 1986, S. 128, Lasserre, P., Strategic Planning in South-East Asia, in: Euro-Asia Business Review, Vol. 2, No. 2, 1983, S. 38

(2) Vgl. Atac, O., International Experience Theory and Global Strategy, in: International Marketing Review, Vol. 3, No. 4, Winter 1986, S. 54, Keegan, W., Strategic Market Planning: The Japanese Approach, in: International Marketing Review, Vol. 1, No. 1, Autumn 1983, S. 7 f.

(3) Vgl. Jatusripitak, S., Fahey, L., Kotler, P., Strategic Global Marketing: Lessons from the Japanese, in: CJoWB, Vol. XX, No. 1, Spring 1985, S. 48

im Rahmen ihrer globalen Unternehmensstrategie und unter Berücksichtigung des wirtschaftlichen und technischen Entwicklungsstandes der südostasiatischen Schwellenländer die Form der Markteintrittsstrategie sowie die internationale Distributionspolitik neu bestimmen. Hierbei stand eine Überwindung der schwachen Leistungsfähigkeit traditioneller Distributionsstrukturen im Vordergrund absatzpolitischer Überlegungen. Dieser kritische Faktor konnte in der ersten Phase der "Internationalisierung" mit Hilfe der japanischen Generalhandelshäuser (sogo shosha) überwunden werden. Die sogo shosha verfügen weltweit - und so auch in Südostasien - aufgrund ihrer langjährigen Auslandstätigkeiten über ein modernes Kommunikations- und Informationsnetz, Markterfahrungen, Joint Ventures, Geschäftsbeziehungen und Finanzkraft, was für eine erfolgreiche Distribution japanischer Produkte in diese Region sehr bedeutsam ist.

Vor allem kleine japanische Firmen oder Unternehmen mit einem geringen Exportanteil nutzten in der Anfangsphase ihrer Marktexpansion die Kenntnisse der weltweit operierenden sogo shosha und ließen sich durch diese in Südostasien vertreten (1). Hierdurch wurden die hohen Kosten einer eigenen Distribution auf den südostasiatischen Schwellenmärkten vermieden.

Nachdem der Absatz der Produkte durch die Generalhandelshäuser oder durch den direkten Export an südostasiatische Groß- und

---

(1) Siehe zu der Schlüsselrolle der sogo shosha bei der Markterschließung der südostasiatischen Schwellenländer für japanische Unternehmungen: Kirchbach, F.v., The Role of Marketing Strategies in Penetrating Southeast and East Asian Markets, Kiel 1985, S. 32 ff., Eli, M., Die Rolle der japanischen Generalhandelshäuser (sogo shosha) in Südostasien, in: Laumer, H. (Hrsg.), Wachstumsmarkt Südostasien, München, Köln, London 1983, S. 365 ff., Laumer, H., Die Direktinvestitionen der japanischen Wirtschaft in den Schwellenländern Ost-und Südostasiens, München, Köln, London 1984, S. 31 ff.

Einzelhändler gesichert war, errichteten japanische Unternehmen in der gesamten Region firmeneigene Verkaufsniederlassungen, um den Markt intensiver zu durchdringen.

Ende der 60er Jahre wurden die im Aufbau befindlichen Industrien der südostasiatischen Schwellenländer aufgrund der verfolgten Industrialisierunsstrategie durch hohe Einfuhrzölle, Importverbote und administrative Behinderungen geschützt (1). Diesem zunehmenden Protektionismus wurde von japanischen Unternehmungen frühzeitig durch absatzorientierte Direktinvestitionen in Form von Joint Ventures und Tochtergesellschaften (Produktionsunternehmen) begegnet, die zu einer weiteren Festigung der Marktposition führten (2). Daneben konnten aufgrund der massiven Direktinvestitionen und Integration des Produktionsprozesses die niedrigen Lohn- und Rohstoffkosten (3) südostasiatischer Schwellenländer voll ausgenutzt werden. So wurden in diesen Ländern insbesondere solche Komponenten und Halbfertigprodukte hergestellt, die sehr arbeitsintensiv waren, während in Japan und anderen Industrieländern technologieintensive Komponenten produziert wurden. Die gegenwärtig von japanischen Unternehmen verfolgte globale Unternehmensstrategie bezieht sowohl die südostasiatischen Schwellenländer als auch die Industrieländer in einem globalen Marketingnetzwerk ein, bei dem weltweit die Faktorkosten- (Lohn- und Rohstoffkosten) und Technologieunter-

---

(1) Siehe zu der Industrialisierungsstrategie auch Abschnitt 2.1 im zweiten Teil der Arbeit

(2) Vgl. Laumer, H., Die Direktinvestitionen der japanischen Wirtschaft in den Schwellenländern Ost- und Südostasiens, München, Köln, London 1984, S. 18 f., Hamel, G., Prahalad, C.K., Haben Sie wirklich eine globale Strategie?, in: Harvard Manager, 1. Quartal 1986, S. 92

(3) Niedrige Rohstoffkosten können insbesondere in Ländern wie Malaysia und Indonesien ausgenutzt werden.

schiede zwischen Industrie- und Schwellenländer ausgenutzt werden - vgl. Abbildung 31.

In der Elektronikindustrie (Sony, Sanyo, Toshiba, Hitachi und National) werden beispielsweise in Ländern wie Korea, Taiwan und Singapur sowohl arbeitsintensive Fertigprodukte für die inländische Nachfrage hergestellt als auch arbeitsintensive Komponenten, Halbfertigprodukte und Fertigprodukte produziert, die von dort wieder nach Japan oder in andere Industrieländer weiter exportiert werden (1). Dagegen werden in rohstoffreichen Ländern mit niedrigen Arbeitskosten wie Indonesien, Malaysia und den Philippinen arbeitsintensive Komponenten, Halbfertigprodukte und Fertigprodukte unter Verwendung der vorhandenen Rohstoffe hergestellt, die sowohl die inländische Nachfrage abdecken als auch für den Weiterexport auf die Märkte der Industrieländer bestimmt sind.

Die Integration aller Länder in das globale Marketingnetzwerk wird schließlich dadurch erreicht, daß in westlichen Industrieländern neben der Produktion technologieintensiver Fertigprodukte für den Inlandsmarkt auch technologieintensive Komponenten und Halbfertigprodukte hergestellt werden, die anschließend in die Schwellenländer transferiert und dort zu Fertigprodukten weiterverarbeitet werden - vgl. Abbildung 31.

Die globale Unternehmensstrategie schließt somit die Schwellenländer Südostasiens in einem geschlossenen Netzwerk mit ein, bei dem neben der Ausnutzung niedriger Lohn- und Rohstoffkosten durch den Aufbau von Produktionsstätten vor Ort die frühzeitige Erschließung und Sicherung der Absatzmärkte im Vordergrund strategischer Überlegungen stand.

---

(1) Vgl. Jatusripitak, S., Fahey, L., Kotler, P., Strategic Global Marketing: Lessons from the Japanese, in: CJoWB, Vol. XX, No. 1, Spring 1985, S. 51, Hout, T., Porter, M.E., Rudden, E., How global companies win out, in: Harvard Business Review, Sept.- Oct. 1982, S. 106, Ohmae, K., Macht der Triade, Wiesbaden 1985, S. 177 f.

Abb. 31: Die Rolle der südostasiatischen Schwellenländer im globalen Marketingnetzwerk japanischer Unternehmungen

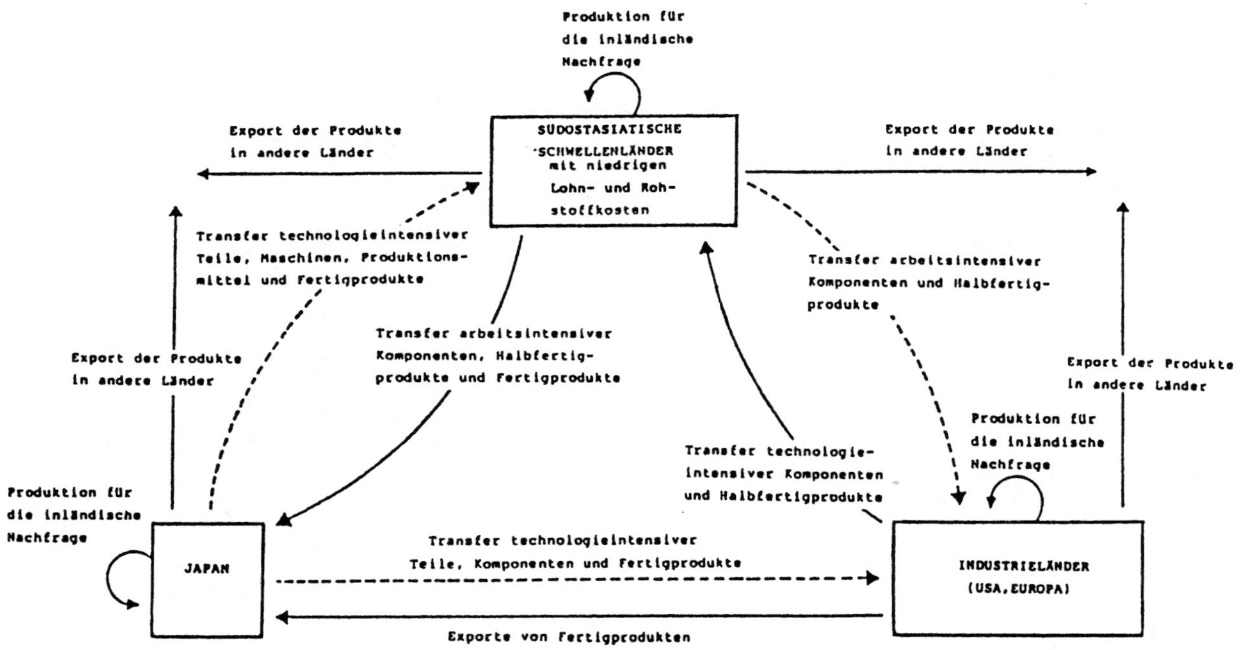

Quelle: Jatusripitak, S., Fahey, L., Kotler, P., Strategic Global Marketing: Lessons from the Japanese, in: CJoWB, Vol. XX, No. 1, Spring 1985, S. 50

Aufgrund dieser von japanischen Unternehmen massiv getätigten absatzpolitischen Direktinvestitionen (1) (Errichtung von Produktionsstätten mit komparativen Kostenvorteilen) konnte langfristig die Kostenführerschaft und eine dominierende Marktposition erzielt werden, die es ermöglichte, ausländische Wettbewerber (mit einem niedrigeren Direktinvestitionsvolumen) von diesen wichtigen Wachstumsmärkten zu verdrängen (2). Die strategische Bedeutung der südostasiatischen Wachstumsmärkte wird dadurch deutlich, daß japanische Unternehmungen diese als ihre Heimatmärkte betrachten, die gegenüber ausländischen Konkurrenten zu verteidigen sind (3). Von dieser "Plattform" aus konnte die Produktion für den Weltmarkt angestrebt werden,die in einem weiteren Schritt die Erschliessung und Sicherung der Absatzmärkte in den USA und Europa vorsah.

2.3.2 Einheimische Unternehmen in Südostasien

Südostasiatische Unternehmungen haben sich in den letzten zehn bis fünfzehn Jahren weltweit zu wichtigen neuen Konkurrenten

---

(1) Siehe zu der unterschiedlichen Höhe der Direktinvestitionen japanischer, deutscher und US-amerikanischer Unternehmen in Südostasien Tabelle 7 und die Untersuchung von Jungnickel, R., Gerberding, A., Maenner, U., Investitionsbedingungen in der ASEAN-Region, Hamburg 1986

(2) Vgl. Schütte, H., Marktstrategien für die Schwellenländer Asiens, in: Engels, B. (Hrsg.), Präsenz der deutschen Wirtschaft in Übersee, München, Köln, London 1986, S. 120, Jatusripitak, S., Fahey, L., Kotler, P., Strategic Global Marketing: Lessons from the Japanese, in: CJoWB, Vol. XX, No. 1, Spring 1985, S. 53, Porter, M.E., Wettbewerbsstrategie, 4. Aufl., Frankfurt a.M. 1987, S. 63 f.

(3) Vgl. Eli, M., Die Rolle der japanischen Generalhandelshäuser in Südostasien, in: Laumer, H. (Hrsg.), Wachstumsmarkt Südostasien, München, Köln, London 1983, S. 383, Keegan, W., Strategic Market Planning: The Japanese Approach, in: International Marketing Review, Vol. 1, No. 1, Autumn 1983, S. 10

entwickelt und dabei zu einer Intensivierung des internationalen Wettbewerbs beigetragen. Während 1975 lediglich fünf Schwellenländer-Multis existierten, stehen gegenwärtig weit über 1000 solcher Unternehmungen mit Firmen aus den Industrieländern in Konkurrenz (1). Vor allem Unternehmungen aus den industriell weiter fortgeschrittenen Ländern wie Südkorea, Hong Kong, Taiwan und Singapur konnten ihre Position auf dem Inlandsmarkt und wichtigen ausländischen Absatzmärkten wie den USA und Europa stetig ausbauen und einige Branchen (Textilien, Lederwaren, Elektronik, Bekleidung, Uhren, Schiffsbau etc.) erfolgreich umwandeln bzw. die "Spielregeln" des Wettbewerbs verändern (2).

Niedrige Lohn- und Rohstoffkosten, neue Produktionstechnologien sowie die Konzentration auf wenige Branchen und arbeitsintensive Produkte bildeten die Grundlage der strategischen Wettbewerbsvorteile südostasiatischer Unternehmungen (3). Darüber hinaus konnten diese LDC-Multinationals, die oftmals durch die eigene Regierung unterstützt werden oder im Staatsbesitz stehen, vom gesamtwirtschaftlichen und industriellen

---

(1) Vgl. Khan, K.M., Multinationals from the South, in: Khan, K.M. (Hrsg.), Multinationals of the South, New York 1986, S. 1 ff.

(2) Vgl. Porter, M.E., Wettbewerbsstrategie, 4. Aufl., Frankfurt a. M. 1987, S. 363, Segler, K., Basisstrategien im internationalen Marketing, Frankfurt a. M. 1987, S. 101 f., Cho, D.S., Porter, M.E., Der Wechsel der globalen Branchenführerschaft im Fall der Schiffsbauindustrie, in: Porter, M.E. (Hrsg.), Globaler Wettbewerb, Wiesbaden 1989, S. 632 f.

(3) Vgl. Atac, O., International Experience Theory and Global Strategy, in: International Marketing Review, Vol. 3, No.4, Winter 1986, S. 53, Fransman, M., The Rise of Asia's Machinery Industry, in: Euro-Asia Business Review, Vol. 3, No.3, July 1984, S. 39 f., Porter, M.E., Wettbewerbsstrategie, 4. Aufl., Frankfurt a. M. 1987, S. 371, Vernon-Wortzel, H., Wortzel, L.H., Globalizing Strategies for Multinationals from Developing Countries, in: CJoWB, Vol. 23, No. 1, Spring 1988, S. 31

Aufschwung in der südostasiatischen Region profitieren.
Ein dynamisches Wirtschaftswachstum, verbunden mit dem Wachstum von Branchenmärkten, führte dazu, daß diese Unternehmungen ihre Absatzmengen ausweiten und auf ihrem geschützten Inlandsmarkt eine starke Marktposition einnehmen konnten. Nachdem der begrenzte Inlandsmarkt weitgehend gesichert war, weiteten die LDC-Multinationals ihre Absatzaktivitäten auf die übrige südostasiatische Region (Indonesien, Philippinen, Thailand usw.) aus oder erschlossen andere Schwellenmärkte in Mittel- und Südamerika - vgl. Abbildung 32.

Abb. 32: Markterschließungspfad südostasiatischer Unternehmungen

Quelle: Eigene Zusammenstellung

Auf diesen "wettbewerbsschwachen" Absatzmärkten wurde die technologische und materielle Produktqualität ständig verbessert, um im Anschluß mit ausgereiften Niedrigpreis-Produkten

(Dumping) die bedeutenden Auslandsmärkte USA und Europa zu erschließen (1).
Ähnlich wie japanische Unternehmungen erzielten einige südostasiatische LDC-Multinationals wie Samsung (2), Hyundai, Goldstar und Taitung mit Hilfe der auf dem Inlandsmarkt und den Auslandsmärkten erzielten Absatzmengen Erfahrungskurven-Effekte, die zu komparativen Kostenvorteilen im internationalen Wettbewerb führten (3).
Um in der gesamten südostasiatischen Region eine starke Marktposition zu erzielen, wurden beispielsweise südkoreanische Generalhandelshäuser nach dem Vorbild der japanischen Sogo Sosha gebildet, die die Durchdringung ausländischer Märkte, Aufbau eines weltweiten Vertriebsnetzes und Finanzierung kleiner koreanischer Zulieferfirmen zum Ziel hatten (4).

---

(1) Vgl. Heenan, D.A., Keegan, W.J., Die neuen Multis, in: Harvard Manager, 1/1980, S. 63, Atac, O., International Experience Theory and Global Strategy, in: International Marketing Review, Vol. 3, No. 4, Winter 1986, S. 54, Magaziner, I.C., Patinkin, M., Wie Korea den Mikrowellen-Krieg gewann, in: Harvard Manager, 3/1989, S. 43 und S. 49 f., Hamel, G., Prahalad, C.K., Haben Sie wirklich eine globale Strategie ?, in: Harvard Manager, 1/1986, S. 90 ff.

(2) Samsung ist mittlerweile auf dem US-amerikanischen Markt für Mikrowellenherde Marktführer geworden. Siehe hierzu auch die Ausführungen von Magaziner, I.C., Patinkin, M., Wie Korea den Mikrowellen-Krieg gewann, in: Harvard Manager, 3/1989, S. 41 ff.

(3) Siehe hierzu auch Atac, O., International Experience Theory and Global Strategy, in: International Marketing Review, Vol. 3, No. 4, Winter 1986, S. 54, Levy, B., Korean and Taiwanese Firms as International Competitors: The Challenges Ahead, in: CJoWB, Vol. 23, No.1, Spring 1988, S. 45

(4) Vgl. Heenan, D.A., Keegan, W.J., Die neuen Multis, in: Harvard Manager, 1/1980, S. 66, Levy, B., Korean and Taiwanese Firms as International Competitors: The Challenges Ahead, in: CJoWB, Vol. 23, No.1 , Spring 1988, S. 44

Diese Generalhandelshäuser nahmen bei der erfolgreichen Distribution der Produkte eine bedeutende Schlüsselposition ein. Darüber hinaus wurden südostasiatische Produkte auf dem US-Markt als Handelsmarken abgesetzt (1), um so einen bedeutenden Auslandsmarkt zu erschließen und ein hohes Absatzvolumen zu erzielen (Scale- und Experience-Effekt).

Andere südostasiatische Unternehmungen aus den weniger industrialisierten Ländern wie Thailand, Malaysia, Indonesien und den Philippinen gründeten untereinander oder mit japanischen Unternehmungen Joint Ventures (Strategische Allianzen) (2), um einen leichteren Zugang zu Auslandsmärkten, Rationalisierungsmöglichkeiten, eine Zusammenfassung von Ressourcen und weitere wichtige Vorzüge (z.B. Technologien, Rohstoffe, Distributionswege im Ausland usw.) zu erreichen (3). Schwerpunkt der Geschäftstätigkeit blieb jedoch in arbeitsintensiven und technologiearmen Branchen (standardisierte Produkte) der geschützte inländische Absatzmarkt oder benach-

---

(1) So wurden die Mikrowellenherde von Samsung in der Anfangsphase der Marktexpansion in den USA von einer großen Einzelhandelskette als Handelsmarke J.C. Penney verkauft.

(2) Siehe zu den Joint Ventures in der südostasiatischen Region: Wagner, W., Stier, B., Haas, U., Deutsche und japanische Export- und Investitionsstrategien in Südostasien, Hamburg 1985, S. 287 ff., Wells, L.T., Foreign Investors from the Third World, in: Kumar, K., Mc. Leod, M.G., Multinationals from Developing Countries, Lexington 1981, S. 24 ff., Fong, P.E., Komaran, R.V., Singapore Multinationals, in: CJoWB, Vol. 20, No. 2, Summer 1985, S. 35 - 43

(3) Vgl. Heenan, D.A., Keegan, W.J., Die neuen Multis, in: Harvard Manager, 1/1980, S. 66 f., Lecraw, D.J., Internationalization of Firms from LDC's: Evidence from the ASEAN Region, in: Kumar, K., Mc. Leod, M.G., Multinationals from Developing Countries, Lexington 1981, S. 41 f., Vernon-Wortzel, H., Wortzel, L.H., Globalizing Strategies for Multinationals from Developing Countries, in: CJoWB, Vol. 23, No. 1, Spring 1988, S. 30

barte Märkte in der südostasiatischen Region (ethno- oder regiozentrische Orientierung), wobei durch eine Konzentration auf das untere Segment der Tradition ein direkter Wettbewerb mit Unternehmungen aus Industrieländern vermieden wurde (1). Diese "Stammland-Orientierung" führte dazu, daß ein Großteil der Unternehmungen nur ein geringes Absatzvolumen erzielte und im weltweiten Wettbewerb keine bedeutende Position einnehmen konnte.

Sowohl die strategischen Allianzen der LDC-Multinationals als auch die Generalhandelshäuser bildeten auf diesen Schwellenmärkten eine wichtige Grundlage für die inländische Marktpenetration und - für einige LDC-Multinationals - die darauffolgende erfolgreiche internationale Erschließung weiterer Auslandsmärkte.
LDC-Multinationals, vor allem aus den industriell weiter fortgeschrittenen Ländern, haben sich in der gesamten südostasiatischen Region,aber auch auf internationalen Absatzmärkten zu bedeutenden Konkurrenten entwickelt, die sich unter Ausnutzung der strategischen Wettbewerbsvorteile auch gegenüber Unternehmungen aus Industrieländern erfolgreich durchsetzen konnten. Firmen wie Hyundai (PKW und Schiffsbau), Samsung (Elektronik, Industrieausrüstungen), Goldstar (Elektronik) und Taitung (Elektronik) haben bewiesen, daß Unternehmungen aus Schwellenländern in der Lage sind, technologisch und qualitativ hochwertige Produkte herzustellen. Der Technologievorsprung der Industrieländer gegenüber Schwellen- und Entwicklungsländern hat sich aufgrund von Lizenzvereinbarungen, Technologietransfer und multinationalen Unternehmungen weltweit verringert, so daß daraus eine "nachhaltige Verschie-

(1) Vgl. Vernon-Wortzel, H., Wortzel, L.H., Globalizing Strategies for Multinationals from Developing Countries, in: CJoWB, Vol. 23, No. 1, Spring 1988, S. 28 f.

bung des Wettbewerbsgleichgewichts zwischen den betroffenen Ländern" resultiert (1).

Diese globalen Wettbewerbsveränderungen zugunsten südostasiatischer Unternehmungen belegen die Gültigkeit der von Vernon in der Produktzyklus-Theorie vertretenen Thesen, wonach Unternehmungen aus den Industrieländern bei standardisierten Produkten ihre Marktposition auf Auslandsmärkten verlieren und anschließend auf dem eigenen Inlandsmarkt im verschärften Wettbewerb mit südostasiatsichen Konkurrenten stehen (2).

2.3.3 US-amerikanische Unternehmen in Südostasien

Neben japanischen und einheimischen Unternehmungen zählen in der gesamten südostasiatischen Region US-amerikanische Firmen zu wichtigen Konkurrenten, die in den letzten Jahren ihr Auslandsengagement erneut intensivierten. Sowohl politische als auch historische Bindungen der USA zu Südkorea, Taiwan, den Philippinen und Hong Kong bewogen amerikanische Unternehmungen dazu, sich nach dem Zweiten Weltkrieg in diesen Ländern stärker zu engagieren als in anderen Wirtschaftsregionen.
So wurden Taiwan und Hong Kong über Jahrzehnte als ein "Bollwerk" gegen den Kommunismus betrachtet; und auch bei den übrigen Staaten wurden politische Erwägungen und wirtschaft-

---

(1) Porter, M.E. (Hrsg.), Globaler Wettbewerb, Wiesbaden 1989, S. 4

(2) Die Produktzyklus-Theorie des internationalen Handels bildet bei der Konkurrenzanalyse zwischen Unternehmungen aus Industrie- und Schwellenländern einen wichtigen theoretischen Bezugsrahmen, der die Entwicklungen eingehend analysiert und interpretiert. Siehe hierzu die Ausführungen im zweiten Teil der Arbeit, Abschnitt 1

liches Interesse kombiniert (1). Die dabei getätigten Direktinvestitionen dienten jedoch im Rahmen der multinationalen Unternehmensstrategie lediglich dazu, die niedrigen Lohn- und Rohstoffkosten der Schwellenländer auszunutzen. So wurden beispielsweise arbeitsintensive Komponenten der Halbleiter- und PKW-Industrie in allen acht südostasiatischen Schwellenländern hergestellt und anschließend in die USA reexportiert, um gegenüber japanischen Kokurrenten international wettbewerbsfähig zu bleiben (2).
Die südostasiatischen Absatzmärkte, die aufgrund des damaligen niedrigen Pro-Kopf-Einkommens der Bevölkerung noch unbedeutend waren, wurden trotz des intensiven Auslandsengagements und der Produktion vor Ort von einigen Unternehmungen nicht intensiv erschlossen. Der Investitionsstandort dieser Region wurde somit weder für den inländischen Absatzmarkt noch für Drittmärkte wie Japan, Europa und Australien "ausgerichtet" (3).
Entsprechend dieser Unternehmensstrategie konnten einige US-amerikanische Firmen (Elektronik und Fahrzeugbau) ihre Marktposition in dieser Region nicht weiter ausbauen, so daß

---

(1) Vgl. Gälli, A., Neue Wachstumsmärkte in Fernost, München, Köln, London 1983, S. 79, Ohmae, K., Macht der Triade, Wiesbaden 1985, S. 6

(2) Siehe hierzu Davis, W.E., Hatano, D.G., The American Semiconductor Industry and the Ascendancy of East Asia, in: California Management Review, Vol. 27, No. 4, Summer 1985, S. 128 f., Hamel, G., Prahalad, C.K., Haben Sie wirklich eine globale Strategie ?, in: Harvard Manager, 1/1986, S. 90, Hiemenz, U., Langhammer, R.J., The Competitive Strength of European, Japanese and US Suppliers on ASEAN Markets, Tübingen 1987, S. 42

(3) Siehe zu der Bedeutung der Investitionen in Südostasien und der Ausrichtung auf dem südostasiatischen Absatzmarkt, Heimatmarkt und Drittmärkten einzelner Unternehmungen aus Europa, Japan und den USA: Kirchbach, F.v., Verluste europäischer Unternehmen im Entwicklungsländergeschäft, in: Harvard Manager, 4/1986, S. 73

bei der "Marktoffensive" japanischer Unternehmungen in den 60er und 70er Jahren hohe Marktanteilsverluste hingenommen werden mußten. Mittelfristig am Auslandsumsatz und -gewinn orientierte US-Tochtergesellschaften, die der japanischen Konkurrenz im vollen Umfang ausgesetzt waren (Elektronik und Fahrzeugbau), zogen sich in den darauffolgenden Jahren von diesen Auslandsmärkten weitgehend zurück (1).
Hingegen konnten US-amerikanische Unternehmungen der Konsumgüterindustrie wie Johnson & Johnson, Colgate, Kodak, BAT und General Electric sowie Unternehmungen der Pharmaindustrie, der Ölbranche und des Dienstleistungsbereichs (Banken, Versicherungen, Werbung etc.) ihre Marktposition weiter ausbauen. Das frühzeitige Auslandsengagement und der Aufbau firmeneigener Verkaufsniederlassungen und Tochtergesellschaften trugen wesentlich dazu bei, daß diese Unternehmungen auch gegenwärtig auf den südostasiatischen Schwellenmärkten erfolgreich operieren (2).

In den letzten Jahren wurden in allen acht südostasiatischen Schwellenländern massive Investitionen in ein flächendeckendes

---

(1) Vgl. Schütte, H., Marktstrategien für die Schwellenländer Asiens, in: Engels, B. (Hrsg.), Präsenz der deutschen Wirtschaft in Übersee, München, Köln, London 1986, S. 120, Jatusripitak, S., Fahey, L., Kotler, P., Strategic Global Marketing: Lessons from the Japanese, in: CJoWB, Vol. XX, No. 1, Spring 1985, S. 51, Ostmeier, H., Wettbewerbsstrategien US-amerikanischer und europäischer Unternehmungen auf Auslandsmärkten - Eine explorative Studie auf der Grundlage von PIMS-Daten, Münster 1987, S. 3, Fels, G., Internationale Wettbewerbsfähigkeit Japan, Vereinigte Staaten, Bundesrepublik - Fakten, Trends, Hypothesen - in: ZfbF, 34. Jg., 1982, Heft 1, S. 10

(2) Siehe hierzu auch: Kirchbach, F.v., The Role of Marketing Strategies in Penetrating Southeast and East Asian Markets, Kiel 1985, S. 56 ff.

Netz firmeneigener Verkaufsniederlassungen getätigt (1) sowie Bestrebungen unternommen, amerikanische Handelsgesellschaften nach dem Vorbild der Sogo Sosha zu bilden (Export Trading Company Act von 1982).
Diese absatzorientierten Direktinvestitionen sollen im Rahmen der von US-amerikanischen Firmen verfolgten multinationalen Unternehmensstrategie zur Aufrechterhaltung bzw.zum Ausbau der Marktposition in Südostasien dienen. Denn neben den Triade-Märkten und lateinamerikanischen Schwellenmärkten streben US-Unternehmungen nun seit Beginn der 80er Jahre an, in den südostasiatischen Wachstumsmärkten mit Brückenkopf-Charakter stärker als bisher vertreten zu sein (2).
Auf diesen Märkten konnten japanische und südostasiatische Konkurrenten die für die Kosteneffizienz erforderlichen Absatzmengen erzielen und auf dem US-Markt und Drittmärkten die starke Marktposition der bis dahin dominierenden US-Unternehmungen gefährden.

Die nationale und weltweite Marktposition US-amerikanischer Firmen hängt somit in entscheidenem Maße auch davon ab,

---

(1) So wurden 1981 von US-Unternehmen 1,2 Mrd. US-Dollar in firmeneigenen Vertriebsniederlassungen investiert. Siehe hierzu: Kirchbach, F.v., Verluste europäischer Unternehmen im Entwicklungsländergeschäft, in: Harvard Manager 4/1986, S. 71

(2) Das intensivierte Engagement US-amerikanischer Unternehmungen geht auch aus einer Studie hervor (shift share analysis), bei der die US-Export- und Importverschiebungen zwischen einzelnen Ländern untersucht werden. So ergab die shift share analysis, daß US-Unternehmungen in den letzten Jahren ihre Exporte und ihr Auslandsengagement von den europäischen Industrieländern zu den asiatischen Schwellenländern im "Pazifischen Becken" hin verlagerten. Siehe hierzu: Green, R.T., Internationalization and Diversification of U.S. Trade: 1970 to 1981, in: International Marketing Review, Vol. 2, No. 2, Summer 1985, S. 54 ff.

inwieweit starke japanische und südostasiatische Wettbewerber auf ihren Heimatmärkten in Bedrängnis gebracht werden können. Hamel und Prahalad sprechen in diesem Zusammenhang von Vergeltungsmaßnahmen, bei denen das Ziel ist "den Schauplatz der Schlacht woandershin zu verlegen,... ohne ihn zu Hause auszufechten" (1).
Vor dem Hintergrund dieser weltweit veränderten Wettbewerbsbedingungen sind US-amerikanische Unternehmungen bestrebt, langfristig in Südostasien eine Insiderposition zu erzielen, um sowohl die Konkurrenten abzuwehren als auch die dort vorhandenen Chancen der Wachstumsmärkte (u.a. das für die Kosteneffizienz erforderliche Absatzvolumen) auszunutzen (2).

2.4 Deutsche internationale Unternehmen in Südostasien

Im Gegensatz zu den japanischen und US-amerikanischen Wettbewerbern sind deutsche Unternehmungen in Südostasien weniger stark vertreten. Zwar haben Firmen aus dem Bereich der Chemie-, Pharma- und Automobilindustrie in dieser Region Auslandsinvestitionen getätigt; jedoch gemessen an dem Umfang der Direktinvestitionen ausländischer Konkurrenten aus Japan

---

(1) Hamel, G., Prahalad, C.K., Haben Sie wirklich eine globale Strategie ?, in: Harvard Manager 1/1986, S. 93

(2) Vgl. Ohmae, K., Macht der Triade, Wiesbaden 1985, S. 141, Hamel, G., Prahalad, C.K., Haben Sie wirklich eine globale Strategie ?, in: Harvard Manager 1/1986, S. 95 f., Terpstra, V., The Changing Environment of International Marketing, in: International Marketing Review, Vol. 2, No. 3, Autumn 1985, S. 11, Jatusripitak, S., Fahey, L., Kotler, P., Strategic Global Marketing: Lessons from the Japanese, in: CJoWB, Vol. XX, No. 1, Spring 1985, S. 51 f.

und den USA ist die deutsche Wirtschaft deutlich unterrepräsentiert (1). Während die Direktinvestitionen japanischer Unternehmungen in dieser Region bis 1980 9,6 Mrd. $ und die US-amerikanischer Unternehmungen 7,8 Mrd. $ betrugen, lag das Investitionsvolumen deutscher internationaler Firmen lediglich bei 0,5 Mrd. $ (2).
Hieraus wird deutlich, daß der bisherige Investitionsschwerpunkt und das Auslandsengagement in anderen Wirtschaftsregionen und Absatzmärkten liegen. So sind deutsche Unternehmungen neben den Triade-Märkten auf den stagnierenden oder nur langsam wachsenden Märkten Lateinamerikas, Afrikas und des Mittleren Ostens vertreten (3). Chancen, die sich aus der zunehmenden Industrialisierung und der Dynamik südostasiatischer Wachstumsmärkte ergeben, wurden bisher von deutschen Unternehmungen nicht im vollen Umfang wahrgenommen.
So dienten die im Rahmen des Auslandsengagements getätigten Direktinvestitionen lediglich der Ausnutzung niedriger Lohn- und Rohstoffkosten vor Ort (4).

---

(1) Vgl. Schütte, H., Marktstrategien für die Schwellenländer Asiens, in: Engels, B. (Hrsg.), Präsenz der deutschen Wirtschaft in Übersee, München, Köln, London 1986, S. 109 ff., Jungnickel, R., Gerberding, A., Maenner, U., Investitionsbedingungen in der ASEAN-Region, Hamburg 1986, S. 316 ff.

(2) Siehe zu der Höhe der Direktinvestitionen japanischer, US-amerikanischer und deutscher Unternehmungen in der südostasiatischen Region: den zweiten Teil der Arbeit, Abschnitt 5.2

(3) Vgl. Ohmae, K., Macht der Triade, Wiesbaden 1985, S. 143, Fels, G., Internationale Wettbewerbsfähigkeit Japan, Vereinigte Staaten, Bundesrepublik - Fakten, Trends, Hypothesen - , in: ZfbF, 34 Jg. 1982, Heft 1, S. 13, Hiemenz, U., Verpaßt Europa den Anschluß in Fernost ?, Kiel 1984, S. 12 f.

(4) Vgl. Schütte, H., Marktstrategien für die Schwellenländer Asiens, in: Engels, B. (Hrsg.), Präsenz der deutschen Wirtschaft in Übersee, München, Köln, London 1986, S. 111

Massive absatzorientierte Investitionen, die zum Aufbau eines effizienten Vertriebsnetzes und einer intensiveren Marktdurchdringung erforderlich gewesen wären, wurden in den 70er und 80er Jahren nicht in dem notwendigen Umfang getätigt (1). So verfügen deutsche internationale Unternehmungen über keine betriebseigene "Marketinginfrastruktur" in dieser Region, wie vergleichsweise US-amerikanische oder japanische Wettbewerber (Sogo Sosha).
Entsprechend diesem geringen Auslandsengagement und der fehlenden Infrastruktur konnten Marktanteilsverluste und eine verschlechterte Wettbewerbsposition nicht verhindert werden (2). Denn die massiven Direktinvestitionen japanischer und US-amerikanischer Firmen in Auslandsniederlassungen führten auch zu Exportsteigerungen von Komponenten und Zwischenprodukten, so daß eine enge Verbindung zwischen der Investitionstätigkeit und Exporttätigkeit festgestellt werden konnte (3). Machetzki spricht in diesem Zusammenhang von einer "Konditionierung" der südostasiatischen Absatzmärkte durch massenhafte Präsenz von Vor-Ort-Niederlassungen (4).

Bedingt durch die frühzeitige Markterschließung und die aus den Direktinvestitionen resultierenden Wettbewerbsvorteile für

---

(1) So wurden von deutschen Unternehmungen lediglich 1,6 % (1980) ihrer Auslandsinvestitionen in der südostasiatischen Region getätigt, siehe hierzu: Kirchbach, F.v., Verluste europäischer Unternehmen im Entwicklungsländergeschäft, in: Harvard Manager, 4/1986, S. 72

(2) Siehe hierzu auch Tabelle 10 auf Seite 104

(3) Vgl. Machetzki, R., Asean - Leistungsprofile, Märkte und Kooperationsaussichten, in: Südostasien aktuell, Juli 1984, S. 346, Kirchbach, F.v., Verluste europäischer Unternehmen im Entwicklungsländergeschäft, in: Harvard Manager 4/1986, S. 72, Hiemenz, U., Verpaßt Europa den Anschluß in Fernost ?, Kiel 1984, S. 15

(4) Vgl. Machetzki, R., Asean - Leistungsprofile, Märkte und Kooperationsaussichten, in: Südostasien aktuell, Juli 1984, S. 346

internationale Konkurrenten (1) stellt sich für deutsche Unternehmungen die Frage, inwieweit die zukünftige Marktposition in Südostasien erhalten bzw. ausgebaut werden kann. Nur durch eine Insiderposition in der Triade und den südostasiatischen Wachstumsmärkten können Marktchancen genutzt werden, die im internationalen Wettbewerb von strategischer Bedeutung sind. "Abstinenz und Nichtpräsenz in dieser Region können einen Verlust an Wachstums-" (2) und Absatzchancen bedeuten, wovon südostasiatische, japanische und US-amerikanische Wettbewerber weiterhin profitieren.

Diese Entwicklungen führten dazu, daß deutsche Unternehmungen erst in den letzten Jahren ein verstärktes Auslandsengagement anstreben (3), bei dem neben der Ausnutzung niedriger Lohn- und Rohstoffkosten - durch Auslagerung arbeitsintensiver Produktionsstufen - auch eine intensivere Marktdurchdringung im Vordergrund steht. Dabei stellt insbesondere die Kombination von lokaler Produktion (Joint Venture) und Transfer von Komponenten und Zwischenprodukten aus Deutschland eine alternative Investitions- und Kooperationsform für diese Region dar, bei der auch vorhandene Distributionsstrukturen des einheimischen Partners genutzt werden können (4).

---

(1) Siehe zu den Wettbewerbsvorteilen bei frühzeitiger Erschließung von Wachstumsmärkten: Die Erfahrungskurven-Effekte japanischer Unternehmungen in Südostasien in Teil vier Abschnitt 2.3.1

(2) Leuenberger, T., Wettbewerbsfähigkeit Europas und die asiatisch-pazifische Herausforderung, in: Thexis, 2/1986, S. 45

(3) Siehe hierzu auch: Jungnickel, R., Gerberding, A., Maenner, U., Investitionsbedingungen in der ASEAN-Region, Hamburg 1986, S. 316, Meissner, H.G., Aktionsmuster deutscher internationaler Unternehmungen in der Dritten Welt, in: Pausenberger, E. (Hrsg.), Entwicklungsländer als Handlungsfelder internationaler Unternehmungen, Stuttgart 1982, S. 140 f.

(4) Siehe hierzu Teil vier Abschnitt 1.3.2

Darüber hinaus sollte ein Ausbau der Marktposition deutscher Unternehmungen - aufgrund der dominierenden internationaler Wettbewerber - durch eine intensivere Präsenz in Form von Lizenzvergaben, Joint Ventures und Auslandsniederlassungen in Südostasien erfolgen.
Auslandsinvestitionen unterhalb der "kritischen Masse", verstanden als der Mitteleinsatz führender japanischer und US-amerikanischer Konkurrenten, würden im internationalen Wettbewerb nur zu unzureichenden Ergebnissen führen (1), so daß weiterhin ein erheblicher Handlungsbedarf in dieser Richtung bestehen bleibt.

3. Die strategische Bedeutung der südostasiatischen Absatzmärkte für die deutsche Konsumgüterindustrie

Die in den vorhergehenden Abschnitten behandelten Analysefelder zeigen Veränderungen und Entwicklungstendenzen im internationalen Wettbewerb auf, aus denen langfristig Chancen und Risiken für deutsche internationale Unternehmungen resultieren.

Ein dynamisches Wirtschaftswachstum und die zunehmende Industrialisierung der südostasiatischen Region führten dazu, daß diesen Ländern sowie deren Unternehmungen und Absatzmärkte bei internationalen Geschäftsaktivitäten eine immer wichtiger werdende Bedeutung zukommt. So entstanden zum einen neue südostasiatische Unternehmungen, die als "Weltexporteure" die internationale Wettbewerbssituation verschärften und auch solche Branchen erfolgreich umwandeln bzw. die "Spielregeln" des Wettbewerbs verändern konnten, in denen bisher Unternehmungen aus der Bundesrepublik und anderen Industrieländern dominierten.

---

(1) Vgl. Schütte, H., Marktstrategien für die Schwellenländer Asiens, in: Engels, B. (Hrsg.), Präsenz der deutschen Wirtschaft in Übersee, München, Köln, London 1986, S. 127

Zum anderen entwickelten sich in der gesamten südostasiatischen Region aufgrund der zunehmenden Industrialisierung, des dynamischen Wirtschaftswachstums, Steigerung des Pro-Kopf-Einkommens und des hohen Bevölkerungswachstums neue bedeutende Absatzmärkte (Marktchancen), die jedoch von deutschen internationalen Unternehmungen nicht intensiv erschlossen wurden.
Das Auslandsengagement und der Schwerpunkt deutscher Investitionen konzentriert sich neben der Triade weiterhin in stagnierenden Wirtschaftsregionen wie Lateinamerika und Afrika (1), was ein Verzicht auf Wachstums- und Absatzchancen bedeutet und langfristig zu einer Gefährdung der internationalen Wettbewerbsposition führen kann. Japanische und US-amerikanische Wettbewerber haben die strategische Bedeutung der südostasiatischen Absatzmärkte frühzeitig erkannt und einen Ausbau der Marktposition durch massive absatzorientierte Direktinvestitionen vorangetrieben. Für deutsche Unternehmungen geht ein deutlicher Rückstand hervor, der zu gravierenden Marktanteilsverlusten führte und das Risiko in sich birgt, aus diesen dynamischen Wachstumsmärkten gedrängt zu werden.

Im Rahmen der internationalen Konkurrentenanalyse wurde aufgezeigt, daß japanische und südostasiatische Wettbewerber mit Hilfe der in dieser Region erzielten Absatzmengen Erfahrungskurven-Effekte erzielen konnten, die zu komparativen Kostenvorteilen im internationalen Wettbewerb führten.
Von diesen südostasiatischen Absatzmärkten wurde die weitere internationale Expansion auf wichtige Drittmärkte (z.B. USA) und den deutschen Absatzmarkt ausgeweitet, so daß deutsche Unternehmungen national und auch international in Bedrängnis gebracht werden konnten. Die Abhängigkeit der Wettbewerbs-

---

(1) Siehe hierzu auch: Fels, G., Internationale Wettbewerbsfähigkeit Japan, Vereinigte Staaten, Bundesrepublik - Fakten, Trends - in: ZfbF, 34. Jg., 1982, Heft 1, S. 13, Meffert, H., Landwehr, R., Gass, C., Internationales Management, Münster 1984, S. 8

position deutscher Unternehmungen in einem Land wird somit in zunehmendem Maße von der Marktstellung bestimmt, die sie in anderen Ländern innehat. Hierzu schreibt Porter folgendes: "Das Engagement eines multinationalen Unternehmens in einem bestimmten Land wird von Vorgängen in anderen Ländern beeinflußt bzw. übt selbst Einfluß auf die Märkte anderer Länder aus, so daß der internationale Wettbewerb ein Komplex vielschichtiger Wechselbeziehungen ist" (1).
Unter Einbeziehung der aus dem dynamischen Wirtschaftswachstum resultierenden Marktchancen und den von dieser Region ausgehenden Risiken und Bedrohungen für deutsche internationale Unternehmungen ergibt sich eine strategische Bedeutung der südostasiatischen Absatzmärkte.
Auf diesen Wachstumsmärkten müssen deutsche Unternehmungen langfristige Absatzchancen wahrnehmen und zur Verteidigung der inländischen und internationalen Marktposition die Expansion südostasiatischer und japanischer Wettbewerber begrenzen. Denn in dieser Region erzielen diese Konkurrenten hohe Absatzmengen und Liquiditätsüberschüsse, die für die weitere Expansion und Marktpenetration ausländischer Märkte verwendet werden (2).
Hierzu schreiben Hamel und Prahalad folgendes: "Viele multinationale Unternehmen betrachten ausländische Märkte nur als strategisch wichtig, wenn sie dort Gewinne erzielen können" (3). Das Versäumnis deutscher und anderer westlicher Unternehmungen in den südostasiatischen Schwellenländern mit einheimischen und japanischen Konkurrenten in den Wettbewerb zu treten, "eröffnet diesen eine weitere unange-

---

(1) Porter, M.E., Der Wettbewerb auf globalen Märkten: Ein Rahmenkonzept, in: Porter, M.E. (Hrsg.), Globaler Wettbewerb, Wiesbaden 1989, S. 19

(2) Siehe hierzu auch: Jatusripitak, S., Fahey, L., Kotler, P., Strategic Global Marketing: Lessons from the Japanese, in: CJoWB, Vol. XX, No. 1, Spring 1985, S. 51

(3) Hamel, G., Prahalad, C.K., Haben Sie wirklich eine globale Strategie ?, in: Harvard Manager, 1. Quartal 1986, S. 96

fochtene Gewinnquelle, die die Amerikaner und Europäer auf ihren Heimatmärkten noch verwundbarer machen (1)".
Für die internationale Wettbewerbsfähigkeit deutscher Unternehmungen ist es von entscheidender Bedeutung, in den vier Regionen Europa, USA, Japan und Südostasien durch eigene Produktionsstätten oder Kooperationsbeziehungen vertreten zu sein. Demnach sind die zukünftigen Geschäftsaktivitäten und Investitionsschwerpunkte auf diese Tetrade (strategische Schlüsselmärkte) neu festzulegen bzw. zu begrenzen - siehe hierzu Abbildung 33.

---

(1) Hamel, G., Prahalad, C.K., Haben Sie wirklich eine globale Strategie ?, in: Harvard Manager, 1. Quartal 1986, S. 96

Abb. 33: Tetrade: Europa, USA, Japan und Südostasien

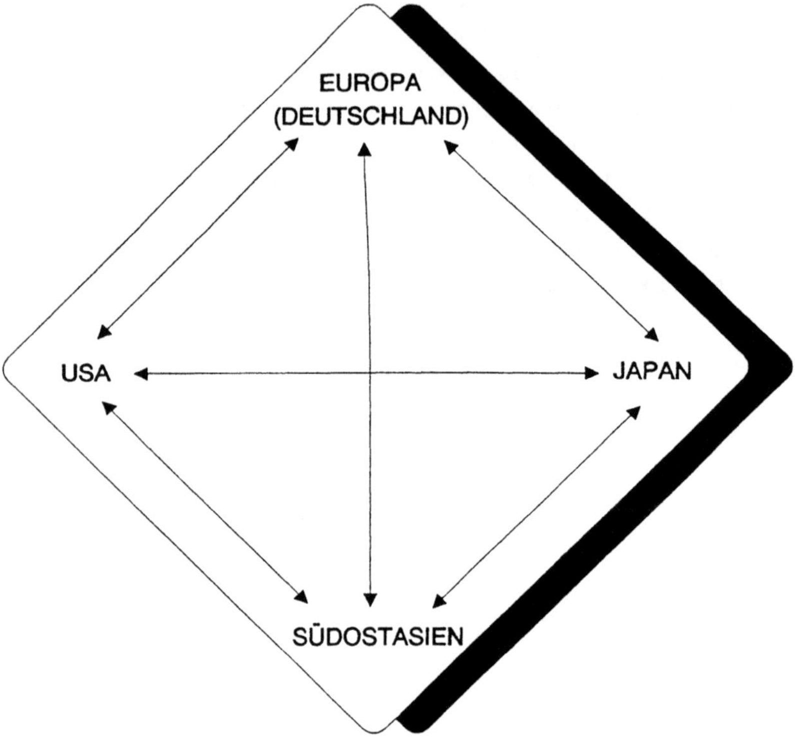

Quelle: In Anlehnung an Ohmae, K., Macht der Triade, Wiesbaden 1985, S. 144

Nur durch eine Konzentration auf diese Tetrade, bei der der südostasiatischen Region eine gleichwertige Bedeutung eingeräumt wird, können deutsche Unternehmungen langfristig aus dem internationalen Wettbewerb erfolgreich hervorgehen.

SCHLUSSWORT

Durch die Ausweitung der internationalen Geschäftstätigkeit auf südostasiatische Wachstumsmärkte, die von ihrem wirtschaftlichen, technologischen, politischen und soziokulturellen Entwicklungsstand in erheblichem Maße von dem Inlandsmarkt (Industrieland) abweichen, ergeben sich für deutsche Unternehmungen neue Chancenpotentiale, aber auch erhöhte Risiken.
Diese Chancen und Risiken ausländischer Absatzmärkte müssen - wie die Arbeit aufgezeigt hat - frühzeitiger als bisher mit Hilfe eines Frühwarn- bzw. Früherkennungssystems identifiziert werden.
Herkömmliche Analyseinstrumente wie z.B. die Portfolio-Analyse, bei der Kenngrößen wie der relative Marktanteil einer Unternehmung und Marktwachstum verwendet werden, reichen bei internationalen Geschäftsaktivitäten nicht aus. Veränderungen vom relativen Marktanteil und Marktwachstum sind als Frühwarnindikatoren deshalb nicht geeignet, weil sie in der Regel nur als spät wahrnehmbare Folgen kritischer Entwicklungen gelten können und sich lediglich auf zwei Einflußfaktoren beziehen.

Im Rahmen der internationalen Analysen wurde der Versuch unternommen, strategisch bedeutsame Frühindikatoren wie die zunehmende Industrialisierung von Schwellenländern, gesamtwirtschaftliches Wachstum, Bevölkerungswachstum usw. und deren Auswirkungen mit einzubeziehen. Diese zu analysierenden Umfeldfaktoren stellen die Quellen und Ursachen dar, aus deren Entwicklungen und Änderungstendenzen sich ein Marktwachstum und eine Marktdynamik ergeben.
Unter diesem Gesichtspunkt war es dringend notwendig, daß die internationalen Analysefelder für die Frühwarnung und Früherkennung von Chancen und Risiken deutlich weiter ausgedehnt werden mußten als bisher üblich. Erst diese Ausweitung und Analyse der vielschichtigen Wechselbeziehungen im internatio-

nalen Wettbewerb ermöglichten es, die strategisch wichtigen Schlüsselregionen der Welt zu identifizieren. Japanische und US-amerikanische Konkurrenten haben die in den südostasiatischen Wachstumsmärkten liegenden Marktchancen schon frühzeitig wahrgenommen, während deutsche Unternehmungen in dieser Region immer noch deutlich unterrepräsentiert sind. Es erscheint, daß diese Konkurrenten den internationalen Analysen im Rahmen der Marketingplanung einen höheren Stellenwert eingeräumt haben und so rechtzeitig durch massive absatzorientierte Direktinvestitionen und ein verstärktes Auslandsengagement Wettbewerbsvorteile gegenüber deutschen Unternehmungen erzielen konnten.

Vor diesem Hintergrund und der strategischen Bedeutung der südostasiatischen Absatzmärkte sollten deutsche Unternehmungen sich verstärkt mit internationalen Analysen auseinandersetzen, um auch künftig im verschärften internationalen "Wettbewerbskampf" überleben zu können und entsprechende Internationalisierungsstrategien einzuleiten.

ANHANG

1. Die politischen Rahmenbedingungen in Hong Kong

Der Stadtstaat Hong Kong gehört seit 1841 zur britischen Kronkolonie und wurde 1898 in einem Vertrag zwischen der Volksrepublik China und England für 99 Jahre an England verpachtet. An diesem Zustand Hong Kongs hat sich - trotz mehrfacher Aufforderung Pekings zur sofortigen Rückgabe an die Volksrepublik China - bis heute nichts geändert, so daß auf der Grundlage dieser "relativ politischen Stabilität" (1) der Kronkolonie ein stetiges wirtschaftliches Wachstum erzielt werden konnte.
Staats- und Regierungschef Hong Kongs ist ein von London ernannter Gouverneur, dem ein Exekutivrat sowie ein Legislativrat unterstellt ist (2). Sowohl die gegenwärtigen als auch zukünftigen politischen Rahmenbedingungen Hong Kongs werden in zunehmendem Maße von dem im Jahre 1997 auslaufenden Pachtvertrag bestimmt. Ab diesem Zeitpunkt wird die kommunistische Volksrepublik China die Souveränität und politische Kontrolle Hong Kongs übernehmen. Ähnlich wie Taiwan und Macao soll Hong Kong zwar zukünftig einen politischen, wirtschaftlichen und gesellschaftlichen Sonderstatus (Special Adminis-

(1) Gälli, A., Neue Wachstumsmärkte in Fernost, München, Köln, London 1983, S. 129

(2) Vgl. Gälli, A., Neue Wachstumsmärkte in Fernost, München, Köln, London 1983, S. 127, Business International Asia (Hrsg.), Asia Pacific Forecasting Study 1984 - 1988, o. O. 1984, S. HKO

trated Region) (1) erhalten, jedoch droht die chinesische Regierung, den Legislativrat Hong Kongs 1997 aufzulösen und neu zu bestimmen. Diese absehbare politische Umstrukturierung Hong Kongs (Rückgabe der britischen Kronkolonie an die Volksrepublik China) führte in jüngster Zeit zu einem Kapitalabfluß und zu einer verstärkten Emigration von Arbeits- und Führungskräften der Wirtschaft aus Hong Kong, so daß langfristig ein geringeres wirtschaftliches Wachstum in dieser Region zu erwarten ist (2).

Kurz und mittelfristig kann jedoch bis 1997 als britische Kronkolonie mit einer relativ hohen politischen Stabilität und wirtschaftlichem Wachstum Hong Kongs gerechnet werden.

2. Die politischen Rahmenbedingungen in Taiwan

Eine Darstellung der politischen Rahmenbedingungen Taiwans muß aufgrund der bisherigen Entwicklung und des noch bestehenden territorialen Konfliktpotentials mit dem Festland stets im Zusammenhang mit der kommunistischen Volksrepublik China erfolgen.
Taiwan bzw. dessen offizielle Bezeichnung "Republic of China" wurde 1949 durch die nationalchinesische Regierung gegründet, die sich vor der Übermacht der Kommunisten auf dem Festland

---

(1) Siehe zur politischen, wirtschaftlichen und gesellschaftlichen Eigenständigkeit Hong Kongs nach 1997 die Deklaration zwischen England und der Volksrepublik China (Basic Law), in: Sinclair, S. W., The Pacific Basin. An Economic Handbook, London 1987, S. 30 f.

(2) Vgl. Prognos (Hrsg.), Euro-Report, Vol. B, The Emerging Economies. Analayses and Forecasts for 35 Countries up to 1991, Basel 1988

nach Formosa (Taiwan) zurückzog (1). Der im Januar 1988 verstorbene Staatspräsident Taiwans Chiang Ching-Kuo hielt von 1951 bis 1971 den politischen Anspruch aufrecht, legitimer Vertreter ganz Chinas - also auch der kommunistischen Volksrepublik China - zu sein. Dieser politische Sonderfall Taiwans war 20 Jahre lang unbestritten, bis die Volksrepublik China 1971 als Mitglied der Vereinten Nationen anerkannt und Taiwan als "Vertreter ganz Chinas" ausgeschlossen wurde. Die politische Anerkennung der kommunistischen Volksrepublik China führte zur Aufhebung des Militärpaktes der bisherigen Schutzmacht USA, der Aufkündigung der diplomatischen Beziehungen zu Taiwan sowie den Ausschluß aus internationalen Organisationen, wie dem IMF und der Weltbank. Die gegenwärtige politische Situation Taiwans kann nach dem gemeinsamen Verständinis von Peking und Taipei (Hauptstadt von Taiwan) als eine Provinz Chinas verstanden werden. Taiwan ist demnach ein Teil Chinas und dennoch ein unabhängiger Staat mit ideologischer, ökonomischer und militärischer Selbständigkeit (2). Diese "Sondersituation" Taiwans (Eigenständigkeit) sowie die gegenwärtig von Staatspräsident Lee betriebene pragmatische Politik sind entscheidende Voraussetzungen für die politische Stabilität und das hohe gesamtwirtschaftliche Wachstum dieses Landes (3). Taiwan gilt neben Singapur als eines der

---

(1) Vgl. RKW, Battelle, IFO (Hrsg.), Strukturveränderungen der deutschen Wirtschaft. Die Industrialisierung der Entwicklungsländer und ihre Rückwirkungen auf die deutsche Wirtschaft, Länderstudie Taiwan, Eschborn 1979, S. 32

(2) Vgl. RKW, Battelle, IFO (Hrsg.), Strukturveränderungen der deutschen Wirtschaft. Die Industrialisierung der Entwicklungsländer und ihre Rückwirkungen auf die deutsche Wirtschaft, Länderstudie Taiwan, Eschborn 1979, S. 34

(3) Vgl. Prognos (Hrsg.), Euro-Report, Vol. B, Emerging Economies. Analysis and Forecasts for 35 Countries up to 1991, Basel 1988, S. 122 AS, Business International (Hrsg.), Asia Pacific Forecasting Studie 1984 - 1988, o.O. 1984, S. T1

politisch stabilsten Länder der südostasiatischen Region, das trotz fehlender diplomatischer Beziehungen und der faktischen Alleinherrschaft der Staatspartei Kuomintag (KMT) eine gemäßigte Liberalität (1) aufweist. Unberücksichtigt fehlender diplomatischer Beziehungen unterstützen sowohl Japan als auch die USA die pragmatische Wirtschaftspolitik und Demokratisierung Taiwans durch intensive Wirtschafts- und Handelsbeziehungen, so daß langfristig sowohl die wirtschaftliche als auch politische Stabilität dieses Landes gewährleistet bleibt.

3. Die politischen Rahmenbedingungen in Südkorea

Von den acht südostasiatischen Schwellenländern weist Südkorea neben den Philippinen instabile Rahmenbedingungen auf, die zum Teil aus der bisherigen politischen und geschichtlichen Entwicklung resultieren. Nach dem Zweiten Weltkrieg (1945) wurde die bisher von den Japanern besetzte Halbinsel Korea in zwei Zonen aufgeteilt, wodurch der Norden von der Sowjetunion und der Süden von den USA kontrolliert und verwaltet wurde. Die unterschiedlichen Interessensphären der Siegermächte führten dazu, daß 1948 zwei selbständige Teilrepubliken gegründet wurden, wovon der Süden die heutige Republik Korea darstellt. Das von der Sowjetunion kontrollierte Nordkorea unternahm 1950 den Versuch, durch eine militärische Invasion Südkorea unter kommunistischen Einfluß zu bringen (2). Durch einen massiven Militäreinsatz US-amerikanischer Streit-

---

(1) Im Rahmen des Demokratisierungsprozesses Taiwans wurden in den letzten Jahren oppositionelle Parteien genehmigt, parlamentarische Organe durch freie Wahlen neu besetzt sowie eine Ausweitung der Pressefreiheit erzielt.

(2) Vgl. Business International (Hrsg.), Asia Pacific Forecasting Study 1984 - 1988, o.O. 1984, S. KO

kräfte wurde im Koreakrieg (1950 -1953) die politische, ideologische und wirtschaftliche Eigenständigkeit Südkoreas wiederhergestellt. In den Folgejahren konnte mit amerikanischer Finanzhilfe sowie intensiven Wirtschaftsbeziehungen zu Japan als auch zu den USA ein sehr hohes Wirtschaftswachstum erzielt werden, so daß sich die Republik Korea in der südostasiatischen Region zu einer bedeutsamen Wirtschafts- und Militärmacht entwickeln konnte.

Bei der Analyse der gegenwärtigen politischen Rahmenbedingungen sowie des Regierungssystems müssen diese bisherigen turbulenten Entwicklungen (Kriegszustände und Umstürze) berücksichtigt werden. So kam der bis Ende 1987 regierende Präsident Südkoreas Chun Doo Hwan nach einem Militärputsch 1978 an die politische Macht. Der bis dahin amtierende Präsident Park Chung Hee wurde bei dem Militärputsch getötet (1).
Im Laufe der Amtszeit von Chun wurden durch liberalisierende Reformen erste Ansätze zur "Demokratisierung" geschaffen. Trotz freier Wahlen, Aufhebung der Pressezensur und der Genehmigung von Oppositionsparteien wurden der Demokratie durch Ausnahmegesetze sehr enge Grenzen gesetzt (2).
Studentenunruhen, Streiks sowie Ausschreitungen, hervorgerufen durch politische Unzufriedenheit der Bevölkerung und gravierende Einkommensunterschiede, wurden häufig durch starke Polizei- und Sicherheitskräfte niedergeschlagen.
Die in Südkorea bestehenden sozialen und politischen Strukturen sowie die schwache Position der Gewerkschaften sind typische Merkmale eines Schwellenlandes. Die politischen,

---

(1) Vgl. Sinclair, S.W., The Pacific Basin. An Economic Handbook, London 1987, S. 33

(2) Vgl. Gälli, A., Neue Wachstumsmärkte in Fernost, München, Köln, London 1983, S. 181

sozialen und gesellschaftlichen Verhältnisse entsprechen trotz der Neuwahl von Präsident Roh Tae Woo im Dezember 1987 immer noch nicht dem wirtschaftlichen Entwicklungsstand des Landes, so daß bei einer schrittweisen Liberalisierung (Reformen) kurz- und mittelfristig weiterhin mit instabilen Rahmenbedingungen gerechnet werden muß.
Dabei stellt das niedrige Durchschnittseinkommen der südkoreanischen Arbeiter - sowie deren verschlechterter Lebensstandard - ein Hauptfaktor dar, der das politische Klima in diesem Land instabil hält und die Gefahr weiterer Streiks und Ausschreitungen in sich birgt (1).

4. Die politischen Rahmenbedingungen in Singapur

Singapur gehört neben den Ländern Indonesien, Malaysia, den Philippinen, Thailand und Brunei der ASEAN (Association of Southeast Asian Nations) an, die im Jahre 1967 zum Zweck der wirtschaftlichen, politischen und kulturellen Zusammenarbeit südostasiatischer Staaten gegründet wurde. Durch die politische Zusammenarbeit der Mitgliedsstaaten sollte im Verbund ein für die internationalen Wirtschaftsbeziehungen und für die nationale Entwicklung erforderliches politisches Sicherheitsklima in dieser Region geschaffen werden (2).
Dieses war insofern dringend notwendig, da im gleichen Zeitraum die US-amerikanische Regierung ihr militärisches Engagement in Südostasien begrenzte, und somit ein Gegengewicht zum kommunistischen Norden geschaffen werden mußte. Im Innenverhältnis sollte die ASEAN dazu dienen, bestehende

---

(1) Vgl. Prognos (Hrsg.), Euro-Report 1987, Vol. B, Emerging Economies Analysis and Forecasts for 35 Countries up to 1991, Basel 1987, S. AS 52

(2) Vgl. Machetzki, R., Asean - Leistungsprofile, Märkte und Kooperationsaussichten, in: Südostasien aktuell, 7/1984, S. 333

Konfliktpotentiale - wie zum Beispiel territoriale Gebietsansprüche unter den Mitgliedsstaaten - durch Verhandlungen zu entschärfen bzw. zu beseitigen. Als günstige Voraussetzung für eine intensivere Zusammenarbeit der ASEAN-Länder wurde angesehen, daß alle Mitgliedsstaaten wirtschaftlich, politisch und ideologisch auf die westlichen Industrieländer einschließlich Japan ausgerichtet waren (1).

Das somit von den ASEAN-Staaten geschaffene politische Sicherheitsklima war ein wichtiger Faktor für das bisherige dynamische Wachstum einzelner Länder und die Entwicklungserfolge in dieser Region.

Der Stadtstaat Singapur ist eine südlich von Malaysia gelegene Insel, die von 1814 bis 1958 als Handelsstützpunkt der britischen Kronkolonie diente und von England verwaltet wurde (2). 1959 erhielt Singapur seine Unabhängigkeit und Selbstverwaltung. Mit der Verfassung von Singapur (Singapor Order of Council) wurde unter Premierminister Lee Kuan Yew eine parlamentarische Demokratie mit freien Wahlen aufgebaut. Als Basis für seine Regierung dient die PAP (Peoples Action Party), eine Staatspartei, die nahezu seit 27 Jahren alle Sitze im Parlament auf sich vereinigt und die starke Machtposition des Premierministers Lee unterstreicht. Trotz der offiziellen demokratischen Staatsform herrscht in Singapur ein

---

(1) Vgl. Jungnickel, R., Gerberding, A., Maenner, U., Investitionsbedingungen in der ASEAN-Region, Hamburg 1986, S. 24, Machetzki, R., ASEAN - Leistungsprofile, Märkte und Kooperationsaussichten, in: Südostasien aktuell, 7/1984, S. 333

(2) Vgl. Gälli, A., Neue Wachstumsmärkte in Fernost, München, Köln, London 1983, S. 143

"rigider staatlicher Dirigismus" (1) vor, der in vielen gesellschaftlichen Bereichen die Bevölkerung durch Verordnungen lenkt, die Macht der Gewerkschaften einschränkt und den Medien eine Selbstzensur auferlegt.

Diese sehr weitgehenden Rechte von Premierminister Lee hatten jedoch bisher keine negativen Auswirkungen auf die politische Stabilität des Landes. Eine erfolgreich geführte exportorientierte Industrialisierungsstrategie, gekoppelt mit einer marktwirtschaftlichen Wirtschaftsordnung, haben zu einem rasch zunehmenden und mittlerweilen hohen Lebensstandard der Bevölkerung geführt. Unter diesen günstigen Rahmenbedingungen hat sich Singapur zu einem Land mit einer sehr hohen politischen Stabilität entwickelt, was auch in den hohen ausländischen Direktinvestitionen internationaler Unternehmungen zum Ausdruck kommt. Trotz möglicher aufkommender sozialer Spannungen (einkommens- und familienpolitische Fragen) in der Bevölkerung werden Singapurs politische Rahmenbedingungen aufgrund der starken Machtposition der PAP und des Wirtschaftswachstums (hoher Lebensstandard) langfristig als eine der stabilsten in der gesamten südostasiatischen Region weiter bestehen bleiben (2).

---

(1) Gälli, A., Neue Wachstumsmärkte in Fernost, München, Köln, London 1983, S. 152

(2) Siehe hierzu auch: Business International (Hrsg.), Asia Pacific Forecasting Study 1984 - 1988, o.O. 1984, S. S1, Gälli, A., Neue Wachstumsmärkte in Fernost, München, Köln, London 1983, S. 154 f., Prognos (Hrsg.), Euro-Report 1988, Vol. B, Emerging Economies. Analysis and Forecasts for 35 Countries up to 1991, Basel 1987, S. 112 AS

5. Die politischen Rahmenbedingungen in den Philippinen

Der Beurteilung der gegenwärtigen politischen Stabilität sowie der künftigen Risikopotentiale muß in einem Land wie den Philippinen eine Analyse der bisherigen politischen und wirtschaftlichen Entwicklung vorangestellt werden.
Die Philippinen nehmen unter den acht südostasiatischen Schwellenländern eine Sonderstellung ein. Sowohl politisch als auch wirtschaftlich befindet sich dieses Land gegenwärtig in einer der schlimmsten Krisen seiner Geschichte und wird international als Risikoland eingestuft (1).

Die Philippinen sind mit ihren 7100 Inseln eines der größten Archipele der Welt, die bis zum Ende des 19. Jahrhunderts unter spanischer Kontrolle standen. Mit US-amerikanischer Unterstützung wurde 1898 die spanische Kolonialherrschaft beendet. Seitdem entwickelten sich die Philippinen zu einer Art "US-Kolonie", die bis auf die Außen- und Verteidigungspolitik in die politische Unabhängigkeit entlassen wurden (2). Während des zweiten Weltkrieges wurde das Land von den Japanern besetzt und im Jahre 1944 erneut durch US-amerikanische Streitkräfte befreit.
Im Juli 1946 wurde durch die Regierungsübernahme vom philippinischen Präsidenten Manuel A. Roxas die endgültige Unabhängigkeit der Republik erklärt. Trotz einer demokratischen Verfassung waren die ersten Jahre durch politische Unruhen

---

(1) Siehe hierzu die vom BERI-Institut ermittelten Werte, Business International (Hrsg.), Asia Pacific Forecasting Study 1984 - 1988, o.O. 1984, S. P 1 ff., Machetzki, R., Asean -Leistungsprofile, Märkte und Kooperationsaussichten, in: Südostasien aktuell, Heft 7 / 1984, S. 336, Schneider, D.J.G., Das Südostasien - Geschäft, Wiesbaden 1988, S. 100

(2) Vgl. Gälli, A., Neue Wachstumsmärkte in Fernost, München, Köln, London 1983, S. 265

(Aufstände der Kommunisten und Moslems) sowie ständig wechselnde Präsidenten geprägt.

Von 1965 bis 1985 wurde das Land von Präsident Ferdinand E. Marcos regiert, der trotz formaler parlamentarischer Staatsform eine "Diktatorposition" einnehmen konnte. Alle wesentlichen politischen Entscheidungen wurden von ihm durch präsidiale Erlasse getroffen (1). Diese Konzentration der politischen Macht auf den Präsidenten wurde anfangs sogar begrüßt, da eine starke Regierung als wichtige Voraussetzung für eine wirtschaftliche und industrielle Entwicklung des Landes angesehen wurde (2). Der bis Ende der sechziger Jahre anhaltende wirtschaftliche Aufschwung der Philippinen schlug jedoch in der zweiten Amtszeit des Präsidenten durch die Verschuldungssituation des Landes, die zunehmende Korruption sowie die Verschaffung wirtschaftlicher Vorteile für die Oberschicht in eine Krise um. Die hohe Auslandsverschuldung der Philippinen, Korruption und Devisenknappheit führten Anfang der achtziger Jahre zu einer verschlechterten wirtschaftlichen Situation, die sich auf alle Bereiche der Wirtschaft negativ auswirkte. Eine hohe Arbeitslosigkeit von 50%, extrem ungleiche Einkommens- und Vermögensverteilung und große Armut weiter Bevölkerungsteile (3) führten zu Unruhen und Demonstrationen gegen Marcos. Die Aufrechterhaltung des inneren Friedens wurde unter Marcos durch den harten Militäreinsatz gegen die Bevölkerung und des 1972 eingeführten

---

(1) Jungnickel, R., Gerberding, A., Maenner, U., Investitionsbedingungen in der ASEAN - Region, Hamburg 1986, S. 254

(2) Jungnickel, R., Gerberding, A., Maenner, U., Investitionsbedingungen in der ASEAN - Region, Hamburg 1986, S. 271

(3) Ca. 50% der philippinischen Bevölkerung lebt unterhalb der Armutsgrenze. Siehe hierzu: Schneider, D.J.G., Das Südostasien - Geschäft, Wiesbaden 1988, S. 97

Kriegsrechts "gewährleistet". Die Ermordung des Oppositionsführers Benigno Aquino im August 1983 führte bei der angespannten innenpolitischen Lage zu weiteren Demonstrationen und Unruhen sowie einer verstärkten Kapitalflucht ins Ausland. Anfang 1986 konnte sich eine außerparlamentarische Opposition (unter anderem auch der Verteidigungsminister Enrile) mit Unterstützung der katholischen Kirche gegen die massive Wahlfälschung von Marcos durchsetzen. Im Februar 1986 übernahm Frau Corazon Aquino die politische Verantwortung des Landes und wurde in das Amt des Präsidenten gewählt. Dieser politische Neuanfang des Landes eröffnete zwar die Chance dringend notwendiger Reformen, doch scheinen sich die allgemeinen wirtschaftlichen Rahmenbedingungen deshalb nicht entscheidend zu verbessern.
Die gegenwärtige wirtschaftliche Krise, Zahlungsunfähigkeit der Philippinen gegenüber dem Ausland sowie die hohe Arbeitslosigkeit und Massenarmut werden sich auf absehbare Zeit nicht wesentlich verbessern, so daß mittel- und langfristig weiterhin mit großen sozialen Problemen und einer hohen politischen Instabilität gerechnet werden muß (1).

6. Die politischen Rahmenbedingungen in Thailand

Thailand hat unter den asiatischen Schwellenländern neben Malaysia seit Ende des 18. Jahrhunderts eine konstitutionelle Monarchie, die bisher die politischen Rahmenbedingungen und die Stabilität des Landes prägten. Der gegenwärtig herrschende König Bhumibol Aduljadej ist seit 1946 Staatsoberhaupt

---

(1) Siehe hierzu auch: Prognos (Hrsg.), Euro - Report 1988, Volume B. Emerging Economies. Analyses and Forecasts for 35 Countries up to 1991, Basel 1988, S. 92 AS, Business International (Hrsg.), Asia Pacific Forecasting Study 1984 -1988, o.O. 1984, S. P1 u. P33

Thailands und gleichzeitig Oberkommandierender der Streitkräfte (1). Die besondere politische Bedeutung des Königs als Staatsoberhaupt geht daraus hervor, daß trotz der bisherigen Wechsel zwischen demokratisch gewählten Regierungen und Militärregierungen traditionell dem Königshaus eine unangetastete Führungsrolle zugestanden wurde. Unruhen in der Bevölkerung sowie krisenhafte politische Entwicklungen wurden stets durch den großen Einfluß des Königs und dessen Popularität begrenzt, so daß der Monarchie in diesem Land politisch eine wichtige stabilisierende Funktion zukommt (2).

Gegenwärtiger Premierminister ist General Prem Tinsulanonda, der seit 1980 einer Koalitionsregierung aus Militär und Zivilisten vorsteht. Im Laufe seiner Amtszeit konnte er 1981 einen Putschversuch vereiteln und eine relativ politische Stabilität des Landes erzielen. Die Aufrechterhaltung der innenpolitischen Stabilität gehörte in den letzten Jahren mit zu den wichtigsten Problemen und war unter dem Gesichtspunkt der unruhigen Nachbarstaaten Laos, Kambodscha und Vietnam sowie dem damit verbundenen Flüchtlingsstrom nur schwer zu bewältigen (3). Gleichzeitig konnte Prem den Guerilla-Kampf der Kommunisten im Lande weitgehend einstellen und auf rein defensive Aktionen in geographischen Randgebieten (Nordosten und Süden) begrenzen.

Allgemein jedoch stellt die im Untergrund wirkende kommunistische Partei, eine systemkritische Studentenschaft sowie der aufstrebende städtische Mittelstand ein Unruhepotential dar,

---

(1) Vgl. Jungnickel, R., Gerberding A., Maenner, U., Investitionsbedingungen in der ASEAN - Region, Hamburg 1986, S. 60

(2) Vgl. Business International (Hrsg.), Asia Pacific Forecasting Study 1984 - 1988, o.O. 1984, S. TH 3

(3) Vgl. Gälli, A., Neue Wachstumsmärkte in Fernost, München, Köln, London 1983, S. 205

das zu Spannungen führt und damit kurz- und mittelfristig die politische Stabilität des Landes gefährden kann.
Zwar sind 95% der Bevölkerung dem traditionellen Buddhismus verhaftet, der den offenen Konflikt vermeidet und Entscheidungen durch langwierige Besprechungen im Konsens herbeizuführen sucht, jedoch bergen Arbeitslosigkeit, extreme Einkommensunterschiede sowie eine ungleiche Vermögensverteilung ein politisches Risikopotential in sich, das zu Unruhen und Ausschreitungen wie 1976 führen kann. Als weiterer destabilisierender Faktor kommt das für thailändische Verhältnisse geringe Wirtschaftswachstum von 5% (1985) sowie die stark gestiegene Auslandsverschuldung hinzu, die die angespannte wirtschaftliche Situation des Landes weiterhin belasten werden.
Diese Vielzahl negativer Faktoren sowie die ungewisse Nachfolge des Königs Bhumipol Aduljadej stellen trotz der gegenwärtig relativ politischen Stabilität des Landes ein Unruhepotential dar, das kurz- und mittelfristig zu Massenaufständen, Volksunruhen und Putschversuchen führen könnte (1).

7. Die politischen Rahmenbedingungen in Malaysia

Die gegenwärtigen politischen Rahmenbedingungen Malaysias resultieren aus der geschichtlichen Entwicklung, bei der die britische Kolonialherrschaft einen bedeutenden Einfluß hatte. Von 1795 bis 1957 stand Malaysia als rohstoffreiches Land unter britischer Kolonialherrschaft, die zum Abbau von Eisenerz, Holz, Kautschuk, Zinn und Erdöl Arbeitskräfte aus China und Indien einsetzte. Während malaisische Arbeitskräfte überwiegend in der Landwirtschaft beschäftigt wurden, konnten sich die Chinesen und Inder im Laufe der Zeit in den für die

---

(1) Siehe hierzu auch: Prognos (Hrsg.), Euro-Report 1988 Volume B. Emerging Economies. Analyses and Forecasts for 35 Countries up to 1991, Basel 1988, S. 132 AS

wirtschaftliche Entwicklung bedeutenden Bereichen wie Bergbau, Handel, Dienstleistungen und Plantagenwirtschaft etablieren (1). Dieses führte dazu, daß gegenwärtig die Wirtschaft Malaysias von einer chinesischen Minorität beherrscht wird, die ein deutliches überdurchschnittliches Einkommen erzielt.
Die malaisische Bevölkerung, "die traditionell in der Landwirtschaft sowie anderen Bereichen mit relativ geringen Einkommenschancen tätig ist, weist eine vergleichsweise hohe Armutsrate auf" (2). Diese gravierenden Einkommensunterschiede zwischen der chinesischen (34%), der indischen (9%) sowie der malaisischen Bevölkerung (47%) führten zu Spannungen, die sich auf die politische Stabilität des Landes auswirkten. Als Folge extremer Einkommensunterschiede sowie der ethnischen, religiösen und sprachlichen Vielfalt (3) kam es 1969 zu heftigen Unruhen, bei denen die Malaien gegen die chinesische Minorität gewaltsam vorgingen.
Die politische Stabilität Malaysias hängt somit davon ab, inwieweit bei der gegebenen Rassenvielfalt und der bestehenden Einkommensunterschiede Spannungen abgebaut werden können. Hierzu wurde 1971 ein Gesetz verabschiedet (New Economic Policy), in dem den Malaien durch Umstrukturierungen ein größerer Anteil an der Wirtschaft sowie bessere Einkommens- und Beschäftigungschancen eingeräumt wurden. So soll bis 1990

---

(1) Vgl. Schneider, D.J.G. (Hrsg.), Das Südostasien - Geschäft, Wiesbaden 1988, S. 66

(2) Jungnickel, R., Gerberding, A., Maenner, U., Investitionsbedingungen in der ASEAN - Region, Hamburg 1986, S. 98

(3) Die ethnische, religiöse sowie sprachliche Vielfalt Malaysias kommt darin zum Ausdruck, daß sowohl Malaien, Chinesen und Inder ihre eigene Sprache beibehalten sowie ihre Religion ausüben. Neben den Malaien, die Moslems sind, den Chinesen, die Buddhisten sind sowie Inder, die Hindus sind, üben 16% der Bevölkerung den christlichen Glauben aus.

erreicht werden, daß 30% der Industrie von Malaien, 40% von Chinesen und 30% von anderen Ausländern beherrscht werden.

Die drei unterschiedlichen ethnischen Gruppen schlagen sich auch nachhaltig in der Politik nieder. So besteht die gegenwärtige Regierungskoaltion aus einer dominierenden malaiischen Partei (United Malays National Organization), einer chinesichen Partei (Malaysian Chinese Association) sowie einer indischen Partei (Malaysia Indian Congress), die bisher alle Wahlen gewonnen haben (1).
Premierminister Mahatir Mahamad (United Malays National Organization), der 1986 in vorgezogenen Parlamentswahlen erneut einen deutlichen Sieg errang, steht einem Regierungs- und Verwaltungssystem vor, das liberal und "ähnlich wie das der anderen ASEAN-Länder als halbautoritär einzustufen ist. Grundlegendes politisches Ziel ist die Erhaltung der inneren Stabilität und Ordnung" (2).
Das hohe gesamtwirtschaftliche Wachstum von durchschnittlich 7,1% (1975 - 1985) führte zu einem Anstieg des Pro-Kopf-Einkommens, das 1985 bei 2015 $ lag und die relativ günstigen Rahmenbedingungen des Landes widerspiegeln (3). Trotz zurückgegangener Rohstoffpreise auf den Weltmärkten führte dieses in Malaysia als bedeutender Rohstoffexporteur von Erdöl, Kautschuk, Zinn etc. lediglich zu einer Abschwächung des Wirtschaftswachstums und nicht zu einem Wachstumseinbruch wie in anderen Entwicklungs- und Schwellenländern. Sowohl die

---

(1) Vgl. Jungnickel, R., Gerberding, A., Maenner, U., Investitionsbedingungen in der ASEAN - Region, Hamburg 1986, S. 97

(2) Jungnickel, R., Gerberding, A., Maenner, U., Investitionsbedingungen in der ASEAN - Region, Hamburg 1986, S. 98

(3) Alle Angaben entnommen aus: Prognos (Hrsg.), Euro-Report 1987 Volume B. Emerging Economies. Analyses and Forecasts for 35 Countries up to 1991, Basel 1987

pragmatisch betriebene Wirtschaftpolitik als auch die zunehmende Industrialisierung werden Malaysia von der Entwicklung der Rohstoffpreise unabhängiger machen.
Unter Berücksichtigung der insgesamt guten wirtschaftlichen Rahmenbedingungen, der zunehmenden Industrialisierung sowie der auf Stabilität und Kooperation ausgerichteten Innen- und Außenpolitik können die politischen Rahmenbedingungen - trotz ethnischer Spannungen - mittel- und langfristig als relativ stabil angesehen werden (1).

8. Die politischen Rahmenbedingungen in Indonesien

Von den acht südostasiatischen Schwellenländern ist Indonesien das bevölkerungsreichste und größte Land der Region. Mit rund 159 Mio. Menschen und Distanzen von 5000 Kilometern in West-Ost Richtung (Entfernung von Lissabon - Moskau) und 2000 Kilometer in Nord-Süd Richtung (Hamburg - Palermo) bildet Indonesien die geographische Verbindung zwischen Asien und Australien (2).
Nach einer kurzen Kolonialzeit der Portugieser und Engländer etablierten sich die Holländer ab 1602 in den wichtigsten Gebieten des heutigen Indonesiens und beeinflußten im wesentlichen die wirtschaftliche und politische Entwicklung des Landes. Während des 2. Weltkrieges wurde Indonesien in den Jahren 1942 - 1945 von japanischen Streitkräften besetzt. Nach Kriegsende nutzte Achmed Sukarno das "Machtvacuum" aus und erklärte Indonesiens politische Unabhängigkeit und

---

(1) Siehe hierzu auch: Schneider, D.J.G. (Hrsg.), Das Südostasien - Geschäft, Wiesbaden 1988, S. 67, Business International (Hrsg.), Asia Pacific Forecasting Study 1984 -1988, o.O. 1984, S. M1

(2) Vgl. Jungnickel, R., Gerberding, A., Maenner, U., Investitionsbedingungen in der ASEAN - Region, Hamburg 1986, S. 213

Eigenständigkeit, die die holländische Kolonialmacht jedoch vorerst nicht anerkannte (1).
Erst nach vierjähriger politischer Instabilität, bei der es zu Unruhen und blutigen Zwischenfällen kam, gab Holland auch offiziell seinen Anspruch auf.
Von 1945 bis 1967 wurde die Republik Indonesien durch Präsident Sukarno regiert, der das System der "gelenkten Demokratie" einführte (2). In dieser "gelenkten Demokratie" konzentriert sich die politische Macht auf den Präsidenten, den von ihm ernannten Ministern sowie den militärischen Streitkräften. Die Aufgabe des Militärs in der Politik bestand und besteht auch heute noch darin, die nationale Einheit und innere Sicherheit aufrechtzuerhalten, was angesichts der 300 ethnischen Gruppen, der geographischen Entfernungen sowie der vorhandenen Unruhepotentiale nur sehr schwer zu bewältigen ist. Spannungen zwischen einer wohlhabenden chinesischen Minorität und Indonesiern sowie eine kommunistische Untergrundbewegung beeinträchtigen in erheblichem Maße die derzeitige politische Stabilität des Landes.
Im Mai 1967 erfolgte ein Machtwechsel, bei dem Sukarno zum Rücktritt gezwungen wurde und die Regierungsgewalt dem General und späteren Präsidenten Suharto übertragen wurde. Gestützt durch die vorherrschende Stellung des Militärs hat Präsident Suharto sehr weitgehende Machtbefugnisse in der Politik des Landes. So unterstehen ihm praktisch die gesamten innen- und außenpolitischen Aktivitäten Indonesiens.
Angesichts der politischen Rahmenbedingungen, die durch eine Vielzahl vorhandener Unruhepotentiale gekennzeichnet sind, ist eine Konzentration der politischen Macht auf den Präsidenten

---

(1) Jungnickel, R., Gerberding, A., Maenner, U., Investitionsbedingungen in der ASEAN - Region, Hamburg 1986, S. 214

(2) Vgl. Schneider, D.J.G. (Hrsg.), Das Südostasien - Geschäft, Wiesbaden 1988, S. 34

sowie die Unterstützung durch das Militär dringend notwendig. Eine Aufrechterhaltung der innenpolitischen Stabilität sowie die Wahrung der nationalen Einheit ist hinsichtlich der Größe des Landes mit einer starken Aufsplitterung in etwa 300 ethnischen Gruppen und ca. 365 verschiedenen Sprachen und Dialekten nur schwer zu erzielen (1).

Neben wirtschaftlichen Problemen, die hauptsächlich aus dem drastischen Preisverfall von Rohstoffen resultieren, sind in Indonesien zusätzlich vier bedeutende Unruhepotentiale vorhanden, die die gegenwärtige sowie zukünftige politische Stabilität des Landes beeinträchtigen.

Innerhalb der Gesamtgesellschaft Indonesiens bekennen sich 90% der Bevölkerung zum Islam sunnitischer Richtung, wovon ein Teil Befürworter eines westlich modern funktionalistischen Staates sind, während ein anderer Teil ein fundamental-islamisches Staatswesen fordert. Diese unterschiedlichen islamischen Strömungen führen immer wieder zu Spannungen und gewalttätigen Aktionen von Extremisten (fundamental-islamisch), die durch die islamische Revolution im Iran auch in Indonesien zugenommen hat (2).

Während der Machtübernahme Suhartos kam es 1967 zu blutigen Auseinandersetzungen zwischen den Anhängern der kommunistischen Partei und dem indonesischen Militär, was auf ein latentes nicht organisiertes Potential deutet. Bei einer anhaltenden wirtschaftlichen Krise mit hoher Arbeitslosigkeit (auch von Hochschulabsolventen) stellt diese kommunistische Untergrundbewegung ein Unruhepotential dar, das die politische Stabilität des Landes gefährden kann.

In Ost-Timor sowie auf den Molukken können separatistische

---

(1) Vgl. Gälli, A., Neue Wachstumsmärkte in Fernost, München, Köln, London 1983, S. 243

(2) Vgl. Machetzki, R., Asean - Leistungsprofile, Märkte und Kooperationsaussichten, in: Südostasien aktuell, Heft 7/1984, S. 334

Strömungen nur sehr schwer kontrolliert werden, so daß auch von hier destabilisierende Faktoren auf die politische Stabilität einwirken.
Ein weiteres Unruhepotential liegt in den ständigen Spannungen zwischen der armen indonesischen Bevölkerung und der wohlhabenden chinesischen Minorität (ca. 6 Mio.). Im Wirtschaftsleben dominiert die chinesische Minderheit, so daß bei sozialer Unzufriedenheit diese dafür verantwortlich gemacht wird. Blutige Ausschreitungen, Unruhen sowie eine politische Instabilität sind in der Vergangenheit die Folge gewesen.

Unter Einbeziehung der vorhandenen Unruhepotentiale sowie der gegenwärtigen schlechten wirtschaftlichen Rahmenbedingungen Indonesiens, die durch ein niedriges Pro-Kopf-Einkommen (540$), Mindereinnahmen aus Rohstoffexporten, hohe Arbeitslosigkeit sowie eine hohe Auslandsverschuldung gekennzeichnet sind, muß mittel- und langfristig mit einer hohen politischen Instabilität gerechnet werden (1). Im Vergleich zu den anderen acht südostasiatischen Schwellenländern weisen lediglich die Philippinen eine noch höhere sicherheits- und stabilitätspolitische Gefährdung auf.

---

(1) Siehe hierzu auch: Gälli, A. Neue Wachstumsmärkte in Fernost, München, Köln, London 1983, S. 252 ff., Rummel, R.J., Heenan, D.A., How Multinationals Analyze Political Risk, in: Harvard Business Review, Jan.-Feb. 1978, S. 72 ff., Prognos (Hrsg.), Euro-Report 1987 Volume B. Emerging Economies. Analyses and Forecasts for 35 Countries up to 1991, Basel 1987, S. 22 AS

Abb. A-1: Länderprofil in Südostasien

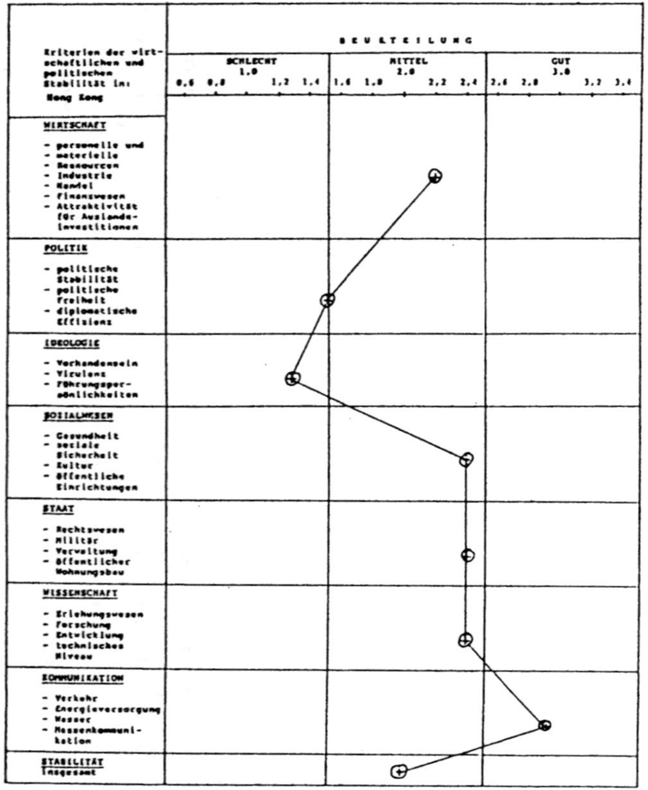

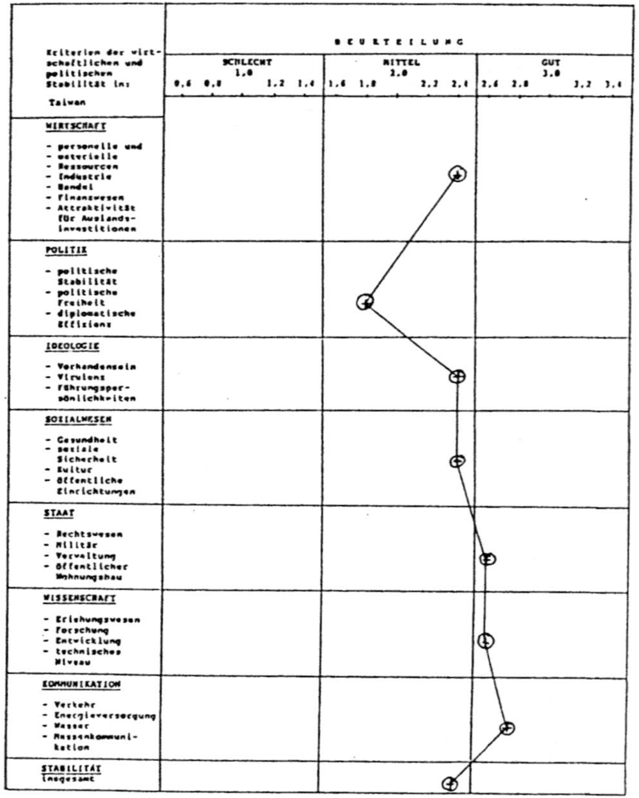

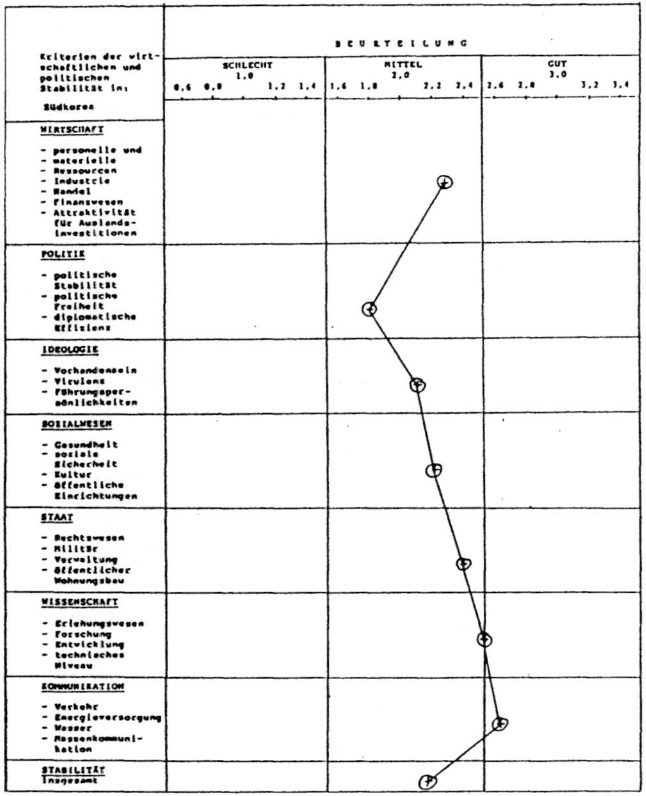

B E U R T E I L U N G
Kriterien der wirtschaftlichen und politischen Stabilität in:
Südkorea
SCHLECHT 1,0
MITTEL 2,0
GUT 3,0
0,6 0,8 1,2 1,4 1,6 1,8 2,2 2,4 2,6 2,8 3,2 3,4
WIRTSCHAFT
- personelle und
- materielle
- Ressourcen
- Industrie
- Handel
- Finanzwesen
- Attraktivität für Auslandsinvestitionen
POLITIK
- politische Stabilität
- politische Freiheit
- diplomatische Effizienz
IDEOLOGIE
- Vorhandensein
- Virulenz
- Führungspersönlichkeiten
SOZIALWESEN
- Gesundheit
- soziale Sicherheit
- Kultur
- öffentliche Einrichtungen
STAAT
- Rechtswesen
- Militär
- Verwaltung
- öffentlicher Wohnungsbau
WISSENSCHAFT
- Erziehungswesen
- Forschung
- Entwicklung
- technisches Niveau
KOMMUNIKATION
- Verkehr
- Energieversorgung
- Wasser
- Massenkommunikation
STABILITÄT Insgesamt

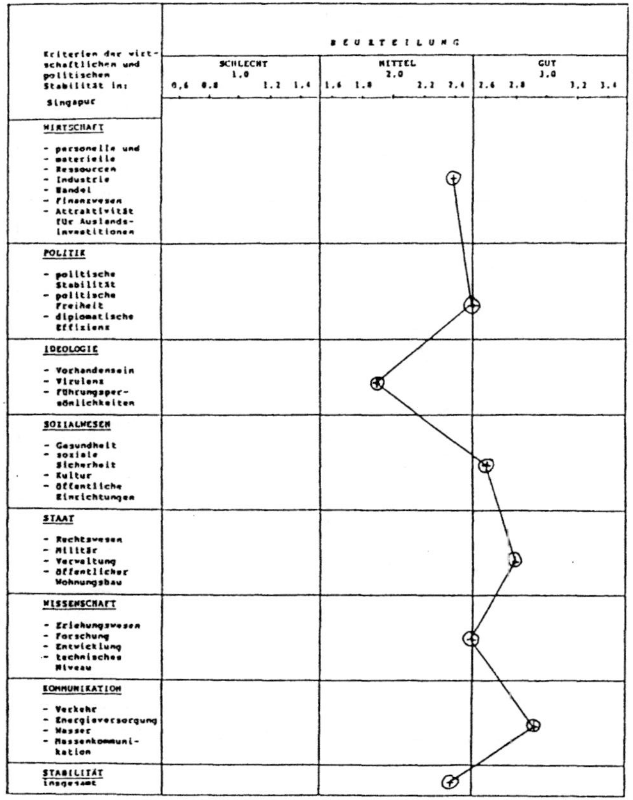

B E U R T E I L U N G
Kriterien der wirtschaftlichen und politischen Stabilität in:
Singapur
SCHLECHT 1,0
MITTEL 2,0
GUT 3,0
0,6 0,8 1,2 1,4 1,6 1,8 2,2 2,4 2,6 2,8 3,2 3,4
WIRTSCHAFT
- personelle und
- materielle
- Ressourcen
- Industrie
- Handel
- Finanzwesen
- Attraktivität für Auslandsinvestitionen
POLITIK
- politische Stabilität
- politische Freiheit
- diplomatische Effizienz
IDEOLOGIE
- Vorhandensein
- Virulenz
- Führungspersönlichkeiten
SOZIALWESEN
- Gesundheit
- soziale Sicherheit
- Kultur
- öffentliche Einrichtungen
STAAT
- Rechtswesen
- Militär
- Verwaltung
- öffentlicher Wohnungsbau
WISSENSCHAFT
- Erziehungswesen
- Forschung
- Entwicklung
- technisches Niveau
KOMMUNIKATION
- Verkehr
- Energieversorgung
- Wasser
- Massenkommunikation
STABILITÄT Insgesamt

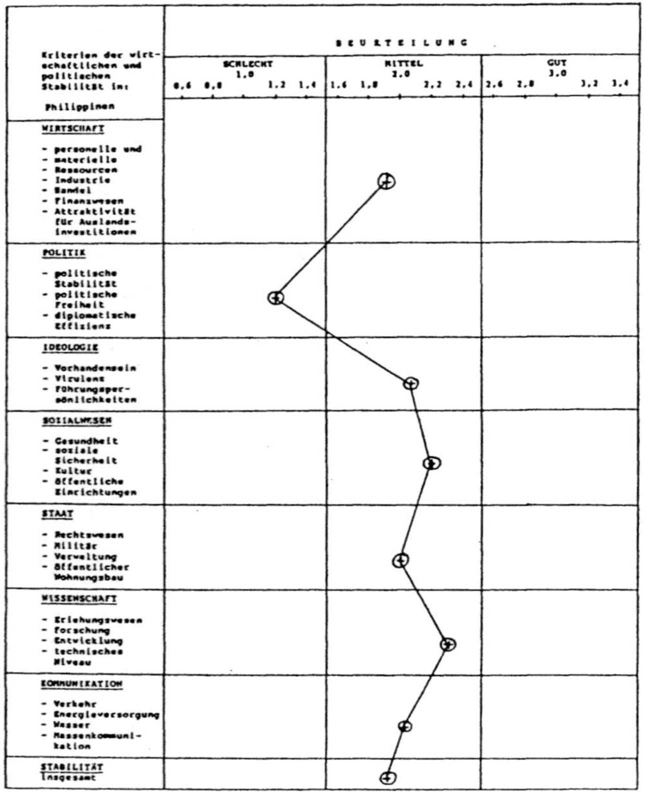
Kriterien der wirtschaftlichen und politischen Stabilität in:
Philippinen
B E U R T E I L U N G
SCHLECHT 1,0
MITTEL 2,0
GUT 3,0
0,6 0,8 1,2 1,4 1,6 1,8 2,2 2,4 2,6 2,8 3,2 3,4
WIRTSCHAFT
- personelle und
- materielle
- Ressourcen
- Industrie
- Handel
- Finanzwesen
- Attraktivität für Auslandsinvestitionen
POLITIK
- politische Stabilität
- politische Freiheit
- diplomatische Effizienz
IDEOLOGIE
- Vorhandensein
- Virulenz
- Führungspersönlichkeiten
SOZIALWESEN
- Gesundheit
- soziale Sicherheit
- Kultur
- öffentliche Einrichtungen
STAAT
- Rechtswesen
- Militär
- Verwaltung
- öffentlicher Wohnungsbau
WISSENSCHAFT
- Erziehungswesen
- Forschung
- Entwicklung
- technisches Niveau
KOMMUNIKATION
- Verkehr
- Energieversorgung
- Wasser
- Massenkommunikation
STABILITÄT Insgesamt

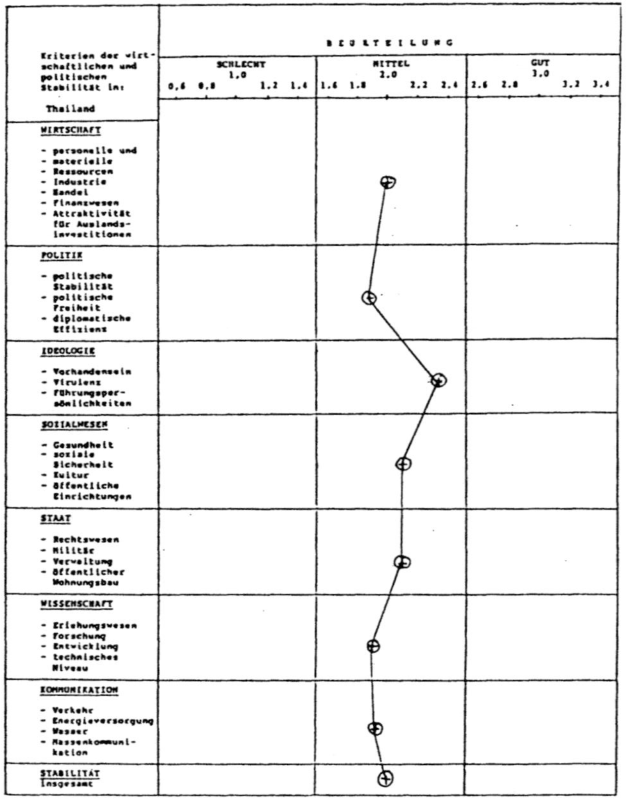
Kriterien der wirtschaftlichen und politischen Stabilität in:
Thailand
B E U R T E I L U N G
SCHLECHT 1,0
MITTEL 2,0
GUT 3,0
0,6 0,8 1,2 1,4 1,6 1,8 2,2 2,4 2,6 2,8 3,2 3,4
WIRTSCHAFT
- personelle und
- materielle
- Ressourcen
- Industrie
- Handel
- Finanzwesen
- Attraktivität für Auslandsinvestitionen
POLITIK
- politische Stabilität
- politische Freiheit
- diplomatische Effizienz
IDEOLOGIE
- Vorhandensein
- Virulenz
- Führungspersönlichkeiten
SOZIALWESEN
- Gesundheit
- soziale Sicherheit
- Kultur
- öffentliche Einrichtungen
STAAT
- Rechtswesen
- Militär
- Verwaltung
- öffentlicher Wohnungsbau
WISSENSCHAFT
- Erziehungswesen
- Forschung
- Entwicklung
- technisches Niveau
KOMMUNIKATION
- Verkehr
- Energieversorgung
- Wasser
- Massenkommunikation
STABILITÄT Insgesamt

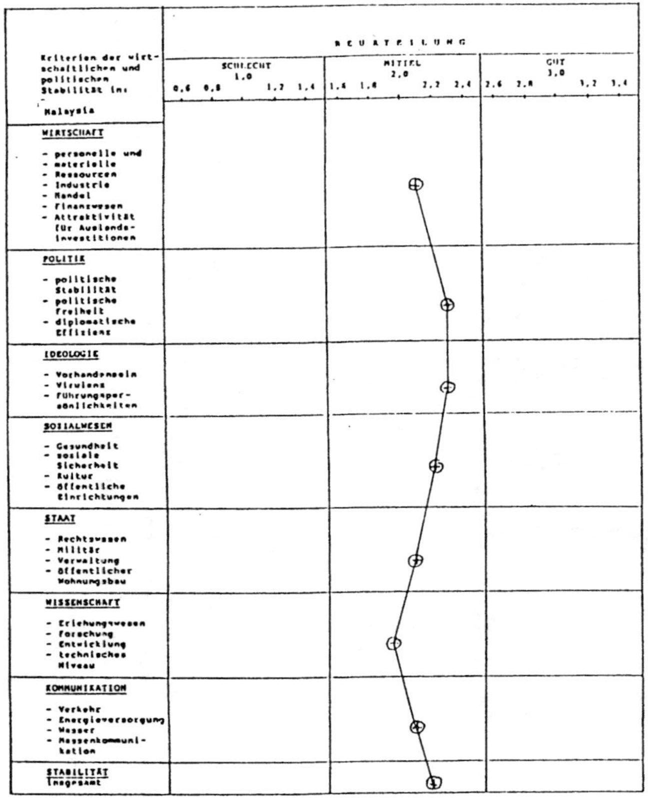

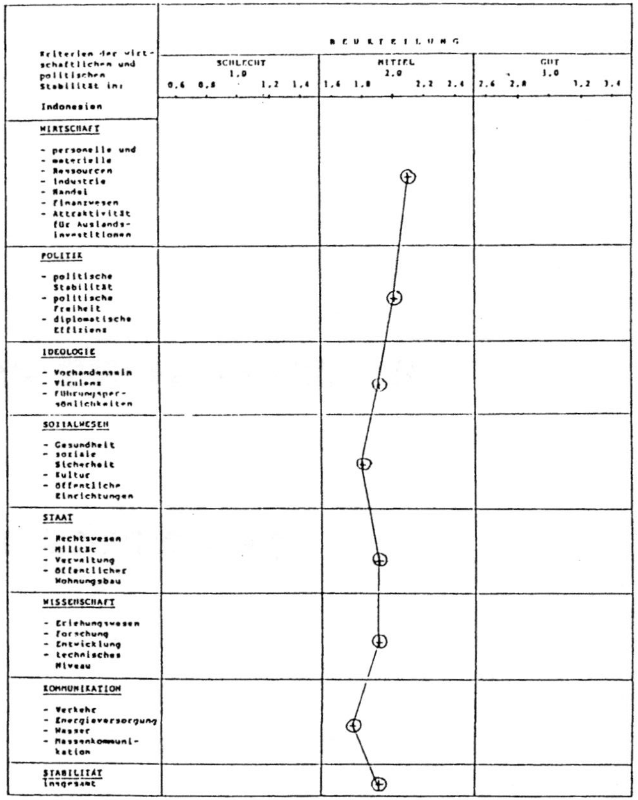

Quelle: Eigene Zusammenstellung nach Daten aus: Gälli, A., Neue Wachstumsmärkte in Fernost, München, Köln, London 1983, S.350

Abb. A-2: Gegenüberstellung der Importe südostasiatischer Schwellenländer und Exporte ausgewählter Industrieländer in diese Region (in Mrd. US-Dollar)

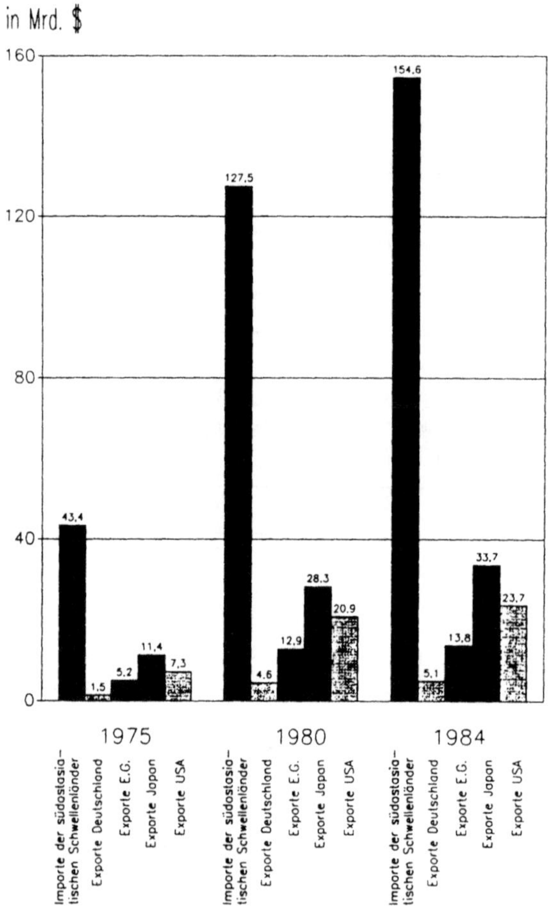

Quelle: Eigene Zusammenstellung nach Angaben aus: IMF (Hrsg.), Direction of Trade Statistics Yearbook 1975 und 1986, Kirchbach, F., The Role of Marketing Strategies in Penetrating Southeast and East Asean Markets, Kiel 1985, S. 3

Anmerkung zu Abbildung A-2

Ein Vergleich des Importwachstums südostasiatischer Schwellenländer sowie die Entwicklung deutscher, japanischer und US-amerikanischer Exportanteile in dieser Region deuten auf eine veränderte Marktposition ausländischer Wettbewerber hin.

Wie aus Abbildung A-2 hervorgeht, entwickelte sich im Zeitraum von 1975 bis 1984 das Volumen der gesamten südostasiatischen Schwellenländerimporte von 43.4 Mrd. US-Dollar (1975) auf 154.6 Mrd. US-Dollar (1984). Diesem Importwachstum und den damit verbundenen Absatzchancen stehen unterschiedliche japanische, US-amerikanische sowie deutsche Exportentwicklungen in dieser Region gegenüber, die im folgenden genauer analysiert werden sollen.

Japanische Unternehmungen konnten ihre Exporte in dem oben erwähnten Zeitraum von 11.4 Mrd. $ (1975) auf 33.7 Mrd. $ (1984) ausweiten. Das gleiche gilt für US-amerikanische Unternehmungen, deren Exporte von 7.3 Mrd. $ (1975) auf 23.7 Mrd. $ (1984) gesteigert werden konnten. Für europäische Unternehmungen insgesamt entwickelten sich die Exporte in diese Region von 5.2 Mrd. $ (1975) auf 13.8 Mrd. $ (1984), wovon die deutschen Exporte 1975 1,5 Mrd. $ und 1984 lediglich 5,1 Mrd. $ betrugen.

Abb. A-3: Lebenszyklen von Baumwollstoff auf unterschiedlichen Auslandsmärkten im Zeitraum von 1956 - 1980

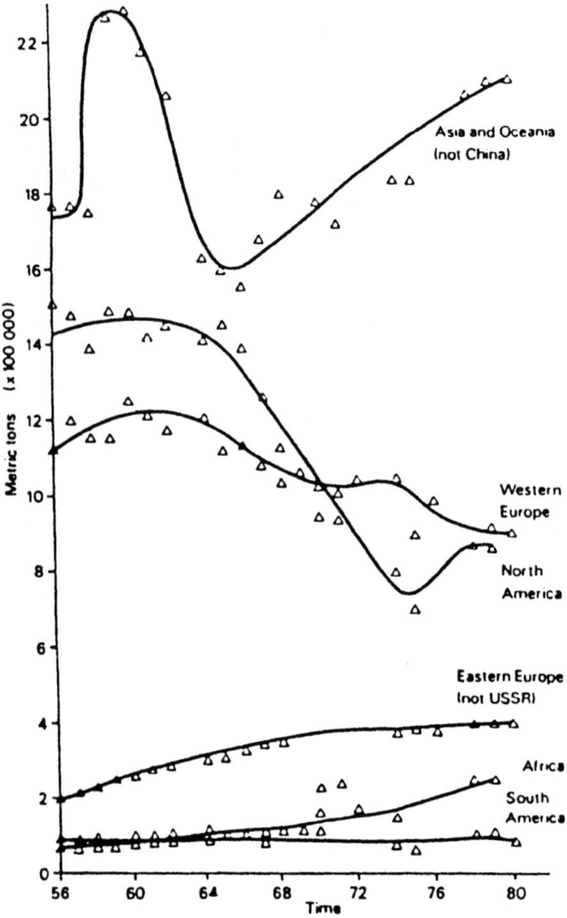

Quelle: Lancaster, G., Wesenlund, I., A Product Life Cycle Theory for International Trade: An Empirical Investigation, in: European Journal of Marketing, Vol. 18, No. 6-7/1984, S. 84

Abb. A-4: Projektion der zeitlich verschobenen Produktlebenszyklen zwischen Europa, USA, Asien und Afrika am Beispiel Baumwollstoff

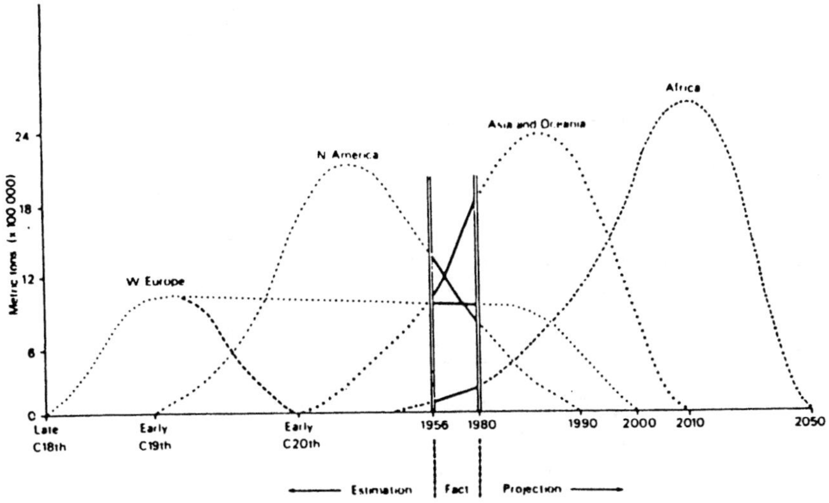

Anmerkung: Der Abschnitt von 1956 bis 1980 wird in Abbildung A-3 genauer dargestellt und zeigt die weltweit zeitlich versetzten Produktlebenszyklen auf.

Quelle: Lancaster, G., Wesenlund, I., A Product Life Cycle Theory for International Trade: An Empirical Investigation, in: European Journal of Marketing, Vol. 18, No. 6-7/1984, S. 86

Tab.A-1: Jährliche Wachstumsraten und Prognosen des Bruttosozialprodukts in Deutschland und den Schwellenländer Südostasiens

	1975-1985	76	77	78	79	80	81	82	83	84	85	85 - 91
Hong Kong	8,0%	10,0	11,2	10,0	11,5	9,0	12,4	1,1	4,2	10,8	0,8	6,0
Taiwan	8,6%	13,6	12,2	13,5	8,2	7,3	6,1	2,8	7,7	10,3	4,7	6,2
Südkorea	7,6%	13,9	10,1	11,3	7,3	-3,0	6,6	5,4	11,9	8,4	5,1	6,5
Singapur	7,4%	7,4	7,9	8,6	9,4	10,2	9,9	6,3	7,9	8,3	-1,8	4,5
Philippinen	2,8%	6,1	6,9	5,9	6,9	5,1	3,4	2,9	0,9	-5,4	-3,8	2,6
Thailand	6,4%	8,7	7,2	10,1	6,1	3,4	8,8	4,1	5,8	6,2	4,0	4,8
Malaysia	7,1%	11,6	7,7	6,7	9,3	11,4	6,9	5,6	6,3	7,6	-1,0	4,3
Indonesien	6,2%	7,4	9,6	8,5	6,7	9,8	7,9	2,2	4,2	4,5	1,3	3,6
zum Vergleich: Bundesrepublik Deutschland	2,2%	5,4	3,0	2,9	4,2	1,4	0,2	-0,6	1,2	2,6	2,4	2,3

Quelle: Prognos (Hrsg.), Euro-Report Volume B, Emerging Economies, Basel 1987, S. IC 9, Euro-Report Volume A, Industrialized Countries, Basel 1987, S. 391

Tab.A-2: Industrielle Produktion in Südostasien in Mio. $

Land	1970	1983
Hong Kong	3148	6944
Taiwan	1104	4589
Südkorea	4047	21788
Singapur	1148	3451
Philippinen	4383	9308
Thailand	2526	7837
Malaysia	1773	6080
Indonesien	2350	9611
insgesamt:	20479	69608

Quelle: Weltbank (Hrsg.), Weltentwicklungsbericht 1986, Washington 1986, S. 218 - 219, Council for Economic Planning (Hrsg.), Taiwan Statistical Data Book 1986, S. 1

Tab.A-3: Exporte der südostasiatischen Schwellenländer nach Warengruppen untergliedert

Land	Durchschnittliche jährl. Exportwachstumsraten	Anteil an der Warenausfuhr in %					
		Textilien und Bekleidung		Maschinenbau, Elektrotechnik, Fahrzeuge		sonstige Fertigwaren	
	1973-1984	1965	1983	1965	1983	1965	1983
Hong Kong	12,9%	43%	33%	6%	22%	37%	36%
Taiwan	21,4%	26%	28%	4%	27%	2%	23%
Südkorea	15,1%	27%	25%	3%	32%	29%	34%
Singapur	7,1%	6%	4%	10%	31%	18%	22%
Philippinen	5,6%	1%	7%	-	5%	5%	38%
Thailand	10,4%	-	11%	-	6%	4%	15%
Malaysia	7,5%	-	2%	2%	14%	4%	6%
Indonesien	1,4%	-	1%	3%	1%	1%	6%
im Vergleich: Bundesrepublik Deutschland	4,5%	5%	5%	46%	46%	37%	36%

Quelle: Weltbank (Hrsg.), Weltentwicklungsbericht 1986, S. 218 ff., Council for Economic Planning and Development, Taiwan Statistical Data Book 1984, S. 2 und S. 197 - 198

Tab.A-4: Gesamtwirtschaftliches Wachstum in den Schwellenländern Südostasiens (in %)

Land	1965 - 1973	1973 - 1984
Hong Kong	7,9%	9,1%
Taiwan	10,8%	7,9%
Südkorea	10,0%	7,2%
Singapur	13,0%	8,2%
Philippinen	5,4%	4,8%
Thailand	7,8%	6,8%
Malaysia	6,7%	7,3%
Indonesien	8,1%	6,8%

Quelle: Alle Daten entnommen aus: Weltbank (Hrsg.), Weltentwicklungsbericht 1986, S. 208 - 209, Council for Economic Planning and Development, Taiwan Statistical Data Book 1986, S. 2

Tab.A-5: Entwicklung südostasiatischer Exporte in die Industrieländer in Mrd. $

Lieferant / Abnehmer	Exporte der acht südostasiatischen Schwellenländer ( ) 1)	
	1979	1985
USA	23,2 (36%)	48,5 (48%)
Japan	20,1 (31%)	25,9 (26%)
Europäische Gemeinschaft	16,0 (25%)	17,5 (17%)
davon Deutschland	4,6 (0,7%)	4,5 (0,4%)

1) in Klammern prozentualer Anteil vom Gesamtexport

Quelle: Eigene Zusammenstellung nach Angaben IMF (Hrsg.), Direction of Trade Statistics Yearbook 1986, Washington 1986, S. 215 ff., Council for Economic Planning and Development, Taiwan Statistical Data Book 1986, S. 209 ff.

Tab.A-6: Exporte der acht südostasiatischen Schwellenländer in die Industrieländer in Mio. $

	1979		1985	
in die Industrieländer insgesamt		63267		99148
davon in die USA	Hong Kong	4144	Hong Kong	9301
	Taiwan	5652	Taiwan	14772
	Südkorea	4389	Südkorea	10470
	Singapur	1967	Singapur	4830
	Philippinen	1390	Philippinen	1658
	Thailand	593	Thailand	1402
	Malaysia	1913	Malaysia	1970
	Indonesien	3171	Indonesien	4168
insgesamt:		23219 (36%)		48571 (48%)
davon nach Japan	Hong Kong	1026	Hong Kong	1279
	Taiwan	2248	Taiwan	3460
	Südkorea	3353	Südkorea	4468
	Singapur	1366	Singapur	2148
	Philippinen	1214	Philippinen	874
	Thailand	1125	Thailand	951
	Malaysia	2595	Malaysia	3784
	Indonesien	7189	Indonesien	9007
insgesamt:		20116 (31%)		25971 (26%)
davon in die Europäische Gemeinschaft (1)	Hong Kong	3705 (1358)	Hong Kong	3709 (1226)
	Taiwan	2348 (742)	Taiwan	2985 (805)
	Südkorea	2473 (845)	Südkorea	3002 (865)
	Singapur	2054 (485)	Singapur	2416 (512)
	Philippinen	963 (226)	Philippinen	647 (174)
	Thailand	1250 (215)	Thailand	1357 (266)
	Malaysia	2064 (405)	Malaysia	2221 (405)
	Indonesien	1220 (338)	Indonesien	1207 (289)
insgesamt:		16077 (4614) 25% (0,7%)		17544 (4542) 17% (0,4%)

(1) davon in ( ) in die Bundesrepublik Deutschland

Quelle: Eigene Zusammenstellung nach Angaben IMF (Hrsg.), Direction of Trade Statistics 1986, S. 215 ff., Council for Economic Planning and Development, Taiwan Statistical Data Book 1986, S. 203 ff.

Tab. A-7: Lieferanteilsentwicklungen (1) deutscher und asiatischer Unternehmen auf Auslandsmärkten

Warengruppe	Auslandsmarkt	Deutschland			asiatische Schwellenländer		
		1970	1981	Differenz in %	1970	1981	Differenz in %
Handwerkzeuge	USA	9,9	4,5	-5,4	4,1	43,5	+39,4
	Japan	23,4	13,3	-10,1	0,7	10,7	+10,0
Werkzeug-maschinen	USA	34,2	12,2	-22,0	0,0	9,1	+ 9,1
	Japan	32,5	32,3	-0,2	0,2	9,1	+ 8,9
Luftpumpen und Ventila-toren	USA	22,5	7,5	-15,0	1,3	47,1	+45,8
	Japan	8,6	5,8	-2,8	0,3	3,2	+2,9
Schreib-maschinen	USA	40,6	20,5	-20,1	0,0	7,2	+7,2
	Japan	44,6	14,6	-30,0	0,1	0,5	+0,4
Glüh- und Entladungs-lampen	USA	11,7	8,1	-3,6	7,6	37,8	+30,2
	Japan	5,6	22,9	+17,3	46,3	30,8	-15,5

Quelle: Ochel, W., Die Investitionsgüterindustrie der asiatischen Schwellenländer, München 1984, S. 86

Tab. A-8: Anteilsverluste deutscher Exporte auf Auslandsmärkten

LIEFERANT / ABNEHMER	WELT		BUNDESREPUBLIK		EG		USA		JAPAN		ÜBRIGE INDUSTRIELÄNDER	
	1972	1981	1972	1981	1972	1981	1972	1981	1972	1981	1972	1981
BUNDESREPUBLIK	10,1	8,7	0,0	0,0	13,2	11,0	5,5	4,4	3,2	3,9	11,7	14,4
FRANKREICH	6,7	6,6	12,7	12,9	9,8	9,7	3,6	3,3	0,9	1,5	3,7	4,7
GROSSBRITANNIEN	7,0	6,3	4,8	6,8	5,2	6,8	5,3	6,1	3,4	3,2	9,7	6,0
ITALIEN	4,4	4,3	8,0	8,1	5,8	5,9	2,5	1,9	0,8	0,6	4,5	5,4
BELGIEN	4,2	3,7	7,8	6,9	6,7	6,1	2,3	2,6	1,2	1,0	1,5	1,8
NIEDERLANDE	4,9	4,3	10,2	8,4	7,3	6,2	2,7	3,4	1,5	1,3	2,8	2,5
EG-9 (OHNE GRIECHENLAND)	39,2	35,8	45,8	45,4	50,4	48,4	22,6	22,5	11,4	11,9	36,8	36,7
USA	15,6	14,3	9,6	6,8	8,5	6,3	0,0	0,0	31,3	25,6	23,9	19,4
JAPAN	3,0	4,0	1,4	1,2	1,1	1,1	7,5	7,0	0,0	0,0	2,0	2,3
RESTLICHE INDUSTRIELÄNDER	18,8	15,3	28,1	26,0	23,0	20,2	36,7	27,4	12,4	10,2	22,5	16,3
INDUSTRIELÄNDER	76,6	69,4	79,8	74,3	78,3	71,5	66,1	56,4	54,2	46,7	80,2	71,3
ASIATISCHE SCHWELLENLÄNDER	3,3	5,2	1,0	1,4	1,1	1,6	3,9	6,3	11,5	12,9	1,3	2,0
LATEINAMERIKANISCHE SCHWELLENLÄNDER	2,4	2,7	2,3	2,0	1,7	1,6	7,8	11,0	2,4	2,5	1,7	1,7
OPEC	3,7	8,6	3,3	8,3	3,9	10,1	5,9	10,4	6,6	15,2	2,3	6,9
ÜBRIGE ENTWICKLUNGSLÄNDER	10,8	10,9	8,5	9,3	11,1	11,9	15,6	14,2	20,2	16,5	8,3	11,2
ENTWICKLUNGSLÄNDER	20,3	27,4	15,0	21,0	17,9	25,1	33,1	41,8	40,7	47,2	13,5	21,8
STAATSHANDELSLÄNDER	3,1	3,2	5,2	4,6	3,8	3,4	0,8	1,8	5,1	6,1	6,2	6,9
WELT	100	100	100	100	100	100	100	100	100	100	100	100

Quelle: Meffert, H., Landwehr, R., Gass, C., Internationales Management, Münster 1984, S. 6

Tab.A-9: Pro-Kopf-Einkommen der südostasiatischen Schwellenländer für 1975 und 1985 in $

	Pro-Kopf-Einkommen 1975	Pro-Kopf-Einkommen 1985
Hong Kong	2110$	6230$
Taiwan	1070$	2870$
Südkorea	670$	2150$
Singapur	2700$	7420$
Philippinen	410$	580$
Thailand	380$	800$
Malaysia	860$	2000$
Indonesien	240$	530$
durchschnittliches Pro-Kopf-Einkommen der südostasiatischen Schwellenländer	1055$	2822$

Quelle: Alle Daten entnommen aus: Weltbank, Weltentwicklungsbericht 1978 und 1987, Prognos (Hrsg.), Euro-Report, Vol. B, Emerging Economies, Basel 1987, Prognos (Hrsg.), Euro-Rport, Vol. A, Industrialized Countries, Basel 1987

Tab. A-10: Importe der südostasiatischen Schwellenländer und Exporte ausgewählter Industrieländer in diese Region (in Mrd. US-Dollar)

Land	Importe (cif)			Exporte (fob) von											
				E. G.			davon Deutschland			Japan			USA		
	1975	1980	1985	1975	1980	1985	1975	1980	1984	1975	1980	1984	1975	1980	1984
Hong Kong	6,6	22,4	28,6	0,9	3,0	3,1	0,2	0,5	0,7	1,4	4,7	6,6	0,8	2,7	3,1
Taiwan	6,0	19,7	22,0	0,9	1,7	1,8	0,3	0,7	0,8	1,8	5,1	6,0	1,5	4,3	5,0
Südkorea	7,2	22,3	30,6	0,6	1,3	1,7	0,2	0,6	0,8	2,2	5,4	7,2	1,6	4,7	6,0
Singapur	8,1	24,0	28,7	0,6	1,4	1,5	0,2	0,8	0,8	1,5	3,9	4,6	1,0	3,0	3,7
Philippinen	3,8	8,3	6,4	0,4	0,8	0,5	0,1	0,3	0,2	1,0	1,7	1,1	0,8	2,0	1,8
Thailand	3,3	9,2	10,4	0,8	2,4	2,6	0,1	0,4	0,4	1,0	1,9	2,4	0,3	1,3	1,1
Malaysia	3,6	10,8	14,1	0,5	1,2	1,5	0,1	0,6	0,6	0,6	2,1	2,9	0,4	1,3	1,9
Indonesien	4,8	10,8	13,9	0,4	1,0	1,0	0,3	0,7	0,8	1,8	3,4	3,1	0,8	1,5	1,2
Summe:	43,4	127,5	154,6	5,2	12,9	13,8	1,5	4,6	5,1	11,4	28,3	33,7	7,3	20,9	23,7
Prozentuale Anteile:	100,0	100,0	100,0	12,0	10,0	8,9	3,4	3,6	3,2	26,3	22,2	21,8	16,8	16,3	15,3

Quelle: Kirchbach, F., The Role of Marketing Strategies in Penetrating Southeast and East Asian Markets, Kiel 1985, S. 3, IMF (Hrsg.), Direction of Trade Statistics Yearbook 1975 und 1986, Council for Economic Planning and Development, Taiwan Statistical Data Book 1986

Tab. A-11: Bevölkerungsgröße, -wachstum sowie Prognosen bis zum Jahr 2000

Land	Durchschnittliches jährliches Bevölkerungswachstum (1980-1985)	Bevölkerungsgröße in Mio. 1985	Prognosen des schnittlichen jährlichen Bevölkerungswachstums (1985-2000)	Bevölkerungsgröße in Mio. 2000
Indonesien	2,1 %	162,2	1,8 %	212
Philippinen	2,5 %	54,7	2,2 %	75
Thailand	2,1 %	51,7	1,6 %	66
Malaysia	2,5 %	15,6	1,9 %	21
Korea	1,5 %	41,1	1,2 %	49
Hong Kong	1,4 %	5,4	1,0 %	6
Singapur	1,2 %	2,6	0,9 %	3
Taiwan	1,8 %	19,0	1,5 %	24
Insgesamt:		352,3		456,0
Bundesrepublik Deutschland	-0,2 %	61,0	-0,2 %	59,0

Quelle: Alle Daten entnommen aus Weltbank, Weltentwicklungsbericht 1987, Washington 1987, Prognos (Hrsg.), Euro-Report 1987, Vol. B. Emerging Economies, Basel 1987

Literaturverzeichnis

Aaker, D.A., Strategic Market Management, New York 1984

Abell, D., Defining the Business. Starting Point of Strategic Planning, Englewood Cliffs 1980

Abell, D.F., Hammond, J.S., Strategic Market Planning. Problems and Analytical Approaches, Englewood Cliffs 1979

Agthe, K.E., "Multi-local" statt "Multi-national" als strategisches Konzept eines multinationalen Unternehmens, in: Lück, W., Trommsdorff, V. (Hrsg.), Internationalisierung der Unternehmung als Problem der Betriebswirtschaftslehre, Berlin 1982, S. 147 - 170

Ahn, D.S., Gemeinschaftsunternehmen in Entwicklungsländern. Joint Ventures als Entwicklungsinstrument in den ASEAN - Staaten, Tübingen 1981

Albach, H., Die internationale Unternehmung als Gegenstand betrieblicher Forschung, in: ZfB, 51. Jg., Ergänzungsheft 1/1981, Internationale Betriebswirtschaftslehre, S. 13 - 24

Alberta, R.E., Organizing of International Market Information, in: Dunn, S.W. (Hrsg.), International Handbook of Advertising, New York 1964

Ansoff, H.I., Corporate Strategy, An Analytic to Business Policy for Growth and Expansion, New York 1965

Ansoff, H.I., Managing Strategic Surprise by Response to Weak Signals, in: California Management Review, Vol. 18, No. 2, 1975, S. 21 ff.

Ansoff, H.I., Implanting Strategic Management, Englewood Cliffs, N.J. 1984

Ansoff, H.I., Declerck, R.P., Hayes, R.L., From Strategic Planning to Strategic Management, in: Hahn, D., Taylor, B. (Hrsg.), Strategische Unternehmungsplanung, 3. Aufl., Würzburg, Wien 1984, S. 479 - 516

Atac, O.A., International Experience Theory and Global Strategy, in: International Marketing Review, Vol. 3, No. 4, Winter 1986, S. 52 - 61

Ayal, I., Zif, J., Market Expansion Strategies in Multinational Marketing, in: Journal of Marketing, Vol.43, Spring 1979, S. 84 - 94

Bea, F.X., Beutel, R., Die Bedeutung des Exports für die Entwicklung der Kosten und die Gestaltung der Preise, in: Dichtl, E., Issing, O. (Hrsg.), Exporte als Herausforderung für die deutsche Wirtschaft, Köln 1984, S. 309 - 333

Beaton, D.C., The Development of Market Research in South East Asia, Commentary, in: The Journal of Market Research, Vol. IX, No. 2, April 1967, S. 61 - 67

Becker, H., Thorelli, H., Strategic Planning in International Marketing, in: Thorelli, H., Becker, H. (Eds.), International Marketing Strategy, 3rd Edition, New York 1984, S. 367 - 378

Becker, J., Marketing-Konzeption, Grundlagen des strategischen Marketing-Managements, 2. Aufl., München 1988

Behrens, K.Ch. (Hrsg.), Handbuch der Marktforschung, Bd. I und II, Wiesbaden 1974 und 1977

Bensen, D., Chancen und Risiken des Fernostmarktes Hong Kong für kleinere und mittlere Unternehmen, Reutlingen 1984

Berekoven, L., Internationales Marketing, 2. Aufl., Herne, Berlin 1985

Berekoven, L., Eckert, W., Ellenrieder, P., Marktforschung, Wiesbaden 1978

Bergmann, C., Schwellenländer: Kriterien und Konzepte, München, Köln, London 1983

Bernkopf, G., Strategien zur Auswahl ausländischer Märkte, Diss., München 1980

Bethke, V., Koopmann, G., Multinationale Unternehmen und Entwicklungsländer, Hamburg 1975

Beuttel, W., Produktbezogene Entscheidungen für Auslandsmärkte, München, Florenz 1981

Beutelmeyer, W., Mühlbacher, H., Standardisierungsgrad der Marketingpolitik transnationaler Unternehmen, Linz 1986

Beyfuß, J., Die Schwellenländer im Welthandel, Beiträge zur Wirtschafts- und Sozialpolitik, Institut der deutschen Wirtschaft, Köln 1981

Beyfuß, J., Dynamische Entwicklungsräume, Neue Konkurrenz oder Zukunftsmärkte?, Köln 1985

Bidlingmaier, J., Marketing 1, 10. Aufl., Opladen 1983

Bidlingmaier, J., Marketing 2, 9. Aufl., Opladen 1982

Billerbeck, K., Die Konsquenzen der Industrialisierung der Entwicklungsländer für die Industrieländer, Köln 1964

Büning, H., Haedrich, G., Kleinert, H., Kuß, A., Streitberg, B., Operationale Verfahren der Markt- und Sozialforschung, Berlin, New York 1981

Braun, H.-G., Die Insdustrialisierung der Entwicklungsländer. Konkurrenz für die Industrieländer und die deutsche Wirtschaft, in: Ifo - Schnelldienst, 32 Jg., Nr. 17/18, 1979, S. 58 - 63

Braun, H.-G., Halbach, A.J., Helmschrott, H., Direktinvestitionen in Entwicklungsländern. Bedeutung, Probleme und Risiken, München, Köln, London 1983

Bruch, M., Kleinbetriebe und Industrialisierungspolitik in Entwicklungsländern. Eine vergleichende Analyse der ASEAN - Länder, Tübingen 1983

Buchinger, G. (Hrsg.), Umfeldanalysen für das strategische Management, Konzeption - Praxis - Entwicklungstendenzen, Wien 1983

Bundesministerium für wirtschaftliche Zusammenarbeit (Hrsg.), Deutsche Unternehmen und Entwicklungsländer, 2. Aufl., Bonn 1982

Bundesministerium für wirtschaftliche Zusammenarbeit (Hrsg.), Zusammenarbeit mit Schwellenländern, Bonn 1982

Bundesstelle für Außenhandelsinformation (BfAI), Auslandsaktivitäten deutscher Unternehmen - Chancen der Zukunftssicherung, Köln 1983

Business International (Hrsg.), Asia Pacific Forecasting Study 1984 - 1988, o.O. 1984

Business International, Business Strategies for Developing Asia, 1975 - 1985, in: Business International Asian Research Report, November 1975

Buzzell, R.D., Can You Standardize Multinational Marketing?, in: Thorelli, H., Becker, H. (Hrsg.), International Marketing Strategy, New York 1980, S. 339 - 352

Capon, N., The Development of Markets and Marketing in the Pacific Basin, in: Mason, R.H.(Ed.) International Business in the Pacific Basin, Lexington, Massachusetts, Toronto 1978, S. 167 -196

Cateora, P.R., International Marketing, 5. Aufl., Homewood, Illinois 1983

Chakravarthy, B.S., Perlmutter, H.V., Strategic Planning for a Global Business, in: CJoWB, Vol. 20, No. 2, Summer 1985, S. 3 - 10

Channon, D.F., Jalland, M., Multinational Strategic Planning, London, Basingsstoke 1979

Chee, P., Trade and Investment Opportunities in Southeast Asia: Potential and Problems, in: Laumer, H., (Hrsg.), Wachstumsmarkt Südostasien, München,Köln, London 1983, S. 505 - 527

Cho, D.S., Porter, M.E., Der Wechsel der globalen Branchenführerschaft im Fall der Schiffbauindustrie, in: Porter, M.E. (Hrsg.), Globaler Wettbewerb. Strategien der neuen Internationalisierung, Wiesbaden 1989, S. 615 - 644

Colberg, W., Internationale Präsenzstrategien von Industrieunternehmen, Diss., Kiel 1989

Connolly, S.G., Joint Ventures with Third World Multinationals: A New Form of Entry to International Markets, in: CJoWB, Vol. 19, 2/1984, S. 18 - 22

Council for Economic Planning and Development, Taiwan Statistical Data Book 1986, o.O. 1986

Cox, K.K, Mc. Ginnis, V.J. (Hrsg.), Strategic Market Decisions: A Reader, Englewood Cliffs 1982

Cvar, M.E., Fallstudien: Erfolge und Fehlschläge im globalen Wettbewerb, in: Porter, M.E. (Hrsg.), Globaler Wettbewerb, Wiesbaden 1989, S. 553-590

Davis, W.E., Hatano, D.G., The American Semiconductor Industry and the Ascendancy of East Asia, in: California Management Review, Vol. 27, No. 4, Summer 1985, S. 128 - 143

De Haan, D., Die Risikopolitik der internationalen Unternehmung, Diss., Gießen 1983

Deubner, C., Potentiale und Formen eines verstärkten Regionalismus in Ost- und Südostasien und die Rolle Japans, Stiftung Wissenschaft und Politik, Ebenhausen 1985

Dichtl, E., Issing, O. (Hrsg.) Exporte als Herausforderung für die deutsche Wirtschaft, Köln 1984

Dichtl, E., Beskow, W., Köglmayer, H.-G., Risikobewertung im Auslandsgeschäft, in: Jahrbuch der Absatz- und Verbrauchsforschung, 30.Jg., Heft 3/1984, S. 208 - 229

Disch, W.K.A., Die Möglichkeit der Marktforschung für das Unternehmen, Auslandsmärkte zu erschließen und den Absatz zu sichern,in: Jacob, H. (Hrsg.), Exportpolitik der Unternehmung. Schriften zur Unternehmensführung, Bd. 8, Wiesbaden 1969, S. 61 - 70

Disch, W.K.A., Exportmarktforschung, in: Behrens, K.Chr. (Hrsg.), Handbuch der Marktforschung, 2. Halbband, Wiesbaden 1977, S. 1343 - 1353

Dittmar, W.G., Meyer, C.W., Hoyer, W., Die internationale Expansion planen und durchführen: Managment, Marketing, Finanzierung, Besteuerung, München 1979

Donges, J.B., Müller-Ohlsen, L., Außenwirtschaftsstrategien und Industrialisierung in Entwicklungsländern, Tübingen 1978

Douglas, S.P., Craig, C.S., Information for International Marketing Decision, in: Walter, I., Murray, T. (Hrsg.), Handbook of International Business, Section 29, New York 1982

Douglas, S.P., Craig, C.S., Marketing Research in the International Environment, in: Walter, I., Murray, T. (Hrsg.), Handbook of International Business, Section 30, New York 1982

Douglas, S.P., Craig, C.S., International Marketing Research, Englewood Cliffs 1983

Doz, Y.L., Government Control and Multinational Strategic Management, New York 1979

Doz, Y.L., Strategic Management in Multinational Companies, Oxford, Frankfurt a.M. 1986

Doz, Y.L., Die Rolle des Staates im globalen Wettbewerb, in: Porter, M.E. (Hrsg.), Globaler Wettbewerb, Wiesbaden 1989, S. 257 - 306

Dülfer, E., Auslandsmanagement in Schwellenländern, in: Wacker, W., Haussmann, H., Kumar, B. (Hrsg.), Internationaler Unternehmensführung, Berlin 1981, S. 437 - 458

Dülfer, E., Zum Problem der Umweltberücksichtigung im "Internationalen Management", in: Pausenberger, E. (Hrsg.), Internationales Management, Stuttgart 1981, S. 1 - 44

Dunn, S., International Handbook of Advertising, New York 1964

Dunst, K.H., Portfolio Management. Konzeption für die strategische Unternehmensplanung, 2. Aufl., Berlin, New York 1983

Dymsza, W.A., Global Strategic Planning: A Model and Recent Developments, in: JoIBS, Vol. 15, No. 2, 1984, S. 169 - 183

Edwards, A.R., Organizing for International Market Information, in: Dunn, S.W. (Hrsg.), International Handbook of Advertising, New York 1964, S. 79 - 81

Eli, M., Die Rolle der japanischen Generalhandelshäuser (Sogo Shosha) in Südostasien, in: Laumer, H. (Hrsg.), Wachstumsmarkt Südostasien, München, Köln, London 1984, S. 363 - 385

Engels, B.(Hrsg.), Präsenz der deutschen Wirtschaft in Übersee - was ist zu tun?, München, Köln, London 1986

Estanislao, J.P., Aquino, A.A., Overview of the Asia Pacific Region by the Year 2000, Manila 1982

Far Eastern Economic Review (Hrsg.), Asia 1986 Yearbook, Hong Kong 1986

Fayerweather, J., Internationale Unternehmensführung, Berlin 1975

Feierabend, I.K., Feierabend, R.L., Aggressive Behaviors within Polities, 1948 - 1962: A Cross National Study, in: The Journal of Conflict Resolution, Vol. 10, No. 2, 1966, S. 249 - 271

Fels, G., Internationale Wettbewerbsfähigkeit Japan, Vereinigte Staaten, Bundesrepublik - Fakten, Trends, Hypothesen -, in: ZfbF, 34. Jg., 1982, Heft 1, S. 8 - 24

Fong, P.E., Komaran, R.V., Singapore Multinationals, in: CJoWB, Vol. 20, No. 2, Summer 1985, S. 35 - 43

Fortune, Ausg. 20. Aug. 1984

Franko, L.G., The European Mutlinationals, London 1976

Fransman, M., The Rise of Asia's Machinery Industry, in: Euro-Asia Business Review, Vol. 3, No. 3, July 1984, S. 39 - 44

Gale, C., Cases in international Marketing, Englewood Cliffs 1986

Gaugler, E., Jacobs, O.H., Kieser, A. (Hrsg.), Strategische Unternehmensführung und Rechnungslegung, Stuttgart 1984

Gaugler, E., Meissner, H.G., Thom, N. (Hrsg.), Zukunftsaspekte der anwendungsorientierten Betriebswirtschaftslehre, Stuttgart 1986

Gälli, A., Neue Wachstumsmärkte in Fernost - Acht Länder auf der Schwelle zur Wirtschaftsmacht, Dokumentationsband, Ifo-Studien zur Entwicklungsforschung, Nr. II, München, Köln, London 1983

Gälweiler, A., Unternehmensplanung -Grundlagen und Praxis- , Frankfurt a.M., New York 1974

Geist, M., Köhler, R. (Hrsg.), Die Führung des Betriebes. Grundprobleme der strategischen Planung, Stuttgart 1981

Gerber, S., Risikoanalyse und Risikopolitik bei direkten deutschen Auslandsinvestitionen von mittelständischen Unternehmen in Entwicklungsländern, Diss., Dortmund 1981

Gilligan, C., International Marketing. Strategy and Management, London 1986

Gladwin, T., Walter, I., Multinationals under Fire - Lessons in the Management of Conflict, New York 1980

Green, R.T., Political Structures as a Predictor of Radical Political Change, in: CJoWB, Vol. IX, No. 1, 1974, S. 28 - 36

Green, R.T., Internationalization and Diversification of U.S. Trade: 1970 to 1981, in: International Marketing Review, Vol. 2, No. 2, Summer 1985, S. 53 - 62

Gross, M., The Extent, Structure and Change of German, Japanese and US American Direct Investment in ASEAN Countries, Kiel 1985

Grüner, M., Die Bedeutung Südostasiens für die deutsche Wirtschaft, in: Laumer, H. (Hrsg.), Wachstumsmarkt Südostasien, München, Köln, London 1984, S. 13 - 27

Günther, M., Internationale Wettbewerbsfähigkeit der Unternehmen in Japan, USA und der Bundesrepublik Deutschland, in: ZfbF, 34. Jg., 1982, Heft 1, S. 1 - 7

Haedrich, G. (Hrsg.), Operationale Entscheidungen für die Marketingplanung, Berlin, New York 1977

Haedrich, G., Entwicklung von Marketingstrategien, in: Marketing, Heft 3/1983, S. 175 - 180

Haedrich, G., Berger, R., Angebotspolitik, Berlin, New York 1982

Haedrich, G., Kuß, A., Fallstudie Marketingplanung, München, Wien 1979

Haedrich, G., Tomczak, T., Strategische Markenführung. Planung und Realisierung von Marketingstrategien für eingeführte Produkte, Bern, Stuttgart 1990

Hahn, D., Frühwarnsysteme, in: Buchinger, G. (Hrsg.), Umfeldanalysen für das strategische Management, Wien 1983, S. 3 - 26

Hahn, D., Klausmann, W., Frühwarnsysteme und strategische Unternehmungsplanung, in: Hahn, D., Taylor, B. (Hrsg.), Strategische Unternehmungsplanung, 3. Aufl., Würzburg, Wien 1984, S. 250-266

Hahn, D., Taylor, B., Strategische Unternehmungsplanung, 3. Aufl., Würzburg, Wien 1984

Hahne, D., Marketing in Entwicklungsländern, Diss., München 1979

Hake, B., Wie stabil ist Ostasien für Investoren?, in: Management-Zeitschrift, 49. Jg., Nr. 12, Zürich 1980, S. 567

Hake, B., Der BERI-Index, ein Hilfsmittel zur Beurteilung des wirtschaftspolitischen Risikos von Auslandsinvestitionen, in: Lück, W., Trommsdorff, V., Internationalisierung der Unternehmung, Berlin 1982, S. 463 - 473

Hamel, G., Prahalad, C.K., Haben Sie wirklich eine globale Strategie?, in: Harvard Manager, 1. Quartal 1986, S. 90 - 97

Hamman, P., Erichson, B., Marktforschnug, Stuttgart, New York, 1978

Harrell, G.D., Kiefer, R.O., Multinational Strategic Market Portfolios, in: MSU Business Topics, Vol. 29, No. 1, Winter 1981, S. 5 - 15

Harrigan, K.R., Strategic Alliances: Their New Role in Global Competition, in: CJoWB, Vol. 22, No. 2, Summer 1987, S. 67 - 69

Hawes, J.M., Rao, C.P., A Market Share Analysis of International Trade, in: IMR, Vol. 4, No. 1, Autumn 1983, S. 59 - 67

Heenan, D.A., Keegan, W.J., The Rise of Third World Multinationals, in: HBR, Vol. 57, No. 1, 1979, S. 101 - 109

Heenan, D.A., Keegan, W.J., Die neuen Multis, in: Harvard Manager 1/1980, S. 60 - 68

Heiduk, G.(Hrsg.), Japan als führende Wirtschaftsmacht in einem zukünftigen pazifischen Weltwirtschaftszentrum, Baden - Baden 1985

Heinen, H., Ziele multinationaler Unternehmungen, Wiesbaden 1982

Henderson, B.D., Die Erfahrungskurve in der Unternehmensstrategie, Frankfurt a. M., New York 1974

Henzler, H., Neue Strategie ersetzt den Zufall, in: Manager Magazin, Heft 4/1979, S. 122 - 129

Henzler, H., Rall, W., Aufbruch in den Weltmarkt, 1. Teil, in: Manager Magazin, Heft 9/1985, S. 176 - 190

Henzler, H., Rall, W., Aufbruch in den Weltmarkt, 2. Teil, in: Manager Magazin, Heft 9/1985, S. 254 - 264

Henzler, H., Rall, W., Aufbruch in den Weltmarkt, 3. Teil, in: Manager Magazin, Heft 11/1985, S. 166 - 174

Hesse, H., Weltwirtschaftliche Entwicklung und Wirtschaftspolitik in wechselseitger Abhängigkeit, in: Langkau, J., Köhler, C. (Hrsg.), Wirtschaftspolitik und wirtschaftliche Entwicklung, Bonn 1985

Hiemenz, U., Verpaßt Europa den Anschluß in Fernost?, Kieler Diskussionsbeiträge Nr. 101, Kiel 1984

Hiemenz, U., EG-Exporte: Warum die Europäer in Fernost an Boden verlieren, in: Manager Magazin, Heft 2, 1985, S. 126 - 134

Hiemenz, U., Multinational Enterprise Business Behavior and Industrialization in ASEAN Countries, Kieler Arbeitspapiere, Kiel 1986

Hiemenz, U., Langhammer, R.J., The Competitive Strength of European, Japanese and US Suppliers on ASEAN Markets, Tübingen 1987

Hinterhuber, H.H., Wettbewerbsstrategie, Berlin, New York 1982

Hinterhuber, H.H., Strategische Unternehmungsführung, 3. Aufl., Berlin, New York 1984

Hoffmann, K., Der Produktlebenszyklus, Freiburg 1972

Hoffmann, K., Die Konkurrenzuntersuchung als Determinante der langfristigen Absatzplanung, Göttingen 1979

Hottes, K., Uhlig, H., Probleme der Entwicklungsländerforschung in Süd- und Südostasien, Bochum 1984

Hout, T., Porter, M., Rudden, E., How Global Companies Win Out, in: Harvard Business Review, Vol. 60, No. 5, Sept. - Oct. 1982, S. 98 - 108

Hühnerberg, R., Risikoanalyse im internationalen Marketing, in: Nagel, K, Numrich, K.J. (Hrsg.), Außenwirtschaft der Unternehmung, Berlin 1984, S. 143 - 157

Hulbert, J.M., Managing the Multinational Subsidiary, New York 1980

Hunziker, E., Auslandmarkt - Strategien, Ein Leitfaden zur Wahl des optimalen Auslandengagements, Zürich 1983

Hüttner, M., Grundzüge der Marktforschung, 4. Aufl., Berlin, New York 1989

Hüttner, M., Informationen für Marketing-Entscheidungen, München 1979

Hüttner, M., Markt- und Absatzprognosen, Stuttgart 1982

Hüttner, M., Czenskowsky, T., Strategische Orientierung der Marktforschung und ihre Konsequenzen, in: Marktforschung, Nr. 3, 1986, S. 74 - 89

Ibielski, D., Fundstellenverzeichnis für Außenwirtschaftsinformationen, Eschborn 1981

International Monetary Fund (Hrsg.), Direction of Trade and Statistics - Yearbook 1986, Washington 1986

International Monetary Fund (Hrsg.), Direction of Trade and Statistics - Yearbook 1982, Washington 1984

James, J., Consumer Choice in the Third World. A Study of the Welfare Effects of Advertising and New Products in A Developing Country, London, Basingstoke 1983

Jatusripitak, S., Fahey, L., Kotler, P., Strategic Global Marketing: Lessons from the Japanese, in: CJoWB, Vol. XX, No. 1, Spring 1985, S. 47 - 53

Junghans, H., Strategieorientierte Kategorisierung von Entwicklungsländern als Voraussetzung für den Technologietransfer, Diss. , Berlin 1983

Jungnickel, R., Gerberding, A., Maenner, U., Investitionsbedingungen in der ASEAN - Region, Hamburg 1986

Kahmann, J., Absatzpolitik multinationaler Unternehmungen. Ein Leitfaden für nationales und internationales Marketing, Berlin 1972

Kaynak, E., Marketing in the Third World, New York 1982

Kebschull, D., Ausländische Direktinvestitionen in Südostasien - Ein internationaler Vergleich des Engagements, in: Laumer, H. (Hrsg.), Wachstumsmarkt Südostasien, München, Köln, London 1984, S. 435 - 463

Keegan, W.J., Strategic Marketing: International Diversification versus National Concentration, in: CJoWB, Vol. XII, 4/1977, S. 119 - 130

Keegan, W.J., Strategic Market Planning: The Japanese Approach, in: International Marketing Review, Vol. 1, No. 1, Autumn 1983, S. 5 - 15

Keegan, W.J., Multinational Marketing Management, 3rd Edition, Englewood Cliffs, New Jersey 1984

Keegan, W.J., Mc. Master, N.A., Global Strategic Marketing, in: Kirpalani, V.H. (Eds.), International Marketing, Chicago 1983, S. 94 - 105

Kellner, K., Die Wachstumsmärkte der ASEAN-Staaten. Möglichkeiten und Barrieren der Markterschließung für deutsche Unternehmen, Wilfer 1985

Khan, K.M., Multinationals of the South, New York 1986

Khan, K.M., Multinationals from the South, in: Khan, K.M. (Hrsg.), Multinationals of the South, New York 1986, S. 1 ff.

Kim, S.H., Song, Y.K., US Private Investment in Korea, in: CJoWB, Vol. 22, No. 4, Winter 1987, S. 61 - 66

Kinsey, J., Marketing in Developing Countries, London 1988

Kirchbach, F.v., Marketing Channels and Strategies of Foreign Companies in Southeast Asia, in: Laumer, H. (Hrsg.), Wachstumsmarkt Südostasien, Müchen, Köln, London 1984, S. 325 - 362

Kirchbach, F. v., The Role of Marketing Strategies in Penetrating Southeast and East Asian Markets, Kiel 1985

Kirchbach, F. v., Verluste europäischer Unternehmen im Entwicklungsländergeschäft, in: Harvard Manager, 4/1986, S. 68 - 74

Kirpalani, V.H., International Marketing. Managerial Issues, Research and Opportunities, Chicago 1983

Köhler, R., Grundprobleme der strategischen Marketingplanung, in: Geist, M., Köhler (Hrsg.), Die Führung des Betriebes, Stuttgart 1981, S. 261 - 291

Kohlhagen, S. W., The Characteristics, Motivations, and Effects of Japanese and United States Direct Investment in the Pacific Basin, in: Explorations in Economic Research, Vol. 3, Nr. 2, New York, Spring 1976, S. 163 - 198

Kohlhaussen, M., Für europäische Unternehmen eröffnet sich im Fernen Osten noch ein weites Betätigungsfeld, in: Handelsblatt vom 26.4.1984, Nr. 82, S. B 17

Kojima, K., Japanese and American Direct Investment in Asia: A Comparative Analysis, Hitotsubashi Journal of Economics, 26, 1985, S. 1 - 35

Kortüm, B., Zum Entwicklungsprozeß bei privaten Auslandsinvestitionen , Frankfurt a. M. 1972

Kortzfleisch, G.v., Kaluza, B. (Hrsg.), Internationale und nationale Problemfelder der Betriebswirtschaftslehre, Berlin 1984

Kotler, P., Marketing-Management, 4. Aufl., Stuttgart 1982

Kotler, P., Strategic Planning and the Marketing Process, in: Cox, K.K., Mc. Ginnis, V.J. (Hrsg.), Strategic Market Decisions: A Reader, Englewood Cliffs 1982, S. 19 - 30

Kracmar, J.Z., Marketing Research in the Developing Countries, New York, Washington, London 1971

Kraus, W., Lütkenhorst, W., Atlantische Gegenwart - Pazifische Zukunft, in: Asien, Deutsche Zeitschrift für Politik, Wirtschaft und Kultur, Nr. 10, Januar 1984, S. 5 - 21

Krägenau, H., Internationale Direktinvestitionen. Ergänzungsband, Hamburg 1982

Kreikebaum, H., Strategische Unternehmensplanung, 2. Aufl., Stuttgart, Berlin, Köln, Mainz 1987

Kreutzer, R., Global Strategies for Competing Successfully in West Asia, Arbeitspapiere Nr. 48 des Instituts für Marketing, Mannheim 1986

Kreutzer, R., Global Marketing - Ansatzpunkte und Erfolgsbedingungen, in: Raffée, H., Wiedmann, K.P. (Hrsg.), Strategisches Marketing, Stuttgart 1985, S. 518 - 551

Kreutzer, R., Global Marketing - Konzeption eines länderübergreifenden Marketing, Wiesbaden 1989

Kulhavy, E., Internationales Marketing, Linz 1981

Kumar, K., Mc. Leod, M., Multinationals from Developing Countries, Lexington, Massachusetts, Toronto 1981

Lancaster, G., Wesenlund, I., A Product Life Cycle Theory for International Trade: An Empirical Investigation, in: European Journal of Marketing, Vol. 18, 6-7/1984, S. 72 - 89

Langkau, J., Köhler, K. (Hrsg.), Wirtschaftspolitik und wirtschaftliche Entwicklung, Bonn 1985

Lasserre, P., The New Industrializing Countries of Asia-Perspectives and Opportunities, in: Long Range Planning, Vol. 14, No. 3, 1981, S. 36 - 43

Lasserre, P., Strategic Planning in South-East Asia: Does it work?, in: Euro - Asia Business Review, Vol. 2, No. 2, 1983, S. 37 - 41

Laumer, H., Japans wirtschaftliche Verflechtung mit Südostasien, Hamburg 1977

Laumer, H., Der Außenhandel mit Südostasien - Die EG und ihre Konkurrenten, in: Laumer, H.(Hrsg.) Wachstumsmarkt Südostasien, München, Köln, London 1984, S. 235 - 263

Laumer, H., Die Direktinvestitionen der japanischen Wirtschaft in den Schwellenländern Ost- und Südostasiens, München, Köln, London 1984

Laumer, H. (Hrsg.), Wachstumsmarkt Südostasien, Chancen und Risiken unternehmerischer Kooperation, München, Köln, London 1984

Lecraw, D.J., Internationalization of Firms from LDCs: Evidence from the ASEAN Region, in: Kumar, K., Mc. Leod, M. (Hrsg.) Multinationals from Developing Countries, Lexington, Massachusetts, Toronto 1981, S. 37 - 51

Lee, J.A., Cultural Analysis in Overseas Operations, in: HBR, March - April 1966, S. 106 - 114

Leitherer, E., Zur Problematik raumbezogener Marktanalysen, insbesondere in Entwicklungsländern, in: Pausenberger, E. (Hrsg.), Entwicklungsländer als Handlungsfelder internationaler Unternehmungen, Stuttgart 1982

Lemke, P., Die Rolle der Auslandschinesen im Wirtschaftsleben Südostasiens, in.: Laumer, H. (Hrsg.), Wachstumsmarkt Südostasien, München, Köln, London 1984, S. 387 - 406

Leontiades, J.C., Multinational Corporate Strategy, Planning for World Markets, Lexington, Mass., Toronto 1985

Leuenberger, T., Wettbewerbsfähigkeit Europas und die asiatisch-pazifische Herausforderung, in: Thexis 2/1986, S. 43 - 46

Levitt, T., Marketing Myoppia, in: Harvard Business Review, No.4 / 1960, S. 45 - 56

Levitt, T., Marketing Imagination. Die unbegrenzte Macht des kreativen Marketing, Landsberg 1984

Levitt, T., Die Globalisierung der Märkte, in: Harvard Manager, Nr.4 / 1984, S. 19 - 27

Levitt, T., Die Globalisierung der Märkte, in: Levitt, T., Marketing Imagination. Die unbegrenzte Macht des kreativen Marketing, Landsberg 1984

Levy, B., Korean and Taiwanese Firms as International Competitors: The Challenges Ahead, in: CJoWB, Vol. 23, Spring 1988, S. 43 - 51

Lewandowski, R., Prognose- und Informationssysteme und ihre Anwendungen, Bd. I und II, Berlin, New York 1980

Lim, C.P.,Trade and Investment Opportunities in Southeast Asia: Potential and Problems, in: Laumer, H. (Hrsg.), Wachstumsmarkt Südostasien, München, Köln, London 1984, S. 505 -527

Linder, S.B., The Pacific Century. Economic and Political Consequences of Asian-Pacific Dynamism, Stanford 1986

Livingstone, J.M., International Marketing Management, London, Basingstoke 1976

Lorenz, D., Zur Vielfalt der Entwicklungsländer: Differenzierung oder Typologie?, in: Die Erde, 109, Berlin 1978, S. 295 - 309

Louis, W.T., A Product Life Cycle for International Trade?, in: Journal of Marketing, Vol. 32, No. 3, July 1968, S. 1 - 6

Löckenhoff, H., Marktforschung in Entwicklungsländern, in: Der Marktforscher, Heft 2, 1960, S. 26 - 31

Lück, W., Trommsdorff, V. (Hrsg.), Internationalisierung der Unternehmung, Berlin 1982

Lütkenhorst, P., Handelsförderung und Handelsbarrieren in den Ländern Südostasiens, in: Laumer, H. (Hrsg.), Wachstumsmarkt Südostasien, München, Köln, London 1984, S. 265 - 314

Machetzki, R., ASEAN: Gemeinschaft der "Ungleichen", in: Südostasien aktuell, September 1982, S. 7

Machetzki, R., ASEAN - Leistungsprofile, Märkte und Kooperationsaussichten, in: Südostasien aktuell, 7/1984, S. 333 - 355

Machetzki, R., Tendenzen der wirtschaftlichen Entwicklung und Kooperation im pazifischen Raum, in: Südostasien aktuell, Januar 1984, S. 66 - 83

Machetzki, R., Pazifische Märkte: Hat die deutsche Wirtschaft den "Anschluß verpaßt"? , in: Südostasien aktuell, November 1985, S. 559 - 565

Magaziner, I.C., Patinkin, M., Wie Korea den Mikrowellen-Krieg gewann, in: Harvard Manager, 3/1989, S. 41 - 50

Majaro, S., International Marketing. A Strategic Approach to World Markets, 2nd Edition, London 1982

Malik, F., Schwanninger, M., Portfolio-Management in der international tätigen Unternehmung, in: Verkauf und Marketing, 2/1985, S. 11 - 16

Malzer, M.C., Länderanalysen, in: Buchinger, G. (Hrsg.), Umfeldanalysen für das strategische Management, Wien 1983, S. 173 - 187

Mason, R,H., International Business in the Pacific Basin, Lexington, Massachusetts, Toronto 1978

Mauthe, K.D., Strategische Analyse, München 1984

Mayer, C.S., The Lessons of Multinational Marketing Research, in: Business Horizons, Dec. 1978, S. 7 - 13

Mc. Coy, H.E., Methods, Channels and Financing of Purchases in the Pacific Basin, in: Mason, R.H. (Hrsg.), International Business in the Pacific Basin, Lexington 1978, S. 157 - 166

Meffert, H., Marketing in Entwicklungsländern, AP des Instituts für Marketing der Universität Münster, Nr. 8, Münster 1976

Meffert, H., Die Rolle des Marketing in Entwicklungsländern, in: Verkauf und Marketing, 6. Jg., 1977, Heft 4, S. 3 f.

Meffert, H., Marktsegmentierung und Marktwahl im internationalen Marketing, in: Die Betriebswirtschaft, 37. Jg., 1978, Heft 2, S. 433 - 445

Meffert, H., Marketing: Einführung in die Absatzpolitik, 5. Aufl., Wiesbaden 1980

Meffert, H., Marketingstrategien in stagnierenden und schrumpfenden Märkten, in: Pack, L. Börner, D., Betriebswirtschaftliche Entscheidungen bei Stagnation, Wiesbaden 1984, S. 37 - 72

Meffert, H., Vom operativen zum strategischen Marketing, Münster 1985

Meffert, H., Zur Typologie internationaler Marketingstrategien - ein situativer Ansatz, in: Thexis 2/1985, S. 3 - 7

Meffert, H., Multinationales oder globales Marketing?, in: Gaugler, E., Meissner, H.G., Thom, N. (Hrsg.), Zukunftsaspekte der anwendungsorientierten Betriebswirtschaftslehre, Stuttgart 1986, S. 191 - 209

Meffert, H., Strategische Unternehmensführung und Marketing, Wiesbaden 1988

Meffert, H., Althans, J., Internationales Marketing, Stuttgart, Berlin, Köln, Mainz 1982

Meffert, H., Landwehr, R., Gass, C., Internationales Management - Grundprobleme und Strategieansätze, Münster 1984

Meffert, H., Wagner, W. (Hrsg.), Internationales Management - Erfahrungen im Auslandsgeschäft - AP Nr. 17 der Wissenschaftlichen Gesellschaft für Marketing und Unternehmensführung e.V., Münster 1984

Meffert, H., Wagner, H., Marketing im Spannungsfeld zwischen weltweitem Wettbewerb und nationalen Bedürfnissen, Münster 1986

Meffert, H., Wehrle, F., Strategische Unternehmensplanung - Eine Bestandsaufnahme ausgewählter Grundprobleme, Münster 1981

Meissner, H.G., Anthropologische Grundlagen der Exportmarktforschung, Berlin 1959

Meissner, H.G., Außenhandels-Marketing, Stuttgart 1981

Meissner, H.G., Die Bedeutung der Marktforschung für die Stratgieentscheidungen der internationalen Unternehmung, in: Wacker, H., Haussmann, H., Kumar, B. (Hrsg.), Internationale Unternehmensführung, Berlin 1981, S. 276 - 287

Meissner, H.G., Aktionsmuster deutscher internationaler Unternehmungen in der Dritten Welt, in: Pausenberger, E. (Hrsg.), Entwicklungsländer als Handlungsfelder internationaler Unternehmungen, Stuttgart 1982

Meissner, H.G., Systemvergleich zwischen deutschen und japanischen Marketingstrategien, in: Gaugler, E., Meissner, H.G, Thom, N. (Hrsg.), Zukunftsaspekte der anwendungsorientierten Betriebswirtschaftslehre, Stuttgart 1986, S. 211 - 222

Meissner, H.G., Strategisches internationales Marketing, Berlin, Heidelberg 1987

Meissner, H.G., Winkelgrund, R., Internationales Marketing als Herausforderung deutscher Unternehmen, in: Marketing ZFP, Heft 2, 2/1982, S. 115 - 121

Metra Consulting Group Ltd., The ASEAN Countries: Indonesia, Malaysia, Philippines, Singapore, Thailand, Business Opportunities in the 1980's, London 1979

Milton, A.-R., Die Industrialisierung der Dritten Welt und ihre Auswirkungen auf die Struktur des deutschen Außenhandels, in: Rheinisch - Westfälisches Institut für Wirtschaftsforschung Essen (RWI), Mitteilungen, 33. Jg., 1982, Heft 1, S. 25 - 45

Milton, A.-R., Direktinvestitionen - Eine Konkurrenz deutscher Exporte ?, in: Rheinisch-Westfälisches Institut für Wirtschaftsforschung Essen (RWI), Mitteilungen, 35. Jg., 1984, S. 73 - 98

Mock, A., Märkte in Südostasien mit wachsender Bedeutung für den deutschen Maschinenbau, in: Marktforschung, Heft 2, 1985, S. 70 - 76

Mohs, R.-M., Exporte, komparative Vorteile und wirtschaftliche Entwicklung in den Schwellenländern, Diss., Göttingen 1983

Moyer, R., International Market Analysis, in: Thorelli, H., Becker, H. (Ed.), International Marketing Strategy, 3rd Edition, New York 1984, S. 148 - 161

Moyer, R., Hollander, S.C., Markets and Marketing in Developing Economies, Homewood, Illinois 1968

Müller, G., Strategische Frühaufklärung, München 1981

Müller, P., Die Bedeutung der Industrialisierung unterentwickelter Länder für den deutschen Industrieexport, Hamburg 1968

Müller, S., Köglmayer, H.-G., Die physische Distanz zu Auslandsmärkten: Ein verkanntes Exporthemmnis, in: ZfbF, 38. Jg., Heft 9/1986, S. 788 - 804

Müller-Heumann, G., Die Programmpolitik der internationalen Unternehmung, Meisenheim a.G. 1972

Nagel, K., Numrich, K.J. (Hrsg.), Außenwirtschaft der Unternehmung. Theorie und Praxis internationaler Unternehmenstätigkeit, Berlin 1984

Nieschlag, R., Dichtl, E., Hörschgen, H., Marketing, 15. Auflage, Berlin 1988

Noguchi, T., Die Charakteristika der japanischen multinationalen Unternehmen, in: Lück, W., Trommsdorff, V. (Hrsg.), Internationalisierung der Unternehmung, Berlin 1982, S. 729 - 751

Oakley, P., Zinser, R., Bedeutung und Probleme der Umfeldanalysen über Auslandsmärkte, in: Buchinger, G. (Hrsg.), Umfeldanalysen für das strategische Management, Wien 1983, S. 89 - 95

Ochel, W., Die Investitionsgüterindustrie der asiatischen Schwellenländer. Aufbau, Exporterfolge und Rückwirkungen auf die Bundesrepublik Deutschland, München, Köln, London 1984

OECD (Hrsg.), The Impact of the Newly Industrializing Countries on Production and Trade in Manufactures, Paris 1979

Ohmae, K., Macht der Triade - Die neue Form des weltweiten Wettbewerbs, Wiesbaden 1985

Ohmae, K., The Global Logic of Strategic Alliances, in: HBR, No.2, March - April 1989, S. 148 - 154

Oppenländer, K.-H., Die Industrialisierung der Dritten Welt und die deutsche Wirtschaft, in: Ifo - Schnelldienst, 33 Jg., Nr. 20, 1980, S. 4 - 12

Ostmeier, H., Wettbewerbsstrategien US-amerikanischer und europäischer Unternehmungen auf Auslandsmärkten - Eine explorative Studie auf der Grundlage von PIMS-Daten, Arbeitspapier Nr. 40 der Wissenschaftlichen Gesellschaft für Marketing und Unternehmensführung e.V., Münster 1987

Ott, W. (Hrsg.), Handbuch der praktischen Marktforschung, München 1978

o. V., Südostasien: Chancen und Risiken für deutsche Exporteure und Investoren, in: Wirtschaftswoche, Nr. 45, 1983, S.10 ff.

o.V., Sprungbrett für den Wachstumsmarkt in der südostasiatischen Region, in: Handelsblatt v. 22.10.1985

o.V., Länder in Südostasien klagen über die geringen europäischen Investitionen, in: Handelsblatt v. 21.10.1985

Pausenberger, E., Internationale Unternehmungen in Entwicklungsländern - Ihre Strategien und Erfahrungen, Düsseldorf, Wien 1980

Pausenberger, E. (Hrsg.), Internationales Management, Stuttgart 1981

Pausenberger, E., Entwicklungsländer als Handlungsfelder internationaler Unternehmungen, Stuttgart 1982

Perlitz, M., Country-Portfolio Analysis - Assessing Country Risk and Opportunity, in: Long Range Planning, Vol. 18, No. 4, 1985, S. 11-26

Pollak, C., Riedel, J., Industriekooperation mit Schwellenländern, München, Köln, London 1984

Porter, M.E., Wettbewerbsstrategie. Methoden zur Analyse von Branchen und Konkurrenten, 4. Aufl., Frankfurt a.M. 1987

Porter, M.E., Der Wettbewerb auf globalen Märkten: Ein Rahmenkonzept, in: Porter, M.E. (Hrsg.), Globaler Wettbewerb, Wiesbaden 1989, S. 17 - 68

Porter, M.E. (Hrsg.), Globaler Wettbewerb. Strategien der neuen Internationalisierung, Wiesbaden 1989

Pott, P., Direktinvestitionen im Ausland, Diss., München 1983

Preston, L.E., Market Control in Developing Economies, in: Thorelli, H., Becker, H. (Ed.), International Marketing Strategy, 3rd Edition, New York 1984, S. 98 - 109

Prognos, Euro-Report Vol. B, The Emerging Economies. Analysis and Forecasts for 35 Countries up to 1991, Basel 1987

Prognos, Euro-Report 1987, Vol. A, Industrialized Countries - Analyses and Forecasts for 19 Countries up to 1991, Basel 1987

Prognos, Die Weltmärkte bis 1995 - Die Entwicklung von Wirtschaft und Bevölkerung in 18 Industrieländern und 35 Schwellenländern, Stuttgart 1984

Pümpin, C., Langfristige Marketingplanung, 2. Aufl., Bern, Stuttgart 1970

Pümpin, C., Strategische Unternehmensführung in der Praxis, Zürich 1981

Raffée, H., Marketing und Umwelt, Stuttgart 1979

Raffée, H., Strategisches Marketing, in: Gaugler, E., Jacobs, E., Kieser, A. (Hrsg.), Strategische Unternehmensführung und Rechnungslegung, Stuttgart 1984, S. 61 - 81

Raffée, H., Kreutzer, R., Ansätze zur Erfassung von Länderrisiken in ihrer Bedeutung für Direktinvestitionen, in: Kortzfleisch, G.v., Kaluza, B. (Hrsg.), Internationale und nationale Problemfelder der Betriebswirtschaftslehre, Berlin 1984, S. 27 - 63

Raffée, H., Kreutzer, R., Organisatorische Verankerung als Erfolgsbedingung eines Global-Marketing, in: Thexis 2 / 86, S. 10 - 21

Raffée, H., Segler, K., Marketingstrategien im Export, in: Dichtl, E., Issing, O.(Hrsg.), Exporte als Herausforderung für die deutsche Wirtschaft, Köln 1984, S. 277 - 307

Raffée, H., Wiedmann, K.-P. (Hrsg.), Strategisches Marketing, Stuttgart 1985

Rädel, F., Marktforschung in Entwicklungsländern, in: Behrens, K. Chr.(Hrsg.), Handbuch der Marktforschung, 2. Halbband, Wiesbaden 1977, S. 1331 - 1341

Redding, S. G., Cultural Effects on the Marketing Process in Southeast Asia , in: Journal of the Market Research Society, Vol. 24, 2/1982, S. 98 - 114

Rhein, W., Die Beurteilung des Länderrisikos im Auslandskreditgeschäft der Banken als Informationsproblem, Diss., München 1979

Rieger, H.C., Zur zukünftigen industriellen Arbeitsteilung: Marktchancen und Marktgefährdung aus der Sicht der EG - Länder und der Länder Südostasiens, in: Laumer, H., (Hrsg.), Wachstumsmarkt Südostasien, München, Köln, London 1984

Ringel, K., Exportmarktforschung als Informationsaufgabe, Köln, Opladen 1963

Ringle, G., Exportmarketing, Wiesbaden 1977

Rippel, K., Markt- und Meinungsforschung im Export, Tübingen 1972

RKW, Battelle, IFO (Hrsg.), Strukturveränderungen der deutschen Wirtschaft - Die Industrialisierung der Entwicklungsländer und ihre Rückwirkungen auf die deutsche Wirtschaft, (Stufe II) Bd. II - Teil 1 , Eschborn 1981

RKW, Battelle, IFO (Hrsg.), Strukturveränderungen der deutschen Wirtschaft - Die Industrialisierung der Entwicklungsländer und ihre Rückwirkungen auf die deutsche Wirtschaft, (Stufe II), Bd. II - Teil 2, Eschborn 1981

RKW, Battelle, IFO (Hrsg.), Strukturveränderungen der deutschen Wirtschaft - Die Industrialisierung der Entwicklungsländer und ihre Rückwirkungen auf die deutsche Wirtschaft, Bd. I, Ergebnisse und Schlußfolgerungen, Eschborn 1981

RKW, Battelle, IFO (Hrsg.), Strukturveränderungen der deutschen Wirtschaft - Die Industrialisierung der Entwicklungsländer und ihre Rückwirkungen auf die deutsche Wirtschaft - Perspektiven bis 1990, Länderstudie Südkorea, Eschborn 1979

RKW, Battelle, IFO (Hrsg.), Strukturveränderungen der deutschen Wirtschaft - Die Industrialisierung der Entwicklungsländer und ihre Rückwirkungen auf die deutsche Wirtschaft, Länderstudie Taiwan, Eschborn 1979

RKW, Battelle, IFO (Hrsg.), Strukturveränderungen der deutschen Wirtschaft - Die Industrialisierung der Entwicklungsländer und ihre Rückwirkungen auf die deutsche Wirtschaft - Perspektiven bis 1990, Länderstudie Indonesien, Eschborn 1980

Rummel, R.J., Heenan, D.A., How Multinationals Analyze Political Risk, in: HBR: Jan. - Feb. 1978, S. 67 - 76

Rühli, E., Wehrli, H.P. (Hrsg.), Strategisches Marketing und Management. Konzeption in Theorie und Praxis, Bern, Stuttgart 1986

Rüttler, N., Quellen der Auslandsmarktforschung, in: Ott, W. (Hrsg.), Handbuch der praktischen Marktforschung, München 1972, S. 885 - 889

Sandersleben, R.v., Erfahrungen europäischer Unternehmen im Außenhandel mit Südostasien, in: Laumer, H. (Hrsg.), Wachstumsmarkt Südostasien, München, Köln, London 1984

Sartorius, B., Exportmarketing für neuartige Gebrauchsgüter auf verbundenen Märkten, Diss., Passau 1983

Schadenhofer, L., Analyseinstrumente für die strategische Marketingplanung, Diss., Linz 1982

Scheider, W., Internationale Wettbewerbsfähigkeit aus der Sicht deutscher Unternehmen, Baden-Baden 1982

Schiefer, F., Faktoren der internationalen Wettbewerbsfähigkeit - aufgezeigt am Vergleich USA, Japan, Deutschland, in: ZfbF, (1/1982), S. 34 - 51

Schneider, D.J.G. (Hrsg.), Das Südostasien - Geschäft, Wiesbaden 1988

Schneidewind, D., Marketing - Strategien in ostasiatischen Märkten, in: Zeitschrift für betriebswirtschaftliche Forschung, 36. Jg., 1984, S.75 - 97

Schütte, H., Marktstrategien für die Schwellenländer Asiens, in: Engels, B. (Hrsg.), Präsenz der deutschen Wirtschaft in Übersee - Was ist zu tun?, München, Köln, London 1986

Seebauer-Badorrek, H., Marktforschung und multinationales Marketing, in: Behrens, K.Chr. (Hrsg.), Handbuch der Marktforschung, 2. Halbband, S. 1319 - 1329, Wiesbaden 1977

Segler, K., Basisstrategien im internationalen Marketing, Frankfurt a.M, New York 1986

Segler, K., Basisstrategien für die Internationalisierung der Unternehmung, in: Thexis 1/1987, S. 45 - 52

Segler, K., Kreutzer, R., Singapur setzt Akzente, in: Thexis 4/1986, S. 38

Seibert, K., Joint Ventures als strategisches Instrument im internationalen Marketing, Berlin 1981

Seidel, H., Erschließung von Auslandsmärkten, Berlin 1977

Silberer, G., Wertewandel und Marketing, in: WiSt, 14. Jg., 3/1985, S. 119 - 124

Silberer, G., Raffée, H. (Hrsg.), Warentest und Konsument - Nutzung, Wirkungen und Beurteilung des vergleichenden Warentests im Konsumentenbereich, Frankfurt a. M. 1984

Simon, H., Eintrittsbarrieren und Eintrittsstrategien im japanischen Markt, USW-Working Paper, Erfstadt 1985

Simon, H., Markterfolg in Japan, Strategien zur Überwindung von Eintrittsbarrieren, Wiesbaden 1986

Sinclair, S.W., The Pacific Basin. An Economic Handbook, London 1987

Sorenson, R.Z., Wiechmann, U.E., How Multinationals View Marketing Standardization, in: HBR, Vol. 53, May-June 1975, S. 38 - 55

Sorenson, R.Z., Wiechmann, U.E., Marketing-Strategien multinationaler Firmen, in: Manager Magazin, 6. Jg., 3/1976, S. 83 - 90

Stahr, G., Auslandsmarketing, Band I, Marktanalyse, Stuttgart, Berlin, Köln, Mainz 1979

Stahr, G., Auslandsmarketing, Band II, Marketingstrategien, Stuttgart, Berlin, Köln, Mainz 1979

Stahr, G., Strategien zur Sicherung von Auslandsmärkten, in: Wist, Heft 2, 1979, S. 60 - 67

Stahr, G., Marktselektion im Auslandsgeschäft, in: ZfbF, 32 (1980), S. 276 - 283

Stahr, G., Rationale Auswahl von Auslandsmärkten, Köln 1985

Stahr, G., Internationale strategische Unternehmensführung, Stuttgart, Berlin, Köln 1989

Stodieck, H., u.a., Deutsche Investitionen in den wirtschaftlichen Wachstumszentren am Pazifik, Hamburg 1983

Subhash, J.C., International Marketing Management, Boston 1984

Takeuchi, H., Porter, M.E., Die drei Aufgaben des internationalen Marketing im Rahmen einer globalen Unternehmensstrategie, in: Porter, M.E. (Hrsg.), Globaler Wettbewerb, Wiesbaden 1989, S. 127 - 164

Terpstra, V., International Marketing, 2. Aufl., Hinsdale 1978

Terpstra, V., The Changing Environment of International Marketing, in: IMR, Vol. 2, No. 3, Autumn 1985, S. 7 - 16

The Economics Departement of Prognos AG: Thesen zum neu erscheinenden Prognos-Euro-Report, Volume B, The Emerging Economies, Basel 1981

The Economist Intelligence Unit (Hrsg.), The ASEAN, Hong Kong, South Korea and Taiwan Economics, London 1980

Thorelli, H., Becker, H. (Ed.), International Marketing Strategy, 3rd Edition, New York 1984

Tümpen, M.M., Strategische Frühwarnsysteme für politische Auslandsrisiken, Wiesbaden 1987

Turnbull, P.W., Stanley, P. (Ed.), Research in international Marketing, London, Sydney, Dover 1986

Turner, L., Multinational Companies and the Third World, London 1973

Übleis, H.-P., Das absatzpolitische Instrumentarium der multinationalen Unternehmung, Gernsbach 1976

Uhlig, K.-H., Internationales Konzernmarketing, Berlin 1986

UNCTAD, Handbook of International Trade and Development Statistics, 1980

UNIDO, Industry 2000, New Perspectives, New York 1979

United Nations, Foreign Trade Statistics of Asia and The Pacific 1981-1984, Vol. XVII, Series B, New York 1986

Vernon, R., International Investment and the International Trade in the Product Cycle, in: Quarterly Journal of Economics, Vol. 80, No. 2, Harvard University, Cambridge Mass., May 1966, S. 190 - 207

Vernon, R., The Product Cycle Hypothesis in a New International Environment, in: Oxford Bulletin, November 1979, S. 255 - 267

Vernon, R., Wells, L.T., Economic Environment of International Business, 3rd Edition, Englewood Cliffs 1981

Vernon, R., Wells, L.T., Manager in the International Economy, 5th Edition, Englewood Cliffs 1986

Vernon-Wortzel, H., Wortzel, L.H. (Ed.), Strategic Management of Multinational Corporations: The Essentials, New York, Chichester, Brisbane 1985

Vernon-Wortzel, H., Wortzel, L.H., Globalizing Strategies for Multinationals from Developing Countries, in: CJoWB, Vol. 23, No. 1, Spring 1988, S. 27 - 35

Vogg, E., Möglichkeiten der Marktforschung in Auslandsmärkten, in: Ott, W. (Hrsg.), Handbuch der praktischen Marktforschung, München 1972, S. 867 - 880

Wacker, W.H., Haussmann, H., Kumar, B. (Hrsg.), Internationale Unternehmensführung, Berlin 1981

Wagner, W., Stier, B., Haas, U., Deutsche und japanische Export- und Direktinvestitionsstrategien in Südostasien, Hamburg 1985

Walldorf, E.G., Auslandsmarketing, Wiesbaden 1987

Walter, I., Murray, T. (Eds.), Handbook of International Business, New York 1982

Weekly, J.K., Information for international Marketing, New York 1986

Weihermüller, M., Wimmer, F., Auslandsmarktforschung in Mittelbetrieben - Analyse von Schwachstellen und Ansätze zur Verbesserung, in: ZfbF, 34. Jg., 10/1982, S. 919 - 927

Welge, M.K., Management in deutschen multinationalen Unternehmungen, Stuttgart 1980

Wells, L.T., A Product Life Cycle for International Trade?, in: Journal of Marketing, Vol. 32, July 1968, S. 1 - 6

Wells, L.T., Foreign Investors from Third World, in: Kumar, K., Mc Leod, M.G., Multinationals from Developing Countries, Lexington 1981, S. 23 - 36

Weltbank (Hrsg.), Weltentwicklungsbericht 1986, Washington 1986

Weltbank (Hrsg.), Weltentwicklungsbericht 1987, Washington 1987

Wiedmann, K.-P., Konzeptionelle und methodische Grundlagen der Früherkennung, in: Raffée, H., Wiedmann, K.-P., Strategisches Marketing, Stuttgart 1985

Wieselhuber, N., Töpfer, A. (Hrsg.), Strategisches Marketing, Landsberg am Lech 1984

Wilhelmi, M., Entwicklungsländer im internationalen Wettbewerb, Spardorf 1984

Wind, Y., Douglas, S., International Portfolio-Analysis And Strategy: The Challenge of the 80's, in: Journal of International Business Studies, (Fall/1981), S. 69 - 82

Wind, Y., Douglas, S., Perlmutter, H.V., Guidelines for Developing International Marketing Strategies, in: JoM, Vol. 37, April/1973, S. 14 - 23

Wittek, B.F., Strategische Unternehmensführung bei Diversifikation, Berlin, New York 1980

Wöhe, G., Einführung in die Allgemeine Betriebswirtschaftslehre, 13. Aufl., München 1978

Wöhlcke, M., Diskussionsbeitrag zur terminologischen Unterscheidung von Entwicklungsstufen in der Dritten Welt - Schwellenmacht/Mittelmacht/Schwellenland, München 1978

World Bank, World Development Report 1983, Washington D.C. 1983

World Bank, The World Bank Atlas 1985, Washington 1985

World Bank, Development Report 1984, New York

Wortzel, L.H., Vernon - Wortzel, H., Export Marketing Strategies for NIC and LDC Based Firms, in: CJoWB, Vol. 16, No. 1, Spring 1981, S. 51 - 60

Wortzel, L.H., Marketing to Firms in Developing Asian Countries, in: Industrial Marketing Management, 12/1983, S.113 - 123

Zarth, H.- R., Erschließung von Auslandsmärkten mit Hilfe der Marktforschung, in: Ott, W. (Hrsg.), Handbuch der praktischen Marktforschung, München 1972

GPSR Compliance

The European Union's (EU) General Product Safety Regulation (GPSR) is a set of rules that requires consumer products to be safe and our obligations to ensure this.

If you have any concerns about our products, you can contact us on ProductSafety@springernature.com

In case Publisher is established outside the EU, the EU authorized representative is:

Springer Nature Customer Service Center GmbH
Europaplatz 3
69115 Heidelberg, Germany

Batch number: 10815974

Printed by Printforce, the Netherlands